JN433720

政治權力과
經濟繁榮

題字: 權奇永

Power and Prosperity
Copyright ⓒ 2000 Mancur Olson
Korean Translation Copyright ⓒ 2025 by Haenam Publishing Company

Korean edition is published by arrangement with Perseus Books through Duran Kim Agency.

이 책의 한국어판 저작권은 듀란킴 에이전시를 통한 Perseus Books와의 독점계약으로 도서출판 해남에 있습니다.
저작권법에 의하여 한국 내에서 보호를 받는 저작물이므로 무단전재와 무단복제를 금합니다.

정치권력과 경제번영
공산주의와 자본주의 독재를 능가하여 성장하기

초판1쇄 인쇄 2025년 5월 9일
초판1쇄 발행 2025년 5월 16일

저 자 맨서 올슨
역 자 이성규
발행인 노현철
발행처 도서출판 해남

출판등록 1995. 5. 10 제 1-1885호
주 소 서울특별시 마포구 마포대로8길 9 영명빌딩 405호
전 화 739-4822
팩 스 720-4823
이 메 일 haenamin30@naver.com
홈페이지 www.hpub.co.kr

ISBN 978-89-6238-197-9 93320

ⓒ 2025 이성규

저자와 협의하에 인지 생략

정치권력과 경제번영

공산주의와 자본주의 독재를 능가하여 성장하기

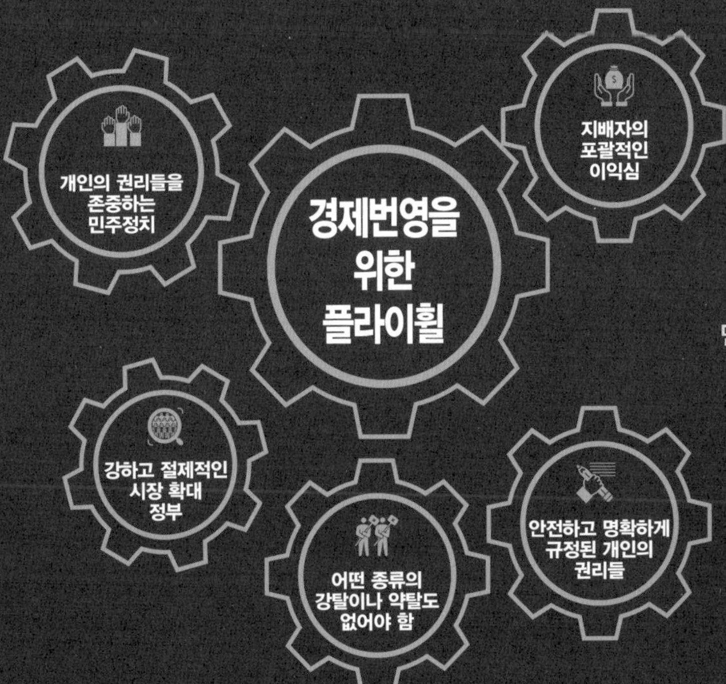

맨서 올슨 저
이성규 역

도서출판 해남

POWER AND PROSPERITY

역자 머리말:
맨서 올슨 교수의 생애와 업적

맨서 올슨의 초상

"행복한 가정은 서로 닮았지만, 불행한 가정은 모두 저마다의 이유로 불행하다."
—『총·균·쇠』(재레드 다이아몬드 지음, 강주헌 옮김)

"행복한 나라들은 모두 비슷한 이유로 행복하고, 불행한 나라들은 저마다 다른 이유로 불행하다."
—『타임 셸터』(게오르기 고스포디노프 지음, 민은영 옮김)

"번영한 국가들은 모두 같은 이유로 번영하지만, 빈곤한 국가들은 저마다 다른 이유로 빈곤하다." – 역자

1. 맨서 올슨 교수와 고슴도치

이사야 벌린[1](Isaiah Berlin; 영국의 철학자이자 정치사상가)은 그리스 시인 아르킬로코스(Archilochus; 기원전 650년경에 활약한 그리스 시인)가 말한 "여우는 많은 것을 알지만, 고슴도치는 한 가지 큰 것을 안다"[2]라는 예리한 통찰을 대중화하였다. 벌린에게 고슴도치는 "'모든 것'을 '하나의 중심 비전(vision)'과 연관시켜 이해하고, 생각하고, 느끼는" 유형의 사상가들을 상징한다. 이런 의미에서 맨서 올슨(Mancur Lloyd Olson)은 '사회과학의 궁극적인 고슴도치'였다. 올슨이 천착(穿鑿)[3]한 연구의 대부분은 이론적으로 '하나의 큰 아이디어'(a big idea)를 탐구하고, 이를 현실이나 실제 세계에 적용한 것으로 볼 수 있지만, 그 아이디어는 실로 '매우 큰 것'이었다. 올슨이 천착한 하나의 큰 아이디어는 바로 '집단행동(collective action)의 문제'였다. 즉, "자신의 사익(私益)을 추구하는 개인들이 어떻게 '집단적'으로 모두에게 이익이 되는 재화('집단재')나 서비스('집단서비스')를 공급하지 못할 수 있는가"라는 문제였다. 다시 말해, 올슨은 애덤 스미스의 '보이지 않는

1 영국의 역사가·철학자·정치사상가. 전통적인 자유주의 지지자였으며, 다원주의를 신봉하였다. 사회를 조직하는 문제에 단 하나의 해결책만이 있을 수 있다는 생각을 거부하였다. 정치적으로는 이스라엘과 시온주의를 확고하게 지지하였으며, 단호한 반공주의자였다.

2 "The fox knows many things, but the hedgehog knows one big thing."

3 '천착'이란 "학문을 깊이 연구하는 것"을 말한다.

손'(invisible hand)으로는 설명할 수 없는 심오한 문제에 초점을 맞추었다.

2. 맨서 올슨 교수의 생애

특별이익집단들[4]의 정체를 밝혀냄으로써 그들에게 '골칫거리'와도 같았던 미국의 저명 경제학자인 맨서 올슨 교수가 애석하게도 1998년 2월 19일에 향년 66세의 나이로 서거하였다.

1) 『집단행동의 논리』(1965)와 『국가의 흥망성쇠』(1982) 탄생

1950년대 초에 유럽을 여행하고 있었던 20대 초반의 맨서 올슨은 '왜 서독(1990년 동독과 통일하기 이전의 독일을 말함)은 경제적으로 번영하고 있으나, 영국은 침체하고 있는지'에 대해 매우 의아하게 생각하였다. 외견상 독일은 제2차 세계대전에서 패배하였고, 영국은 승전국이었다. 그러나 두 국가는 이것을 제외하고는 여러 가지 중요한 면에서 '비슷'하였다. 그런데 왜 두 국가의 경제 성과에 그러한 '차이'가 발생하였는가? 올슨은 이 문제를 풀기 위해 오랜 기간 천착하였다.

그로부터 10여 년이 지난 후 1965년(당시 그의 나이는 33세)에 올슨 교수는 드디어 이 의문에 대한 해답을 모색하는 첫걸음으로 한 권의 획기적인 저서를 출간하였다. 경제학에 대한 그의 가장 중요한 기여로 여겨지

4 '특별이익집단'(special interest groups)이란 "자신들의 특별한 이익을 위해 정부 등에 압력을 행사하는 집단이나 단체"를 말한다.

는 저서인 『집단행동의 논리』(*The Logic of Collective Action*)를 출간하였다. 이 책에서 올슨은 사람들이 집단이익을 위해 서로 단결하고 담합하게 하는—즉, 집단행동을 하게 하는—'인센티브'(incentive)가 무엇인지를 면밀히 고찰하였다.

예를 들어, 5개의 자동차 회사들(소수의 특별이익집단)은 집단의 공동이익(common interest)을 달성하기 위해 아주 쉽게 하나의 카르텔이나 로비집단을 결성할 수 있다. 왜 그런가? 그들은 하나의 카르텔이나 로비집단을 결성하여 단결(집단행동)함으로써 성취하는 '가격 인상'이나 '정부 보조금'—이러한 혜택은 그들에게 '집단(또는 공동)이익' 또는 '집단재'(collective goods; 또는 공공재)에 해당함—으로부터 각각 5분의 1의 이익(큰 이익)을 얻을 수 있기 때문이다. 그러나 이들에 '대항'(對抗)하기 위해 500만 명의 운전자들(대규모 집단)이 하나의 집단을 조직하는 일은 어려운 작업이다. 왜 그런가? 각 운전자는 (1) 다른 운전자들의 노력이나 기여에 '무임승차'(free ride)하기를 바라며, 또한 (2) 어느 누구도 그 집단에 가입함으로써 개별적으로 얻을 수 있는 이익(즉, 사익)이 '많지 않기'(즉, 아주 작기) 때문이다. 따라서 대규모 집단들은 잠재적 회원들에게 어떤 '특별한 장치나 인센티브'가 없다면 자신의 공동이익을 달성하기 위한 집단을 조직하거나 결성하지 못할 것이다. 이를 '집단행동의 불가능성 정리' 또는 '집단행동의 문제'라고 부른다.

올슨 교수의 이러한 논리로부터 도출된 결론은 획기적이었다. 소수의 회원으로 구성된 '협소(狹小; 좁고 작음)하고 이기적인 집단들'(narrow groups)은 사회 전체의 이익이나 복지를 고려하는 '광대(廣大; 넓고 큼)한 집단들'(broad groups)에 비해 집단행동을 하는데 '태생적으로 유리'하다. 그러나 광대한 집단들이 집단행동을 하는데 내재된 태생적 불리함이 결코 극복할 수 없는 것은 아니다. 그러면 올슨 교수의 이러한 통찰은 '국가들의 운명(運命)'—즉, 경제 번영과 침체, 또는 국가의 흥망성쇠—을 어떻게 설명할 수 있는가? 올슨 교수는 1982년(당시 그의 나이는 50세)에 출간된 또 하나의 획기적인 저서인『국가의 흥망성쇠』(*The Rise and Decline of Nations*)에서 이에 대한 해답을 제시하였다. 어떤 국가에서 '협소한 집단들'이 많으면 그 국가는 경제적으로 '쇠퇴하는 운명'에 직면하게 된다는 것이다.

올슨 교수는 "모든 인간 사회에서 '편협한'(parochial; 자신의 이익만 챙기는) 카르텔들과 로비단체들이 시간이 지남에 따라 축적되거나 늘어나는 경향이 있으며, 이로 인해 결국 한 나라(사회)의 경제적 활력을 잃게 하거나 크게 약화시킨다"라고 주장하였다. 이러한 경우에 전쟁이나 다른 대재난이 일어나야만 그러한 압력단체들이나 이익집단들이 만들어 놓은 '숨 막히는 덤불'(즉, 경제 활력을 질식시키는 장애물)을 일소(一掃)할 수 있다. 역사적으로 볼 때 제2차 세계대전에서 패배한 독일과 일본에서는 이런 일이 일어났지만, 영국에서는 일어나지 않았다. 독일과 일본의 경우 제2차 세계대전의 패배 여파로 기존의 압력 및 이익집단들이 모두 와해(瓦解)되었다. 그러나 영국은 전쟁으로 물리적 피해를 입었지만, 많은 옛 제도들을 그대로 유지하고 있었다. 압력집단들을 철폐하는데 전쟁 이외에 덜 격변적인 방법으로 '쇄신(刷新; 나쁜 폐단이나 묵은 것을 없애고 새롭게 함)하는 길'이 있는가? 올슨 교수는 '그렇다'고 말하였다. 올슨 교수에 따르면 한 국가의 국민들이 자국의 경제 활력을 좀먹는 '편협한 집단들'(armies of parochialism)을 물리칠 수 있지만, 그 위험을 인식하고 개혁을 받아들일 때만 가능하다고 말하였다. 즉, 어떤 국가의 국민들이 '편협한 집단들'이 초래하는 폐해와 위험을 인식하고, 과감한 개혁조치들을 수용할 때에만 전쟁이나 사회적 대격변이 없이도 그러한 '편협한 집단들'를 붕괴시킬 수 있다. 오늘날 경제학이나 정치학을 공부하는 학생이나 연구자들에게 이러한 점들을 이야기하면 그들은 "그야 물론이지요!"라고 말할 것이다. 그러나 오늘날 당연하게 여겨지는 이러한 생각들은 올슨 교수의 통찰과 연구 덕분이라고 해도 과언이 아니다.

2) 미국 노스다코타 대초원(大草原)에서 태어난 맨서 올슨

맨서 올슨 교수는 미국의 농업 중심지인 노스다코타주(州)의 작은 농촌 마을에서 태어났다. 그의 아버지는 정규 교육을 많이 받지 못하였지만, 지식이 풍부하였으며, 북부 대초원에서 딱딱한 붉은 봄밀을 재배하였다. 'Mancur'라는 이름은 그 기원이 불분명한 지역 이름으로 '맨커'가 아니라 '맨서'로 발음한다(여기서 'c'는 연음[즉, si:]으로 발음됨). 올슨 교수는 'Mancur'라는 이름이 아랍어로 '승리'를 뜻하는 '만수르'(mansour)[5]에서 유래한 것으로 추측하였다. 올슨 교수에게 이 이름이 그가 살았던 레드강 계곡(Red River Valley)에 어떻게 흘러들어 왔는지는 생전에도 끝내 풀지 못한 하나의 수수께끼였다. 올슨 교수는 전교생이 49명뿐인 작은 지방 중등학교에 다녔고, 노스다코타 주립대를 거쳐 로즈(Rhodes) 장학생으로 영국 옥스퍼드대에서 공부하였으며, 하버드대에서 박사 학위를 받아, 마침내 미국 메릴랜드대학교에서 경제학 교수로 자신의 학문 생애의 대부분을 보냈다. 올슨 교수는 한때 정계(政界)에 진출하려 하였으며, 실제로 워싱턴에서 2년 동안 미 연방정부(보건·교육·후생부)에서 일하였다. 그러나 그

5 '만수르'라는 이름의 기원은 '승리'를 뜻하는 아랍어 단어 '나스르'(nasr)에서 왔다. 이 말은 아랍에서 남자 이름으로 흔히 쓰이는데 '승리를 거둔'이란 뜻이다.

를 사로잡은 것은 현실에서의 정치 활동이 아니라 경제학의 '이론적 격자(格子)'[6](theoretical lattice; '이론적 논리')와 더 나아가서 '사회과학의 이론적 격자'[7]였다.

올슨 교수는 1982년에 출간한 『국가의 흥망성쇠』에서 '정치(politics)와 경제(economics)'를 통합하였다. 사실 『국가의 흥망성쇠』는 '국가의 흥망성쇠에 대한 정치·경제학적 분석'이다. 올슨 교수는 "'협소한' 로비집단들(parochial lobby groups)이 결성됨에 따라 각 로비집단은 로비 활동을 통해 '정부의 각종 특혜와 지원'을 받아 자신의 회원들에게만 커다란 이익이 돌아가게 하거나, 또한 그러한 이익을 필사적으로 보호하려 한다"고 말하였다. 그로 인해 경제적 왜곡을 초래하는 정부의 각종 보조금, 무역보호 조치들 및 기타 특혜 정책들이 시간이 지남에 따라 누적되고, 그에 따라 귀중한 자원들은 정부 시스템의 작동 원리와 방법에 정통한 변호사들, 관료들, 로비스트들을 비롯한 일부 전문직(특별) 계층(specialized class)에게 점점 더 많이 이전되거나 재분배된다. 이에 사회적으로 각종 집단 간의 '재분배(redistribution)를 얻기 위한 투쟁'이 '생산(production)을 증대하려는 경쟁'을 대체하게 된다. 그 결과, 이러한 병폐를 치료하기 위해 적절한 약(藥)이 투여되지 않으면(즉, 사회적 개혁이 일어나지 않으면) 필연적으로 '경제쇠퇴'(economic decline)라는 패턴이 수반된다. 올슨 교수는 어떤 사회에 이러한 현상이 발생하면 그 사회는 궁극적으로 심각한 '경화증'(sclerosis)을 겪게 된다고 보았다. 특히 그러한 경화증을 '민주 경화증'(democratic sclerosis), 또

6 '격자'란 "바둑판처럼 가로세로를 일정한 간격으로 직각이 되게 짠 구조나 물건, 또는 그런 형식"을 말한다.

7 올슨 교수는 평생을 바쳐 근본적인 경제원리를 중심으로 '다양한 학문의 상호 연결성'을 이해하고, 이를 '격자틀 모양'으로 구축해서 정치와 사회 및 경제 현상 등을 연구하고 설명하려 하였다.

는 '제도 경화증'(institutional sclerosis)이라고 불렀다.

올슨 교수는 생애 말년에 이르러 이러한 병폐에 대한 '치료약' 개발에 연구의 주된 관심을 두었다. 우선, 올슨 교수는 빈곤한 국가들의 처지(處地)나 운명(運命; 즉, 국운(國運))을 개선하는 데 있어서 '올바른 제도들(sound institutions)과 합리적(실용적)인 정책들(sensible policies)이 결정적으로 중요하다'라는 점을 강조하였다. 세계 도처에 많은 빈곤한 국가들이 이기적인(자신의 사리사욕만 채우는) 지배계급의 '고착화된 약탈(掠奪) 행위들'로 인해 사회적으로 부패(腐敗)되거나 경제적으로 쇠퇴되었기 때문이다. 특히 올슨 교수는 "안전한 재산권, 안전한 계약, 합리적(실용적)인 경제정책이나 제도들이 국가의 '부(번영)'와 '빈곤'을 결정짓는 핵심 요인"이라고 주장하였다. 실제로, 이러한 요인들은 물직 자본 스톡, 천연자원, 교육(또는 인적 자본) 또는 경제학 교과서에 소개되는 다른 요인들보다 훨씬 더 중요하다고 주장하였다. 또한, 그러한 요인들은 '생산성이 낮은 멕시코의 어떤 노동자가 단순히 멕시코와 미국 사이의 정치적 경계(국경)를 넘기만 해도 자신의 생산성이 놀라울 정도(예, 5배 이상)로 증가하는 이유'를 설명하는 데 유용하다. 물론 그 이유는 멕시코보다 미국의 제도와 정책들이 더 우수하기 때문이다. 이러한 주장에 대한 올슨 교수의 신념과 열정은 말로만 그친 게 아니라, 마침내 1990년에 미국 메릴랜드대학교 부설「제도개혁 및 비공식부문 연구센터」(Center for Institutional Reform and Informal Sector, IRIS)를 설립하도록 이끌었다. 이 연구센터는 공산주의 붕괴 이후 탈(脫)공산주의 국가들과 개발도상국들의 경제발전을 돕기 위해 설립되었다.

올슨 교수가 살아 있었다면 사람들의 사고에 커다란 영향을 미친 그의 '집단행동이론'으로 노벨 경제학상을 받았을 것으로 여겨진다. 일부 경제학자들은 올슨 교수를 '한 가지 생각만 하는 사상가'(one-idea thinker; '하나의 큰 아이디어를 가진 사상가', a thinker with one big idea)로 여겼다. 또한, 그들은 더 나쁘게도 그의 아이디어가 경제학 내부에서보다 '경제학 외부'(특히 정치학이나 사회학)에서 더 큰 관심과 반향을 불러일으켰다고 소곤거렸다. 이러한 비난에 대해 올슨 교수는 잠시도 개의치 않았다. 올슨 교수는 '한 국가의 삶'에서와 마찬가지로 '인간 정신의 삶'에서도 '편협함'[8](parochialism)을 경멸하였다. 올슨 교수는 평생을 함께한 대초원 평지의 말투로 "어떤 종류든 상관하지 말고 '흥미롭고(interesting) 중요한(important) 문제'를 찾아서, 그 문제를 해결하기 위해 천착하십시오!"("Look for a problem that is interesting and important, and tackle it.")라고 말하였다. "이 말은 나 자신에게 하는 조언인 동시에 다른 모든 사람에게 하는 조언이기도 합니다"라고 덧붙였다.[9]

3. 무(無)정부 상태에서 벗어나기: 무정부 상태에서 민주정부로[10]

오늘날 고도로 상호 연결된 세계에서 '왜 어떤 국가들은 매우 부유

8 '편협성'(偏狹性)이란 "한쪽으로 치우쳐 도량이 좁고 너그럽지 못한 성질이나 특성"을 말한다. '편협주의'(parochialism)는 "넓은 맥락을 고려하기보다는 문제의 '작은 부분'에 초점을 맞추는 마음의 상태"이다. 보다 일반적으로 범위가 좁다. 그런 점에서 그것은 '지방주의'의 동의어이다. 특히 경멸적으로 사용될 때 '보편주의'(universalism)와 대조될 수 있다. 이 용어는 가톨릭, 동방 정교회, 성공회와 같은 많은 기독교 교회 내의 작은 부서 중 하나인 '교구'(parish)라는 개념에서 유래하였다.

9 *The Economist*, 1998년 3월 5일.

10 *The Economist*, 2000년 2월 17일.

하고, 다른 국가들은 매우 가난한가?' 그 답은 우리가 생각하는 것보다 더 간단할 수 있다. 맨서 올슨 교수는 1998년 2월 서거(逝去)하기 직전에 『정치권력과 경제번영: 공산주의와 자본주의 독재를 능가하여 성장하기』(2000)라는 새 책의 집필을 마쳤다. 이 책은 올슨 교수가 세상을 떠났을 때 '경제학이라는 학문이 얼마나 많은 것을 잃었는지'를 여실히 보여준다.

올슨 교수는 다른 유명한 저서들인 『집단행동의 논리』와 『국가의 흥망성쇠』에서와 마찬가지로 '거대'하고도 대부분의 경제학자에게는 '위협적'이기조차 한(즉, 엄두를 내기조차 어려운) '하나의 질문'에 평생을 매달려 고심하고 천착하였다. 그 질문은 '왜 어떤 국가들은 번영하지만, 다른 국가들은 번영하지 못하는가?'였다. 그 질문에 답하기 위해 올슨 교수는 이전의 책들과 마찬가지로 대부분의 '이론경제학의 무미건조한 기술적 담론'을 책이 아니라 별도로 출판된 학술 논문들에서 다루었다. 그 대신 『정치권력과 경제번영』에는 이전의 두 책에서 그랬던 것처럼 올슨 교수 특유의 '유쾌한 위트'(delicious wit)와 '예리한 비유'와 함께 이해하기 쉽고 우아하게 서술된 흥미진진한 주장들의 핵심만 담겨 있다.

『정치권력과 경제번영』은 이전 책들에서 다루었던 주제들을 더욱 발전시키고, 이들을 '독특하고 흥미로운 방식'으로 서로 연결하였다. 핵심 주제는 '정치권력의 본질'과 '다양한 유형의 권력(즉, 공산정권, 독재정권, 민주정권)이 어떻게 다양한 유형의 경제적 행동과 번영을 촉진하는지'이다. 이 주제는 놀랍게도 주류 경제학에서는 거의 다루지 않거나 깊이 생각하지 않는 주제이다. 이를 위해 이 책은 '지배자'(통치자)를 '도적'(bandit)으로 묘사한 올슨 교수의 독특하고 기억에 남는 비유로 시작한다.

올슨 교수는 역사적으로 볼 때 전사(戰士) 도적들로 구성된 '방랑도적들'(roving bandits)의 강탈이나 약탈에 시달리는 것(즉, 무정부 상태에서 사는 것)보다 '정치적 독재정권(즉, 정주도적)'하에서 사는 것이 더 나았다고 주장한다. 실제로 '방랑도적' 지배에서 '독재정권'(정주도적)으로 전환한 것이 일반적으로 '문명의 시작'을 의미한다.

그러나 이는 하나의 수수께끼이다. 방랑도적과 독재자(정주도적)가 모두 자신의 백성들로부터 '무엇이든 빼앗으려 한다'는 점에서 비슷하다고 가정할 때 '왜 한 유형(정주도적)의 약탈이 다른 유형(방랑도적)의 약탈보다 더 낫다'라고 할 수 있는가? 이에 대해 올슨 교수는 방랑도적과 달리 '독재자'(정주도적)는 자신이 착취하거나 약탈하는 영역에 대해 '포괄적인 이익심'(encompassing interests)을 가지고 있기 때문이라고 설명하였다. 즉, 독재자의 지배 영역이 번창하면 그 독재자는 세금과 다른 방식으로 더 많은 것을 빼앗아 올 수 있다. 반면에 방랑도적은 어떤 지역을 점령한 후 그저 파괴하고 다른 지역으로 이동하기만 한다. 포괄적인 이익심을 가진 독재자는 '한 지역에 정주(定住)하는 도적'(stationary bandit; '정주도적')으로서 자신의 지배 영역에서 성장을 촉진하고, 나중에 더 많은 수익(收益)을 빼앗아 오기 위해 단기적으로는 세금을 낮게 부과한다. 또한, 실제로 독재자(정주도적)는 '낮은 세금 부과'뿐만 아니라 이보다 더 나아가 '성장을 촉진하는 공공재'를 공급하며, 이를 통해 독재자는 자신의 수익을 더 많이 늘릴 수 있다.

그러므로 '독재정치'(autocracy)는 일반적으로 '무정부 상태'(anarchy)보다 약탈의 피해자들인 백성들에게 훨씬 더 낫다. 그렇다면 민주정치(democracy)는 어떤가? 먼저, 민주주의적 정부들이 자신의 권력을 유지하는 데 필수불가결한 '다수자들(majorities)의 이익'(즉, 포괄적인 이익)만을 위해 통치한다고 가정해 보자. 다시 말해서, 민주정부들이 '독재자가 자신의 모든 백성을 약탈하는 것'보다 더 가차 없이 '소수자들을 착취(약탈)한다'라고 가정해 보자. 순전히 경제적 측면에서는 '민주정치'가 여전히 '독재정치'에 비해 큰 이점을 갖고 있을 것이다. 심지어 '약탈(착취)적 민주정치'에서도 '민주정부'는 자신의 지배 사회에 대해 '독재정부'보다 '더 큰 포괄적인 이익심'(greater encompassing interests)을 가지고 있다.

왜 그런가? 세 가지 이유를 생각해 볼 수 있다. 첫째, 민주정부가 다수자들의 이익을 위해 통치하는 경우 다수자들은 자신에게 돌아오는 재분배를 위한 재원 마련에 드는 '세금의 일부를 부담'해야 하기 때문이다. 둘째, 다수자들은 자신의 소득 증가로 직접 이익을 얻을 뿐만 아니라, 부(富)의 재분배를 통해 간접적으로도 이익을 얻기 때문이다. 셋째, 다수자들은 새로운 공공재를 통해서도 직접 이익을 얻기 때문이다.

따라서 독재자가 자신의 가혹한 세금 강탈을 완화하도록 유도하는 인센티브는 민주정치에서 훨씬 더 강하게 작동한다. 민주정부가 다수자들의 이익을 위해 통치하는 경우 다수자들의 규모가 클수록 그들에 대해 갖는 '포괄적인 이익심'도 커진다. 어떤 민주정치 국가에서 '견제와 균형'(checks and balances)을 구비한 헌법이 특정 결정에 대해 '압도적 다수자들'(supermajorities)이 필요한 경우 민주정치는 올슨 교수가 말하는 이른바 '초(超)포괄적인 이익심'(superencompassing interests)을 가지게 될 것이다. 그 결과 민주정치는 예상할 수 있듯이 (1) 소수자들에 대한 '성장을 저해하는' 세금 부과가 줄어들고, (2) '성장을 촉진하는' 공공재 공급에 더 큰 관심을 기울이게 될 것이다. 그러나 이러한 유익한 결과는 유권자들이 더 큰 공익(公益)에 대한 관심이 아니라 순수한 '사적 이기심'(self-interest)에 따라 행동한다는 극단적인 가정을 전제로 하고 있다.

이러한 주장은 민주정치는 '부유한 국가들만이 누릴 수 있는 사치품'이라는 통념을 단숨에 무너뜨렸다. 올슨 교수는 역사적으로 '정치권력의 분산'과 '대의(代議)정치의 출현'이 종종 '더 빠른 경제성장의 기폭제'가 되었다고 주장하였다. '경제번영이 민주정치에 이바지하였다'라는 점은 분명한 사실이다. 그러나 많은 사람이 보기에는 불가능해 보이지만, 그 반대의 경우(즉, '민주정치가 경제번영에 이바지하였다')도 그에 못지않게 사실이다. 이 책은 이러한 주장이 '동유럽의 체제전환 국가들', 특히 '구소련'에 주는 함의에 대해 자세히 설명하였다.

또한, 올슨 교수는『정치권력과 경제번영』에서 '시장'에 대해서도 '창의적이고 색다른 주장'을 제시하였다. 올슨 교수는 "가장 가난한 국가들에서도 시장은 어디에나 널리 퍼져 있다"라고 지적하였다. 이러한 시장들에 대한 정부의 과도한 개입은 확실히 경제에 해롭다. 그러나 '가장 생산적이고 가장 이익이 되는 거래들'은 일반적으로 정부 개입에 방해받지 않는다. 반면에 잘못된 정부 개입이 경제에 해를 끼치는 것은 거래들이 생산적이지 못하거나 이익을 거의 창출하지 못하는 경우에서만 발생한다. 가난한 국가들뿐만 아니라 부유한 국가들에서도 정부가 경제에 많은 개입을 하며, 종종 서투른 방식으로 개입한다. 이러한 두 유형의 국가들에서 '잘못된 정부 개입'의 결과가 초래하는 전형적인 예로 모잠비크와 스웨덴 간의 경제 격차를 들 수 있다.

그러나 부유한 국가들과 가난한 국가들에서 발견되는 결정적인 차이는 '존재하는 시장들'이 아니라 '완전히 존재하지 않는 시장들'에 있다. 가장 가난한 국가들의 시장은 일반적으로 어떤 상품이 현장에서 돈이나 다른 상품과 교환되는 '자체이행적인 거래들'(self-enforcing transactions; '독립적으로 이행되는 거래들')을 수행한다. 그러나 거리, 또는 특히 시간과 관련된 거래들은 자체적으로 이행되지 않는다. 예를 들면, 상품 판매자의 경우

이번 주에 판매한 상품에 대해 그 대금을 다음주에 지급하겠다(즉, 시차가 발생한 경우)는 약속은 위험한 계약일 것이다. 그러한 계약들이 안심하고 체결될 수 없다면 해당 시장은 아예 존재하지 않을 수도 있다. 가장 가난한 국가들의 공통점은 '계약권과 재산권이 명확하게 규정되지 않거나 약하게 이행된다'라는 점이다. 그러한 권리들은 (1) 선진국의 시장들에서 필수적이며, 또한 (2) 빠른 성장을 위해서도 필요하다. 따라서 그러한 권리들은 그 자체로 일종의 '공공재'(public good)이다. 그러므로 올슨 교수에 따르면 그러한 권리들을 안전하게 제공하지 못한다면 이는 통치자(지배자)가 자신이 지배하는 사회에 대해 '포괄적인 이익심'을 갖지 못하기 때문이라고 보았다. 다시 말하면, 어떤 국가에서 민주정치가 없으면 지배자(통치자)가 사회에 대해 갖는 '포괄적인 이익심'은 작아질 것이며, 이는 그 국가의 경제 실패의 근본 원인이 된다.

올슨 교수는 자신이 설명한 것은 단지 '하나의 모델'이며, 모델들은 최대한 단순화되어야만 한다고 주장하였다. 올슨 교수는 자신의 주장을 말로만 한 것이 아니라 실제로 실천하였다. 올슨 교수의 연구 신조(信條)는 '명확하고 단순화된 명제'(stark and simplifying proposition)를 찾아 해결하는 것이었다. 올슨 교수에게 이 신조는 언제나 의기양양[11]할 정도로 성공적인 전략이었다. 올슨 교수는 정치경제학계에서 대체 불가능한 인물이었지만, 그의 유고작인『정치권력과 경제번영』은 우리에게 하나의 커다란 위안을 줄 것이다.

11 '의기양양'(意氣揚揚)이란 "뜻한 바를 이루어 만족한 마음이 얼굴에 나타난 모양"을 말한다.

4. 올슨 교수의 주요 통찰

1) 방랑도적과 정주도적[12]

올슨 교수가 대학원생이었을 때 어떤 책에서 남부 이탈리아의 한 농부가 한 다음과 같은 말을 읽고 큰 흥미를 느꼈다:

> "군주제(君主制, monarchy)는 왕(군주)이 나라의 '주인'이기 때문에 최선의 정부(government) 형태이다. 왕(군주)은 집주인과 같다. 어떤 집주인이 자기 집의 배선이 고장 나면 자신이 그것을 고친다."

올슨 교수는 당시 민주정치제(민주주의)에 대한 확고한 믿음을 가지고 있었지만, 이 말에 내포된 심오한 진실의 핵심을 인정하지 않을 수 없었다. 그 후 올슨 교수는 이 문제에 대해 더 많은 생각을 하였고, 수년 후에 마침내 그 답을 제시하였다.

소수의 가족으로만 구성된 '아주 소규모 원시 부족들'은 종종 '집단행동의 불가능성 문제'를 합의(合意)로 해결하며, 그들의 합의는 작고 안정적인 집단 내에서 지속적인 관계로 인해 제3자의 개입 없이 '자체이행적'(self-enforcing; 제3자의 개입 없이 양 당사자 간에 자체적으로 이행됨)이다. 그러나 '더 큰 규모의 사회들'에서는 당사자들 간의 약속이나 계약 체결을 이행하기 위한 합법적인 기관들이 필요하다. 그 대표적인 기관으

---

12 Avinash Dixit and Mancur Olson, "Social Scientist", *Economic Journal*, 109, June 1999, F443~F452.

로 정부(政府)를 들 수 있다. 이때 정부는 약속이나 계약 이행을 위해 '강제력'을 독점적으로 위임받아 수행한다. 이 과정에서 문제는 정부가 위임받은 자신의 권력(강제력)을 '사회의 이익'(또는 공익)이 아닌 '자신의 사익'(즉, 정부 자신의 이익)을 위해 사용할 수 있다는 점이다. 또한, 이 문제의 심각성은 (1) 사회의 이익이 정부의 이익에 얼마나 반영되는지, 또는 올슨이 『국가의 흥망성쇠』에서 개발한 개념에 따른다면 (2) '정부의 이익이 얼마나 포괄적(encompassing)인지'에 따라 달라질 수 있다.

올슨은 '방랑도적(roving bandit)과 정주도적(stationary bandit)'이라는 인상적인 개념을 사용하여 이 아이디어를 설명하였다. 이를 위해 다음과 같이 극단적인 가정을 해보자. 즉, 정부가 도적들과 같으며, 이들은 어떤 경제(사회)에서 백성들로부터 재물을 빼앗아 오는 데에만 관심이 있다고 가정해 보자. 먼저, 방랑도적은 한 지역에서 모든 것을 빼앗아 다른 지역으로 이동하는 약탈자(이는 '화전민'[13]과 유사함)처럼 행동할 것이다. 이를 위해 방랑도적은 100%의 세율을 부과하고, 어떠한 공공재도 공급하지 않을 것이다. 그러나 방랑도적의 이러한 약탈행동은 피해 사회(지역)가 뭔가를 생산할 수 있는 모든 인센티브를 파괴하여 생산량과 소득을 크게 감소시킬 것이며, 그 결과 방랑도적은 백성들로부터 빼앗아 올 것이 거의 없어질 것이다. 반면에 정주도적은 장기적으로 자신이 지배하는 지역의 경제를 발전시키려 할 것이다. 정주도적의 이러한 합리적(이기적) 행동은 자비나 윤리의식에서 비롯된 것이 아니라 '자신의 수익을 극대화'하기 위한 것이다. 정주도적은 '세수(稅收)를 극대화하는 세율'을 부과할 것이며, 이는

13 '화전 농업'은 "수도작(水稻作)이 불가능한 산간 지대나 고원에서 초지를 태우고 난 뒤, 그 땅에 밭곡식을 심어 거의 비료를 주지 않고 경작하는 것"을 말한다. 이 농업은 극히 '원시적인 약탈 경제'의 한 형태로, 동양에서 가장 오래된 농경 방식이다.

이른바 '래퍼 곡선(Laffer curve)의 정점(頂點)'에 해당한다. 심지어 정주도적은 공공재도 공급하려 할 것이다. 정주도적은 백성들의 총소득을 증가시켜 자신의 세금 징수를 충분히 늘릴 수 있는 정도까지 공공재를 공급하려 할 것이다. 정주도적의 세율이 t(예를 들면, 60%)인 경우, 그의 공공재 공급에 대한 최적 지출은 지출의 한계생산물이 1/t(즉, 세율의 역수; 예를 들면, 1/0.6=1.67)인 수준이 될 것이다. 물론 사회적 최적 상태에서 지출의 한계생산물은 1이다. 따라서 정주도적은 사회적 최적 수준보다 더 적은 양의 공공재를 공급하지만, 방랑도적보다는 훨씬 더 많은 공공재를 공급할 것이다.

이러한 생각은 다음과 같은 흥미로운 결론을 이끌어낼 수 있다. 즉, 백성들이 소리높여 "왕이여 만수무강(萬壽無疆)하소서!"(Long Live The King; "국왕 폐하 만세(萬歲)!")라는 말이 사실은 '백성들이 자신의 이익'을 위해하는 '이기적인' 염원일 수 있다는 사실이다. 왜 그런가? '장기적인 시계(시야)를 가진 왕'(즉, '오래 통치하는 왕')은 자신이 지배하는 사회나 백성들에 대해 '더 포괄적인 이익심(利益心)'을 갖기 때문이다. 그 결과 장기적인 시계(시야)를 가진 왕은 더 낮은 세율을 부과하고, 더 많은 양의 공공재를 공급한다. 더욱이 '왕조(王朝; 같은 왕가가 다스리는 시기)의 계승'은 왕의 시계(시야)를 더욱 길게 만들고, 왕이 백성들에 대해 갖는 이익심을 '더욱 포괄적'으로 만들 것이다.

그러나 이상적인 민주정치제(民主政治制)는 정주도적보다 그러한 기능을 훨씬 더 잘 수행한다. 다수 지배체제하에서 '다수세력'(majority; 다수자들)은 (1) '자신이 버는 시장소득'과 (2) '사회 내 다른 사람들로부터 징수하는 세수'에도 관심을 갖는다. 따라서 '다수세력의 이익심'은 자동적으로 '더 포괄적'이 된다. 따라서 민주정치제하에서 다수세력은 정주도적보다 더 낮은 세율을 부과하고, 더 많은 양의 공공재를 공급할 것이다. 물론 실제로 민주제 정부들은 분배추구 집단들(distributional coalitions; 분배추구 연합)의 영향을 받을 수 있으며, 이 경우 정주도적과의 비교가 명확하지 않을 수 있다. 올슨 교수는 이 문제를 처음 인식하고 그 답을 발표하기까지 거의 30년이 걸렸다는 사실은 그의 연구에 대한 집요함을 말해 준다. 또한, 올슨 교수는 다양한 형태의 정부(정치체제)가 갖는 '포괄적인 이익심'을 연구하였으며, 이를 구(舊)공산주의와 기타 독재정부에서 민주정치제(민주주의제)로 전환(이행)한 국가들에 적용하였다. 이러한 연구를 바탕으로 올슨은 처음에는 슘페터 책의 제목인 『자본주의, 사회주의, 민주주의』(*Capitalism, Socialism and Democracy*)를 본 따 『자본주의, 사회주의, 독재』(*Capitalism, Socialism and Dictatorship*)라는 제목의 원고를 완성하였으나, 서거하기 직전에 『정치권력과 경제번영』(*Power and Prosperity*)이라는 제목으로 수정하였다.

2) 제도 경화증: 특별이익집단의 재분배 추구 활동으로 인한 경제 경화증

올슨 교수는 초기 분석(즉, 집단행동의 논리)에서 '협소한 특별이익집단들'(narrow special interest groups)이 '대규모(잠재적) 이익집단들'보다 더 강력할 것이라고 주장하였다. 대규모(잠재적) 이익집단들은 '무임승차(free riding) 문제'로 집단 결성에 더 많은 어려움을 겪기 때문이다. 이익집단들이 경제에 미치는 거시경제적 영향은 여러 곳에서 연구되었다. 우선, 경제성장의 혜택(즉, 경제성장으로 얻는 이익; 예, 1,000억 원)은 국민 누구에게도 '배제 불가능'(non-excludable)하며, 그로 인해 사회 구성원 전체(예,

1,000만 명)에 '널리 분산'되기 때문에 '더 빠른 경제성장을 옹호하는 집단'('성장 옹호 집단')이 얻을 수 있는 이익은 총이익에서 '작은 비중만'(예, 1만 원) 차지할 것이다. 그러나 '경제성장을 옹호하는 집단'은 그 노력(집단행동)에 드는 '모든 비용(예, 1억 원)을 부담'하게 된다. 그 결과 집단결성을 위한 인센티브가 '성장 옹호 집단'('친(親)성장 집단')에게 불리하게 작용한다. 반면에 재분배는 그 혜택이 '배제 가능'하며(excludable), '재분배를 추구하기 위해 결성된 집단들'('재분배 추구 집단들' 또는 '친재분배 집단들')은 자신은 큰 이익을 얻지만, 재분배에 드는 비용은 사회 전체가 부담한다. 따라서 '재분배를 얻으려는 집단들'이 '성장을 옹호하는 집단들'보다 집단을 결성할 가능성이 더 높을 것이다. 또한, 비록 소규모 재분배 추구 집단들이라도 '집단행동 문제'(즉, '집단행동의 불가능성 문제')를 극복하는 데는 시간이 걸린다. 따라서 시간이 지남에 따라 더 많은 재분배 추구 집단들이 결성될 것이다. 재분배 추구 집단들이 결성됨에 따라 더 많은 희소한 경제자원들이 '기술 발전과 기타 (혜택이 배제 불가능한) 성장촉진 활동들'에서 (혜택이 배제 가능한) '재분배 활동들'로 전환될 것이다. 따라서 올슨은 시간이 지남에 따라 재분배 추구 집단들이 누적됨으로써 경제성장이 침체하거나 '경화될'(sclerotic) 것이라고 예측하였다.

이러한 '경화(硬化) 효과'는 특별이익집단들(special interest organizations)의 결성에 기인한 것이다. 특별이익집단들이 파괴되면 성장 가능성이 높아질 것이다. 쿠데타나 혁명 등과 같은 '대변혁'이나 '불안정성'은 (1) 특별이익집단들의 영향력과 (2) 그들이 사회적 자원을 통제할 수 있는 수단을 파괴한다. 지속적인 격변(激變)이나 대변혁은 한편으로 (1) 경화증이 자리잡지 못하게 하는 데에는 이롭지만, 다른 한편으로 (2) 경제 주체들이 기존제도에 대한 신뢰를 잃게 하거나, 대가(quid pro quo; 보상)를 요구하는 장기 계약 체결을 꺼리게 함으로써 경제에 해롭다. 또한, 지속적인 격변으로 규모의 경제와 기타 경제적 효율성이 사라지게 된다. 따라서 최근 격변이 있었지만, 장기적인 안정이 뒤따를 것으로 예상되는 사회에서 최고의 성장 가능성이 존재할 것이다.

올슨 교수는『국가의 흥망성쇠』에서 제2차 세계대전 후 많은 국가의 경험을 살펴본 결과, 자신의 이론과 일치한다는 사실을 발견하였다. 제2차 세계대전 후에 '가장 빠르게 성장한 국가들'은 특히 전시 및 전쟁 이전의 정부 붕괴를 포함하여 사회 내에서 '가장 커다란 파괴를 겪은 국가들'이었다. 독일, 일본, 이탈리아 등에서는 새로 수립된 민주 정부들이 사회적으로 경제 및 정치 관계의 안정을 도모하였다. 반면에 미국, 영국, 호주, 뉴질랜드와 같이 제2차 세계대전으로 인해 '정부와 제도가 바뀌지 않은 국가들'은 전후에 훨씬 더 낮은 경제성장을 기록하였다.

3) 정부가 만든 시장

올슨 교수는 경제적 저개발(低開發)은 '어디에나 있는 일반적인 시장들'이 없어서가 아니라 '특정 유형의 시장들', 즉 정부가 마련하여 제공하는 적절한 법적 제도들을 통해서만 생겨나고 번창하는 "'사회적으로 고안'(socially contrived)되거나 '정부에 의해 만들어진'(governmentally contrived) 시장들 또는 '재산권 집약적인'(property-rights intensive) 시장들"이 없어서 발생한다고 주장하였다. 자유시장 질서의 근간을 이루는 필수적인 정부 활동들은 대체로 일상적이고 당연한 것이어서 '정부의 역할'에 대한 지속적인 논쟁에서 그다지 중요하게 다루어지지 않는다. 이러한 맥락에서 경제적 자유주의자들은 항상 정부 개입을 줄여야 한다고 주장하기 때문에

"정부가 적을수록 좋다"는 것이 그들이 내세우는 입장의 요지(要旨)이지만, 이는 오해(誤解)이다. 그러나 지구상 60억 인구 중 약 50억 명이 직면하는 실제 상황은 전혀 다르다. 특히 취약한 것은 법적 제도들의 낙후성(落後性)이다. 예를 들면, 빈곤한 국가들은 부패한 공무원들과 불공정한 법원들, 많은 또는 대부분의 사람들이 비공식 부문(informal sector)으로 쫓겨날 정도로 제 기능을 하지 못하는 법률들, 도둑정치(kleptocracy; 권력자가 막대한 부를 독점하는 정치체제)에 의한 자의적 몰수, 홉스적 무정부 상태(Hobbesian anarchy)의 혼란 등에 이르기까지 모두 재산권과 계약권의 보호가 불충분하여 경제발전에 커다란 어려움을 겪고 있다. 빈곤한 국가들은 이러한 상황에서 대부분의 경제 활동이 올슨 교수가 명명한 '자생적' 또는 '자체이행적' 시장들(spontaneous or self-enforcing markets)—즉, 개인적인 관계나 대면 접촉에 기반한 시장들—에 한정되어 있다. 그러나 이러한 시장들은, 아무리 탄력적이고 지속적이라고 하더라도, 경제번영의 기반이 되는 분업을 만들어낼 수 없다.[14]

4) 시장을 확대하는 정부: '시장 확대 정부'

일반적으로 경제성장에 '장기적인 안정성'이 중요하다는 사실은 모든 사회와 정부(정치체제나 통치체제) 형태—즉, 독재정부든 민주정부든—를 막론하고 다 같이 적용된다. 우선, '독재정부'(autocratic government)의 경우를 살펴보자. 독재정부는 '포괄적인 이익체'(encompassing interest)로 간주될 수 있다. 즉, 독재정부는 지배 사회에 대해 '포괄적인 이익심'을 갖는 것

14 Brink Lindsey(2002), *Against the Dead Hand*, New York: John Wiley, pp. 175~176.

으로 이해될 수 있다. 왜 그런가? 어떤 독재자는 자신이 지배하는 사회(국가)에서 창출된 '모든 소득과 부의 최종 수령자'(착취자)이기 때문이다. 그러나 자신이 지배하는 사회에서 모든 소득과 부를 착취하기 위한 독재자의 세금 부과와 강탈은 백성들의 소득(생산량)과 부를 창출하려는 인센티브를 감소시킨다. 따라서 독재자는 지배 사회에 대해 '장기적인 계획 시계'(視界; long term planning horizon)를 가지며, 이는 세금 부과와 강탈을 통한 '강제적인 수탈(收奪)'을 제한하는 역할을 한다. 또한, 독재자는 지배 사회의 백성들을 위해 자신이 강탈한 자원을 사용하여 '공공재를 공급'하려 할 것이다. 이때 독재자는 자신이 강탈한 소득(생산량)과 부의 증가를 통해 공공재 공급에 드는 비용을 충당하기에 충분한 세수를 확보하고 있어야 한다. 다시 말하면, 독재자는 백성들에게 공공재나 공공서비스(public services)를 공급함으로써 자신의 소득(생산량)과 부를 증가시킬 수 있는 한 백성들에게 공공재나 공공서비스를 공급할 것이다. 그러나 독재자가 (1) 한 지역(사회)에서 자신의 권력(지배)을 오래 유지하지 못하거나, (2) 다른 지역으로 이주할 계획이라면(올슨은 이러한 독재자를 '방랑도적'이라고 부름), 그 독재자는 지배지역에서 '계약 집행'을 포함한 다양한 공공서비스를 공급함으로써 이익을 얻지 못할 것이다. 이때 그 독재자는 '방랑도적'으로서 자신의 수중(手中)에 있는 부를 극대화하기 위해 지배지역의 경제를 모조리 약탈만 하려는 인센티브를 갖게 될 것이다. 그러한 약탈행위가 장기적으로 부를 감소시킨다는 사실은 이러한 유형(방랑도적형)의 독재자에게는 전혀 중요하지 않다. 따라서 '장기적인 계획 시계(시야)'를 가진 '안정적인 독재자'(즉, '정주도적형 독재자')만이 장기적으로 자신의 지배 사회와 그 자신을 위해 소득(생산량)과 부를 극대화하려고 애쓸 것이다. 즉, '방랑도적형 독재자'와 달리 '정주도적형 독재자'는 비록 그가 독재자이지만 자신의 지배 사회에서 적절한 세금 부과와 공공재 공급을 통해 소득(생산량)과 부를 극대화하려는 '좋은 통치'(good governance; 즉, '선정'(善政), 또는 '잘 다스림')를 펼치려 할 것이다. 이처럼 '좋은 통치'의 중요성은 민주정치 사회(국가)들에만 국한되지 않는다. 그렇지만 오늘날 '정주도적형 독재자'(stationary autocrat)는 안정된 사회(국가)들에서 가장 선호되지 않는 통치 형태이다.

다음으로, '초포괄적인 이익심'을 추구하는 세력은 (1) 어떤 사회에서 사회(국민)소득의 매우 큰 비중을 차지하는(예, 국민소득의 70%) '다수자들로 구성된 지배세력'으로서, (2) 이들은 자신들에게 적극적으로 소득과 부를 재분배하지 않는다! 또한, 올슨 교수는 정의(定義)상 '시장에서 소득을 획득하는 다수자들'이 '소득을 빼앗는 독재자'보다 사회에 대해 '더 포괄적인 이익심'을 갖는다고 주장하였다. 따라서 다수세력과 과두정치(寡頭政治; 적은 수의 사람들이 국가의 지배권을 장악한 정치)가 독재자보다 '더 많은 공공재'를 공급한다는 결론이 나온다.

이제까지 간단히 설명한 '올바른 통치'[15](선정)라는 개념은 올슨 교수가 사후에 출간한 『정치권력과 경제번영』에서 더욱 발전되었다. 특히 이 책에서 올슨 교수는 "시장 확대 정부"(market-augmenting government; '시장을 확대하는 정부')라는 창의적인 용어를 만들어 냈다. '시장 확대 정부'는 (1) 경제성장을 위해서는 '자체집행적이지 않은 복잡한 시장들'(예

15 1990년대 초 냉전 이후 공여국들은 개도국의 개발을 효과적으로 지속하기 위해서는 국민의 정치, 사회, 경제 등 각 분야에의 참여와 이를 보장하는 각종 제도 정비가 전제되어야 함을 공통으로 인식하였다. 이렇게 개도국 국민의 개발에의 참여를 확보하는 제도, 체제를 총괄하여 '올바른(좋은) 통치'(good governance)라 부르며, 구체적으로는 민주주의, 법의 지배, 투명한 회계 제도와 공무원 제도 등 행정 부문의 효율화, 부패 방지, 과다한 군비지출의 억제, 인권 보호 등이 올바른 통치의 주요 항목으로 되어 있다.

를 들면, 자본시장이나 보험시장 등)이 필요하다는 실용적 통찰과 (2) 그러한 시장들의 조성 및 확대를 위해 '재산권과 계약에 대한 정부의 공정한 집행'이 있어야 하고, (3) 정부나 이익집단들에 의한 어떤 유형의 '강탈이나 약탈도 없어야 한다'는 필수적인 일반 조건을 포함하고 있다. 정부는 사회나 국민에 대해 '포괄적인 이익심'을 가질 때 가장 잘 기능한다. 그러나 올슨 교수가 『국가의 흥망성쇠』에서 설명한 것처럼 정부는 '일반 사람들의 이익이나 복지'(general welfare; 일반이익 또는 공공복지)를 희생시키면서 '특별이익집단들'(special-interest groups)의 특별이익에 집중하는 경향이 있다. 따라서 올슨의 '정책 처방'은 특별이익을 제한하도록 '제도적 통제'(institutional control)를 가하는 일이다. '올바른 제도적 통제'(good institutional control)는 곧 '올바른 통치'이다. 즉, 정부가 '제도들'(institutions)을 통해 '협소한 이익'(narrow interests)보다는 '포괄적인 이익'을 증진하도록 '권위적 통제'(authoritative control)를 가하는 일이다. 올슨의 주장에 따르면 저개발국들이 (1) 단순히 요소부존량(부존자원)이나 기술(技術)의 부족이 아니라 (2) '나쁜 제도적 통제'(poor institutional control)로(즉, '좋은 제도적 통제'가 이루어지지 않아서) 경제가 발전하지 못한다.

또한, 시장은 다음과 같이 출현한다. 우선, '자체집행적인(self-enforcing) 단순한 시장들(simple markets)'은 (1) 상품들과 서비스들이 현장에서 즉각적인 교환(거래)이 이루어지고, (2) 이로부터 교환(거래)의 양 당사자가 즉각적으로 이익을 얻으며, 그 결과 이들 시장은 '자연적(자생적)으로 출현'한다. 반면에 '자체집행적이지 않은(not self-enforcing) 복잡한 시장들(complex markets)'은 정부의 적절한 지원 없이는 생겨나지 않는다. 이들 시장은 '정부가 인위적으로 만들어 낸 시장들'(government-contrived markets)로서 공공재 공급이나 자본시장, 보험시장 등을 말한다. 공공재의 경우 정부의 개입 없이는 사회가 필요로 하는 양만큼 충분히 공급되지 못하는 특성을 가진다. 예를 들면, 어떤 공공재가 대규모 집단들에게 공급되는 경우 집단 구성원들의 '무임승차'(비용 부담 없이 이익만 누리려는 성향)로 인해 시장에 맡기면(또는 정부 개입이 없다면) 충분히 공급되지 않을 것이다. 또한, '제3자(정부)에 의한 외부 집행(outside enforcement)'이 필요한 보험시장들과 선물시장들도 정부의 지원이 없으면 생겨나지 않을 것이다. 반면에 특별이익집단들이 로비 활동을 통해 '강력한 중앙정부'의 재분배 권한을 장악(포획)함으로써 귀중한 자원이 생산 증대보다는 '분배 추구 활동'에 쓰게 하려는 인센티브를 유발할 것이다. 그럼에도 불구하고 '올바른 통치'는 장기적인 계약들을 집행하고, 사회적으로 필요한 공공재들을 공급함으로써 경제성장에 매우 중요하다.

결론적으로 정부의 힘(정부력)은 '좋게 쓰일 수'(선정)도 있고 '나쁘게 쓰일 수'(폭정)도 있으며, 어떻게 쓰이느냐에 따라 경제성장에 결정적인 차이를 가져다준다. 제2세계와 제3세계 국가들은 (1) 단순히 '잠재력(潛在力)이 낮아서' 경제성장이 저조한 게 아니라, (2) 사회적으로 과도한 수탈이나 착취, 복잡한 시장들의 부재, 기타 잘못 설계된 경제정책들 등의 형태로 이루어지는 '잘못된 통치'(bad governance)로 인해 그들의 잠재력에 훨씬 못 미치는 성장을 하고 있다.

일찍이 애덤 스미스는 '국부'(國富)와 관련하여 여러 중요한 진리들을 제시하였지만, 일부 진리는 완전하지 않다. 애덤 스미스는 "어떤 사회(국가)가 '경제번영'을 이루려면 그 사회(국가)에는 올슨 교수가 말한 이른바 '시장을 확대하는 정부'(즉, '시장 확대 정부')가 필요하다"라는 중요한 점을 간과하였다. 많은 사람은 '정부가 시장을 억압하거나 간섭하는 역할만 한다'라고 생각하지만, "경제번영을 이룬 '가장 부유한 사회(국가)들'에는 대체로 '시장의 수를 증가시키는 정부'가 있다"라는 사실을 발견할 수 있다. 정부가 존재하지 않는 '무정부 상태'(anarchy)에서는 사람들이 '시장에서 거래'하는 대신 '생존을 위한 투쟁'을 할 것이다. 그러나 '정부가 출현하여 무정부 상태를 대체'하는 '유(有)정부 상태'(archy; [주] 역자가 만든 말임)에서는 정부가 '시장을 확대' 시킬 것이다. 이는 정부가 무질서 대신에 '평화로운 질서'(즉, 유질서)를 제공함으로써 사람들이 생산하고, 시장에서 거래하려는 인센티브를 증가시키기 때문이다.

많은 사람은 평화로운 질서가 확립되면 생계유지에 필요한 시장이나 경제번영에 필요한 시장 등을 포함하여 '필요한 모든 시장'이 '저절로'(spontaneously; 자생적으로) 생겨난다고 생각한다. 그러나 이러한 생각은 두 가지 유형의 시장 중 하나의 경우에만 해당한다. 우선, 한 종류의 시장은 거래가 제3자의 개입 없이 순전히 양 당사자 간에 '자체적으로 이행되는 시장'을 말한다. 즉, 단순히 거래에서 발생하는 이익이 종종 매우 크고, 거래당사자들이 '외부의 도움 없이'도 이러한 이익을 얻을 수 있을 때 '자생적으로 생기는 시장'을 말한다. 사람들이 '즉석에서' 상품과 현금을 거래할 때 이러한 거래를 '자체이행적'('독립이행적' 또는 '자율이행적') 거래라고 한다. 거래들이 자체이행적이면(즉, 당사자들 간에 자율적으로 이루어지면) 시장들은 '저절로'(자생적으로) 생겨난다. 만약 정부가 자체이행적 거래들을 불법으로 규정하면 그러한 거래들은 사라지지 않고 '암시장'(black markets)으로 존재할 수도 있다.

다음으로, 다른 종류의 시장은 '제3자(주로 정부)에 의한 계약 집행'이 있을 때만 존재하는 시장이다. 이러한 시장은 자생적으로 생기는 것이 아니라 '정부가 인위적으로 만든 시장'이다. 예를 들어, 장기 대출의 경우를 고려해보자. 대출자는 처음에 자신의 돈을 빌려주고, 나중에 이자와 함께 그 돈을 돌려받을 수 있다는 합리적인 확신이 없다면 돈을 빌려주지 않을 것이다. 따라서 정부의 법률 제도와 같은 '공정한 제3자'가 대출 계약을 집행하는 경우에만, 대출자들은 돈을 빌려주고, 차입자들은 돈을 빌릴 수 있다. 종종 제3자는 대출자를 위해 대출로 구매한 자산을 압류하는 방식으로 대출 계약을 집행한다. 이처럼 자본시장, 보험시장 및 기타 여러 시장의 경우 '계약을 집행하고, 그로 인해 시장을 확대하는 정부'가 있을 때만 '거래로 인한 막대한 이익을 실현'할 수 있다. 부유한 선진국가들(또는 제1세계 국가들)에서는 '시장을 확대하는 정부'가 존재하며, 그로 인해 '자체이행적 시장들'뿐만 아니라 '제3자(정부)에 의한 집행에 의존하는 광범위한 시장들'('자체이행적이지 않은 시장들', 또는 '정부가 만든 시장들')도 존재한다. 반면에 후진국들(제3세계 국가들)과 공산주의에서 이행한 국가들(제2세계 국가들)에서는 '시장을 확대하는 정부'가 없으며, 대개 '자체이행적인 시장들'만 존재한다.

5) 강하지만 자제적인 정부: 강 · 자제적(强 · 自制的) 정부

어떤 사회나 국가가 경제적으로 번영하는 데 필요한 인센티브 구조는 저절로(자생적으로) 생겨나는 것이 아니라, 사회적 축적과 '정부의 설계'의 결과이다. 예를 들어, '정부가 존재하지 않으면 사유 재산은 존재하지 않는다'. 사람들은 정부 없이도 '개가 뼈를 소유하는 것'처럼 자신의 물건이나 재산을 '소유'(所物)할 수 있다. 그러나 정부가 없다면 '사회적으로 승인(承認)된 재산권'은 존재하지 않는다. 정부가 '사유 재산에 없어서는 안 될 존재'이지만, 동시에 정부는 종종 '사유 재산에 가장 큰 위협이 되는 존재'이기도 한다. 정부는 자신이 원하는 모든 재산을 '강탈할 수 있는 권한'을 가지고 있기 때문이다. 세계 많은 국가에서 사유 재산이 '안전하지 못한' 이유는 (1) 정부가 종종 사유 재산을 몰수(沒收)하거나, (2) 정부가 너무 불안정하거나 약해서 사람들이 정부가 사유 재산을 영속적으로 보호해 줄 수 있을지 확신할 수 없기 때문이다. 따라서 경제발전과 경제번영을 위해서 정부는 다음 두 가지 조건을 갖추고 있어야만 한다. 첫째, 정부는 (1) '시장을 확대'(augmenting markets)해야 하며, 둘째 정부는 (2) 사유 재산을 영속적으로 안전하게 보호할 수 있을 만큼 '강력'(strong)해야 하지만, (3) 개인의 권리들을 침해하거나 강탈하지 않을 정도로 '자제'(inhibited; '절제')해야 한다.[16] 이를 "강(强)하지만 자제적(自制的)인 정부"(strong and inhibited government; [주] 역자가 만든 말임)라고 부를 수 있다. 그러나 세계적으로 이 두 조건을 동시에 충족하는 경우는 매우 드물다.

경제발전을 위해 가장 좋은 것은 첫째, 국가(정부)가 재산권과 계약 집행권을 완전히 안전하게 보장할 수 있을 정도로 '강해야' 한다. 사람들은 대개 국가(정부)와 법원과 국가 권력이 영원히 지속될 것이라고 믿기 때문에 그들은 국가에 대해 완전한 신뢰감을 가지고 손자들을 위한 신탁계정(예를 들면, 99년 임대계약)에 가입한다. 둘째, '강력한' 힘을 가진 국가(정부)는 그 힘을 사용하는데 '자제'해야 한다. 즉, 국가(정부)는 (1) 정부 활동에 개입할 때나, (2) 국내 시민들과 기업들, 또한 국내에 거주하는 외국 기업들과 외국인 투자자들의 권리를 침해하지 않도록 그 힘을 자제(또는 절제)해야 한다. 그래서 전 세계에서 부유한 국가들이 적은 이유 중 하나는 이러한 두 조건이 동시에 충족하기 매우 어려운 조합이기 때문이다. 일반적으로 '강한 국가'(strong states)는 강력한 독재자가 지배하기 때문에 '다양

16 "Talking with Mancur Olson" by Michael Parkin.

한 종류의 약탈과 생산적이지 않은 개입'으로 그 사회에 엄청난 해를 끼치는 국가들이다. 반면에 어떤 사회에 '약한 국가'(weak states)가 있으면 사람들이 신뢰할 수 있는 재산권을 안전하게 보장하지 못할 것이다. 따라서 세계에는 약한 국가가 많이 존재한다. 약한 국가는 경제발전에 좋지 않으며, 또한 대부분의 강한 국가는 그 힘을 경제발전보다는 주로 사회적으로 해를 끼치는 데 사용하고 있다.

정부의 역할과 관련하여 서구의 '이데올로기'는 오해의 소지가 있다. 서구의 이데올로기는 어떤 의미에서 19세기 후반부터 생겨났고, 주로 '복지국가'와 '케인즈주의적 적극 개입주의' 등을 중심으로 논쟁이 이루어졌다. 보수주의자들은 19세기 후반의 '영국식 국가'(British state)를 유지하길 원하였고, 좌파는 좀 더 '모험적인 국가'(venturesome state)를 원하였다. 또한, 이념적 논쟁은 '시장 대 국가'에 관한 것이었고, 이 논쟁에는 일종의 선동적 요소가 있었다. 즉, 많은 사람이 (1) '시장은 모두 좋고, 국가는 모두 나쁘다', 또는 (2) '국가는 모두 좋고, 시장은 모두 나쁘다'라고 말하였다. 그러나 이러한 이데올로기 논쟁보다 본질적으로 더 중요한 점은 '강하면서도 자제적인 국가'가 필요하다는 사실이다.

따라서 '경제번영에 진정으로 필요한 정부'는 (1) '시장을 확대하는 정부'이며, 또한 '시장을 확대하는 정부'는 (2) '강하면서도 자제하는 정부'여야 한다.[17]

올슨 교수는 경제학 공부에서 논리와 관찰의 중요성을 다음과 같이 말하였다. "일부 경제학 강의는 모델들의 '논리'(論理, logic)를 설명하면서, 종종 그 모델들을 현실 세계에서의 '관찰'(觀察, observation)과 연관시키지

17 Mancur Olson(1997), *Capitalism, Socialism and Dictatorship*, pp. 346~347.

않는 경향이 있다. '오페라[18]의 영광은 말과 음악'이라는 말이 있듯이 '경제학의 영광은 논리와 관찰'이다. 논리와 관찰이 함께 어우러질 때만, 즉 '경제이론의 논리'가 '우리 주변에서 관찰되는 것'을 명확하게 설명할 때만 비로소 '경제학의 위대한 실용적 가치'가 드러나게 된다."

공자(孔子)가 제자 증자(曾子)에게 "나의 도(道)는 하나의 이치로써 모든 일을 꿰뚫고 있다"(吾道一以貫之)라고 말하였다. 이에 증자는 다른 제자들에게 "선생님의 도는 바로 충(忠; 어떤 일을 할 때 한마음으로 집중하는 마음)과 서(恕; 상대와 내가 같이하는 마음)일 뿐이다"라고 설명하였다. 공자는 일흔이 넘는 나이에 자신의 삶을 "나의 길은 하나로 꿰어져 있다. 나는 일관된 길을 걸어왔다. 세상의 흐름에 흔들리지 않고 내가 가야 할 길을 지금까지 일관되게 걸어왔다"라고 요약하였다. 이 문구는 올슨 교수에게도 아주 잘 어울린다. "올슨의 길도 하나로 꿰어져 있다(一以貫之)"라고 요약할 수 있기 때문이다. 올슨 교수는 세상에 대한 관찰과 사유를 통해 일평생 하나의 논리로써 거대한 서사(master narrative)인 국가의 경제 번영과 쇠퇴를 탐구하였기 때문이다.

마지막으로 다음 분들께 감사를 드리고자 한다. 본 역서의 초고를 읽고 흔쾌히 서평을 써 주신 좌승희(한국제도경제학회) 이사장님, 강정모(경희대) 명예교수님, 이상학(국민대) 명예교수님, 이강구(KDI) 박사님, 정성호(한국재정정보원) 박사님께 심심한 감사의 말씀을 드린다. 한국 경제를 실사구시적으로 연구하는 이분들이 본 역서의 초고를 읽고 조금이나마 영감(靈感)을 얻기를 기대하며 서평을 부탁드렸다. 특히 좌승희 이사장님은

18 '오페라'(opera)란 "음악·연극·무용·미술 등을 망라한 종합 무대 예술"을 말하며, 대사는 독창·중창·합창 등으로 부르고, 서곡이나 간주곡 등의 기악곡도 덧붙여진다.

논문에 가까운 서평을 써 주셨다. 좌승희 이사장님이 지난 10년간 심혈을 기울여 연구한 '경제발전의 일반이론'과 '경제적 차별화 원리'를 올슨 교수의 '경제번영론'에 접목하여 올슨 교수가 간과한 점을 보완하고, 그 대안을 제시하는 놀라운 열정을 보여 주셨다. 마침내 동서양의 실사구시적 경제발전론의 두 대가(大家)가 자신만의 독특한 생각을 통해 서로 만난 것 같다 (Dr. Jwa meets Prof. Olson).

본 역서의 제목인 '政治權力과 經濟繁榮'을 한자로 써 주신 명필가 권기영 청원서실(靑園書室) 원장님과 '올슨의 경제번영을 위한 플라이휠(Flywheel)'을 그려 주신 김민정(사회문화정보사) 이사님께도 감사를 드린다. 지방 대학생들의 '자기발전'을 위해 열과 성을 다해 애쓰시는 경국(구 안동)대학교 무역학과 강효원 교수님, 정갑연 교수님, 최돈승 교수님께도 감사를 드린다. 무엇보다도 어려운 출판 환경에도 굴하지 않고 본 역서를 기꺼이 출간해 주신 도서출판 해남 노현철 사장님의 출판 기업가정신과 오랜 교정에 정성을 다해 준 편집 담당자님께도 깊이 감사를 드린다. 매일 온전한 정신으로 번역에 집중할 수 있게 해 준 사랑하는 아내(우미혜)에게도 무한한 감사를 드린다.

2025년 2월 19일
1998년 2월 19일 서거한 올슨 교수를 기리며
맨서 올슨 연구소 소장 이성규 씀

찰스 캐드웰(Charles Cadwell) 교수의 소개말

인류 역사에서 "'권력'(power; 정치권력 또는 지배권력)과 '번영'(prosperity; 경제번영)이 어떻게 관련되어 있는지"에 대한 질문은 지난 수 세기 동안 사람들의 생각을 끈질기게 사로잡아 왔다. 실제로 1340년경 이탈리아의 도시 공화국 시에나(Siena)[1]의 지도자들이 저명 화가에게 이 질문에 직접 답할 목적으로 한 쌍의 프레스코화(畫)(fresco)[2]를 그리도록 의뢰하였다. 이 두 프레스코화는 암부로조 로렌체티[3](Ambrogio Lorenzetti; 이탈리아의 시에나파 화가, 1290?~1348년)가 그린 것으로 당시 시에나 공화국을 통치하는 '9인 공의회'[4]가 국정(國政)을 심의하였던 방을 화려하게 장식

1 [역주] '시에나'는 이탈리아 중부 토스카나(Tuscany)주 플로렌스(Florence) 남쪽에 있는 도시를 말하며, 유명한 대성당이 있다.

2 [역주] '프레스코'란 "벽화를 그릴 때 새로 석회를 바르고 채 마르기 전에 수채로 그리는 화법"을 말한다.

3 [역주] '암부로조 로렌체티'는 이탈리아의 화가로 그의 형 피에트로(Pietro) 로렌체티와 동문인 S. 마르티니와 함께 1300년대 '시에나파(派)'의 대표적 화가였다. 시에나파의 정서적 전통을 이어받아 G. 피사노나 조토의 고딕적인 심리 표현의 영향 등을 더해 우아하고 매혹적인 화풍을 전개하였다. 당시 시에나파는 13세기 후반에서 14세기에 걸쳐 이탈리아의 시에나에서 융성하였던 회화파를 말한다. 비잔틴 미술의 전통적인 형식과 화법에 3차원적 입체감을 주어 리듬감 넘치는 장식적인 선(線)과 때로는 장식적이지만 잘 조화를 이룬 색조(色調)를 곁들인 양식을 특징으로 하였다.

4 [역주] '공의회'(公議會)란 "교황이 세계의 추기경, 주교, 신학자들을 소집하는 종교 회의"를 말하며, 교리, 규율 등을 협의해서 규정한다.

하였다.[5] 로렌체티가 그린 그 두 그림은 「나쁜 정부[6]의 알레고리[7]」(Allegory of Bad Government; '폭정의 우화')와 「좋은 정부[8]의 알레고리」(Allegory of Good Government; '선정의 우화')로 명명(命名)되었다. 이 그림들은 놀랍게도 맨서 올슨(Mancur Olson) 교수가 『정치권력과 경제번영』(*Power and Prosperity*)에서 심도 있게 다루고 있는 문제들을 초기의 단순화된 시각으로 예리하게 표현하고 있다.

로렌체티의 두 프레스코화에서 '나쁜 정부'(bad government)는 무너져 가는 성벽(城壁) 앞에 앉아 있는 '폭군(暴君; 포악한 군주)의 모습'으로 표현되었다. '폭군'은 일련의 악덕행위들—즉, 잔인, 반역, 사기, 분노, 분열, 전쟁, 탐욕, 교만, 허영 등—에 대해 재판을 하고 있다. 다양한 약탈, 전쟁, 범죄 등과 정의가 짓밟히는 장면들이 폭군과 함께 각각 다른 명칭이 붙여진 인물들을 둘러싸고 있다. 이 인물들은 모두 중세 공공미술에서 요구되는 극적인 표정과 의상으로 묘사되어 있다([역주] 다음 그림 참조).

이와 대조적으로 「나쁜 정부의 알레고리」 프레스코화 오른쪽 벽에는 「좋은 정부의 알레고리」 프레스코화가 배치되어 있다. 이 프레스코화에는 '공동선'(Common Good)을 추구하는 어떤 큰 인물(선한 왕)을 중심으로 '좋은 정부'가 가져다주는 결과와 미덕들—즉, 지혜, 평화, 정의, 믿음, 자선,

5 [역주] 연작으로 그려진 로렌체티의 그림들은 시에나 팔라초 푸블리코(시(市)청사)에 있는 '살라 델라 파체'(평화의 방)의 벽면을 장식하였다.

6 [역주] '나쁜 정부'란 '폭정'(暴政) 또는 '악정'(惡政)을 의미한다. '악정'이란 "백성을 괴롭히고 나라를 망치는 그릇된 정치"를 말하며, '폭정', '비정'(秕政), '학정'(虐政), '가정'(苛政) 등으로도 불린다.

7 [역주] '알레고리'(allegory)란 "본래의 뜻은 감추고 나타나 있는 것 이상의 깊은 뜻이나 내용을 미루어 살피게 하는 문장 수사법"을 말한다.

8 [역주] '좋은 정부'(good government)는 '선정'(善政)을 의미한다. '선정'이란 "백성을 바르고 어질게 잘 다스리는 정치"를 말하며, '선치'(善治)라고도 불린다.

「나쁜 정부의 알레고리」(Allegory of the Bad Government)

출처: 위키피디아.

관용, 화합 등—이 묘사되어 있다.[9] 또한, 「좋은 정부의 알레고리」 프레스코화에 묘사된 인물들 중에서 주목할 만한 점은 그림 하단에 있는 두 집단의 사람들이다. 이 그림의 하단 오른쪽에는 (1) '군인들과 죄수들'이 있고, 왼쪽에는 (2) 다수의 '의원들'이 모여 있다([역주] 다음 그림 참조). 이러한 두 가지 하위 구성[10]은 올슨 교수의 책에서 특히 초점을 맞추고 있는 부분으로 (1)

9 이러한 프레스코화들에 대한 상세하고 심층적인 논의를 보려면 다음 책을 참고하기 바란다: Randolph Starn and Loren Patridge(1992), *Arts of Power*, Berkeley: University of California Press, pp. 1~80. 이 시기 이탈리아 도시들에서 코뮌(Commune; 도시 공화국)의 운영에 대한 설명을 보려면 다음 책을 참고하기 바란다: Lauro Martines(1979), *Power and Imagination: City-States in Renaissance Italy*, New York: Knopf.

10 [역주] '구성'(構成)이란 "예술에서 표현상의 소재를 독자적인 수법으로 조립·배열시키는

「좋은 정부의 알레고리」(Allegory of the Good Government)

출처: 위키피디아.

'권력의 행사'(그림의 상단 부분)와 이 과정에서 (2) '일반 시민의 역할'(그림의 하단 부분)을 표현한 것이다.

「좋은 정부의 알레고리」 프레스코화 옆에는 (1) '좋은 도시'(Good City; [역주] 정확히는 「도시에서의 좋은 정부의 결과」(Effects of Good Government in the City))와 (2) '좋은 시골'(Good Country; [역주] 정확히는 「시골에서의 좋은 정부의 결과」(Effects of Good Government in the Country))이라는 두 장면이 그려진 프레스코화가 배치되어 있다([역주] 다음 그림 참조). 이 두 장면에는 도시와 시골에서 성공적인 지배체제(governance)가 가져다주는 번영을 표현하고 있다. 먼저, '좋은 시골' 프레스코화에는 풍요로운 들판에 수확하는 사람들이 여기저기 흩어져 있고, 당나귀들이 곡식 자루들을 지

일"을 말한다.

고 완만한 언덕을 천천히 올라가고 있다. 다음으로, 당나귀들의 목적지는 '좋은 도시' 프레스코화 속에 묘사된 분주한 시장이다. '좋은 도시'의 시장에는 무용수들과 장인(匠人)들, 분주한 거리, 잘 간수된 건물들이 '좋은 도시'의 모습을 잘 묘사하고 있다. 이러한 모습과 그 메시지가 시에나 도시 공화국의 내부 지배(통치)에 도움이 되었을지 모르지만, 당시 이 그림들을 의뢰한 정권은 역병(疫病), 카를 4세(신성로마제국 황제, 1316~1378년)에 의한 외부의 위협, 지역 세력의 봉기 등으로 약화되었으며, 마침내 1355년에 몰락하였다. 시에나의 발전은 시간이 흐르면서 멈추어 버렸고, 이러한 프레스코화들은 (1) 단지 '도시 규모의 중세 생활을 보여 주는 작은 박물관'으로 남아 있을 뿐만 아니라, (2) 비록 오늘날 고속도로 광고판 크기

[역주] 위 사진에서 「나쁜 정부의 알레고리」는 방의 왼쪽 벽면에, 「좋은 정부의 알레고리」는 방의 가운데 벽면에 배치되어 있다. 마지막으로, 방의 오른쪽 벽면에는 '좋은 도시'와 '좋은 시골'이라는 두 장면이 그려진 프레스코화가 배치되어 있다.

출처: 위키피디아.

로 전시되어 있을지라도 좋은 지배(통치)가 얼마나 취약한지를 교훈적으로 말해 주고 있다.

이러한 프레스코화들이 그려진 지 651년 정도가 지난 후, 1991년 8월 어느 저녁에 어떤 한 저명 기자가 전화를 걸어와 제기한 질문들로 인해 맨서 올슨 교수는 오랫동안 '나쁜 정부가 붕괴된 후에도 왜 경제번영이 일어나지 않는지'에 대해 숙고(熟考)하게 되었다. 1340년경에 로렌체티가 프레스코화들을 통해 우화적인(알레고리적인) 답을 내놓았다면, 올슨 교수는 경제학의 지식과 혁신적 생각을 통해 공적(국가) 및 사적 번영의 원천에 대해 평생에 걸쳐 심사(深思)하고 숙고하였다. 이 책이 바로 그 결과물이다.

올슨 교수는 '경제적 성공(즉, 경제번영)에 필요한 두 가지 조건'을 밝혀냈다. 즉, 한편으로는 (1) '모든 사람에게 적용되는 사유 재산에 대한 안

「시골에서의 좋은 정부의 결과」(Effects of Good Government in the Country)

출처: 위키피디아.

「도시에서의 좋은 정부의 결과」(Effects of Good Government in the City)

출처: 위키피디아.

전하고 명확한 권리들(secure and well-defined rights)'과 '체결된 계약의 공정한 이행 및 집행(impartial enforcement of contracts)'이 필요하고, 다른 한편으로는 (2) '어떤 종류의 약탈이나 강탈도 없어야 한다'는 조건이다. 또한, 올슨 교수는 국가별로 이러한 두 조건이 '권리를 존중하는 민주정치 국가들'(right-respecting democracies; '권리존중 민주정치 국가들')에서 가장 확실하게 충족 및 달성되며, 그 결과 경제적 효과도 가장 크다는 점을 목격하였다. 왜 그런가? 권리를 존중하는 민주정치 국가들에서는 소수를 위한 '협소한 이익'(narrow interests)보다는 다수를 위한 '포괄적인 이익'(encompassing interests)을 실현하기 위해 합법적이고 권위 있는 의사결정이 이루어지며, 이를 바탕으로 각종 제도([역주] '포괄적인 이익 실현을 위한 제도')가 수립되기 때문이다. 마지막으로, 올슨 교수는 이렇게 수립된 제도와 정책들이 '경제성장에 필요한 정부 유형'([역주] 이는 곧 소개될 '시장을 확대하는 정부'를 말함)을 만들어 낸다고 주장하였다. 물론 소규모 집단들이나 원시적이고 고립된 시장들에서는 정부 없이도(즉, 무정부 상태에서도) 재산 제도들이 존재하고, 계약의 이행 및 집행이 이루어질 수 있지만, 이러한 시장들은 경제번영을 가져다주지 '않는다'. 그러나 정부 없이는 경제성장에 필요한 '복잡하고 발전된 시장들'(complex and advanced markets)이 출현하거나 발전할 수 없다. 다시 말하면, '경제성장에 필요한 복잡하고 발전된 시장들'이 출현하거나 발전하려면 반드시 '정부'가 필요하다. 왜 그런가? 민주주의 체제하에서 정치 제도들과 정부가 마련하는 각종 규제와 제약조치들이 없다면 합법적이고 신뢰할 수 있는 재산권 제도들을 수립하거나, 공정한 계약을 집행하기가 더 어렵기 때문이다. 즉, 민주주의 국가들에서 합법적이고 신뢰할 수 있는 재산권 제도들을 수립하거나, 공정한 계약을 집행하려면 정치 제도들과 정부가 마련하는 각종 규제와 제약조치들이 필요하다.

올슨 교수는 자신의 이러한 주장과 결론을 특히 구소련(Soviet Union)과 그 후계 국가들을 중심으로 살펴보았다. 또한, 올슨 교수는 자신의 주장과 결론이 번영을 이루기 어려운 다른 많은 국가의 문제들에도 적용될 수 있는지를 검토하였다. 올슨 교수는 로렌체티의 프레스코화의 이면(裏面)을 들여다보며 자신의 생생한 문구를 통해 다음과 같은 질문을 던졌다. 왜 어떤 정부(국가)들은 시장을 지원하는 공공재를 공급하지만(즉, 경제번영을 촉진시키지만), 다른 정부(국가)들은 경제번영을 저해하는가?

로렌체티의 프레스코화들이 표현한 대조(對照; 즉, 좋은 정부와 나쁜 정부의 알레고리)는 두 가지 다른 '지배(통치)체제의 결과'와 관련이 있다. 그러나 탈(脫)공산주의에 대한 논쟁에서는 대개 '국가와 시장'을 보완관계가 아닌 양립할 수 없는 대안(alternative; 즉, 대체관계)으로 보았다. 이러한 견해는 구소련에서 국가가 수행하였던 역사적 '반(反)시장적 역할'에 대한 반작용으로 이해할 수 있다. 그러나 올슨 교수는 이러한 견해가 번영한 국가들에서 특징적으로 나타나는 '국가(정부)의 필요한 역할'(necessary role of state; [역주] '국가(정부)의 필요역(必要役)')을 이해하는 데에는 특별히 도움이 되지 않는다고 지적하였다.

탈공산주의 국가들에서 (1) 경제 붕괴의 깊이의 차이와 (2) 회복 속도의 차이는 (1) '국가(정부)의 힘'과 (2) '국가(정부)가 그 힘을 어떻게 사용하는지'와 커다란 관련성이 있다. 예를 들면, (1) 국내 및 해외 투자 수준, (2) 새로운 민간 기업들의 성장, (3) 기타 체제전환(이행) 성공에 필요한 조치 등은 모두 이들을 수행하는 데 필요한 기본적인 제도들을 제공하는 국가(정부)에 달려 있다. 그러나 국가(정부)는 경제번영에 필요한 기본적인 제도들을 제공하는 데 '강력'해야 하지만, 국가(정부) 자신의 '약탈이나 강탈 행위를 자제'해야 한다. 만약 (1) 법원이 체결된 계약들을 확실하게 집행하지 않거나, (2) 법원이 내린 판결을 집행할 수 없거나, (3) 국가(정부)나 공무원들이 민간 투자의 필수 파트너(동업자)라면, 그러한 국가는 이러한 조건(자격)을 충족시키지 못한다. 이러한 일반적인 지적은 누구나 쉽게 할 수 있다. 그러나 올슨 교수는 이보다 한 걸음 더 나아가 (1) '정권이나 지배체제가 갖는 인센티브(incentives)'와 (2) '지배(통치)체제가 경제성장에 영향을 미치는 제도들(growth-affecting institutions)과 어떻게 상호 작용하는지'에 대한 세부 사항들에 면밀히 주목하였다.

특히 올슨 교수는 이 책의 원고를 쓴 후 '경제번영을 이루기 위해 어떤 유형의 정부가 필요한지'에 대한 자신의 답을 압축적으로 표현하는 하나의 심오한 통찰력을 지닌 문구를 고안해 냈다([역주] 이 문구는 '경제번영을 위한 정부'와 관련되어 있다). 올슨 교수의 창의적인 주장에 따르면, "경제번영을 이루려면 정부는 (1) 사유재산권을 확립하고 이를 안전하게 보호하며, 체결된 계약을 공정하게 집행할 수 있도록 '강력'(powerful or strong)해야 하고([역주] 경제번영을 위한 정부의 제1조건), 동시에 (2) 정부 자신의 과도한 행동이나 개입으로 개인들로부터 이러한 권리들(즉, 사유재산권 및 계약집행권)을 박탈하지 않도록 정부의 힘이 '제약 또는 절제'[11](constrained or restrained)되어야만([역주] 경제번영을 위한 정부의 제2조건) 한다". 올슨 교수는 이러한 두 가지 조건을 충족시키는 '경제번영을 위한 정부'(government for prosperity)를 "시장 확대 정부"(market-augmenting government)라고 불렀다([역주] 이를 역으로 표현하면, '정부에 의해 확대된 시장'(governmentally-augmented market)이라고 부를 수 있다). 다음으로 정부가 시장 확대를 위한 장치나 제도들(market-augmenting institutions)을 '어떻게' 제공할 것인가이다. 이 질문은 광범위한 이슈들에 적용할 수 있다. 예를 들면, (1) 법원과 계약집행의 합법성 및 정당성, (2) 정부의 재정 활동의 규칙성, 또는 (3) 정부의 교육에 대한 간섭 등의 이슈들에 광범위하게 적용될 수 있다([역주] 이러한 이슈들을 역으로 표현하면 다음과 같다: (1) 법원과 계약 집행은 '시장을 위축하지 않도록'(또는 '시장을 확대하도록') 공정하게 이루어지고 있는가? (2) 정부의 재정 활동(즉, 세금 부과와 보조금 지급)은 '시장을 위축하지 않도록'(또는 '시장을 확대하도록') 규칙적으로 이루어지고 있는가? (3) 정부의 교육에 대한 간섭이 '시장을 위축하지 않도록'(또는 '시장을 확대하도록') 공평하게 이루어지고 있는가?). 또한, 올슨 교수의 '시장 확대 정부'라는 문구의 중요성과 여기서 강조한 이슈들은 오늘날 세계 많은 국가가 직면한 여러 가지 도전 과제들을 해결하는 데 유익할 것이다.

'시장 확대 정부'의 중요성을 특히 잘 보여 주는 대표적인 경제 활동 분

11 [역주] '절제'(節制)란 "정도를 넘지 않도록 알맞게 조절하여 제한함"을 말한다.

야는 '복잡한' 자본시장과 신용시장이다. 올슨 교수는 이러한 시장들이 '제도들'에 민감하게 반응한다는 점에 주목하였다. 실제로 올슨 교수는 다음과 같은 질문을 제기하였다. 오늘날 각국에서 발전된 기술과 제도들을 통해 국경 간에 수조(兆) 달러의 자금이 자유롭게 이동할 수 있는 데에도 왜 많은 국가(특히 후진국들)의 '국경 내'에서 금융 흐름이 느리게 흐르는가? 그 이유가 무엇인가? 물론 은행들의 구조와 은행 규제, 자본시장의 운영 등에 관한 정보들이 전 세계 가난한 국가들에 무료로 제공되고, 실제로는 심지어 정보 제공에 보조금까지 지급된다. 특히 후자의 경우, 자금 공여국들은 자본시장과 신용시장의 복잡한 세부 사항들을 알려주기 위해 수십억 달러를 들여 전문가들을 파견하고, 현지 공무원들을 교육시킨다. 올슨 교수는 그 대답으로 동료들에게 다음과 같이 언급하였다:

"가장 번영하는 국가들에서는 (도처에 존재하는 자생적 시장들보다) (1) 자본시장, 보험시장, 파생상품시장, 선물거래시장 등과 같은 '복잡한' 시장들([역주] 이러한 시장을 '계약집약적 또는 권리집약적 시장'이라 부름)이 수없이 많이 존재할 뿐만 아니라 경제적으로도 매우 중요하며, 또한 (2) 자본집약적이고 기업 중심의 대규모적인 생산이 매우 광범위하게 일어나고 있음을 볼 수 있다. 그러므로 이들 국가의 '정부'는 이러한 시장들을 억압하거나 대체하기보다 '더 많은 시장'을 창출하는 데 힘써야 한다. 이러한 정부 역할의 순효과는 분명히 '시장의 범위(크기)를 확대하고 거래이익을 증가'시키는 데 있을 것이다. 더 많은 시장을 창출하는 일을 왜 정부가 해야 하는가? 자유주의 성향의 학자들은 때때로 '계약들이 (정부 개입 없이) 사적(私的)으로 집행될 수 있다'라고 주장하기도 한다. 그러나 우리는 실제로는 서로 경쟁하는 집행 기관들이 재산권을 사적으로 집행하면 당사자들 간에 분쟁이 초래될 수 있다는 점을 알고 있다. 실제로 계약들을 사적 집행에 의존하는 어떤 경제(사회)가 있다면, 그 경제(사회)는 각종 분쟁으로 인해 현물시장[12]의 존재를 가능하게 하는 '평화로운 질서'(peaceful order)마저 파괴될 수 있다 … . 따라서 번영하는 경제(국가)들에는 '시장을 확대하는 정부'('시장 확대 정부')가 필요하다."[13]

올슨 교수는 서거하기 전 몇 주일 동안 1997년에 발생한 인도네시아, 한국, 태국, 말레이시아의 금융 붕괴의 세부 내용과 원인에 대해 자신의 통찰력을 반추(反芻)하는 데 보냈다. 당시 금융 붕괴를 촉발한 사건들에 대해서는 이미 많은 책이 출간되었다.[14] 그러나 이러한 국가들에서 (1) 금융 붕괴 깊이의 차이와 (2) 회복 속도의 차이를 다루는 책은 거의 없다. 따라서 이러한 중요한 요인(즉, 금융 붕괴 깊이의 차이와 회복 속도의 차이)에 대한 해답은 올슨 교수가 고안한 '시장 확대 정부'에서 강조한 문제들에 주목함으로써 분명히 찾을 수 있을 것이다.[15]

'정부가 시장을 확대하는 데 필수적인 역할을 한다'는 올슨 교수의 결론은 우리에게 또 다른 과제를 안겨 준다. 시장을 확대하는 정부가 하는 일(역할)이 '무엇인지'(what)에 대해서는 더 명확하게 생각해 볼 수 있다.

---

12 [역주] '현물시장'이란 "곡물, 금, 원유 등의 상품에 대해 거래와 대금 지불을 행하는 시장"을 말한다.

13 1997년 가을에 개최된 '시장 확대 정부에 관한 학술대회'에 참가한 여러 학자의 논문을 참고하기 바란다.
[역주] Omar Azfar and Charles Cadwell, eds.(2003), *Market-Augmenting Government: the Institutional Foundations for Prosperity*, University of Michigan Press.

14 이에 관해서는 다음 논문을 참고하기 바란다: Steven Radelet and Jeffrey Sachs(1998), "The East Asian Financial Crisis: Diagnosis, Remedies, Prospects," *Brookings Papers on Economic Activity*, pp. 2~74.

15 Anthony Lanyi and Young Lee(1999), "Governance Aspects of the East Asian Financial Crisis," Paper presented at the IRIS Conference on Market Augmenting Government.

그러나 문제는 어떤 국가가 '어떻게'(how) 하면 시장을 확대하는 정부를 만들거나 더 많이 수립할 수 있는가? 올슨 교수는 "권리를 존중하는 민주정치"('권리존중 민주정치')가 '시장 확대 정부'를 보장한다고 보았다. 즉, '권리를 존중하는 민주정치'가 각종 약탈이나 강탈을 제한하고, 개인의 권리들을 안전하게 보장한다. 그러나 올슨 교수의 이러한 관찰은 어떤 측면에서 애초에 "어떤 국가가 '어떻게' 권리를 존중하는 민주정치를 갖게 되었는지"에 대한 이야기를 외면하고 있다. 아쉽게도 현재 경제번영에 성공한 국가들이 취한 '다양한 경로들'은 오늘날의 개혁가들에게 우리가 기대하는 것보다 구체적인 지침을 그다지 많이 제공해 주지 못한다. 또한, 올슨 교수의 관찰에 따르면, 성공적인 경제성장을 달성한 국가들의 다양한 사례를 보면 어떤 국가가 많은 것을 잘못하거나 완전히 옳지 않더라도 그 국가가 '여전히 성장할 수 있음'을 알 수 있다. 그러니 분명한 사실은 '오랫동안 지속적으로 성장하는 모든 국가'는 올슨 교수가 강조한 두 가지 기본(필수) 조건들을 잘 갖추고 있다. 따라서 '개혁들(즉, 제도 변화)이 어떤 방식으로 이루어질 수 있는지'(즉, '어떻게' 시장 확대 정부를 만드는가)를 이해하는 것이 앞으로의 중요한 과제이다.

물론 '제도들의 변화'가 어떻게 이루어지는지에 대한 한 가지 설명은 '권력자들이 갖는 인센티브'를 고려함으로써 알 수 있다. 이 책에서 올슨 교수는 경제성장(또는 경제번영)을 위한 더 나은 제도들을 마련하기 위한 '정권(정부)의 재정적(세금 부과) 인센티브'와 관련하여 많은 노력을 기울였다. 또한, 독재자들과 관련하여 그들의 고령화(장수)와 권력 승계가 이러한 인센티브의 수준에 미치는 영향과 한계에 관해서도 설명하였다. 이러한 제한에도 불구하고 더 나은 제도들은 어떻게 생겨나는가? 이 질문에 대한 부분적인 대답은 '정부(정권)의 이익심(self-interest)'에서 찾을 수 있다.

즉, '정부(정권)의 이익심'이 더 나은 제도들이 생겨나는 부분적인 이유이다. 올슨 교수는 '정부의 이익심'을 알리고 설명하기 위해 이 책과 다른 논문들에서 '제도들이 어떻게 변화하였는지'에 관한 메커니즘을 알려면 정부 안팎에 있는 엘리트들(즉, 권력자들)에 대한 이해를 높이는 것이라고 주장하였다. 다시 말하면, 정부 내부와 외부에 있는 엘리트들(즉, 권력자들)에 대한 이해를 높임으로써 '제도들의 변화를 초래하는 메커니즘'을 알 수 있다. 엘리트들(즉, 권력자들)에 대한 이해를 높이려면 무엇보다도 '제도와 집단(공공)선택의 논리'에 대한 연구, 상호 작용, 교육, 훈련, 아이디어 홍보 등이 필요하다.

역사적으로 경제 제도와 정치 제도의 작동에 대한 올슨 교수의 놀라운 통찰력을 적용해 볼 수 있는 기회가 여러 차례 있었다. 1991년 구소련[16]체제의 붕괴로 대표되는 대격변이나, 1997~1998년에 있었던 아시아 금융(외환)위기, 인도네시아의 권력 승계 위기 등은 일반적인 역사 과정에서는 드러나지 않는 문제들을 다룰 수 있는 좋은 기회였다. 일반적으로 '민주적인 방식'으로 정권(정부)을 공고히 하려면 주로 '포괄적인 이익심'(encompassing interests)에 호소해야만 한다. 이러한 기회들은 폴란드의 개혁가 레세크 발세로비치(Leszek Balcerowicz)[17]가 "특별한 정치의 순간들"[18]

16 [역주] '구소련'은 '소비에트 연방'을 말하며, 공식 명칭은 '소비에트 사회주의 공화국 연방'(Union of Soviet Socialist Republics, USSR)으로, 1991년 해체되었다.

17 [역주] '레세크 발세로비치의 개혁들'은 폴란드를 유럽에서 가장 가난한 나라 중 하나에서 지도적인 경제발전국이자 유럽의 성장 챔피언으로 전환하는 데 크게 기여하였다. 폴란드 공산당의 권력 독점이 1989년에 종식된 후에 발세로비치는 폴란드의 새 민주정부의 재무장관이 되어 빠르게 인플레이션을 안정시켰으며, 독립된 중앙은행과 증권거래소 같은 기관들을 창설하였으며, 국유기업들을 민영화하였다. 그러한 개혁들은 개인들과 기업들이 번창하는 길을 닦도록 하기 위함이었다.

18 [역주] 발세로비치가 '특별한 정치의 시대'(1989~1991년)라고 부르는 이 시기에 그는 '급진적인 개혁 계획'을 추진하였다. 당시 폴란드는 탈공산주의 국가 중 최초로 이러한 개혁

(moments of extraordinary politics; [역주] 폴란드의 경우 1989~1991년을 말함)[19]이라고 부르는 시기들에 발생한다.

'더 나은 제도들이 어떻게 생겨나는지'에 대한 문제는 비단 개발도상국들이나 체제전환(이행) 국가들만의 문제가 아니다. 심지어 '민주정치 국가들'조차도 '포괄적인 이익'보다는 '협소한 이익'을 선호하는 경향이 있기 때문이다(물론 그 경향이 독재국가들보다는 덜하다). 이러한 이유로 올슨 교수는 정부 역할의 일반적인 결과에 대해 '비관적인' 견해를 가지고 있었다. 이러한 견해는 결코 올슨 교수가 주장하였을 방식이 아니었다. 올슨 교수는 개인적으로 긍정적이고 매우 활기찼으며, 무엇보다도 지식의 업적에 확신이 있었기 때문이다. 그러나 올슨 교수는 민주주의 국가들, 특히 '안정된 민주정치 국가들'(즉, '오랫동안 안정을 누려 온 민주정치 국가들')에서 살고 있는 대부분의 사람들이 자신의 정부가 실시하는 (소수의 사람에게만 이익이 돌아가는) 많은 '협소한 정책들'(narrow policies)에 대해 "합리적으로 무지하다"(rationally ignorant)라고 주장하였다.[20] 특히 올슨 교수는 "오랫동안 안정된 사회들(국가들)은 '협소한 특별이익집단들'(narrow special

을 시도한 국가였다. 단편적인 개혁과 점진주의가 불가능하였기 때문이었다. 그로 인해 폴란드에서 계획경제는 붕괴되었고, 국가 소유가 아닌 민간 소유에 기반한 강력한 개방시장 체제로 대체되었다.

19 Leszek Balcerowicz(1995), *Socialism, Capitalism, Transformation*, Central European University Press, pp. 160~163.

20 정부 정책을 알려고 하거나 토론에 참여하기 위한 일반 사람들의 노력은 이익보다 비용이 더 많이 드는 활동이다. 즉, 그러한 활동은 (1) 왜곡을 줄이려는 노력으로 얻는 개별 이익보다 (2) 개인에게 훨씬 더 많은 비용이 든다. 따라서 이러한 경우에 일반 사람들은 '정부 정책에 대해 무지한 채로 있는 것이 합리적'이다. 반면에, 다른 개인들의 기여(세금 부담, 가격 상승, 또는 특정 정책 왜곡 등)를 통해 이익을 얻는 '협소한 이익집단들'은 항상 집단을 결성하여 정부에 압력을 가하거나 끈질기게 조르려는 강력한 인센티브를 갖게 되며, 그 결과 그들은 더 넓은 사회에 끼치는 피해들을 무시할 것이다.

interests)로 인해 어려움을 겪게 된다"라고 주장하였다. 이러한 경우에 '혁명이나 다른 위기가 없다면'(또는 심지어 혁명이나 위기 상황에서도) 더 나은 제도들이 어떻게 생겨날 수 있는가? 단 하나의 정답은 존재하지 않을 것이다. 그러나 내 생각으로 '합리적 무지'와 '협소한 특별이익집단들'이 만연하는 사회들에서 '쇠약해지는 제도 창출 의욕'에 대한 도전은 다음과 같은 사회(국가)들에서 더 자주 일어날 것으로 보인다. 즉, 그러한 도전(즉, '제도 창출 의욕')은 (1) 공개 토론과 정치적 과정이 더 개방적인 사회(국가)들, (2) 독립적인 연구를 할 수 있는 여건이나 환경이 더 좋은 사회(국가)들, (3) 새로운 기술의 등장, 또는 외국시장이나 관련 국내시장과의 치열한 경쟁 등으로 인한 위기(crisis) 상황과 그 압력에 더 많이 노출되는 사회(국가)들에서 더 자주 일어날 것이다.

경제 성과에 유용한 '제도적 기반에 대한 좋은 과학적 지식'이 경제 성과에 필수적인 역할을 할 수 있다는 점은 미국과 현재 다른 많은 국가에서 내가 직접 경험한 사실이다. 왜 그런가? '제도에 대한 좋은 과학적 지식'은 (1) 다른 정치 세력들이 지식에 직면하여 굴복하게 하는 것이 아니라, (2) 그러한 지적 기반이 없으면 나쁜 정치만을 시도하려는 사람들을 무장시킬 것이기 때문이다. 예를 들어, 미국에서 1970년대와 1980년대에 교통규제를 성공적으로 완화한 것은 '경제적 비용과 제도적 메커니즘에 대한 정보' 덕분이었을지도 모른다. 그러한 정보는 비용이 많이 들었지만 잘 보호된 정책을 뒤집는 데 효과적이었다.[21] 또한, 네팔에서는 사업 인허가에 드는 시간 비용과 뇌물 액수에 대한 간단한 사실 공표만으로도 인허가 시간이 몇 년에서 며칠로 단축되었다. 또한, '제도 설계의 세부 사항에 대

21 Dorothy Robyn(1987), *Breaking the Special Interests: Trucking Deregulation and the Politics of Policy Reform*, Chicago: The University of Chicago Press.

한 지식'은 (1) 체제전환 이후의 러시아나 (2) 아파르트헤이트[22](apartheid; 과거 남아프리카공화국의 인종 차별 정책) 이후의 남아프리카공화국에서도 유용하였을 것이다. 예를 들어, 러시아에서 제대로 작동하지 않는 비대칭적인 연방구조를 만들어 낸 과정들(즉, 과정들에 대한 지식)을 살펴보면, 이들이 (1) 초기 경제적 자원의 배분(할당)뿐만 아니라 (2) 헌법 설계, 민영화 메커니즘, 선거 과정 등과 관련된 여러 선택에 뿌리를 두고 있음을 알 수 있다. 이러한 통찰력은 (1) 오늘날 인도네시아에서 매우 중요하며, (2) 언젠가 중국이 토론의 장을 열게 되면 인류의 5분의 1을 차지하는 중국 사람들의 복지에도 큰 영향을 미칠 것이다. 올슨 교수는 이러한 맥락에서 이 책에서 주장한 여러 통찰력과 강조점이 유익한 역할을 할 수 있기를 바랐을 것이다.

또한, (1) 아프리카나 남아시아의 지속적인 빈곤 국가들과 (2) 비교적 부유하지만 '경화증'에 걸린 민주정치 국가들을 포함하여 제도나 제도적 장치들이 상대적으로 더 고착화된(또는 경화된) 사회(국가)들에서는 '지식의 진보 그 자체만'으로는 괄목할 만한 변화를 이끌어 낼 수 있는 기회가 제한될 것이다.[23] 그러나 이러한 지적은 단지 (1) 제도 변화의 필요성에 대한 정보와 분석을 늘리고, (2) 그 결과들을 엘리트층과 (그들을 통해) 대중

22 [역주] '아파르트헤이트'란 과거 "남아프리카공화국에서 행해졌던 극단적인 인종 차별 정책과 제도"를 일컫는 말이다.

23 조너선 라우치(Jonathan Rauch)가 쓴 『민주경화증』(*Demosclerosis*)(New York: Random House, 1994)은 '올슨의 논리'(Olsonian logic)를 바탕으로 미국 워싱턴(즉, 미국 정부)에서 일어나는 '정책 정체(停滯) 현상'(policy logjam)을 설명하였다. '정책 정체 현상'에 대한 라우치의 해결책은 그 책의 중심을 차지하지 않았지만, 결국 분노한 대중이 정치인들에게 옳은 일을 하도록 강력히 촉구하는 데 있으며, 이는 극적인 정도의 위기를 겪은 후에나 가능하다고 하였다. 역사적으로 '위기 없이 개혁'을 이룬 사례는 거의 없었다. 라우치는 위기 없이 개혁을 이룬 유일한 사례로 영국의 대처(M. Thatcher) 총리 시대를 들었다.

정치 세력 모두에게 전달하는 훨씬 더 창의적인 일을 하는 것이 매우 중요하다는 점을 강조하고 있다. 그러나 이러한 제안들은 단지 의견 또는 현상에 불과하다. 본질은 지식의 발전을 어떻게 이룰 것인가에 있다. 과거 올슨 교수가 고민하였고, 오늘날 우리가 고민해야 하는 '이론(지식)의 발전'은 무엇인가? 만약 이 책의 독자가 지식 발전의 길을 찾는 어떤 빈곤한 국가의 어느 한 유권자이거나 옹호단체의 임원 또는 정부 관료라면 이러한 생각에서 도출할 수 있는 추가 질문들은 무엇인가? 올슨 교수가 말한 '지식(이론)의 진보'를 측정하는 한 가지 척도는 다음과 같은 일곱 가지 질문들이 될 것이다. 왜 그런가? 이러한 질문들은 '올슨 이후'(post-Olson)의 세상에서 점점 더 논쟁의 초점이 될 것이기 때문이다:

1. 지금보다 더욱 '시장을 확대하는 지배체제(정부)로의 전환'은 어떻게 시작되는가? 특히, 시장 확대 지배체제(정부)를 위해 제공되는 다양한 인센티브 내에서 어떤 일이 일어나는가?
2. 우리가 '개혁의 과정'에 대해 더 많이 알게 된다면 '개혁의 순서(우선순위)'에 대해 다르게 생각할 수 있는가?
3. 국가들 간에 경제발전 수준이 다르면 서로 다른 '시장 확대 제도들'(시장을 확대하는 제도들)이 필요한가?
4. '지역 간 시장통합이나 글로벌 시장통합'이 국내에서 더 나은 제도들을 만들려는 인센티브에 어떤 영향을 미치는가? 또는 글로벌화(세계화)가 진행될수록 '더 나은 제도들'의 중요성은 더 커지는가, 아니면 더 작아지는가?
5. 어떤 유형의 갈등이나 압박이 특정 제도들에 영향을 미치는가?
6. 국가 차원의 근본적인 제도 마련의 필요성에 대한 관심이 없는 상

황에서 '풀뿌리'(grassroots; 민중) 민주주의나 '지역 주도 계획'은 얼마나 유용한가?

7. '시장 확대 서비스'를 촉진하기 위한 '사적 노력의 자율 규제'의 한계는 무엇인가?

이 책을 읽고 나면 독자들은 자신만의 이슈들과 의문점들을 가질 수 있으며, 또한 올슨 교수의 주장에 동의하지 않는 점들이 분명히 있을 것이다. 그러나 그러한 생각들은 바로 올슨 교수가 바랐던 것이다. 이와 관련하여 올슨 교수는 생전에 다음과 같이 언급한 바가 있다:

"많은 연구자들은 경정맥(급소)보다는 '모세혈관[24]에 대한 본능'을 가지고 있으

24 [역주] '모세혈관'(毛細血管, capillary)이란 "동맥과 정맥을 잇고 조직 속에 그물 모양으로 퍼져 있는 가는 혈관"을 말한다. 이름에서 알 수 있듯이 '털처럼 가느다란 혈관'이라는 뜻이다. 이 혈관을 통해 온몸의 조직에 산소와 영양을 공급하고, 조직 사이에서 발생한 이산화탄소와 노폐물 따위를 심장으로 되돌려 보낸다.

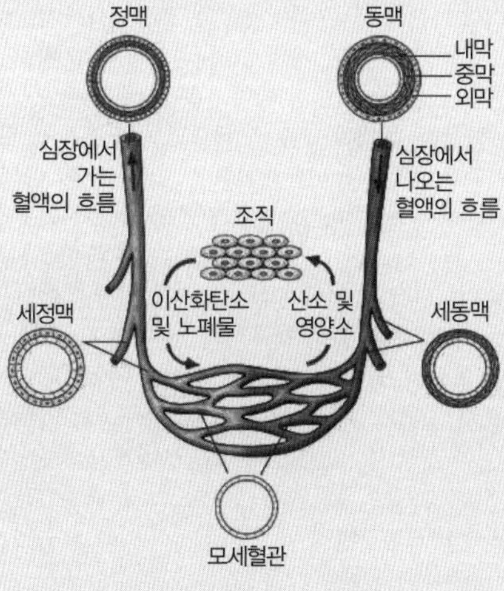

며, 여러 저널에 실린 일부 연구는 비록 그 내용이 옳다고 해도 신경 쓸 가치가 거의 없는 연구들도 있다. 위대한 투사가 상대방의 '급소'(jugular)[25]를 찾는 것처럼 위대한 과학자(연구자)는 '획기적인 발견'(breakthrough; 돌파구)이 될 수 있는 분야, 즉 '새롭고 강력한 주장이 제기될 수 있는 분야'를 찾아야 한다. 따라서 나는 '강력하고 단순화된 명제'(stark and simplifying proposition)를 찾는 것이 좋은 연구 전략이라고 생각한다. 나는 내 직업과 연구 경력에서 항상 그렇게 해왔다고 생각하며, 앞으로도 항상 그렇게 할 것이다."(맨서 올슨)[26]

무엇보다도 이 책의 '강력한(stark) 아이디어'는 정치학과 경제학의 핵심 주제인 '권력(power)과 번영(prosperity)'(또는 '정치권력과 경제번영')을 결합한 점이다. 대부분의 독자들은 오랫동안 두 학문이 '권력과 번영의 관계'를 경시해 왔다는 사실을 인식하지 못할 수 있다. 그러나 올슨 교수는 이 책에서 '정치경제학'(political economy)을 '사회과학자들과 정책 옹호자들의 핵심적인 지적 관심사'로 재정립하기 위해 평생에 걸쳐 연구해 왔다. 그 결과

모세혈관의 역할은 다음과 같다. 모세혈관은 몸 구석구석까지 그물망처럼 연결되어 위와 장에서 소화 흡수한 영양분을 69조 개에 달하는 세포에 운반하고, 폐로 유입된 산소는 적혈구에 포함된 헤모글로빈을 타고 모세혈관을 통해 온몸으로 전달된다. 혈관이 건강해 영양분과 산소를 함유한 혈액이 말초 모세혈관까지 충분히 도달하면, 세포가 활성화되고 재생 능력이 증가해 면역 기능이 강화된다. 모세혈관이 나빠져 세포가 산소와 영양을 충분히 공급받지 못하면 쉽게 피로해지고 면역력 저하와 외모 노화가 빨라진다.
'모세혈관을 위한 본능'(An Instinct for the Capillaries)에 관한 사례로 다음을 들 수 있다: "모세혈관을 위한 무오류 본능이 부시 정부 대북정책의 특징이다. 일방주의자들로 이루어진 강경파는 외교적 주고받기를 통해 핵무기와 현존 무기 프로그램 포기에 대한 북한의 공개된 의지를 시험함으로써 '급소'를 찌르는 대신 제재조치를 취하고, 크리스토퍼 힐 6자회담 미국 수석대표가 김계관 북한 수석대표와 단독으로 만나는 것조차 금하고 있다."

25 [역주] '급소'(急所)란 "몸 중에서 조금만 다쳐도 생명에 지장을 주는 중요한 부분"을 말한다.

26 이 표현은 올슨 교수가 1997년 7월에 딕싯(Avinash Dixit) 교수에게 보낸 이메일에서 나온 것이다.

올슨 교수의 연구는 '경제학을 넘어', 특히 정치학과 사회학 분야에서 폭넓은 관심과 주목을 받게 되었다.

올슨 교수의 연구와 저술은 여러 방향에서 진행되었다.[27] 그러나 올슨 교수는 특히 '집단행동의 논리'(logic of collective action)—즉, 어떤 사회 내에서 개인들이 집단행동을 하기 위해 집단을 결성할 수 있는 능력(또는 인센티브)과 집단재(集團財, collective goods)를 공급하는 논리—에 대한 연구로 적어도 한 세대 이상의 연구자들에게 큰 영향을 미쳤다. 여기서 집단재는 (1) 어떤 원시 부족 마을 내에서 부족민들이 함께 사용하는 '재화', (2) 어떤 노동조합 내에서 조합원들을 위한 '임금 인상', 또는 (3) 어느 한 국가 내에서 시민들을 위한 '더 나은 정부 정책' 등에 이르기까지 다양하다. 올슨 교수의 초기 저서이자 가장 많이 인용되는 저서인 『집단행동의 논리』(1965)[28]에서 (1) "왜 대규모 집단들은 종종 자신의 '집단 이기심'(collective self-interest; [역주] 이'집단'심(利集團心)[29])을 달성하기 위해 행동하지 못하는지"와 (2) "집단 이기심을 달성하기 위해 행동하는 집단들은 어떻게 집단행동에 성공하는지"를 설명하였다.[30] 올슨 교수의 이러한

27 아래 문단들에서는 본서와 관련된 올슨 교수의 주요 연구들의 발전 과정을 간단히 소개하고자 한다. 이렇게 하는 주요 목적은 올슨 교수의 연구에 익숙하지 않은 독자들을 위해서이다. 그러나 독자들은 이를 통해 본서에서 다루고 있는 주요 아이디어들에 대한 유용한 '로드맵'(roadmap)을 얻을 수 있을 것이다. 또한, 이러한 소개글을 쓰는 주된 목적은 독자들에게 올슨 교수의 마지막 책인 본서에 설명된 올슨 교수의 주요 연구와 업적을 이해하는 데 도움을 주고자 하기 위함이다. 본서는 그 자체로도 매우 훌륭하다. 따라서 나의 소개글은 본서를 즐겁게 읽고 이해하는 데 꼭 필요하지는 않을 것이다.

28 Mancur Olson(1965), *The Logic of Collective Action: Public Goods and the Theory of Groups*, Harvard Economic Studies, Vol. 124, Cambridge, MA: Harvard University Press.

29 [역주] 여기서 "이'집단'심"은 역자가 만든 말이다. 개인(己)의 이익(利) 추구행위를 '이기심'(利己心)으로 표현하듯이 집단(集團)의 '집단이익' 추구행위를 "이'집단'심"으로 표현할 수 있다.

30 '집단행동의 논리에 대한 올슨의 기여'에 대한 자세한 검토를 보려면 다음 글을 참조하

통찰력은 (1) 오늘날 우리의 사고방식에 완전히 통합(반영)되어 거의 진부하게 들릴 정도이며, 또한 (2) 당시에 일반적으로 통용되던 많은 가정과 주장들을 다시 생각하게 만들었다.

또한, 『집단행동의 논리』는 '공공선택경제학'(Public Choice Economics; '공공선택학'(Public Choice)[31]) 분야의 초기 고전으로서 학자들로부터 열렬한 반응과 실증 검증, 그리고 이론 확장 등 많은 후속 연구와 저술을 촉발하였다(올슨 교수는 종종 '공공선택경제학'을 '집단선택학'(Collective Choice)[32]이라는 이름으로 바꾸려 하였다). 다른 학자들이 '올슨 이론'의 한계들에 도전하고, 올슨 이론을 다양한 문제들에 적용하게 되면서 올슨 이론에 대한 연구자들의 관심이 크게 고조되었다. 이에 올슨 이론과 관련된 이슈들을 중심으로 대규모 전체 학술회의가 개최되거나, 전문 강좌들이 개설되기도 하였다. 더욱이 『집단행동의 논리』는 9개 언어로 번역되었다. 『집단행동의 논리』에 내포된 본질적인 통찰력은 오래도록 이어져 오고 있다. 그러한 지속성은 집단행동의 논리를 둘러싸고 각종 토론과 연구가 여전히 계속되어 오는 데서 잘 드러난다.

기 바란다: Omar Azfar(1999), "The Logic of Collective Action," *Elgar Companion to Public Choice*. 또한, 올슨 교수의 동료인 마틴 맥과이어(M. McGuire) 교수는 올슨 교수의 전문 분야에서의 기여에 대한 보다 개인적인 검토를 다음 글에서 자세히 기술하였다: Martin C. McGuire(1998), "Mancur Lloyd Olson Jr. 1932~1998: Personal Recollections," *Eastern Economic Journal*, 24(3), Summer 1998, pp. 253~263.

31 [역주] 'Public Choice'를 국내 연구자 및 언론에서는 단순히 '공공선택' 또는 '공공선택이론'이라고 부르고 있다. 역자는 이 분야의 전공자로서 오래전부터 이를 '공공선택학'이라고 불러왔으며, 국립안동(경국)대학교 부설 「한국'공공선택학'연구소」를 설립하여 운영하고 있다. 그 근거로 연구자들은 'Public Finance'를 '공공재정'이 아니라 '재정학'으로 부르고, 'Public Administration'을 '공공행정'이 아니라 '행정학'으로 부르고 있다.

32 [역주] 'Collective Choice'도 'Public Choice'(공공선택학)와 마찬가지 논리로 단순히 '집단선택' 또는 '집단선택이론'이 아니라 '집단선택학'(集團選擇學)이라고 부르는 게 옳다고 판단된다.

올슨 교수의 『집단행동의 논리』가 나온 지 20년과 30년 후, 미국의 정치학자 러셀 하딘(Russell Hardin)이 쓴 『집단행동』(1982)과 경제학자 토드 샌들러(Todd Sandler)가 쓴 『집단행동: 이론과 응용들』(1992)이 출간되었다.[33] 이 두 책은 올슨 교수의 『집단행동의 논리』에서 촉발된 논쟁들에 대한 지속적인 발전을 보여 준다. 또한, 『집단행동의 논리』가 나온 지 거의 20년이 지난 후, 올슨 교수는 '집단행동의 논리'를 '국가 번영의 문제들'로 확장하여, 마침내 또 다른 역작인 『국가의 흥망성쇠: 경제성장, 스태그플레이션 및 사회적 경직성』[34]을 출간하였다. 이 책은 출간 직후 학계 및 언론에서 커다란 주목을 받았고, 1983년에 미국정치학회(APSA)에서 국가 정책에 관한 최고의 책으로 선정되어 '글래디스 M. 카머러(Gladys M. Kammerer)상(賞)'을 수상하였으며, 일반 언론들에서도 많은 호평(好評)을 받았다. 또한, 이 책은 12개 언어로 번역되었으며, 경제사 전반을 아우르며 '집단행동의 논리가 다양한 정치적 관할[35](지배 또는 통치)지역들(즉, 국가들이나 미국의 주(州)들)의 경제성장과 정체'(즉, '국가들의 경제적 흥망성쇠')를 어떻게 설명할 수 있는지를 탐구하고 있다. 초기 연구에서 진전된 내용 중에 눈에 띄는 점은 "더 광범위한 포괄적인 이익집단"(broader encompassing interest group)([역주] 즉, '초(超)포괄적인(super-encompassing) 이익집단')이 '협소한 특별이익집단'(narrow special interest group)보다 '모든 사람을 위한 일반이익(general interest)'에 더 부합하는 정책들을 옹호할 것이라는 주장이다.

33 Russell Hardin(1982), *Collective Action*, Baltimore: Johns Hopkins University Press; Todd Sandler(1992), *Collective Action: Theory and Applications*, Ann Arbor: University of Michigan Press.

34 Mancur Olson(1982), *The Rise and Decline of Nations: Economic Growth, Stagflation and Social Rigidities*, New Haven, CT: Yale University Press.

35 [역주] '관할'(管轄)이란 "권한에 의하여 통제하거나 지배함, 또는 그 지배가 미치는 범위"를 말한다.

'국가가 성장함에 따라 정부가 공공재를 공급하는 현상'은 성공적인 서구 시장경제 국가들의 발전 과정을 고찰한 올슨 교수의 연구와 확실히 관련이 있다. 그러나 올슨 교수는 이보다 더 나아가 1980년대 중반에 '왜 많은 국가에서 빈곤이 오래 지속되는지'에 대한 질문으로 관심을 돌렸다. 올슨 교수가 빈곤 국가들의 발전 문제에 대한 자신의 생각을 초기에 요약한 짧은 논문이 1987년에 쓴 「규모의 불경제와 발전」[36]이다. 이 논문에서 올슨 교수는 빈곤 사회(국가)들의 주요 문제는 그들의 '자원 부족'이 아니라 '대규모 활동들, 특히 정부 활동을 조직하거나 실시하는 데 어려움이 있다'라는 점을 지적하였다. 따라서 단순히 '대규모 정부 활동이나 조직을 도입'하는 방식은 '더 성공적인 공공재를 생산하는 길'이 아닐 것이다. 올슨 교수는 이와 관련하여 "선진국들에서 정부의 최적 역할이 무엇이든 간에 개발도상국들에서는 정부 역할이 '작을' 수밖에 없을 것이다"라고 말하였다.

올슨 교수의 지속적인 국가 빈곤의 원인에 대한 보다 광범위한 연구는 1996년에 쓴 「보도(步道) 위에 떨어져 있는 100달러 지폐: 왜 어떤 국가들은 부유하고, 다른 국가들은 빈곤한가」[37]라는 논문에서 나왔다. 이 논문에서 올슨 교수는 '물적 자본과 아이디어 및 사람들이 자유롭게 이동하는데도 왜 국가들 간의 소득 수준은 큰 차이 없이 한 곳으로 수렴되지 않는지'를 고찰하였다. 여기서도 올슨 교수는 자신의 전형적인 설명 방식으로 기억에 남는 문구(즉, '보도 위에 떨어져 있는 100달러 지폐')를 사용하였다. 이 논문에서 올슨 교수는 '어떤 나이 든 경제학자가 보도 위에 떨어져 있는 100

36 Mancur Olson(1987), "Diseconomies of Scale and Development: Essays in Honor of Peter Bauer," *Cato Journal*, 7(1), pp. 77~97.
37 Mancur Olson(1996), "Big Bills Left on the Sidewalk: Why Some Nations Are Rich, and Others Poor," *Journal of Economic Perspectives*, 10(2), pp. 3~24.

달러짜리 지폐를 보고, 옆에 있는 젊은 경제학자에게 이 지폐가 진짜라면 누군가가 이미 주워 갔을 것이기 때문에 굳이 이 지폐를 줍지 않는다'라고 말하는 장면을 예로 들어 설명하였다. 올슨 교수는 "왜 빈곤한 국가들에서 100달러짜리 지폐들이 보도 위에 많이 떨어져 있는지에 대한 더 나은 설명이 필요하다"라고 주장하였다. 올슨 교수는 부존자원(특히 인적 자본)이나 기술의 차이가 '지속적인 빈곤'을 설명한다는 생각을 단호히 일축하였다. 올슨 교수는 이보다 국가마다 다른 '제도들과 경제정책들'(이들은 주로 국가의 경계선들에 의해 정의되는 속성이 있다)이 '가난한 사람들과 다른 일반 사람들이 스스로 100달러짜리 지폐를 주울 수 있는 능력'에 영향을 미친다고 주장하였다. 특히 올슨 교수는 이러한 상황에서 국가가 할 수 있는 최선의 일은 진실을 '깨닫게 하는 것'(wise up; 진실에 '눈뜨게 하는 것')이라고 결론지었다. 이러한 '깨닫게 하는 일'(wising up)은 무엇보다도 경제학자들에게 크게 달려 있다. 경제학자들은 '인센티브 구조가 경제성장에 어떻게 영향을 미치는지'를 더 잘 설명할 수 있기 때문이다. 또한, 올슨 교수는 단순히 '정치적 협상이 최선의 결과를 가져다줄 것'이라고 기대하는 것은 '잘못된' 생각이라고 말하였다.[38] 전 세계에 걸친 고질적인 빈곤의 사례들과 이론은 이러한 견해와 모순되기 때문이다. 올슨 교수의 이러한 주장은 본서의 제3장과 제4장에서 자세히 설명되어 있다.

---

38 딕싯과 올슨은 "Does Voluntary Participation Undermine the Coase Theorem?"(*Journal of Public Economics*, 2000)이라는 논문에서 수리적 분석을 통해 단순히 정치 참여에 드는 거래비용을 줄이는 것으로는 이러한 경향을 극복할 수 없다고 주장하였다: Avinash Dixit and Mancur Olson(2000), "Does Voluntary Participation Undermine the Coase Theorem?," *Journal of Public Economics*, 76(3), pp. 309~335. 정식으로 출간되기 전에 이 논문은 한때 '코스 정리는 대부분 틀렸다'라는 도발적인 제목을 달았다. 이 논문에서 그들은 집단행동에 드는 비용이 매우 적다고 해도 '외부효과가 발생하는 시장들에 적용되는 코스의 통찰력'을 '정치적 협상'으로 확장하는 것은 잘못되었다고 주장하였다.

다른 연구자들이 '정부가 문제의 일부인지 아니면 해결책의 일부인지'에 대해 논쟁하였지만, 올슨 교수는 오랫동안 더 실질적인 문제인 (1) '어떤 유형의 정부'와 (2) '어떤 유형의 정부 제도들'이 경제성장을 가져다주었는지로 관심을 돌렸다. 그러면 '깨달음'(깨닫게 하는 일)의 구성요소는 무엇인가? 즉, 어떻게 '깨닫게' 하는가? 이 질문에는 두 가지 주요 관심사가 내포되어 있다. 우선, (1) 정부는 경제성장을 촉진하기 위해 '어떤 유형의 서비스들'(예를 들면, 공공재나 정책들)을 제공해야 하는가? 다음으로, (2) 어떤 유형의 정부가 그러한 서비스들을 더 지속적으로 제공하는가? 이러한 질문들은 올슨 교수가 본서를 쓰게 된 동기였으며, 그 결과 올슨 교수가 고안한 '시장 확대 정부' 개념으로 이어졌다. 지난 10년간 전문 문헌들에서 올슨 교수의 논문들을 읽었거나,[39] 그의 강연을 들어본 적이 있는 분들이라면 본서에 서술된 여러 주장의 흔적을 알아차릴 수 있을 것이다. 그러한 논문들 중 일부에서 주장하거나 언급한 제도발전 방법들은 '지배체제와 경제번영의 다양한 결과 간의 관계'(즉, 지배권력의 유형과 경제번영 간의 관계)를 연구하는 전문가들에게 하나의 '표준'이 되었다.

올슨 교수는 애석하게도 본서를 마무리하기 전인 1998년에 갑작스럽게 타계(他界)하였다. 다행히도 올슨 교수는 자신의 생각을 완전히 다듬지

39 (1) Christopher Clague, Philip Keefer, Stephen Knack, and Mancur Olson(1999), "Contract Intensive Money: Contract Enforcement, Property Rights and Economic Performance," *Journal of Economic Growth*, 4, pp. 185~211; (2) Christopher Clague, Philip Keefer, Stephen Knack, and Mancur Olson(1996), "Property and Contract Rights in Autocracies and Democracies," *Journal of Economic Growth*, 1(2), pp. 243~276; (3) Mancur Olson(1993), "Dictatorship, Democracy and Development," *American Political Science Review*, 87(3), pp. 567~576; (4) Martin McGuire and Mancur Olson(1996), "The Economics of Autocracy and Majority Rule: The Invisible Hand and the Use of Force," *Journal of Economic Literature*, pp. 72~96.

는 못하였지만, 창의적이고 중요한 주장들을 담은 귀중한 초고를 완성하였다. 위의 인용문에서 알려 주듯이 올슨 교수가『정치권력과 경제번영』에서 제시한 주장들이 항상 자신이 원하였던 바처럼 '강력하고 단순화된 생각들'(stark and simplifying ideas; [역주] '단순하지만 강력한 생각들')인가? 독자들은 올슨 교수의 논리에 대해 이의를 제기할지 모르지만, 나는 무조건 '그렇다'라고 대답할 것이다. 비록 이 책이 미완성이지만, 올슨 교수가 이 책에서 '획기적인 생각'(breakthrough idea)을 계속 탐구 및 천착[40]하고 있었다는 점은 의심할 여지가 없다.

올슨 교수는 이 책에 제시된 생각과 주장들에 대해 많은 의견과 논평을 받았으며, 타계하기 전 마지막 몇 달 동안 그의 주요 활동들 중 하나는 논평가들에게 응답하고, 이를 통해 자신의 주장과 설명을 다듬고 보강하면서 보냈나. 특히 1996년과 1997년에「룩셈부르크 유럽 및 국제문제 연구소」[41]는 '올슨 교수의 주요 사상'을 중심으로 각기 다른 장소에서 두 차례에 걸쳐 특이하고도 매우 유익한 세미나를 개최하였다. 이 세미나에는 각기 다른 학문 분야의 전문가들이 초청되었다. 경제학 외에도 역사학, 정치학, 사회학 및 다른 분야의 전문가들이 미국 워싱턴(Washington)과 룩셈부르크의 부르글린스터(Bourglinster)에 모여 이 책의 세부적인 내용뿐만 아니라 다른 광범위한 아이디어들에 대해 심도 있게 토론하였다. 이 연구소는 다른 중요한 책들과 마찬가지로 곧 그들의 대화 및 토론 내용을 출판할 예정이다. 이 대담집(對談集)은 이 책의 훌륭한 보완자료가 될 것이다. 그들의 논평들과 올슨 교수가 직접 받은 많은 장문(長文)의 서신들에 따르면, 올슨 교수가 숙고하는 주제들이 매우 어렵고, 또한 올슨 교수의 '모세혈관

40 [역주] '천착'(穿鑿)이란 "학문을 깊이 연구함"을 말한다.

41 [역주] Luxembourg Institute for European and International Studies.

묘사'에 대한 견해가 무엇이든 간에 올슨 교수가 '경정맥(급소) 문제'에 천착하고 있음을 시사해 준다. 올슨 교수의 예상치 못한 비극적인 타계로 인해 중단된 많은 연구 프로젝트 가운데에는 이 책의 통찰력을 확장하고, 그의 주요 주장들을 실증적으로 검증하기 위한 몇 가지 과제들이 포함되어 있었다. 올슨 교수의 그러한 연구들은 아직 그가 만족할 만큼 완성되지 않았다. 이러한 이유로 크고 광범위한 주장을 펼치는 다른 책과 마찬가지로 이 책에서도 몇 가지 중요한 문제들은 그의 타계로 여전히 해결되지 않은 채로 남아 있을 것이다. 따라서 이 책은 올슨 교수의 '마지막 교향곡'[42]이라고 할 수 있으며, 더 많은 개선을 하고자 하였던 그의 열망이 가득 담긴 매우 재미있고 중요한 책이다.

이 책은 매우 중요한 주제들을 다루고 있다. 올슨 교수는 급격한 정치적 및 경제적 변화를 겪고 있는 세계에 살면서 '특정 국가들의 경제발전'뿐만 아니라 '경제번영의 근본 논리'에 대한 설명을 찾으려 일생을 바쳤다. 특히 올슨 교수는 더 성공적이고 번영한 사회(국가)들의 사례가 비행기를 타거나 텔레비전 방송을 시청하는 데 불과한 거리에 있는지에 대한 근본 이유를 설명하려 하였다.

올슨 교수가 '논리'(logic)를 찾는 데 전념하였다고 해서 그가 '상아탑 이론'(ivory-tower theory)만을 추구하였다는 의미는 아니다. 정치 지도자들, 학자들, 조언을 제시한 외부인들 모두 올슨 교수가 밝혀낸 '경제발전(또는 경제번영)이 어떻게 이루어지는지'에 대한 예리한 이론을 알게 됨으로써 커다란 혜택을 받았기 때문이다. 따라서 올슨 교수는 우리 모두를 위해 연구하고, 논문과 책을 썼다. 올슨 교수는 일부 동료 연구자들의 연구에 대해

42 [역주] '교향곡'이란 "관현악을 위하여 작곡한 것으로 보통 4악장으로 된 규모가 큰 곡"을 말한다.

논평하거나, 연구 자금 지원에 반대하는 후원자들에 대해 반박할 때에 종종 "최고의 이론은 지극히 실용적(실사구시적)이어야 한다"(the best theory must be intensely practical)라고 말하곤 하였다. 이러한 생각을 바탕으로 이 책에서 올슨 교수는 (1) '정부의 근본적인 역할을 설명하는 이론'을 찾으려 하였을 뿐만 아니라, (2) '일반적인 결과를 개선할 수 있는 구체적인 방법들'도 제시하고자 하였다.

올슨 교수는 평소 (1) '더 나은 이론'이 필요하며, (2) 이를 찾으려는 '탐구 정신'은 매우 중요하고 즉각적인 유용성을 가질 것이라고 확신하고 있었다. 이러한 확신은 올슨 교수가 타계하기 전 마지막 10년 동안 미국 메릴랜드대학교 내에 「제도개혁 및 비공식부문 연구센터」(Center on Institutional Reform and the Informal Sector, IRIS)를 설립하여, 관련 주요 주제들을 집중적으로 연구하도록 만든 계기가 되었다. 이 연구센터에서 올슨 교수는 '강력하고 단순화된 생각들'([역주] '단순하지만 강력한 생각들')을 '당면한 문제들'에 직접 적용할 수 있었다. 또한, 올슨 교수는 이러한 주도적 활동을 통해 메릴랜드대학교와 전 세계의 동료 연구자들이 '지배체제와 경제성장'이라는 어렵고 중차대한 문제들에 대해 더욱 관심을 기울이도록 박차를 가하였다.

맨서 올슨 교수는 자신이 하고자 하였던 '필생(畢生)의 연구과제(project)'를 갑작스럽게 미완성으로 남기고 타계하였다. 이 책은 그러한 연구과제의 한 단면(부분)일 뿐이며, 전 세계 수많은 동료 연구자들과 나눈 짧은 대화들과 열정적인 토론들은 또 다른 단면(부분)이다. 올슨 교수가 남긴 19개의 서류 가방(즉, 연구과제를 담은 상자)들에는 각각 다른 연도에 수행하고자 하였던 개별 연구과제들이 담겨 있었다. 이 서류 가방들 역시 또 다른 단면(부분)이다. 이 책은 올슨 교수의 그동안의 많은 연구와 마찬가지로 토론과 추가 연구들을 불러일으킬 것이다. 다른 사람들이 지적하였듯이 올슨 교수는 그러한 도전을 매우 좋아하는 분이었다. 특히 올슨 교수는 모든 질문자와 대부분의 질문들을 진지하게 받아들였다. 올슨 교수와 함께 연구할 수 있었던 행운을 누린 사람들은 자신의 생각과 논점에 대해 그가 던졌던 예리한 질문들을 떠올리거나, 그의 '독특한 스타일'을 더욱 연상시킬 것이다. 또한, 그와의 대화와 협업을 항상 즐겁고 의욕적으로 만들었던 그의 특별한 재능과 열정을 잊지 못할 것이다.

이 책의 미완성된 측면 중에는 헌정(獻呈)의 말도 빠질 수 없다. 그러나 올슨 교수가 남긴 자료들과 그의 아내 앨리슨(Alison) 교수와의 대화를 통해 분명히 알 수 있는 사실은 그가 이 책을 최종 마무리할 때까지 살아있었다면 이 책을 사랑하는 세 자녀인 엘리카(Ellika), 세베린(Severin), 샌더(Sander)에게 헌정하였을 것이다. 마지막으로, 나는 이 헌사를 독자들께 전하며 이 글을 마치고자 한다.

1999년 9월

메릴랜드대학교 칼리지 파크에서

찰스 캐드웰[43] 씀

43 이 소개말을 읽고 유익한 의견을 주신 오마르 아즈파르(O. Azfar), 로저 베탕쿠르(R. Betancourt), 앤서니 라니(A. Layni), 피터 머렐(P. Murrell), (올슨 교수의 부인인) 앨리슨 올슨 교수께 깊이 감사를 드린다. 물론 내 능력의 한계는 전적으로 내 책임임을 밝힌다.

머리말

1991년 8월 19일 저녁에 우리 집에 전화벨이 울렸다. 그날은 소련에서 미하일 고르바초프(Mikhail Gorbachev)에 반대하는 강경파가 쿠데타[1]를 일으킨 첫날이었다. 나는 그날 저녁 집에서 강경파에 의한 쿠데타가 성공할 것 같다는 텔레비전 보도를 안타깝게 지켜보고 있었다. 그때 인기 있는 유명 칼럼니스트에게서 전화가 걸려 왔다. 그는 나에게 몇 가지 '충격적인' 질문들을 던졌다. 그는 "침체된 소련 경제의 유일한 희망은 소련에 '자유시장 경제체제'를 도입하는 '현실적인' 독재정권밖에 없지 않았느냐?"라고 물었다. 또한, "우가르테 피노체트(Ugarte Pinochet)[2]의 친(親)시장 독재정권하에서의 칠레, 박정희 정권과 전두환 정권하에서의 한국, 장제스(蔣介石; 중화민국 총통(1950~1975년), 1887~1975년)와 그의 아들이 지배한 대만, 리콴유(李光耀, Lee Kuan Yew) 지배하에서의 싱가포르, 덩샤오핑(鄧小平, Deng Xiaoping) 지배하에서의 중국 본토에서의 경제 성과가 '급속한 경제성장'을 이룩하지 않았는가?"라고 물었다([역주] 여기서 언급된 국가들은 당시에 모두 민주정치 체제가 아니었음에도 '급속한 경제성장'을 이룩하였다). 이어

1 [역주] '쿠데타'((프) coup d'État, (독) putsch)란 "무력으로 정권을 빼앗는 일"을 말하며, 지배계급 내부의 권력 이동으로서 체제의 변혁을 목적으로 하는 '혁명'(revolution)과는 구별된다.

2 [역주] '피노체트'(1915~2006년)는 칠레의 군인으로 1973년 쿠데타에 의해 정권을 획득하고, 장기간 대통령(1974~1990년)을 지냈다.

서 내가 쓴 『국가의 흥망성쇠』(1982)에서 "민주정치 국가들에서 시간이 지나면서 축적되는 로비 활동들과 카르텔들이 결국 그들 국가의 역동성(力動性)을 빼앗아 간다"라는 사실을 보여 주지 않았는가? 소련의 쿠데타 지도자들이 주장하였듯이, "고르바초프가 국내에서 다소 민주적인 개혁조치들을 도입하고, 소련 위성국들이 각자의 길을 가도록 내버려 두자 소련의 경제 성과가 급락하지 않았는가?"와 같은 질문들이 이어졌다.

전화 대화 도중에 내 아내가 저녁 식사를 하자고 두 번이나 부를 때까지 대화는 계속되었다. 그러나 나는 그 칼럼니스트가 알기를 원하였던 만족할 만한 대답들을 제시해 주지 못하였다. 문제는 내가 그런 중대하고 복잡한 문제들에 대한 즉각적인 분석을 제시하는 데 주저하였다는 것이 아니었다. 공교롭게도 나는 이러한 문제들에 대해 꽤 오랫동안 생각해 왔다. 그럼에도 불구하고 문제는 그 당시 내가 그 답들을 모르고 있었다는 점이었다.

그 질문들은 그 후로도 나를 떠나지 않고 주변을 맴돌고 있었다. 그 질문들은 부분적으로 그 당시 나의 일상 업무와 관련이 있었기 때문이다. 그 칼럼니스트의 전화를 받기 불과 몇 달 전에 나는 '구(舊)공산주의 국가들과 제3세계 국가들에 대해 경제정책과 제도개혁들에 관한 연구와 자문'을 제공하는 과업에 참여하게 되었다. 내가 근무하는 미국 메릴랜드대학교 부설 「제도개혁 및 비공식부문 연구센터」(Center on Institutional Reform and the Informal Sector, IRIS)를 설립하였으며, 이 연구소는 처음에는 미국 국제개발처(Agency for International Development, AID)에서 전적으로 자금을 지원받았다. IRIS는 그 이후로 구공산주의 국가들이나 제3세계 국가들 45개국에 사무소를 설치하거나 관련 프로그램들을 운영하였다. 이들 국가 중 상당수에서 그 칼럼니스트가 제기한 질문들과 놀라울 정도로 유사한 질문들이 종종 제기되곤 하였다. 예를 들어, 몇몇 인도인들은 '인도가 민주주의 국가이기 때문에 중국, 싱가포르, 대만, 한국에 비해 인도 경제가 뒤처지지 않았는지'를 궁금해 한다고 IRIS 소속 연구자들에게 말하였다. 또한, 당시 러시아 정부에서 일하였던 어떤 박식한 러시아인은 모스크바에서 만난 나에게 "러시아의 민주주의 혁명이 곧 '테르미도르'(Thermidor)[3] 단계에 도달하여 스스로를 삼키지 않을까 봐 두렵다"고 말하였다. 내가 나폴레옹이 독재정권을 수립하고, 유럽 전역에 침략을 감행한 때가 바로 '테르미도르 직후였다'라고 순진하게 지적하자, 그 러시아인은 세상의 냉혹한 이치를 모르는 어린아이에게 말하듯이 "물론이지요!"라고 대답하였다. 그때 내가 한 말은 프랑스 혁명(French Revolution)이 아니라 독일 바이마르공화국(Weimar Germany)[4]에 비유한 것이었다. 또한, 그때 나는 또 한 명의 나폴레옹이나 히틀러가 나타나 러시아의 핵무기 저장고를 장악하여 통제하게 된다면 러시아에 무슨 일이 일어날지를 생각해 보았다.

이런 종류의 경험들은 내 정신을 오랫동안 그러한 질문들에 집중시키는 계기가 되었다. 그 결과 나는 (1) 많은 국가에서 얻은 여러 정보들과 동

3 [역주] '테르미도르'란 '열월'(熱月; 뜨거운 달)로서 프랑스 혁명 때 제정된 '프랑스 혁명력(나중에 나폴레옹에 의해 폐지됨)의 제11월'(즉, 7월 19일~8월 17일)을 말한다. 이 사건으로 인해 프랑스 혁명은 실질적으로 끝나게 되고, 시민 혁명은 종말을 고하였다. 스탈린의 우상화 열풍을 본 트로츠키가 "스탈린주의는 러시아에 '테르미도르의 쿠데타'를 잉태시킬 것"이라고 예언한 적이 있다. 1794년 7월 프랑스의 테르미도르 쿠데타는 로베스피에르(M. Robespierre; 프랑스의 혁명 정치가, 1758~1794년)의 몰락과 공포정치의 종식을 몰고 왔다. 처음에는 자코뱅당의 내부 분열처럼 보였지만 결과는 사회세력의 균형에 근본적인 변화를 몰고 온 정변이었다. 마르크스가 이야기하였듯이 그것은 '사회를 구하기 위해' 프랑스 부르주아들이 군대에 요청해 일으킨 쿠데타였던 것이다. 소련에서도 흐루쇼프의 스탈린 격하 운동으로 시작된 '테르미도르 움직임'은 마침내 '고르바초프의 페레스트로이카'로 이어졌다.

4 [역주] '바이마르공화국'(Weimar Republic, 1919~1933년)은 1919년에 제정된 '바이마르 헌법'(Weimar Constitution)에 의하여 수립되었으나, 히틀러가 등장하여 '제3제국'이 되었다.

료 연구자들의 새로운 연구 덕분에 마침내 그 유명 칼럼니스트의 질문들에 대한 답을 찾을 수 있었다. 이 과정에서 가장 큰 문제는 그러한 문제들을 설명하기 위한 '적절한 지적 분석틀(intellectual framework)'이 없었다는 점이다. 특히 기존의 연구문헌 어디에서도 '독재체제와 민주정치 체제를 모두 포괄하는 체계적인 이해(지식)나 만족스러운 이론'을 찾을 수 없었다. 이러한 현상은 '시장'의 경우에도 마찬가지였다. 다행히도 체계적인 이해를 하는 데 필요한 '통찰들'(insights)이 서서히 등장하기 시작하였다. 그러한 유용한 통찰들을 통해 그 칼럼니스트의 질문들에 답하는 데 필요한 지적 분석틀이나 이론을 찾아내는 것은 결코 요술이나 묘기가 아니었다.

그리고 나서 많은 '우연한 발견들'이 뒤따랐다. 그 결과 나는 경제학자로서 (1) 내가 발견한 '새로운 분석틀'을 '표준적인 경제이론'과 쉽게 결합하여, (2) '한 국가의 경제를 어떻게 번영시킬 수 있는지'에 대한 해결책들을 제시할 수 있었다. 예를 들어, 어떻게 하면 한 국가가 '높고 지속적으로 증가하는 소득을 창출하는 시장경제'를 달성할 수 있는지에 대한 질문을 고려해 보자. 심지어 빈곤한 제3세계 국가들에서도 '시장은 어디에나(도처에) 존재'한다. 예를 들면, 어떤 제3세계 국가를 방문한 여행객이 공항에서 내려 차를 타고 몇 시간만 가도 수많은 행상인(行商人)과 상인들을 만나게 된다. 그곳 시장에는 영리한 상인들로 가득한 상점가들(bazaars)이 있고, 일반적인 마을에는 상점들, 시장들 또는 장날들이 있다. 그러나 제3세계 국가에 그러한 시장들이 있지만, 그 국가의 경제 상태는 매우 나쁘며, 사람들은 가난하다. 또한, 공산주의 체제가 붕괴된 후 그들 국가에서 시장은 도처에 존재하게 되었다. 예를 들면, 모스크바에서는 1992년 초 가격자유화 직후에 거의 모든 지하철 정류장에서 사람들이 장사를 하였으며, 거의 모든 인도(人道)에 키오스크(매점)들이 등장하였다. 심지어 두 세대에 걸친 공산주의 지배 기간에도 '기업가정신'(entrepreneurial spirit)은 사라지지 않았으며, 그로 인해 수많은 시장이 '자연적(자생적)으로' 생겨났다. 그러나 이처럼 시장이 도처에 있음에도 불구하고 러시아뿐만 아니라 다른 많은 구공산주의 국가들에서 사람들은 가난하였고, 생산이 감소하였다. 시장은 세계 어디에나 있는데, 왜 이러한 결과가 초래되는가?

세계 전역에서 어떤 국가의 시장경제는 부유하지만, 다른 국가의 시장경제는 가난한 이유는 무엇인가? 어떤 국가에서 '행상인들과 상점가들이 있는 시장경제'에서 '풍요로운 부(富)를 창출하는 시장경제'로 바꾸려면 어떤 정책들과 제도들이 필요한가? 나는 본서에서 이들 질문에 대한 답을 제시하고자 한다. 또한, 본서는 그 유명 칼럼니스트가 제기한 질문들에 답하는 이론을 개발하고 전개하는 과정에서 다음과 같이 매우 다른 것처럼 보이는 중요한 질문에 대한 대답의 상당 부분도 제시하고자 한다. 즉, 거의 모든 국가에 수많은 시장이 어디에나 존재하지만, 왜 부는 소수의 국가들에서만 창출되는가?

이러한 답들을 통해 우리는 "'파시즘(fascism)의 패배 이후'와 '공산주의(communism)의 붕괴 이후'에 극명하게 다른 경제 성과가 나타난 이유"를 빠르게 이해할 수 있을 것이다. 제2차 세계대전이 끝났을 때 대부분의 전문가들은 '서독, 일본, 이탈리아가 상당 기간 동안 빈곤에 시달릴 것'으로 예상하거나 관측하였다. 또한, 미국은 이들 국가의 국민들이 생존하는 데 필요한 식량의 상당 부분을 수년 동안 제공해야 할지도 모른다고 우려하였다. 그러나 '실제로' 제2차 세계대전에서 패전한 세 추축국(樞軸國; [역주] 제2차 세계대전 당시 독일·이탈리아·일본의 세 동맹국을 말함) 모두는 전쟁과 점령의 구속 및 제약들이 사라지자마자 급속한 경제성장을 이루게 되었다. 이들 국가의 급속한 경제성장 사례는 지금까지 기존의 경제이론들로는 설명할 수 없었다. 기존 경제이론은 그러한 급속한 경제성장을 그저 '경제 기적'(economic miracles)이라고만 불렀다. 반면에 공산주의가 붕괴되었을 때 구소련형 경제체제의 '경제적 부조리'를 경험하였던 사람들은 자국의 경제 성과가 크게 향상될 것으로 기대하였다. 마찬가지로 대부분의 서방 전문가들도 이처럼 예상하였다. 그러나 '실제로' 많은 구공산주의 국가들에서 지금까지의 경제 성과는 놀랍게도 공산주의 체제하에서보다 '훨씬 더 나빴다'([역주] 이러한 결과는 기존의 경제이론으로는 '경제적 불가사의'(economic mystery)라고 부를 수 있다). 모든 구공산주의 국가들은 붕괴까지는 아니지만 '생산량 감소'로 어려움을 겪었고, 많은 국가가 회복하는 데 아주 오랜 시간이 걸리고 있다. 나는 구공산주의 국가들의 공식 통계가 그들의 실질소득 감소를 과장하고 있다고 생각하며, 개인적으로 이들 국가 중 일부 경제의 미래에 대해 낙관적으로 보고 있다. 그러나 그들 국가의 경제 성과가 '기대 이하'라는 점은 분명하다. 두 유형의 국가들 간의 경제 성과에 왜 이러한 차이가 발생하는가?

흥미롭게도 (1) '추축국의 패전 이후'와 (2) '공산주의의 붕괴 이후'의 경제 성과 간에는 '놀랍고 예상치 못한 차이'가 존재한다. 이러한 결과는 제2차 세계대전의 승전국들이 바랐던 기대나 우려를 고려할 때 더욱더 놀랍다. 우선, 제2차 세계대전이 끝난 이후 한동안 승전국들은 독일과 일본이 다시 '침략적인 독재국가'로 부상할 것을 두려워하여, 독일과 일본이 (1) 강력한 산업경제를 발전시키거나 (2) 심지어 통일 국가가 되는 것을 원하지 않았다. 반면에 공산주의 붕괴로 냉전(cold war)[5]의 승자였던 국가들은 처음부터 '한때 공산주의 국가들'(즉, 구공산주의 국가들)이 서구를 본받아

5 [역주] '냉전'(冷戰)이란 "무력을 직접 사용하지 않고, 경제, 외교, 정보 등을 수단으로 하는 국제 간의 대립 상태"를 말한다.

'성공적인 국가'로 발전하도록 돕고자 하였다. 따라서 본서가 제기하는 한 가지 질문은 다음과 같다. 즉, '파시즘 패배 이후'(즉, 추축국의 패전 이후)의 경제 성과가 '공산주의 붕괴 이후'의 경제 성과보다 '훨씬 더 좋았던'(특히 기대치에 비해) 이유는 무엇인가?

'철의 장막'(iron curtain)[6]이 걷히면서(즉, 공산주의의 붕괴 이후) 서구 선진국들(제2차 세계대전에서 승자이었든 패자이었든)은 예상하지 못하였던 일들을 목격하였다. 그것은 바로 구공산주의 국가들에서 존재하는 '엄청난 양의 공무원 부패와 마피아식 범죄(즉, 조직범죄)'였다. 예를 들어, 러시아에서는 사람들이 범죄와 부정부패를 사회의 가장 큰 문제로 여긴다는 여론조사 결과가 있다. 물론 대부분의 서구 국가들에서도 부패한 공무원들과 마피아 조직들이 있다. 또한, 미국의 주요 도시들에는 구공산주의 국가들에서보다 거리범죄(street crime)[7]가 더 많을 것이다. 그리나 구공산주의 국가들(특히 구소련)에서 공직 부패와 조직범죄(organized crime)의 정도는 서구의 경험 범위를 훨씬 벗어난다. 따라서 본서가 제기하는 또 다른 질문은 다음과 같다. 즉, 왜 구공산주의 국가들에서 공무원 부패와 조직범죄가 그렇게 많은가?

본서가 위에서 언급한 중요한 여러 질문들에 답할 수 있는 이유는 (1) 그 유명 칼럼니스트의 질문들을 답하는 데 필요한 '지적 분석틀'이 마련되고, (2) 이것이 '표준경제학'(standard economics)과 잘 결합함으로써 마침내 "시장과 정부를 동시에 포괄하는 지적 구조"(intellectual structure)를 갖게 되

6 [역주] '철의 장막'이란 "과거 소련과 동유럽 공산주의 국가들이 엄격한 검열과 비밀주의에 의해 서방 세계와의 교류를 가로막던 정책"을 비유적으로 이르는 말이다.

7 [역주] '거리범죄'는 '비조직범죄'라고도 한다. 이는 '조직범죄'나 '화이트칼라 범죄'(whitecollar crime) 등을 제외한 범죄를 말한다.

었기 때문이다. 어떤 사회(국가)가 부유하든 가난하든 그 사회(국가)에는 분명히 '경제(economy)와 정치(polity)'가 독립적으로 존재하지 않고 반드시 공존한다. 경제는 정치를 움직이고, 정치는 경제를 지배한다. 따라서 (1) '정부를 배제한 시장이론들'이나 (2) '경제를 외생적으로 취급하는 정치이론들'은 본질적으로 제한적이고, 불균형적이다. 또한, 그러한 이론들은 (1) '정부 형태'(예, 독재정부냐 공산주의 정부냐 민주주의 정부냐)와 '경제운명'(예, 번영(부유)하느냐 쇠퇴(빈곤)하느냐) 사이의 관계에 대해 충분히 설명해 주지 못하거나, (2) '왜 어떤 국가들은 부유하고, 다른 국가들은 빈곤한지'에 대해 적절하게 설명하지 못한다.

애덤 스미스(Adam Smith)와 존 스튜어트 밀[8](John Stuart Mill; 영국의 철학자 겸 경제학자, 1806~1873년)을 비롯하여 이전 세기의 다른 위대한 경제학자들은 그들의 분석에 '기업과 시장'뿐만 아니라 '정부(government)와 정치(politics)'도 포함시켰다. 그러나 20세기의 경제학자들은 최근까지도 이러한 '원대한 포부'를 되찾지 못하였다. 그러한 포부를 최초로 시도한 20세기의 위대한 경제학자는 『자본주의, 사회주의, 민주주의』(*Capitalism, Socialism and Democracy*)라는 명저를 쓴 조지프 슘페터[9](Joseph Schumpeter, 1883~1950년)였다. 나는 이 책이 큰 영감을 주는 훌륭한 책이었지만, 선

8 [역주] 영국의 경제학자, 철학자 및 사회사상가로 19세기 중기 영국 자유주의 사상의 대표적인 인물이었다. 경제학 면에서는 고전학파 사상의 체계를 세웠고, 사회사상 면에서는 벤담의 양적 공리주의와 구분되는 '질적 공리주의 사상'을 발전시켰다. 철학, 경제, 정치, 여성 문제, 종교, 사회주의 등에 대한 폭넓은 저작 활동을 전개하였으며, 저서로는 『경제학 원리』, 『자유론』, 『공리론』, 『자서전』 등이 있다. 자유주의와 사회민주주의 정치사상의 발전에도 크게 기여하였다.

9 [역주] 오스트리아 출신의 미국 이론경제학자로 경기순환에 관한 이론과 역사·통계의 종합적 성과인 『경기순환론』을 저술하였으며, 케인즈와 더불어 20세기 전반의 대표적 경제학자로 평가된다.

견지명은 없었다고 생각한다. 나는 '자본주의와 사회주의 및 민주주의'를 포괄적으로 분석한 슘페터의 기여에 감사하는 의미에서 본서의 초기 버전 제목을 그 책과 유사하게 『자본주의, 사회주의, 독재주의』(*Capitalism, Socialism and Dictatorship*)라고 지었다. 그러나 나는 나의 주요 아이디어를 보다 명확하게 전달하기 위해 본서를 현재의 제목인 『정치권력과 경제번영』(*Power and Prosperity*)으로 지었다. 또한, 로버트 클리트가드(Robert Klitgaard) 교수는 본서의 부제(副題)를 '공산주의와 자본주의 독재에서 벗어나기'(Outgrowing Communist and Capitalist Dictatorships; 또는 '공산주의와 자본주의 독재의 쓸모 없음')라고 아주 적절하게 붙여 주었다. 나는 'outgrow'라는 단어가 가진 '이중적 의미'([역주] outgrow는 (1) '~에서 벗어나다'와 (2) '~이 쓸모 없게 되다'라는 의미를 가지고 있다)뿐만 아니라, 심지어 '가장 안전하고 발전된 민주정치 국가들'도 세계의 독재국가들보다 '더 놀라운 경제성장을 원한다'([역주] 이때 'outgrow'는 (3) '~보다 빠르게 성장하다'라는 의미이다. 따라서 'outgrow'는 삼중적 의미를 가지고 있다. 이 경우 부제인 'Outgrowing Communist and Capitalist Dictatorships'는 '공산주의와 자본주의 독재보다 빨리 성장하기'[10]가 된다)라는 점을 상기시켜 주기 때문에 이 부제가 가장 마음에 든다(선진 민주주의 국가들은 독재국가들보다 출발점이 더 앞서고 추격 가능성이 더 낮다는 점을 고려하더라도 더 높은 경제성장을 원한다). 본서의 내 주장이 옳다면 (1) 유럽, 북미, 일본의 선진 민주주의 국가들의 '경제정책'뿐만 아니라 (2) 현재 또는 최근에 독재정권이 들어선 국가들의 '경제정책'에도 중요한 시사점을 제시해

10 [역주] "민주주의는 공산주의와 자본주의 독재보다 더 빠르게 성장한다"(Democracies **outgrow** communist and capitalist dictatorships; or Democracies **grow faster** than communist and capitalist dictatorships).

줄 수 있을 것이다.

나는 이 머리말에서 여러 강력한 주장들을 펼쳤다고 생각한다. 이러한 주장들이 사실인지를 판단하는 문제는 내가 아니라 논평자들, 독자들, 후속 연구자들이 해야 할 일이다. 만약 내 주장들이 사실이 아니라면, 나는 혹독한 비판을 받아 마땅하다. 나는 다른 연구자들의 연구를 바탕으로 본서를 집필하였으며, 여러 동료 연구자, 특히 IRIS와 메릴랜드대학교 경제학과 동료들로부터 엄청난 양의 귀중한 정보와 조언 및 논평 등을 받았다. 그러나 본서의 모든 결점과 부당한 주장들에 대한 책임은 전적으로 나에게 있다. 나는 독자들이 본서를 모두 읽은 후 어떠한 논평을 하거나 그들이 평가하는 기준이 아무리 엄격하더라도 그 논평들에 대해 감사히 여길 것이다.

맨서 올슨 씀

차례

역자 머리말 4

찰스 캐드웰(Charles Cadwell) 교수의 소개말 35

머리말 65

차례 75

제1장 권력의 논리: 정치권력은 경제번영에 어떻게 작동하는가?

1. 범죄자 비유: 권력자를 범죄자에 비유 84
2. 정주도적 92
3. 역사적 기록 105
4. 독재자와 민주정치제에서의 다수자 비교 111
5. 초포괄적인 다수세력: 초다수세력 121
6. 권력 논리에서 고려해야 할 다른 차원: 장기적인 관점 130

참고자료 1: 암부로조 로렌체티의 좋은 정부의 결과 132

참고자료 2: 홉스: '만인의 만인에 대한 투쟁'과 국가와 개인의 계약 134

제2장 시간, 소득 및 개인의 권리

1. "폐하(왕이여), 만수무강하소서": 국왕 폐하 만세 143
2. 도둑질(절도)은 어떻게 끝나는가?: 도둑질의 종식 145
3. 민주정치(민주정부)의 자생적 출현과 그 필요조건 148
4. 대의제 정부들의 재산권 및 계약권 제정과 제도화 154

5. 지속적인 민주정치(민주정부)는 곧 지속적인 재산권과 계약권을 의미한다 162
참고자료 1: 명예혁명 167
참고자료 2: 휘그적 역사 해석 169
참고자료 3: 왕의 만수무강 기원 172

제3장 **코스적 협상, 거래비용 및 무정부 상태**

1. 대안이론의 기본 1: 상호이익이 되는 거래 180
2. 대안이론의 기본 2: 거래비용 (상호이익이 되는 자발적인 거래에 비용이 발생한다) 181
3. 대안이론의 기본 3: 시장실패 183
4. 대안이론의 기본 4: 코스 정리 188
5. 코스 정리의 일반화: 정부와 정치에 대한 분석으로 확장 190
6. 무정부 상태 207
7. 내 이론에 추가(보완)하기 212

제4장 **합리적인 개인들과 비합리적인 사회**

1. 소규모 집단들은 종종 (선택적 유인 제공 없이도 또는 무임승차하려는 인센티브 없이) '자발적인 집단행동'에 성공한다: 소규모 집단 내 각 개인의 자발적인 집단재 공급 유인 221
2. 소규모 집단 내 회원들 간의 전략적 상호 작용과 흥정하려는 유인 223
3. 보편적 오류 226
4. 거래비용이 없는 경우: 거래비용이나 교섭(협상)비용이 들지 않는다면 어떻게 될 것인가? 236
5. 핵심이 없는 게임 238
6. 선택적 인센티브 244
7. 논의의 요약 248

제5장 **거버넌스(통치 형태)와 경제성장**

1. 거버넌스(통치 형태)의 진화 253
2. 집단 조직(집단 결성)의 자유가 있는 사회들에서 나타나는 경화증 257
3. 독재정부와 민주정부에서의 경제성장 270

제6장 **법 집행과 부패의 원천들**

1. 법을 준수하라는 압력은 왜 발생하는가? 279
2. 법 집행에 대한 민간 부문의 만장일치적 압력: 민간 부문은 왜 만장일치로 법 집행에 압력을 가하는가? 282

제7장 **구소련형 독재정치 이론**

1. 독재자 착취(강탈)의 한계 292
2. 스탈린의 첫 번째 획기적 조치: '몰수'를 통한 저축과 투자 증대 293
3. 스탈린의 두 번째 획기적 조치: 세금은 어떻게 '일하려는 인센티브'를 높일 수 있는가?(세금이 '근로 인센티브'를 높이는 방법) 295

제8장 **공산주의의 진화와 그 유산**

1. 일관된 계획을 수립하는 데 필요한 정보 획득 329
2. 관료적 경쟁: 관료들 간의 경쟁 331
3. 공산주의 사회에서의 은밀한 담합(공모) 338
4. 담합의 증거: 연성예산제약과 정치적 경영력 345
5. 법 집행과 부패 349

제9장 체제전환국들에 주는 함의들

1. 인플레이션 만연의 퍼즐 362
2. 과세체계의 부패와 붕괴: 대규모 예산적자의 발생 원인 363
3. 내부 모순들 373
4. 남은 과제 381

제10장 경제번영에 필요한 시장 유형들

1. 상이한 시장 유형들 389
2. 시장들은 왜 어디서나 존재하는가?: 시장들이 도처에 존재하기 위한 조건들 399
3. 잘못된(비합리적인) 정부 개입주의가 시장을 거의 쓸모없게 만드는가?: 그렇지 않다! 잘못된 정부 개입하에서도 거래이익은 여전히 실현된다 400
4. 사회적으로(또는 정부에 의해) 고안된 시장들과 권리집약적 생산 406
5. 경제번영의 원인으로서의 광범위하고 안전한 개인의 권리들 412
6. 이제까지 논의한 내용의 요약 421
7. 머리문으로 돌아가서: 머리문에서 제기한 질문들에 대답하기 425

- 올슨의 통찰 1 433
- 올슨의 통찰 2 437
- 서평 1 442
- 서평 2 445
- 서평 3 448
- 논평 449

참고문헌 466

찾아보기 474

제1장

권력의 논리: 정치권력은 경제번영에 어떻게 작동하는가?

1. 범죄자 비유: 권력자를 범죄자에 비유
2. 정주도적
3. 역사적 기록
4. 독재자와 민주정치제에서의 다수자 비교
5. 초포괄적인 다수세력: 초다수세력
6. 권력 논리에서 고려해야 할 다른 차원: 장기적인 관점

오늘날 사실상 거의 모든 경제학자들(그리고 다른 분야에 종사하는 대부분의 학자들도 마찬가지로)은 '어떤 사회 내에 전문화(specialization)와 거래(trade)에 바탕을 둔 사회적 협력(social cooperation)을 통해 제품과 서비스를 생산하고 판매하여 이익을 얻을 수 있는 명확한 인센티브가 존재할 때, 그 사회([역주] 시장경제에 기반한 사회, 또는 자본주의 사회)는 그렇지 않은 사회에 비해 경제적으로 번영할 가능성이 가장 높다'라는 데 동의할 것이다. 이는 '번영을 위한 가장 좋은 방법'이기 때문이다. 이때 인센티브는 어때야 하는가? 어떤 사회가 가능한 최대 소득을 달성하여 번영하려면 인센티브(즉, '경제번영을 견인하는 인센티브')는 (1) 명확해야 할 뿐만 아니라, (2) 경제 활동에 참여하는 개인들과 기업들이 사회적으로 효율적인(socially efficient) 방식으로 상호 작용하도록 유도해야 한다. 또한, 그러한 인센티브는 완전경쟁산업에서 작동하는 인센티브와 유사해야 한다. 완전경쟁산업의 경우 시장이 가진 다른 장점들에 추가해 시장이 너무 커서(또는 시장 내 기업들이 너무 작아서) 어느 한 기업이 독점력(monopoly power)을 갖지 못하거나 가격에 상당한 영향력을 미치지 못한다.

방금 언급한 '번영을 위한 가장 좋은 방법'에서 '가장 나쁜 방법'으로 전환할 때 우리는 아마 다음과 같은 합의점에 이를 것이다. 어떤 사회에서 무엇을 '만들려는(make) 인센티브'([역주] 이는 번영을 위한 가장 좋은 방법임)보다 '빼앗으려는(take) 인센티브'([역주] 이는 번영을 위한 가장 나쁜 방법임)가 더 강할 때 그 사회는 쇠퇴할 것이다. 즉, 어떤 사회에서 '생산적이고 상호이익이 되는 활동들에서 얻는 이익'보다 '약탈(predation; 강탈)을 통해 얻는 이익'이 더 많을 때 그 사회는 쇠퇴할 것이다. 예를 들면, 홉스[1](Thomas Hobbes, 1588~1679년)의 '무정부 상태'(anarchy) 사회나

1 [역주] 홉스는 영국의 철학자 및 사상가로 성악설을 전제로 각자의 이익을 위해서 사람은

표 1-1 번영을 위한 방법 비교

가장 좋은 방법	가장 나쁜 방법
경제번영을 '견인'(촉진)하는 인센티브를 제공함.	경제번영을 '쇠퇴'시키는 인센티브를 제공함.
무엇을 '만들려는' 인센티브가 존재함.	무엇을 '빼앗으려는' 인센티브가 존재함.
생산적이고 상호이익이 되는 활동들을 통해 이익을 얻음.	약탈(강탈)을 통해 이익을 얻음.
시장경제에 기반한 사회나 자본주의 사회	'무정부 상태' 사회나 '약탈주의'(도둑정치) 사회

주: 역자 작성.

'약탈주의'(kleptocracy; 도둑정치[2]) 사회에서는 전문화와 거래에 바탕을 둔 사회적 협력을 통한 생산이나 그로부터 얻는 이익은 많지 않을 것이다. 여기서 '홉스의 무정부 상태 사회'는 개인들이 서로의 것을 빼앗으려는 인센티브에 아무런 제한이 없는 사회[3]를 말하고, '약탈주의 사회'는 힘(권력)을 가진 사람들이 사회 내에서 대부분의 재산을 독차지하는 사회를 말한다.

다음으로, 다음 질문을 제기해 보기로 하자. 우선, 어떤 사회가 다음 두 극단적인 경우의 사이에서 어디에 속할지를 결정하는 요인은 무엇인가? 하나의 극단은 (1) 각 개인과 기업이 사회 내 전체 주민의 후생(이익) 증대에 가장 부합하는 일을 하려는 인센티브가 존재하는 경우이고, 다른 극단은 (2) 약탈(강탈)로 인해 투자하고, 전문화하고 거래하려는 인센티브가 사라지거나 존재하지 않는 경우이다. 어떤 사회가 이러한 두 극단 중 하나를 선택하도록 만드는 요인은 무엇인가? 그러한 결정을 누가, 왜 하는가? 또한, 어떤 사회가 다음 두 패턴(유형) 사이에서 어디에 속할지를 결정하는

계약으로써 국가를 만들어 '자연권'(自然權)을 제한하고, 국가를 대표하는 의지에 그러한 역할을 양도하여 복종해야 한다고 보았다. 또한, 전제군주제(專制君主制)를 이상적인 국가 형태라고 생각하였다.

2 [역주] '도둑정치'란 "권력자가 막대한 부를 독점하는 정치체제"를 말한다.

3 [역주] 즉, '만인의 만인에 대한 투쟁'(the war of all against all)을 말한다. 이는 영국의 철학자 토머스 홉스가 '자연 상태에서의 인간'을 표현한 말이다.

표 1-2 번영하는 사회 대 쇠퇴하는 사회

번영하는 사회	쇠퇴하는 사회
각 개인과 기업이 사회 내 전체 주민의 후생(이익) 증대에 가장 부합하는 일을 하려는 인센티브가 존재함.	약탈(강탈)로 인해 투자하고, 전문화하고 거래하려는 인센티브가 사라지거나 존재하지 않음.
효율적인 생산과 사회적 협력을 이끌어 내는 인센티브가 있음.	생계유지만 가져다주는 인센티브가 있음.

주: 역자 작성.

요인은 무엇인가? 하나의 패턴은 (1) 효율적인 생산과 사회적 협력을 이끌어 내는 인센티브가 있는 경우이고, 다른 패턴은 (2) 생계유지만 가져다주는 인센티브가 있는 경우이다. 어떤 사회가 이러한 두 패턴 중 하나를 선택하도록 만드는 요인은 무엇인가? 그러한 결정을 누가, 왜 하는가? 이들 질문에 답하기 위해 우리는 그러한 결정을 하는 (1) '권력을 가진 사람들'이 어떤 인센티브를 가지고 있으며, (2) 그들이 왜 권력을 획득하였는지를 알아야만 한다. 이를 위해 다음 세 가지 질문을 제기할 수 있다. 첫째, 어떤 사회에서 권력을 가진 사람들(권력자들)은 생산과 사회적 협력을 증대시키기 위해 언제 자신의 권력을 사용하려는 인센티브를 갖는가? 둘째, 권력자들은 생산과 거래에서 언제 많은 이익을 빼앗아 가는가? 마지막으로, 권력자들은 왜 권력을 획득하였는가? 이러한 질문들에 답하기 위해서는 먼저 '권력의 논리'(logic of power)를 이해해야 한다.

'권력이론'(theory of power; 권력론)은 오랫동안 '정치학의 성배'([역주] 예수가 최후의 만찬 때 사용하였다는 잔)로 여겨져 왔지만, 아직까지 그 성배를 찾지 못하였다. 반면에 일부 경제학자들은 시장 모델을 확장하여 권력[4]을 다루려 시도하였다. 이들은 자발적인 거래인 '코스적 거래'(Coaseian

4 [역주] '권력'(權力)이란 "남을 지배하여 복종시키는 힘"으로, 특히 "국가나 정부가 국민에게

bargain)에서 출발하여, 거래와 교섭(협상)을 제한하는 '거래비용'(transaction costs)을 '정부 및 정치이론'의 기초로 삼았다. 특히 이러한 경제학자들 중 일부는 이른바 '코스 정리'(Coase theorem)를 '정부와 정치'로 확장하기도 하였다. 여기서 '코스 정리'는 거래비용이 너무 크지 않다면 개인들은 그들의 공동이익을 극대화할 때까지 협상을 할 인센티브(유인)를 갖는다는 것을 의미한다. 이러한 경제학자들은 코스 정리를 확장하여 '권력도 사회적으로 효율적인 방식으로 사용될 수 있다'라고 믿게 되었다. 나는 제3장에서 그들의 이 흥미로운 믿음을 설명한 후, 이전에 간과되었던 논리적 오류로 인해 그러한 믿음이 '잘못되었음'을 보여 줄 것이다. 그러나 그전에 '권력의 논리'는 속성상 자발적인 거래(voluntary transaction) 개념으로는 적절하게 설명될 수 '없음'을 즉각 알아채야 한다. 왜 그런가? 권력, 특히 정부권력(governmental power; 공권력)은 (1) 강제적 준수(compulsory compliance)를 이끌어 낼 수 있는 능력이며, 또한 (2) 강제적인 권한(compelling authority)과 강제력(capacity to coerce)을 수반하기 때문이다. 따라서 앞으로 살펴보겠지만, '자발적 교환이론'을 이해하는 것만으로는 충분하지 않으며, 권력이 가지고 있는 '강제력의 논리'(logic of force)에 대해서도 이해해야만 한다.

1. 범죄자 비유[5]: 권력자를 범죄자에 비유

권력은 인간에 의해 행사되며, 물론 인간은 매우 복잡한 존재이다. 내

행사하는 강제력"을 말한다.

5 [역주] '비유'(比喩)란 "어떤 현상이나 사물을 직접 설명하지 않고 그와 비슷한 다른 현상이나 사물을 빌려 표현하는 일"을 말한다. 예를 들어, '비유로 설명하다', '비유를 들다', "비둘기는 흔히 '평화의 상징'으로 비유된다" 등으로 활용된다.

가 보기에 인간은 하나의 '순수한 동기'로 행동하는 경우는 거의 없다. 인간의 본성(human nature)에는 (1) '이기심'(self-interest)[6]뿐만 아니라, (2) '자비로운 천성'—심지어는 '악의적인 성향'—도 존재한다. 사회 발전에 대한 역사적 결과는 분명 인간으로서 권력을 가진 사람들(권력자들)의 (1) '인센티브와 이기심'뿐만 아니라, (2) 그들의 '도덕성과 기질'에 따라 달라진다. 나는 이 책이 끝나기 전에 권력자들의 사심이나 사욕 없이 도의적(道義的)인 선택(disinterested and principled choices)이 사회 발전에 결정적인 영향을 미치는 몇 가지 상황을 분석할 것이다. 그러나 먼저 권력자들이 직면하는 '합리적이고 이기적인 행동'(rational and self-interested action)에 대한 인센티브와 그 유인책에 초점을 맞추어 논의를 진행하고자 한다. 즉, 먼저 (1) 권력자들이 '합리적이고 이기적인 행동'을 할 인센티브에 초점을 맞출 것이고, (2) 그런 다음 그들의 '사심(사욕) 없는 도의적인 선택'을 분석할 것이다.

'강제력'(강압적 권력)에 초점을 맞추고, 권력자들의 '이기적인 행동'에 대한 분석을 위해 나는 권력을 '범죄자에 비유'(criminal metaphor)해서 설명하고자 한다. 분명히 우리는 강도행위를 자발적인 거래(voluntary trade)나 도덕적 행위(moral act)로 이해할 수 없다. 따라서 편리하게도 '강제력(강압적 권력)의 이기적 사용'에만 초점을 맞추어 설명할 수 있다. 우리는 범죄자 비유의 도움으로 권력의 내면을 볼 수 있고, 권력을 설명하는 데 필요한 이론을 구축할 수 있다. 그러나 번창하는 사회에서 범죄행위는 규칙이 아니라 하나의 '예외'이기 때문에 나의 범죄자 비유는 우리가 인간 본성의 복잡성에서 얼마나 벗어나 있는지를 상기시켜 줄 것이다.

이제 사람이 많이 거주하는 사회에서 '어느 한 범죄자가 직면하는 인센티브'를 고려해 보자. 다른 모든 조건이 동일하다면, 그 범죄자는 가난

---

6 [역주] '이기심'(利己心)이란 "자기의 이익만을 꾀하고 남을 돌보지 아니하는 마음"을 말한다.

한 사회보다 부유한 사회에서 도둑질(절도행위)을 하는 것이 더 나을 것이다. 이는 부유한 사회에서 훔칠 것이 더 많기 때문이다. 또한, 도둑질은 그 사회를 도둑질이 없는 사회보다 덜 번영하게 만든다. 왜 그런가? 그 이유는 다음과 같다. 도둑질에 투입되는 시간은 (1) 사회적으로 아무것도 생산해 내지 못한다. 또한, 그 시간은 (2) 생산적인 일과 투자에서 얻는 보상을 감소시키고, (3) 희소한 자원을 생산 활동에서 방어 활동(즉, 경비원, 자물쇠, 경찰, 교도소, 재고품 관리 시스템 등)으로 전환시키기 때문이다. 따라서 각 범죄자가 저지른 범죄행위는 그 사회의 부(富)를 감소시키고, 그로 인해 도둑질할 수 있는 양도 감소시킨다. 이렇게 되면 각 범죄자는 자신의 범죄를 줄이려 하겠는가? 아마 그렇지 않을 것이다.

누구나 이미 알고 있듯이 각 범죄자는 자신의 범죄를 줄이려 하지 않을 것이다. 그러나 우리는 왜 그런지 그 이유를 알아야 한다. 예를 들어, 인구가 100만 명인 어떤 사회에서 (1) 전형적인 어느 한 도둑은 자신의 범죄행위(도둑질)로 '개인적 이익'을 얻지만, 다른 한편으로 (2) 그 사회의 생산량을 감소시키며, 자신은 그로 인해 발생하는 '사회적 손실(즉, 생산량 감소)의 약 100만 분의 1 정도'(아주 작은 양)만 지게 될 것이다. 그러나 일반적으로 그 도둑은 자신이 놓친 절도 기회(즉, 도둑질을 하지 않는다면)로 발생하는 '모든 손실'(또는 절도가 가져다줄 모든 잠재이익; 예를 들면, 금은방 절도 시 얻을 1억 원)을 혼자서 지게 될 것이다. 따라서 어떤 범죄자가 (1) 어떤 부유한 사회에서 범죄(절도)로 얻는 이익(예를 들면, 금은방 절도 성공 시 얻는 1억 원)과 (2) 범죄로 인한 그 사회의 부의 감소(즉, '사회적 손실'; [역주] 또는 정확히 말하면 사회적 부의 감소에서 자신이 보는 손실; 예를 들면, 금은방 절도의 경우 1억 원/100만 명=1인당 100원)를 비교해 볼 때 이익이 손실보다 훨씬 크므로 범죄행위(도둑질)는 그 범죄자에게 수지가 맞을 것이다. (그 반대의 경우도 있다. 절도로 인한 사회적 손실(예를 들면, 은행 절도로 인한 사회적 손실이 100조 원)이 절도로 인해 범죄자에게 빼앗긴 금액(즉, 절도로 인해 범죄자가 얻는 이익; 예를 들면, 은행 절도로 범죄자가 얻는 1억 원)의 약 100만 배(예에서의 경우 100조 원; 이때 100조 원/100만 명=1인당 1억 원)나 그 이상의 가치가 있는 기괴한 경우이다. 이때 범죄행위는 그 범죄자에게 수지맞지 않을 것이다.) 범죄행위를 방지하거나 수지맞지 않게 하는 것은 범죄자들에 대한 사회의 처벌뿐이며, 처벌을 가하는 것만으로는 항상 충분하지 않다. 각 범죄자는 '사회의 번영에 대해 이익심'을 가지고 있지만([역주] 사회가 번영할수록 훔칠 것이 많기 때문이다), 그러한 이익심이 너무 '미미해서' 그 범죄자는 이를 무시한다. 그 결과 각 범죄자는 일반적으로 사람들의 지갑이나 금고에 있는 '모든 것'을 가져간다. 앞으로 살펴보겠지만, 강압을 가할 수 있는 능력(즉, 강제력)을 가진 사람들(예를 들면, 권력자들이나 범죄자들)이 자신이 거주하는 사회에 대해 (1) 미미하거나 협소한[7] 이익심(narrow interest)을 갖고 있는지, 아니면 (2) 포괄적인 이익심(encompassing interest)을 갖고 있는지에 따라 그 사회의 번영에 '큰 차이'를 가져다준다.

'포괄적인 이익심'을 살펴보기 전에, 먼저 우리는 어떤 범죄자가 도둑질을 하게 만든 이기심('범죄자의 이기심')과 시장에서 자발적 교환을 하게 만든 이기심(즉, '시장에서의 이기심')을 비교해 볼 때 '같은 이기심'이더라도 '매우 다른 결과'가 나타난다는 사실을 깨달아야만 한다. 예를 들어, 범죄 억지력이 향상되어 어떤 범죄자가 (범죄를 저지르는 대신에) 노동시장에서 자발적인 교환을 통해 자신의 이익(시장에서의 이기심)을 추구한다면, 그 범죄자는 대개 가장 높은 급여(임금)를 제공하는 일자리를 택할 것

---

7 [역주] 우리말로 '협소하다'란 "공간이 좁고 작다"라는 뜻이다.

이다. 반면에 이윤 극대화를 추구하는 고용주라면 적어도 근로자에게 지급하는 비용(임금)만큼 기업의 수익에 보탬이 되지 않는 근로자는 고용하지 않을 것이다. 따라서 일자리를 찾는 전직 범죄자는 이기적으로 가장 높은 임금을 원하기 때문에 자신의 사회적 한계생산성(또는 생산에 대한 기여도)이 가장 큰 직장에서 일할 것이다.[8]

이제 (1) 인구가 많은 지역에서 활동하는 어느 한 범죄자의 경우와 (2) 어떤 지역에서 '범죄행위를 독점'할 수 있는 마피아단(團)[9]이나 다른 범죄 조직(집단)의 우두머리(두목)의 경우를 비교해 보자. 이를 위해 경계가 비교적 명확하게 이루어진(즉, 구역이 잘 정돈된) 어떤 관할지역에서 (1) 어떤 범죄 조직(집단)이 원하는 만큼(즉, 얼마든지) 마음대로 훔칠 수 있을 뿐만 아니라, (2) 다른 사람이 그 관할지역에서 범죄를 저지르지 못하게 할 수 있다고 가정해 보자. 영화나 TV 등에서 볼 수 있듯이 후자의 경우는 사실이다. 예를 들면, (1) 마피아단은 분명히 다른 도둑들이 자신의 관할지역에 들어오지 못하도록 막으려는 강한 인센티브를 가지고 있다. 그러나 (2) 당해 마피아단이 자신의 관할지역에서 훔칠 수 있는 '모든 것'을 훔쳐 간다면 이는 그 마피아단에게 이익이 되는 행위인가?(즉, 당해 마피아단이 자신의 관할지역에서 훔칠 수 있는 '모든 것을 훔치는 행위'가 과연 합리적인가?) 그 대답은 결코 이익이 되지(즉, 합리적이지) 않을 것이다. 다시 말하

---

8 잘 알려진 바와 같이, 공급독점(monopoly)이나 수요(구매자)독점(monopsony)과 같은 '시장의 불완전성'으로 인해 임금이 사회적 한계생산성(marginal social product)과 같지 않다면 이러한 결과는 성립하지 않을 것이다. 그러한 시장의 불완전성은 곧 "시장이 '전과자의 시간'을 완전 효율적이거나 파레토 효율적(Pareto-efficient) 방식으로 배분하지 않을 것이다"라는 것을 의미한다. 그렇다고 해서 시장의 불완전성이 '개인들과 기업들의 이기적(합리적) 선택'과 '사회적 이익' 간에 존재하는 매우 높은 상관관계를 결코 배제하지는 못할 것이다.

9 [역주] '마피아단'이란 "19세기 이탈리아의 시칠리아 섬에서 조직된 폭력단 또는 반사회적 비밀 결사조직"이다. 현재는 미국의 대도시에서 마약과 도박에 관련된 범죄조직을 형성하고 있다.

면, 어떤 마피아단이 관할지역에서 '전부'를 훔쳐 가는 행위는 그 마피아단에게 결코 이익이 되지(즉, 합리적이지) 않을 것이다! 왜 그런가?

그 이유는 다음과 같다. 어떤 관할지역에서 운영되는 사업이 절도(도둑질)로 인해 수익성이 상실(또는 감소)되거나 범죄로 인해 주민들이 이 지역을 떠나 다른 지역으로 이주가 발생한다면, 그 지역의 소득은 그만큼 감소하고, 그로 인해 범죄자가 훔칠 것도 그만큼 줄어들 것이기 때문이다. 이러한 추론은 사실이다. 실제로 어떤 한 지역에서 '범죄를 실질적이고 지속적으로 독점'하고 있는 마피아단은 어떠한 강도질도 저지르지 않을 것이다([역주] 사실은 범죄독점의 경우 마피아단은 다음 이유로 강도질을 저지를 필요가 없다!). 만약 어떤 마피아단이 자신의 관할지역에서 범죄를 독점하면 그 마피아단은 그 지역의 사업 수익성을 증대시키고 안전한 주거 생활을 제공함으로써 안정적인 이익을 얻을 것이다. 따라서 범죄를 독점하여 안전을 확보한 마피아단은 다음 두 범죄행위에 대해 주민들에게 보호를 판매하여(sell protection) ([역주] 또는 '보호세'를 받고) 자신의 수익을 극대화할 것이다. 이때 보호는 (1) 돈(보호세)을 지불하지 않으면 당해 마피아단이 직접 저지르는 범죄에 대해서 뿐만 아니라 (2) 마피아단이 다른 범죄자들을 막지 못하는 경우 그들이 저지르게 될 범죄에 대해서도 제공된다. 마피아단은 (다른 모든 조건이 동일하다면) 사업과 주거 환경이 더 좋은 지역일수록 '보호비'[10](protection racket; 보호료, 자릿세)를 더 많이 징수할 수 있을 것이다. 따라서 한 마피아단이 어떤 지역에서 범죄를 독점할 수 있는 힘('범죄독점력')을 가지고 있다면 그 지역에서 범죄는 거의 또는 전혀 발생하지 않을 것이며, 그 대가로 그 마피아단은 보호비를 징수할 수 있다([역

10 [역주] '보호비'란 "보호비 명목으로 금품을 요구하는 행위," 또는 "폭력단이 행패를 부리지 않는 대신에 상점이나 음식점 등에서 돈을 뜯어내는 행위"를 말한다.

주] 이는 마피아단의 합리적인 행위이다). '범죄독점'에 관한 많은 연구 문헌에 따르면, 어느 한 합리적인 범죄집단이 어떤 지역에서 '범죄를 안전하게 독점'한다면 실제로 일반적인 범죄행위보다는 '보호비 징수를 선호한다' 라는 점을 분명히 보여 주고 있다. 그러나 만약 마피아단 유형의 환경에서 절도 및 폭력이 발생한다면, 이는 일반적으로 당해 마피아단이나 지배하는 갱 조직이 자신의 '독점력을 상실하고 있다'라는 신호이다[11]([역주] '합리적인' 마피아단이 어떤 지역에서 '범죄에 대한 안전한 독점력'을 가지고 있다면, 자신의 관할지역에서 절도 및 폭력을 절대로 저지르지 않기 때문이다).

이러한 범죄자 비유는 내가 이전에 쓴 『국가의 흥망성쇠』(1982)에서 제시한 '협소한 이익심과 포괄적인 이익심에 관한 이론'을 잘 설명해 준다.[12] 인구가 많이 거주하는 어떤 사회(예를 들면, 인구가 100만 명인 어떤 도시)에서 도둑질을 하는 어느 한 도둑([역주] 완전경쟁시장에서의 어느 한 개인이나 어느 한 기업과 같음)은 자신의 도둑질로 인해 그 사회가 입은 손실이나 이익에서 '매우 협소하거나 아주 작은 몫'(a narrow and minute share)을 차지하기 때문에([역주] 그래서 그 사회의 소득에 대해 '포괄적인 이익심'을 갖지 않는다!), 자신의 절도가 사회에 끼치는 피해를 '무시'한다. 반면에 어떤 지역에서 '범죄를 독점'하는 마피아단([역주] 독점시장에서의 독점기업과 같음)은 이러한 독점으로 인해 관할지역의 소득에 대해 커다란 정도의 포괄적인 이익심이나 지분(encompassing interest or stake)을 가지므로, 그 마피아단은 자신의 강제력(강압적 힘; 즉, 보호비 강제 징수)을 사용할 때 관할지역의 이익을 '고려'한다. 다시 말하면,

---

11 이에 관해서는 Diego Gambetta(1993), *The Sicilian Mafia*, Cambridge, MA: Harvard University Press를 참고하기 바란다.

12 Mancur Olson(1982), *The Rise and Decline of Nations: Economic Growth, Stagflation and Social Rigidities*, New Haven, CT: Yale University Press.

표 1-3 개인 도둑 대 마피아단의 이익심 비교

개인 도둑 또는 마피아단	거주 사회나 지역에 포괄적인 이익심을 갖느냐의 여부	관할지역의 이익 고려 여부
인구가 많은 사회에서 도둑질을 하는 '어느 한 도둑'	자신의 도둑질로 인해 그 사회가 입은 손실이나 이익에서 '매우 협소하거나 아주 작은 몫'을 차지함. 즉, 그 사회의 소득에 대해 '포괄적인 이익심'을 갖지 않음.	자신의 절도가 그 사회에 끼치는 피해를 '무시'함.
어떤 지역에서 범죄를 독점하는 '마피아단'	관할지역의 소득에 대해 '커다란 정도의 포괄적인 이익심'을 가짐.	자신의 강제력(보호비 징수)을 사용할 때 관할지역의 이익을 '고려'함.

주: 역자 작성.

인구가 많이 거주하는 어느 한 사회에서 (1) (완전경쟁적인 상태에 있는) 개별 범죄자는 자신의 범죄로 인해 그 사회가 입는 손실(social loss; 사회적 손실)에서 '아주 작은 몫'만큼 부담하지만, (2) 어느 한 지역에서 '범죄를 안전하게 독점하고 있는 마피아단이나 갱단'은 (일반 폭력적 범죄를 저지르는 대신에) '보호세 갈취'(protection tax theft; '강압적 보호세 징수')를 통해 관할지역의 총소득에서 (전부는 아니지만) '상당 부분'을 빼앗아 오게 된다. 마피아단은 관할지역에서 범죄를 안전하게 독점함으로써 그 사회의 소득에 대해 '포괄적인 이익심'을 가지기 때문에, 그 마피아단은 (1) 자신의 보호세 갈취로 인해 발생하는 손실을 포함하여 (2) 사회적 손실의 상당 부분을 입게 된다. 따라서 개별 범죄자는 일반적으로 자신이 훔치는 지갑에서 돈을 '전부' 가져가지만, 안전하고 합리적인 마피아 두목은 결코 '보호세 갈취율'(보호세율)을 100%에 가깝게 부과하지 않는다. 만약 마피아 두목이 보호세율을 100% 가깝게 부과한다면 관할지역의 소득이 너무 많이 감소하여, 그 마피아 조직에 순(net)손실을 가져다주기 때문이다.

2. 정주도적

다음에 소개할 어떤 중국 군벌[13]([역주] 중국 군벌 시대의 독군[14]을 말함)에 대한 이야기는 위에서 설명한 논리를 더욱 발전시킬 필요가 있음을 시사해 준다. 1920년대 혼란기에 중국은 대부분 여러 군벌의 지배 아래 있었다. 군벌들은 무장 부대를 이끌고 어떤 지역을 정복한 후, 자신들을 자신이 정복한 지역의 지배자로 임명하는 사람들이었다. 군벌들은 자신이 지배하는 지역의 백성들에게 무거운 세금을 부과하고, 그로부터 징수한 수익금을 자신의 이익을 위해 사용하였다. 그러나 내가 흥미롭게 읽은 펑위샹[15]

---

13 [역주] '군벌'(軍閥)이란 "독립된 군대를 갖고 한 지역을 차지하여 독립적 통치권을 행사하는 군인"을 가리킨다. 이들은 국가 이익을 전연 고려하지 않고, 열강인 제국주의 세력과도 야합하여 자신들의 이익을 우선하였으며, 문제의 해결을 군사력에 의존하였다. 이 때문에 북경 정부는 원세개 사후에 군벌들의 손 안에 있으면서 국무총리가 자주 바뀌는 등 정치적 불안이 계속되었다[출처: 네이버 지식백과, '군벌 정치'(신승하, 『중국사』, 2008. 6. 20, 미래엔)].

14 [역주] '독군'(督軍)이란 "중국의 신해혁명 후에 총독, 순무대신, 성장(省長) 등과 함께 각 성에 둔 지방관"을 말한다.

15 [역주] 펑위샹은 중국 안후이성(安徽省)에서 출생하여 바오딩무비학당(保定武備學堂)을 졸업하였다. 민주화를 지향하였으며 '그리스도교도 장군'(또는 '기독장군')이라고도 하였다. 처음에는 돤치루이(段祺瑞)의 안푸파(安福派)에 속하였으나, 뒤에 즈리파(直隸派)에 가담하여 1922년 봉직전쟁에 참가하고, 산시(陝西)·허난(河南) 도독을 지냈다. 그러나 1924년의 제2차 봉직전쟁 때는 반기를 들어 펑톈파(奉天派)와 손을 잡아 즈리파의 차오쿤(曹錕)을 몰아내고 베이징(北京)을 점령하여 청나라 황제였던 푸이(溥儀)를 추방하였으며, 국민군 제1군사령관 겸 전군(全軍) 총사령관이 되어 세력을 떨쳤다. 곧 펑톈파와도 불화가 생겨 1925년부터 반제(反帝)·반군벌의 민중운동에 영향을 받아, 11월 장쭤린(張作霖)을 타도하려 하였으나 실패하였다. 1926년 모스크바에 갔다가 돌아와 중국국민당에 입당하고, 서북국민연합군 총사령관으로서 북벌에 협력하였다. 1928년 펑톈군을 쫓아내고 국민당 중앙집행위원이 되었으나 장제스(蔣介石)와는 시종 이해가 대립하였으며, 1930년 반(反)장제스 운동을 펴다 실패하여 제명되었다. 항일전쟁 중 당에 복귀하여 충칭(重慶)의 장제스 밑에서 군사위원장에 취임하였으나 장제스의 파쇼화에 반대하고 공산당과 행동을 같이하였으며, 1937년 국공합작(國共合作) 이후 국방 최고위원이 되었다. 1946년 미국에서 반장 성명을 발표하고, 1949년 인민정치협상회의에 참가하기 위하여 소련을 거쳐 귀국하던 중 흑해에서 타고 있던 배에서 화재로 죽었다. 그의 아내 리더취안(李德全)은 중공 정부의 초대 위생부장과 적십자회장 등의 요직을 지냈다[출처: 두산

(풍옥상, Feng Yu-hsiang, 1882~1948년)이라는 군벌은 예외적인 인물이었다.[16] 당시 평위샹은 자신의 군대를 (약탈을 저지르기보다는) 오히려 도둑질을 진압하는 데 사용하였고, 당시 비교적 규모가 큰 '백랑(白狼)도적단'(White Wolf; [역주] '비적'[17]의 일종임)이라 불리는 악명 높은 '방랑[18]도적'(roving bandits; 또는 '유랑도적') 무리를 물리친 것으로 유명하다. 이로 인해 평위샹이 지배하는 지역에 사는 대부분의 사람(백성)들은 그가 지배자([역주] 중국 군벌시대에 이는 '군벌'이라 불림)로 남아 주기를 바랐고, 다른 방랑도적보다 그를 훨씬 더 좋아하였다.

이 이야기를 읽었을 때 나는 처음에는 이 상황이 의아하였다. 왜 약탈당한 피해지역의 백성들은 '방랑도적'보다 '정주[19]도적'과 같은 군벌을 더 좋아하는가? 즉, 왜 도둑질의 피해자(백성)들은 (1) 도둑질(약탈)한 후 곧 떠나가는 '방랑도적'보다 (2) 정복한 특정 지역에서 지속적으로 도둑질(약탈)을 하는 '정주도적'에 불과한 군벌을 더 좋아하는가? 방랑도적(비적단)과 마찬가지로 정주도적과 다름없는 군벌에게도 도둑질은 합법적인 행위가 아니다. 그러나 두 도적 간에 차이가 있다면, (1) 방랑도적은 가끔씩 나타나서 약탈('간헐적 약탈')하지만, (2) 정주도적으로서 군벌의 도둑질은 지속적으로 나타나 끊임없는 세금 강탈('강압적 보호세 징수', 또는 '세금 절도')의 형태로 빼앗아 간다는 점이다.

피해지역 백성들이 정주도적인 평위샹을 좋아하는 데에는 그럴 만한 이유가 있었다. 앞에서 살펴본 것처럼 '무정부 상태'에서는 생산량이 적거

백과].

16 James E. Sheridan(1966), *Chinese Warlord: The Career of Feng Yu-hsiang*, Stanford: Stanford University Press.

17 [역주] '비적'(匪賊)이란 "무장을 하고 떼를 지어 다니며 사람들을 해치는 도둑"을 말한다.

18 [역주] '방랑'(放浪)이란 "정처 없이 떠돌아다님"을 말한다.

19 [역주] '정주'(定住)란 "일정한 곳에 자리를 잡고 삶"을 말한다.

나 거의 없으므로 도적들이 훔칠 것도 많지 않을 것이다. 만일 하찮은 도둑질만 일삼는 방랑도적단의 두목이 특정 지역을 점령하고 다른 도적들이 들어오지 못하게 할 수 있을 만큼 세력이 강해진다면 그 두목은 그 지역에서 '범죄를 독점'할 수 있으며, 그러면 그는 이제 '정주도적'이 된다. 이러한 범죄에 대한 독점('범죄독점')의 장점은 주로 다른 도둑들이 훔쳐 갔을 수도 있는 것을 '정주도적의 두목이 홀로(독점적으로) 빼앗아 갈 수 있다'라는 데 있는 게 아니라, 앞에서(제1절에서) 살펴본 '마피아단의 범죄독점'처럼 '정주도적의 범죄독점'도 정주도적의 두목에게 점령지역에 대해 '포괄적인 이익심'을 갖게 해 준다는 점이다. 즉, 정주도적의 두목도 마피아단처럼 범죄독점을 통해 점령지역에 대해 포괄적인 이익심을 갖게 된다는 점이다. 정주도적의 두목은 실제로 마피아단보다 점령지역에 대해 '더 포괄적인 이익심'을 가진다. 왜 그런가? 정주도적의 두목이 무정부 상태에 있던 지역을 점령한 후 범죄를 독점함으로써 점령지역 내에서 어떤 유형의 다른 세금 징수자(강탈자)들과 경쟁하지 않기 때문이다. 이제 정주도적의 두목은 점령지역에서 세금을 부과하거나 도둑질(강탈)을 할 수 있는 유일한 사람이다. 그 결과 정주도적의 두목은 '범죄독점'을 통해 점령지역에 대해 마피아단보다 '더 큰 포괄적인 이익심'을 갖게 된다.

점령지역에서 이러한 도둑질(범죄)의 독점은 도둑(범죄자)들의 인센티브를 크게 변화시킨다. 앞에서 살펴보았듯이 인구가 많이 거주하는 사회에서 어느 한 범죄자는 그 사회에 대해 '매우 협소하거나 아주 작은 이익심'(a narrow or minuscule interest)를 가지고 있으므로 자신의 도둑질이 사회에 끼치는 피해를 '합리적으로 무시'한다(rationally ignore)([역주] 즉, 제1절에서 주장하였듯이 인구가 많이 거주하는 사회에서 도둑질을 하는 어느 한 도둑은 자신의 도둑질로 인해 그 사회가 입은 손실이나 이익에서 '매우 협소하거나 아주 작은 몫(비중)'을 차지하기 때문에, 자신의 절도가 사회에 끼치는 피해를 '무시'한다). 이러한 원리는 분명히 어떤 지역을 일시적으로 지나가며 도적질(약탈)하는 도적단(즉, '방랑도적')의 경우에도 마찬가지이다. 방랑도적이 점령지역에 대해 갖는 '협소한 이익심'은 '자신이 저지른 절도 피해를 합리적으로 무시'하는 사회적으로 비뚤어진(왜곡된) 인센티브를 초래하며, 그러한 인센티브는 무정부 상태를 나쁘게 만든다. 그러나 정주도적의 두목은 (1) 점령지역의 범죄를 독점함으로써 다른 범죄자들뿐만 아니라, (2) 외부의 세금 강탈자(징수자)들을 자신의 관할지역으로 들어오지 못하게 막으려 할 것이다. 따라서 정주도적의 두목은 점령지역에 대해 '포괄적인 이익심'을 가지며, 그러한 이익심은 방랑도적과 달리 다음과 같이 매우 다르게 행동할 인센티브를 가져다준다.

1) 세금강탈률(절도율)을 인하하려는 인센티브

첫째, 정주도적의 두목이 점령지역에 대해 갖는 '포괄적인 이익심'은 점령지역에서 자신이 절도 피해자[20]인 백성으로부터 빼앗아 오는 양(즉, 강탈률 또는 절도율)을 줄이게 할 인센티브를 제공해 준다. 앞(제1절의 범죄자 비유)에서 살펴본 바와 같이, 여러 범죄자 중 어느 한 범죄자(즉, 완전경쟁 상태에 있는 어느 한 범죄자)는 자신이 강탈한 지갑에 든 돈의 '전부'(100%)를 가져갈 것이다. 반면에, 어느 한 지역을 계속 점령하고 있는 '정주도적'(즉, 독점 상태에서 점령지역에 대해 포괄적인 이익심을 갖는 정주도적)은 점령지역에서 전부를 강탈하는 대신에 절도 피해자들(백성들)에게 '생산하고, 상호이익이 되는 거래를 하도록 할 인센티브'를 확실

20 [역주] '피해자'란 "불법행위 또는 범죄에 의하여 생명이나 재산, 명예 따위에 침해나 손해를 본 사람"을 말한다.

히 제공해 주려고 할 것이다. 왜 그런가? 점령지역의 절도 피해자(백성)들이 더 많은 생산과 소득을 창출할수록 정주도적은 더 많은 것을 빼앗아 올 수 있기 때문이다. 점령지역에서 범죄를 독점한 '안전한' 정주도둑(즉, 범죄를 독점함으로써 '안전한' 지위를 확보한 정주도둑)은 (1) 자신의 도둑질(절도)을 강압적 절도의 형태가 아니라 피해자(백성)들의 생산물 중 일부만 빼앗아 가는 예측 가능한 세금(predictable tax; 예측 가능한 강탈)의 형태로 바꿈으로써 (2) 피해자(백성)들이 계속해서 생산하고 소득을 창출할 인센티브를 제공해 준다. 만약 그 정주도적이 세금강탈률(tax-theft rate; 세금절도율)을 95%에서 90%로 낮춘다면, 그는 백성들의 (생산 및 거래에 사용될) 세금 부과 후 소득을 2배로 늘려, 그들의 생산량과 자신의 세금 강탈 수입을 큰 폭으로 증가시킬 수 있다.[21]

정주도둑은 세금강탈률을 적정 수준까지 낮추어서 계속 이익을 얻을 수 있다. 여기서 '적정 수준'이란 정주도둑이 세금강탈률을 낮추어서 얻는 '이익'(즉, 낮은 강탈률로 증가된 백성들의 생산량 및 소득에 대해 징수해 오는 세금 강탈 수입의 증가)이 세금강탈률을 낮추어서 초래되는 '손실'(즉, 낮은 강탈률로 백성들의 생산량 및 소득에서 더 작은 양을 빼앗아 옴으로써 초래된 세금 강탈 수입의 감소)과 상쇄되는(또는 서로 같아지는) 수준에 도달할 때를 말한다. 즉, 정주도둑은 자신의 세금강탈률을 이익과 손실이 같아지는 수준('적정 수준')까지 낮춘다면 여전히 이익을 얻을 수 있다. 이러한 적정 수준에서 정주도적은 자신의 세금 강탈 수입(즉, 세수)을 극대화하며, 이때의 수준을 '최적 세금강탈률'이라고 한다.[22][23] 만약 정주

21 간결하고 비교 가능한 결과를 도출하기 위해 (1) '독재체제' 분석과 '다수결 민주정치 체제'의 설명 모두에서 (2) 모든 세금은 총소득의 '일정 비율'을 징수하는 선형세(linear tax) 또는 일률세(flat tax)라고 가정한다. 나중에 본서의 제8장에서 스탈린(Joseph V. Stalin)과 그의 충실한 부하들이 고안한 복잡하고 '암묵적인 조세체계'를 논의할 때 나는 조세 유형이 변함에 따라 결과들이 어떻게 달라지는지를 자세히 살펴볼 것이다.

도적이 세금강탈률을 51%에서 50%로 낮추어, 점령지역의 생산량을 98%에서 100%로 늘린다면, 자신의 세금 강탈 수입을 극대화할 수 있을 것이다. 정주도적의 세금강탈률이 50%인 경우 정주도적은 생산량 증가(100%)의 절반(50%)을 세금 강탈 수입으로 징수할 수 있다. 왜 그런가? 정주도적의 세금강탈률이 50%로 낮아지면 이로 인한 '이익(세금 강탈 수입) 증가'가 이로 인한 '이익(세금 강탈 수입) 감소'와 거의 상쇄되기(같아지기) 때문이다. 즉, 정주도적은 범죄와 세금 징수(강탈)를 '독점'하고 있기 때문에[24] 자신의 점령지역에 대해 '포괄적인 이익심'을 가지며, 이로 인해 자신의 강탈(predation; 세금 강탈)을 '제한'하게 된다. 왜 그런가? 정주도적은 자신의 강탈(세금 강탈)로 인해 초래되는 사회적 손실의 상당 부분을 자신도 입게 되

---

22 [역주] 즉, '세금 강탈 수입을 극대화하는 세금강탈률'을 '최적 세금강탈률'이라고 부른다.

23 (1) (14세기에) 이븐 칼둔(Ibn Kalduhn)과 (2) (제1차 세계대전 당시 세금을 많이 부과한 오스트리아-헝가리(Austria-Hungary)에서) 조지프 슘페터(Joseph Schumpeter)는 '포괄적인 이익심'이라는 개념을 사용하거나 현재와 같은 주장을 명시적으로 하지는 않았지만, '어느 지점(수준)을 지나 세율이 높아지면 세금 징수가 감소한다'라고 지적한 바 있다. 이에 관해서는 다음 두 문헌을 참고하기 바란다: (1) Ibn Kalduhn(1989), *The Muqaddimah, An Introduction to History*, Franz Rosenthal (translated), Princeton, NJ: Princeton University Press; (2) Joseph A. Schumpeter(1991), "The Crisis of the Tax State," in Richard Swedberg, ed., *The Economics and Sociology of Capitalism*, Princeton, NJ: Princeton University Press.

24 어느 지역에 '마피아단'과 '정주도적'이 모두 존재한다고 가정해 보자. 이때 '정주도적의 세금강탈률'과 '마피아단과 정주도적의 총세금강탈률'을 어떻게 비교하는가? '마피아단'과 '세금 강탈을 극대화하는 독재자(정주도적)'가 존재하는 경우, '마피아단의 보호세'와 '세금 강탈을 극대화하는 독재자(정주도적)의 세금'을 합하면 둘 중 하나만(즉, 마피아단 또는 독재자) 세금을 부과하였을 때보다 더 높을 것이다. 예를 들어, 마피아단의 두목이 보호비(보호세)를 결정하는 과정에서 보호비로 인해 자신이 지배하는 지역의 생산 활동이 위축(즉, 손실 발생)될 것이며, 그 손실의 일부가 '정주도적의 세금 징수 감소'의 형태로 나타난다는 사실을 알게 될 것이다. 그 결과 마피아단은 강탈하는 보호비 비율을 결정할 때 이러한 손실을 고려할 인센티브가 없을 것이다. 그러나 만약 어느 한 마피아단이 어느 한 지역에 '정주한 도적단(정주도적)'처럼 세력이 강해져서 보호비만 세금으로 징수한다면 관할(지배)지역의 백성들에게 부과되는 총세율은 더 낮아지고, 그 지역의 생산량과 소득은 더 높아질 것이다. 따라서 어떤 한 지역을 지배하기 위한 '독재자들 간의 경쟁'은 백성들에게 '나쁠' 것이고, 반면에 그 지역에서 '한 명의 독재자가 지배하는 독점'이 백성들에게 '더 좋을' 것이다.

기(즉, 상당 부분이 자신에게도 돌아오기) 때문이다. 위의 예에서 정주도적이 세금강탈률(즉, 세율)을 '최적 강탈률'인 50%에서 인상하면 그는 이러한 세금강탈률 인상이 초래하는 인센티브 변화(incentive distortion)로 인한 '사회적 손실' 또는 "사중(死重, 또는 자중[25])손실"(deadweight loss)의 절반 정도를 자신이 입게 된다. 이러한 손실 부담은 정주도적이 더 많은 강탈을 하지 못하게 '제한'하는 역할을 한다(그 결과 정주도적은 세금 강탈을 극대화하기 위해 세금강탈률을 낮추게 된다). 일반적으로 말하면, 특정 세금강탈률에서 세금 징수(강탈)로 인한 생산량 감소가 클수록 정주도적의 (세금 강탈이 극대화되는) 최적 세금강탈률은 낮아진다.[26] 세금 징수(강탈)로 사중손실(또는 사회적 손실)이 발생하며, 사중손실의 크기는 세금강탈률에 따라 다르다(즉, 세금강탈률이 높을수록 사중손실도 크다). 그러므로 정주도적의 세금강탈률은 경우마다 다르다. 그러나 한 가지 분명한 점은 '모든 정주도둑은 자신의 세금 강탈(징수)을 극대화하기 위해 항상 100%보다 낮은(그리고 대개 이보다 훨씬 낮은) 최적 세금강탈률을 부과한다'라는 사실이다.

25 [역주] '자중'(自重)이란 "물건 자체의 무게"를 말한다.

26 '세금 강탈로 인한 사중손실'은 '세금강탈률'에 따라 증가할(아마 비례 이상으로 증가할) 것이다(즉, '세금강탈률'이 증가함에 따라 '세금 강탈로 인한 사중손실'도 증가할(아마 비례 이상으로 증가할) 것이다). 따라서 세율의 증가에 따라 사중손실이 '더 빨리' 증가할수록 어떤 정주도둑이 부과하는 최적 세율은 '더 낮아야' 한다(반대로 세율의 증가에 따라 사중손실이 '더 느리게' 증가할수록 어떤 정주도둑이 부과하는 최적 세율은 '더 높아야' 한다). 그러나 앞에서 설명한 명제가 성립하지 않는 '불규칙한' 형태의 사중손실 함수(deadweight loss function)가 존재할 수도 있다. 가장 가능성이 있는 상황에 초점을 맞추고 논의를 최대한 단순화하기 위해 여기서 나는 세금 부과로 인한 사중손실이 세율에 따라 꾸준히 그리고 비례 이상으로 증가한다고 가정한다. 또한, 이 논증에서 극대값을 갖기 위한 제2계 조건(SOC)들에 대해서는 다음 논문을 참조하기 바란다: Martin C. McGuire and Mancur Olson(1996), "The Economics of Autocracy and Majority Rule: The Invisible Hand and the Use of Force," *Journal of Economic Literature*, 34, pp. 72~96.

2) 강탈한 사람들에게 베푸는 정주도적의 은혜: 공공재 공급 인센티브

둘째, '정주도적이 사회에 대해 갖는 포괄적인 이익심'이 정주도적의 인센티브를 변화시키는 또 다른 방식은 정주도적에게 자신의 관할지역과 그곳에서 세금 강탈을 당한 백성(피해자)들에게 혜택을 주는 '공공재(public good)를 공급하려는 인센티브'를 제공해 준다는 점이다([역주] 정주도적의 이러한 인센티브는 언뜻 '역설적'[27]으로 들린다. 도적이 강탈 대신에 관할지역의 백성들에게 이로운 공공재를 공급해 준다니!). 게다가 '역설적'이게도 정주도적은 이러한 공공재를 (다른 사람의 돈이 아닌) 자신이 완전히 통제하고(자신이 마음대로 쓸 수 있고), 또한 전적으로 자신을 위해서만 쓸 수 있는 돈으로 공급한다는 점이다. 우리는 (1) 어떤 공공재가 특정 지역이나 집단에 속한 모든 사람에게 똑같이 혜택(이익)을 주며(공공재의 일반 특성), (2) 이러한 특성을 가진 많은 공공재—예를 들면, 홍수를 막아 주는 제방(堤防), 범죄를 억제하는 경찰, 전염병을 제한하는 검역(檢疫) 등—가 '어떤 사회를 더 생산적으로 만든다'라는 사실을 잘 알고 있다. 정주도적은 자신의 최적 세금강탈률[28](optimal rate of tax theft; 예를 들면, 50%)에 따라 자신의 관할지역의 생산량 증가에서 일정 비율(예를 들면, 50%)만큼을 강탈하므로 생산량을 증가시키는 모든

27 [역주] '역설'(逆說)이란 "겉으로는 모순되고 불합리하여 진리에 반대하고 있는 듯하지만, 실질적인 내용은 진리인 말"로서 '패러독스'(paradox)를 말한다. 예를 들면, '소문난 잔치에 먹을 것 없다', '사랑의 매' 등을 들 수 있다.

28 각각의 세금강탈률에서 얻는 세금 징수액은 '공공재 공급 수준'에 따라 다르지만, 나는 여기서 '최적' 세율 또는 '세수(稅收) 극대화' 세율은 '공공재 공급 수준'과 무관하다'라고 가정한다. 따라서 정주도적은 먼저 (1) 자신의 '최적 세금강탈률'을 선택하고, 그에 따라 관할지역의 생산량 증가를 위해 공공재를 공급하려는 인센티브가 결정되며, 다음으로 (2) 생산량 증가를 위한 자신의 '최적 공공재 공급 수준'을 선택한다.

표 1-4 범죄자 유형과 이익심 및 강탈률 비교

범죄자 유형	이익심	강탈률
어느 한 범죄자	'협소한' 이익심	강탈한 지갑에 든 돈의 전부(100%)를 가져옴.
정주도적의 두목	'포괄적인' 이익심	점령지역에서 백성들이 가진 전부를 강탈하지 않음. 백성들에게 '생산하고, 상호이익이 되는 거래를 하도록 할 인센티브'를 제공함.

주: 역자 작성.

표 1-5 범죄자 대 도적의 이익심 비교

범죄자 비유 시	어느 한 범죄자의 경우	거주지역에 대해 '협소한 이익심'을 가짐.
	독점 마피아단의 경우	관할지역에 대해 '포괄적인 이익심'을 가짐.
도적 비유 시	방랑도적의 경우	점령지역에 대해 '협소한 이익심'을 가짐.
	정주도적의 경우	점령지역에 대해 '포괄적인 이익심'을 가짐.

주: 역자 작성.

공공재에 자신이 가진 자원(돈)을 지출하려는 유인이 있다(이는 백성들의 생산량이 증가할수록 자신의 강탈도 증가하기 때문이다). 이때 정주도적은 생산량을 증가시키는 공공재들에 얼마의 돈을 지출하는가? 정주도적은 '공공재에 지출한 마지막으로 1달러'([역주] 즉, 공공재에 대한 '한계지출')가 '공공재 공급으로 인한 생산량 증가에서 자신이 강탈하는 양'([역주] 즉, '한계강탈')과 같아지는(즉, 공공재에 대한 한계지출=한계강탈) 지점(수준)까지 자신의 돈을 지출하려 할 것이다.[29] 예를 들면, 정주

29 그러나 해당 공공재가 사람들의 '삶의 질'을 향상시킬 수 있지만, 정주도적에게 필요한 '생산량과 과세(課稅) 소득'을 증가시키지 못한다면 그 결과는 달라질 것이다. 예를 들어, 대기오염 감소(즉, 공공재)가 한편으로 사람들의 삶의 질을 높일 수 있지만, 다른 한편으로 근로자들의 건강 증진을 통해 '과세 대상 생산량(소득)'에는 아무런 영향을 미치지 않는다면, 해당 정주도적은 (백성들과 같은 지역에 사는 경우를 제외하고는) 대기오염 감소(즉, 공공재)에 자원(돈)을 지출하지 않을 것이다. 어떤 의미있는 통찰력을 거의 또는 전혀 가져다주지 않는 복잡성을 피하기 위해 나는 본서에서 모든 공공재는 '생산자들을 위한 공공재'(즉, 모든 유형의 소득 창출에 똑같이 필요한 '생산 과정에 들어가는 투

표 1-6 정주도적의 최적 세금강탈률과 공공재 공급에 의한 백성들의 생산량 증가

최적 세금강탈률 (=S%)	공공재에 대한 마지막 1달러 지출에 의한 생산량 증가(=1/S달러)	세금 강탈 수입
20%	5달러(=1/0.2)	1달러(가정) (즉, 공공재 1달러 지출 = 세금 강탈 수입 1달러)
40%	2.5달러(=1/0.4)	
50%	2달러(=1/0.5)	
60%	1.67달러(=1/0.6)	
80%	1.25달러(=1/0.8)	

주: 역자 작성.

도적의 최적 세금강탈률이 50%라면 이때 정주도적은 공공재에 얼마의 돈을 쓸 것인가? 이 경우 정주도적은 공공재에 지출한 마지막으로 1달러가 관할지역의 생산량을 2달러 증가시키는 지점까지 공공재에 자신의 돈을 지출하려고 할 것이다. 왜 그런가? 정주도적은 관할지역의 생산량 증가분인 2달러에서 50%(최적 세금강탈률)에 해당하는 1달러를 세금 강탈 수입으로 징수할 수 있기 때문이다([역주] 이때 공공재에 지출한 마지막 1달러=생산량 증가(2달러)에서 징수하는 세금 강탈 수입 1달러). 좀 더 일반적으로 말하면, 점령지역 백성들의 생산량 증가에서 정주도적이 가져올 수 있는 세금강탈률(즉, 최적 세금강탈률)이 S%(예를 들면, 50%)라면 이때 정주도적은 공공재에 얼마의 돈을 쓸 것인가? 이 경우 정주도적은 자신이 마음대로 쓸 수 있는 돈을 관할지역의 생산량이 1/S달러(예를 들면, 1/0.5=2달러)만큼 증가하는 지점까지 공공재에 지출하는 것이 자신의 이익에 가장 부합할(즉, 합리적일) 것이다. 이 주장에 대한 형식적인 증명과 수학적 및 기하학적 설명을 보려는 독자들은 마틴 맥과이어(Martin McGuire)와 내가 쓴「독재정치와 다수결의 경제학」[30]이라는 논문

입물')라고 가정한다.

을 참조하기 바란다.

3) 독재정치[31]의 기원

이제까지의 논의를 요약하면 다음과 같다. 어떤 도적 두목이 (1) 어느 한 점령지역을 안전하게 장악하고, 그 지역에서 도둑질(절도)을 독점(獨占)할 수 있을 만큼 강력해지면, 그 두목은 (2) 드디어 '정주도적'으로 그 지역에 자리 잡고, (3) 자신의 '점령지역에 대해 포괄적인 이익심'을 갖게 된다. 정주도적이 점령지역에 대해 갖는 포괄적인 이익심은 정주도적에게 (4) 자신의 강탈률(절도율)을 제한하고 강탈(징수)을 규칙화(정례화)할 뿐만 아니라, (5) 자신이 통제하는(마음대로 쓸 수 있는) 자금의 일부를 자신을 포함하여 점령지역의 피해자(백성)들에게도 골고루 혜택(이익)을 주는 '공공재를 공급'하는 데 지출하려는 인센티브를 제공해 준다. 또한, 정주도적의 두목은 점령지역의 피해자(백성)들이 자신의 세금 강탈(징수)의 원천이므로 점령지역 백성들을 살해하거나 상해 또는 불구로 만드는 것을 금지한다. 점령지역에서 (정주도적 자신이 아닌) 백성들이 저지르는 도둑질과 그로 인해 발생하는 백성들의 도둑질 방지 행동(노력)은 정주도적의 총소득을 감소시킬 것이다. 따라서 정주도적은 점령지역 내에서 자신 외에는 어느 누구의 도둑질도 허용하지 않는다. 게다가, 정주도적은 자신이 마음대로 쓸 수 있는 자금(돈)의 일부를 지출하여 백성들 간의 범죄(도둑질)를 억제하고(즉, 치안 공공재를 공급하고), 기타 공공재들(예를 들면, 홍

30 Martin C. McGuire and Mancur Olson(1996), "The Economics of Autocracy and Majority Rule: The Invisible Hand and the Use of Force," *Journal of Economic Literature*, 34, pp. 72~96.

31 [역주] '독재정치'(獨裁政治)란 "한 나라의 권력을 민주적인 절차를 무시하고 지배자 한 사람이 마음대로 행사하는 정치"를 말한다.

수 방지, 전염병 예방 등)을 공급함으로써 자신의 이익을 추구 및 극대화하려고 한다. 따라서 점령지역을 안전하게 지배하고 유지할 수 있는 충분한 힘(강제력)을 가진 도적 두목은 (1) 정착하여(즉, 정주도적이 되어), (2) 왕관을 쓰고(즉, 지배자가 되어), (3) 점령지역의 백성들에게 공공재를 공급하는 독재자(public goods-providing autocrat)가 되고자 하는 인센티브를 갖게 된다. 이는 정주도적이 자신의 '점령지역에 대해 포괄적인 이익심'을 갖기 때문이다.

이제 지역 차원이 아니라 대규모 국민을 위한 '정부'가 어떻게 출현하였는지를 설명해 볼 차례이다. 대규모 국민 집단을 위한 정부들은 (우리의 보편적 인식과 달리) 일반적으로 강제력[32](violence; 폭력)을 행사할 수 있는 가장 큰 역량을 조직화하여 사용할 수 있는 사람들(즉, 왕 또는 지도자)의 '합리적인 이기심'(rational self-interest)에 의해 출현하게 되었다[33]([역주] 이는 국가나 정부 출현에 대한 올슨 교수의 새로운 주장임). 이러한 '폭력적인 행동가들'(violent entrepreneurs; 즉, 강제력 사용자들, 폭력적인 혁명가들이나 조직가들, 폭력(강제력)을 조직화하여 사용할 수 있는 사람들)은 당연히 자신들을 '도적'이라고 부르지 않고, 오히려 자신들과 후손들에게 '고귀한 칭호'(예를 들면, 황제나 왕 등)를 부여하고 물려준다. 이들은 때때로 '신성한 권리'[34](divine right, 신권(神權); 신에게서 받은 신성한 권력)로 통치한다고 주장하기도 한다. 역사는 승자들에 의해 기록되기 때문에 '통치(지배) 왕조의 기원'(origin of ruling dynasty)은 물론 (내가 주장하는) '이기

32 [역주] '강제력'(強制力)이란 "국가가 국민에게 명하여 그 명령을 강제하는 권력"을 말한다.

33 [역주] "Governments for large groups of people have normally arisen because of the 'rational self-interest' of those who can organize the greatest capacity for violence."

34 [역주] '왕권신수설'(王權神授說)이란 "국왕의 권리는 신에게서 받은 절대적인 것이므로 국민이나 의회에 의하여 제한되지 않는다는 설"로서 '군주신권설', 또는 '제왕신권설'이라고도 한다.

심'보다는 관습적으로 '고상한 동기'(lofty motives)라는 측면에서 주로 설명된다. 모든 유형의 독재자들은 대개 '국민들이 자신이 통치하기를 원한다'(즉, 자신은 국민들이 원해서 통치한다)라고 주장하며, 따라서 자신의 정부가 어떤 종류의 '자발적인 선택'에 의해 탄생하였다는 '잘못된' 주장을 하며, 이를 널리 퍼뜨린다.

앞에서 나는 어느 한 도적단이 어떤 지역에 정착하여 점령지역을 안전하게 지배할 수 있을 때(즉, '정주도적'이 되면) '도적단의 인센티브가 어떻게 달라지는지'를 설명하였다. 이를 이해한다면 우리는 정주군벌(정주도적)이 해마다 정기적으로 나타나 세금을 지속적으로 강탈해 갈지라도, 군벌(또는 점령지역)의 백성들은 때때로 나타나 강탈(약탈)하고 떠나가는 '방랑도적'보다 '정주도적'을 선호하는 이유를 알 수 있을 것이다. 이제, 정부 측면에서 보면 '방랑도적'은 '무정부(無政府) 상태'를 의미하며, '무정부 상태'를 '정부'('유(有)정부'[35]; 정주도적에 해당)로 대체하면(즉, '무정부 상태'에서 '유정부 상태'(정주도적)가 되면) 생산량과 소득이 크게 증가할 것이다. 이때 정주도적(유정부)의 백성들은 소득 증가에서 세금으로 빼앗기고 남은 부분(양)은 자신이 가지게 된다. 이제까지 살펴보았듯이 이 문제의 '논리'와 '역사적 정보' 및 '최근의 관찰들'에 따르면 '정주도적이나 정부의 지속적인 강탈'이 방랑도적이나 무정부 상태보다 훨씬 낫다는 것을 알 수 있다.

그러면 흔히 쓰이는 '약탈국가'나 '독재국가'라는 말은 어떤가? 결론은 '약탈 국가'(predatory state; 또는 '강탈국가')라는 잘 알려진 비유는 심지어 '지극히 이기적인 지도자가 지배하는 독재국가'에도 적절하지 않은 표현이다. 왜 그런가? 앞에서 살펴본 바와 같이, 정주도적은 자신이 지배하는 '점

35 [역주] '무정부'와 대비하기 위해 '유정부'라 부른다. 이는 역자가 만든 말이다.

령지역에 대해 포괄적인 이익심'을 갖고 있으며, 그로 인해 국내 질서와 치안 및 기타 공공재를 공급한다. 따라서 "정주도적은 엘크(사슴)를 잡아먹고 달아나는 '늑대'(즉, 방랑도적)라기보다는 자신의 '소 떼를 보호하고 소들에게 물을 주는(즉, 공공재를 제공하는) 목장 주인'(즉, 정주도적의 두목)에 가깝다".[36] 또한, '독재국가'(autocratic state)에 대한 어떤 비유나 모델도 (1) 백성들에게 최적 세금강탈률(절도율)을 통해 세금 강탈을 극대화하면서, 동시에 (2) 공공재를 제공하려는 '정주도적의 인센티브'를 고려하지 않는 한 결코 올바를 수 없다. 다시 말하면, 점령지역의 백성들에게 한편으로 (1) 최적의 세금강탈률을 통해 세금 강탈(절도)을 극대화하고, 다른 한편으로는 (2) 공공재를 공급하려는 '정주도적의 인센티브'를 고려하지 않는 한, 독재국가에 대한 어떤 비유나 모형도 옳다고 할 수 없을 것이다. 따라서 '약탈국가'나 '독재국가' 모델도 정주도적이 가지는 두 가지 인센티브를 고려해야만 올바르게 설명할 수 있다.

3. 역사적 기록

실제 세계에서 '독재자들의 포괄적인 이익심'은 어떻게 찾아볼 수 있는가? 역사를 통해 우리는 '이기적인 독재자들(self-interested autocrats)이 갖는 포괄적인 이익심'이 '경제성장'과 심지어 '문명의 발전'과도 부합할 수 있음을 알 수 있다. 적어도 고대 메소포타미아 지역에서 사르곤(Sargon) 왕[37]

36 [역주] "The stationary bandit is not like the 'wolf' that preys on the elk, but more like the 'rancher' who makes sure that his cattle are protected and given water."

37 [역주] '사르곤 왕'은 아카드 왕조의 시조(재위 B.C. 2350~B.C. 2294년)로 메소포타미아에 최초의 통일국가를 건설하고 북쪽은 토로스산맥, 남쪽은 페르시아만, 서쪽은 지중해, 동쪽은 엘람에 이르는 땅을 지배하였다. 경제적인 통일을 도모하였고 봉건 제도를 확립

이 정복을 통해 아카드(Akkad) 제국을 건설하고, 정착농업(定着農業)[38]이 최초로 발달한 지 얼마 지나지 않아 '독재정치'(autocracy)는 흔한 일이 되었다. 역사 전반에 걸쳐서 대부분의 인류는 '독재정치'의 지배를 받았고, 그로 인해 세금 강탈(tax theft)에 의해 착취를 당하였다. 그 결과 역사적으로 '자비로운 독재자'(benevolent despot)에 관한 사례들을 찾기가 매우 어렵다. 따라서 내가 제시한 '이기적인 정주도적 모델'은 독재자들이 '이타적'(altruistic)이라는 가설보다 사실(현실)에 훨씬 더 잘 부합한다.

그러나 놀라운 점은 '민주주의(민주정치)가 지배하는 시대가 되기 전에도 총소득과 인구가 크게 증가하고, 문명이 상당히 발전하였다'라는 사실이다. 또한, 최근에는 여러 '독재정권'하에서도 급속한 경제성장이 이루어졌다. 물론, 나는 나중에 "비교적 민주적인 사회(국가)들, 또는 적어도 대의 정체(代議政體)를 가진 비(非)독재 사회(국가)들이 '경제발전'에 불균형적인 역할을 해왔으며,[39] 이는 결코 우연이 아니다"라는 점을 주장할 것

하였다.

38 [역주] '정착농업'이란 "일정한 곳에 정착하여 영위하는 농업"을 말한다. '인류 문화발전의 3단계설'에 의해 '유목단계'를 가설로 인정하는 경우, 그 후에 성립한 '농경단계'의 농업을 총칭한다. 문화발전 정도가 낮은 단계에서는 인류는 수렵이나 어로를 주로 한 생활을 유지하는 '채취경제(採取經濟) 단계'에 놓여 있었는데, 그 후에는 채취민이 그들의 생활과정에서 동물과 가까워지는 경험을 쌓게 되어, 마침내는 무리를 지어 사는 대가축군을 순화시키는 일이 가능하게 되어 목축을 할 수 있게 된다. 초식의 대동물은 비교적 순화시키기가 쉽고 무리 지어 사는 성질이 있으므로 인류는 이들 가축군의 사료를 구하기 위해 초지에서 다른 초지로 유목을 하게 된다. 이러한 과정을 거쳐 인류는 '채취경제의 단계'에서 발전하여 생활수단을 스스로 생산하는 '유목단계'로 들어간다고 하는 가설이 성립된다. 이 유목단계 가설을 거쳐서 인류는 특정한 토지에 정착하는 농경(정착농업)에 종사하게 됨으로써 이른바 '농경단계'에 들어간다[출처: 두산백과].

39 다음 장(章)인 제2장에서 설명할 예정이지만, 실제로 역사적으로도 '경제발전과 문명의 진보'에 있어서 주목할 만한 사례들이 다음과 같이 대부분 '어느 정도 민주적이거나 비독재적인 사회(국가)들'에서 많이 일어났다. 예를 들면, 고대 아테네, 로마 공화국, 북부 이탈리아 도시 국가들, 17세기 네덜란드, 1688~1689년의 명예혁명 이후 영국 등에서 '경제발전과 문명의 진보'가 발생하였다. 또한, 19세기에는 독재정부 체제보다는 '민주정부 체제' 또는 '대의제 정부 체제'를 채택한 미국과 기타 사회(국가)들에서 상당한 경제발전이

이다. 그러나 어떤 국가가 이기적인 독재자들하에서 이루어진 경제성장은 어떻게 설명할 것인가? 어떤 국가에서 '사치스럽고 이기적인 독재자들' 치하에서 이루어진 경제성장을 그들이 사회에 대해 갖는 '포괄적인 이익심'을 고려하지 않고 설명하는 것은 확실히 불가능할 것이다. 앞에서 설명하였듯이 '이기적인 독재자들'은 자신이 지배하는 사회(국가)에 대해 '포괄적인 이익심'을 갖기 때문에 그 사회(국가)의 경제를 성장시키려는 인센티브를 갖는다.

1) 또 다른 보이지 않는 손

방랑도적질에서 '정주도적질'로의 전환은 도적 두목과 관할지역의 전주민 모두에게 이익(즉, 상호이익)을 가져다준다. 그러나 그러한 이익은 (자유 시장경제에서처럼) 사회적 계약이나 기타 자발적인 거래에 의해 발생하는 것이 아니다! 즉, 그러한 이익은 종종 "자발적인 시장거래가 '보이지 않는 손'을 통해 사회적 이익을 가져다준다"라는 그런 유형의 '보이지 않는 손'(invisible hand)의 결과가 아니다. 경제학에서 일반적으로 "자유로운 시장거래는 '보이지 않는 손'을 통해 개인의 이익뿐만 아니라 사회적 이익을 가져다준다"라고 알려져 있다. 그러나 앞에서 설명하였듯이 방랑도적의 두목이 어떤 지역을 점령한 후 그곳에 정착하여(즉, 정주도적이 되어) 자신을 왕으로 임명하여 지배할 때, 그 두목은 이제 그 점령지역에 대해 '포괄적인 이익심'을 갖게 됨으로써 점령지역의 생산량과 소득이 증가하고, 그로 인해 왕과 백성 모두에게 상호이익이 발생한다. 이때 점령지역에서 발생하는 생산량과 소득의 증가와 그로 인해 왕과 백성

일어났다.

이 얻는 상호이익은 바로 '정주도적이 갖는 인센티브에 대한 반응의 결과'이다. 내가 주장한 '정주도적 모델'에서 도출된 이러한 놀랍도록 '좋은 결과'(good result)는 결코 정주도적의 '선한 의도'(good intention)에서 나온 것이 아니다.

따라서 권력(폭력, 강제력)이 '파괴적 사용'(방랑도적처럼)에서 '건설적 사용'(정주도적처럼)으로 전환될 때—예를 들면, 토머스 홉스[40]가 주장한 '만인에 대한 만인의 투쟁'(war of all against all; 무정부 상태)이 독재정부가 제공하는 '질서'(즉, 유정부 상태)로 대체될 때—발생하는 결과의 개선(즉, '더 나은 결과')은 "또 다른 보이지 않는 손"이 존재하기 때문이다. '또 다른 보이지 않는 손'을 편의상 "왼쪽에 있는 보이지 않는 손"(invisible hand on the left) 또는 "보이지 않는 왼손"(invisible left-hand)이라고 부르기로 한다. 이때 '또 다른 보이지 않는 손'은 어떤 기능을 하는가? 이 '또 다른 보이지 않는 손'은 권력자(지도자)가 자신이 지배하는 사회에 대해 갖는 '포괄적인 이익심'으로 인해 자신의 권력(폭력, 강제력)을 (적어도 어느 정도는)[41] '사회이익'(social interest)이나 '공익'(公益)에 부합하게 행사하도록 이끄는 기능을 한다.[42] 즉, 권력자(지도자)는 '포괄적인 이익심'이라는 '또 다른 보이지 않는 손'을 통해 자신의 권력을 어느 정도 '사회이익'이나 '공익'에 부합하도록 행사하려 한다. 그러나 그러한 손의 기능은 결코 의도한 바가 아니

---

40 [역주] 홉스의 '정치론'에서는 인간의 자연 상태를 '만인의 만인에 대한 투쟁'이라 하여 이러한 '무질서 상태'를 벗어나기 위해 국가가 '계약'을 바탕으로 만들어졌다는 '국가계약설'을 폈다. 이 계약은 1회에 한한 것으로 취소할 수 없다고 하여 '절대주의적 군주제'의 기초가 되었는데, 이론의 역점을 '국가 권력의 절대성'에 두었으며, 이는 17세기 영국 혁명을 이룩한 여러 계급의 이해에 합치할 만한 것으로 인식되었다[출처: 네이버 지식백과].

41 나중에 민주주의 국가들에 대한 분석에서 우리는 몇몇 '포괄적인 다수세력'(encompassing majorities)이 존재하며, 이들 세력이 '사회의 이익에 전적으로 부합하도록 행동하려는 인센티브'를 갖는다는 사실을 보게 될 것이다.

42 [역주] "This another invisible hand leads 'the leader's encompassing interests in his society' to use his power in accord with the social interest or public good."

었다([역주] 그 손의 기능은 단지 권력자가 인센티브에 반응한 결과였다). 이 "두 번째 보이지 않는 손"(second invisible hand)은 애덤 스미스 시대에 "첫 번째 보이지 않는 손"(first invisible hand)이 그랬던 것처럼 낯설고 어쩌면 직관에 반(反)할 수 있다. 그러나 그렇다고 해서 그 중요성이 덜한 것은 아니다. 그 중요성 측면에서 볼 때 '두 번째 보이지 않는 손'을 고려하지 않은 어떠한 권력이론이나 정부와 정치이론, 또는 정부가 경제에 미치는 선(善)과 해악(害惡)에 관한 이론 등은 만족스럽지 못할 것이다. 환언하면, 권력이론, 정부와 정치이론, 또는 정부가 경제에 미치는 선과 해악에 대한 이론 등이 만족스러우려면 반드시 '두 번째 보이지 않는 손'을 고려해야 한다.

2) 역사적 증거: 독재자의 '사치스럽고 호화로운' 소비와 지출 및 '과도한' 세금 징수(독재자의 비합리성)

처음에는 독재자의 소비가 아무리 사치스럽다 해도 그 비용은 한 국가의 세금 수입(즉, 세수)에 비하면 '사소하게' 보일 수 있다. 우리의 통찰에 따르면 독재자는 '극히 일부의 세금 수입'으로도 자신이 원하는 모든 것을 살 수 있을 것이다. 따라서 이 장의 논리가 예측하듯이, 그 독재자는 자신이 지배하는 사회에서 가능한 한 많은 금액(세금)을 갈취하지 않을 것이다. 그러나 우리의 이러한 통찰과 예측은 실제 세계에서는 '부적절'하다. 왜 그런가? 이는 우리가 (우리 자신이 독재자가 아닌 이상) 소비에 대해 '부르주아적 관념'을 가지고 있기 때문이다(즉, 부르주아적(유산 또는 자본가 계급적) 관점에서 생각하기 때문이다). 그러나 '독재자'의 관점은 이와 다르다! 독재자들은 (적절한 소비가 아니라) '엄청나게 사치스럽고 호화로운' 소비를 즐기며, 이를 위해 '막대한' 세금을 강제로 징수한다. 예를 들면, 현대 사회에서 필리핀의 이멜다 마르코스(Imelda Marcos;

마르코스 대통령의 부인) 여사가 3,000켤레의 신발과 기타 사치품들에 들어간 비용을 합치면 '엄청난' 금액이다. 또한, 고대 사회에서 이집트의 피라미드, 프랑스의 베르사유 궁전, 인도의 타지마할 등의 건축에는 훨씬 '더 많은 비용'이 들었다. 게다가, 독재자가 지배하는 국가는 바로 '자신만을 위한 무대'일 수도 있다. 예를 들면, 피델 카스트로(Fidel Castro; 쿠바의 혁명가이자 정치가)는 "새로운 아이디어가 떠오르면 그의 정신은 여기저기서 날뛰었다. 카스트로는 부서진 다리를 보면 고치라고 명령하였다. 그는 자신이 타고 있던 지프가 수렁에 빠지자 '즉시 도로를 포장하라'고 소리쳤다. 가뭄이 섬의 한 지역을 강타하자 그는 즉시 새로운 댐을 만들라고 지시하였다".[43]

어떤 독재자에게 '남에게 뒤지지 않으려 애쓴다'라는 말은 곧 '다른 왕들이나 독재자들에게 뒤지지 않으려고 애쓴다'라는 것을 의미한다. 이때 독재자가 따라잡으려는 대상은 종종 '엄청나게 비싸고 권위 있는' 프로젝트(대규모 사업)뿐만 아니라 더 많은 영토[44](지배지역)를 확보하기 위한 '군대'와 '전쟁'을 의미하기도 한다. 예를 들면, 과거 독일과 소련은 히틀러와 스탈린의 무모한 야망(전쟁이나 군대)을 충족시키기 위해 자국의 국민소득에서 '막대한' 비중을 지출하였다.

따라서 독재자들은 국민보다는 오로지 '자신의 목적이나 야욕'[45]을 실현하거나 충족시키기 위해 '막대한' 돈을 쓰고, 최대한의 세금을 징수하였다는 증거들이 다수 존재한다. 독재자들은 강제로 세금을 최대한 많이 징수(강탈)하였음에도 불구하고 항상 돈이 '부족'하였다. 이러한 패턴은 고대 사회에서뿐만 아니라 서양 역사상 몇몇 가장 큰 독재국가들에서도 찾

43 Robert E. Quirk(1993), *Fidel Castro*, New York: Norton, p. 625.
44 [역주] '영토'(領土)란 "국가의 주권을 행사할 수 있는 지역"을 말한다.
45 [역주] '야욕'(野慾)이란 "자기 잇속만 채우려는 더러운 욕심"을 말한다.

아볼 수 있다. 예를 들면, 로마제국은 멸망할 때까지 지출하기 위해 세금을 부과하였다. 스페인의 합스부르크 왕가[46](Hapsburgs, 1273~1918년)는 모든 세금을 최대한 징수하였으나, 결국에는 '막대한 부채'를 졌으며, 때로는 채무 이행을 거부하였다. 프랑스의 부르봉 왕가(Burbons)도 마찬가지였으며, 마침내 '재정위기'로 왕조가 멸망하였다. 구(舊)소련의 세금(이에 대해서는 나중에 살펴볼 예정임)은 암묵적이었지만 '매우 높은 수준'이었다. 그럼에도 소련 체제 역시 결국에는 그 정부를 유지하는 데 필요한 재원을 조달하지 못하였다.

4. 독재자와 민주정치제에서의 다수자 비교

지금까지 설명한 '독재정치 모델'(autocracy model)에 따르면 자신이 지배하는 사회(지역)에서 '안전한(또는 독점적) 지위'를 확보한 어떤 독재자는 그 사회에 대해 '포괄적인 이익심'을 갖게 되며, 그로 인해 그 독재자는 (관할지역에 사는 백성들의 모든 재산을 강탈하는 대신) 자신의 '세금 강탈의 한도를 제한한다'라는 점을 보여 주었다(예를 들면, 독재자는 관할지역의 백성들에 대해 최적 세금강탈률을 50%로 부과한다). 다른 한편으로, 독재자가 사회에 대해 갖는 그러한 '포괄적인 이익심'은 독재자가 마음대로 쓸 수 있는 자금 중에서 일부를 자신의 관할지역(지배 사회)에서 생산량과 소득을 증가시킬 의도로 '공공재를 공급'하는 데 사용한다는 것을 의미한다. 그러나 그 독재자는 오직 지배 사회에서 자신의 '순 세금 강탈의 절

46 [역주] '합스부르크 왕가'는 13세기 이래 신성로마제국 황제의 지위를 세습하였으며, 오스트리아와 스페인 등에서 국왕을 낸 독일의 왕가를 말한다.

대량을 극대화'하기 위해 그렇게 할 뿐이다. 그러므로 독재정치를 통해 독재자가 얻는 이익(세금 강탈)은 값비싼 '대가'를 치르게 된다. 그 대가는 바로 '국민으로부터 독재자에게로 이루어지는 커다란 소득재분배'를 말한다.

이러한 점(소득재분배 측면)에서 '민주정치'는 '독재정치'와 어떻게 비교될 수 있는가? 대의제(代議制) 정부(representative government)는 다양한 형태를 가지고 있으며, 그 구조와 절차가 각기 다르므로 그 결과도 어느 정도 다르다. 특히 민주정치가 독재정치와 '재분배 측면'에서 어떻게 다른지를 이해하는 가장 쉬운 방법은 다음과 같이 가장 단순한 형태의 민주정치에서 시작하는 것이다. 즉, 2명의 대통령 후보 또는 정부를 구성하려는 잘 조직된 두 정당이 오로지 '승리에 필요한 다수'(winning majority)를 획득하기 위해 선거에 출마하였다고 가정해 보자. 이 단순한 가정은 앞으로 살펴보겠지만 다음 두 가지 이유 중 하나로 '대의제 정부'에 매우 유용하다. 우선, 단순한 형태의 대의제 정부는 어떤 사회(국가)가 그 사회의 소득창출 능력의 극히 일부만을 대표하는 '소규모 정당들의 다양한(불안정한) 연합'에 의해 지배될 때보다 '더 포괄적인 이익심'에 의해 지배되기 때문이다. 또는 단순한 형태의 대의제 정부가 특정 산업과 직업 또는 기타 '협소한 이익심'만을 대표하는 특별이익집단들의 영향력하에서 지배될 때보다 '더 포괄적인 이익심'에 의해 지배되기 때문이다. 따라서 단순한 형태(두 정당 경쟁체제)의 대의제 정부는 소규모 정당들의 연합이나 특별이익집단들의 영향력하에서 지배될 때보다 '더 포괄적인 이익심'을 대변하고 있다. '협소한 이익심'이 민주정치에 미치는 영향에 대해서는 나중에 다룰 예정이다.

나는 여기서 내내 '민주정치가 독재정치보다 본질적으로 더 나은 인센티브 체계를 보유하고 있다'라고 가정하지 않을 것이다. 이를 통해 나는 민주정치에 '불공정한 이점'을 주는 것을 피하고자 한다. 따라서 논의의 공정성과 간결성을 위해 나는 (1) '민주정치 체제하에서 정치 지도자들'

도 독재자들과 마찬가지로 '이기적'이며, (2) 기회주의적으로[47] '다수자의 지지'(majority support)를 얻어 선거에서 승리하려 한다[48]라고 가정한다.

1) 효율성 추구(다수자의 지지 획득)를 위한 선거 인센티브

양당제(兩黨制) 민주정치를 주의 깊게 관찰해 보면, 현직 의원들은 "친애하는 유권자 여러분! 이렇게 좋은 적이 없었습니다!"(you have never had it so good)[49]라는 업적을 내세우며 선거에 출마하기를 좋아한다. 왜 현직 의원들은 선거 유세에서 이렇게 말하는가? 어떤 현직 의원이 '이기적인 독재자'처럼 자신이 관할하는 사회(지역구)에서 최대의 순이익을 얻었다면 그 현직 의원은 확실히 그런 업적을 자랑(선전)하지 않았을 것이고, 그러면 우리는 이런 자랑이나 선전이 민주정치 사회에서 일어나는 것을 목격할 수 없을 것이다([역주] 이는 민주정치에서 현직 의원은 '독재자'처럼 행동하지 않는다는 것을 의미한다). 그러나 우리가 민주정치제에서 현직 정당이나 현직 대통령이 단순히 '유권자(국민) 전체'를 최대한 잘 살게(부유하게) 함으로써 재선(再選) 가능성을 극대화할 것이라고 가정한다면, 이는 우리가 민주정치에 대해 너무 호의적으로 바라보고 있음을 의미한다. 사실상 민주정치제에서 현직 정당이나 현직 대통령은 재선 가능성을 극대화하기 위

---

47 [역주] '기회주의'(機會主義)란 "일정한 원칙도 없이 그때그때의 정세에 따라서 자신에게 이로운 쪽으로 행동하는 경향"을 말한다.

48 [역주] 이를 '다수대표제'(多數代表制)라 부른다. 이는 "다수의 지지를 받은 사람이 곧 전체 의사를 대표한다고 보아, 이를 당선자로 결정하는 선거 방법"을 말한다.

49 [역주] 1957년 영국 총리였던 해럴드 맥밀런(Harold Macmillan)은 동료 보수당 토리(Tory) 당원들에게 "Let's be frank about it. Most of our people have never had it so good"이라고 말하였다. 나중에 이 말은 토리당의 슬로건 "Never had it so good"이 되었다. 보수당의 의도는 제2차 세계대전 후 혼란스러운 국가의 안정을 찾는 것이었다. 이와 동시에 차츰 경제가 살아나고 있음을 강조하기 위해 "이보다 더 좋을 수 없다"라고 말한 것이다.

해 유권자(국민) 전체가 아니라 자신의 승리(당선)에 필요한 '다수자'(다수세력)만 최대한 잘 살게 하려 하기 때문이다. 왜 그런가?

어떤 사회에서 한 후보자가 선거에서 승리(당선)하려면 오직 '다수자'의 표(票)가 필요하다. 이를 위해 그 후보자는 소득을 '전체 인구'에서 승리에 필요한 '잠재적인 다수세력'으로 이전함으로써 잠재적 다수세력의 표를 '매수'(buy)할 수 있다. 다른 후보자도 이와 같은 소득 이전을 통해 다수의 표를 매수하려고 할 것이다. 그러나 이러한 소득 이전을 위한 재원 마련에 필요한 '세금'은 사람들의 인센티브를 변화(왜곡)시키고, 그 사회의 생산량을 감소시킬 것이다(이러한 효과는 앞에서 살펴보았듯이 독재자가 세금 강탈을 통해 소득을 자신에게 재분배할 때와 마찬가지이다). 민주정치에서 다수의 표를 사기 위한 이러한 소득 이전 노력과 경쟁이 합리적 독재정치에서처럼 그 재원 마련을 위한 세금 부과를 통해 '인센티브의 변화'를 초래하는가? 다시 말하면, 독재정치에서 합리적 독재자처럼 '민주정치에서 표를 사는 지도자'(vote-buying leader)도 소득 이전 재원 마련에 필요한 세율을 '세수 극대화 수준'까지 인상하려는 인센티브를 갖는가?

민주정치제하에서의 '다수세력'과 독재정치하에서의 '독재자' 모두 세금 징수를 통제하기 때문에 각각 자신이 거주하거나 지배하는 사회에 대해 '포괄적인 이익심'을 갖고 있다. 그러나 '다수세력'은 추가로(독재자와 달리) 자신이 거주하는 사회의 '시장소득'(market income)의 커다란 비중을 창출하기 때문에, 당해 사회의 생산량과 시장소득에 대해 '더 포괄적인 이익심'(more encompassing interest)을 갖는다. '다수세력이 시장소득에 대해 갖는 더 포괄적인 이익심'은 독재자가 자신에게 소득을 최대한 많이 재분배하는(강탈해 가는) 것보다 다수세력이 자신에게 '더 적은 양의 시장소득을 재분배(이전)'하도록 이끈다. 이러한 상황은 민주정치제하에서 다수세력이 '세수를 극대화하는 세율'(즉, 최적 세율) 상태에 있을 때 선택할 수 있는 옵

▌**표 1-7** 독재정치와 민주정치의 비교

정치체제의 유형	주체	사회에 대해 갖는 이익심	소득재분배
독재정치	독재자	포괄적인 이익심	최대한 많이 가져감.
민주정치	다수세력	더 포괄적인 이익심	독재자보다 더 적게 가져감.

주: 역자 작성.

선을 고려해 본다면 분명해진다. 어떤 국가에서 세율을 아주 조금만 변경해도(즉, 올리거나 내려도) 세금 징수(즉, 세수)에는 변화가 '없을' 것이다. 예를 들어, 그 국가가 세율을 조금만 올리면 그에 따라 그 국가의 국민소득이 감소하므로, (조금 인상된 세율로) 소득의 더 많은 비중을 세금으로 가져가더라도 (국민소득의 감소로) 세금 징수액은 변하지 않는다. 또한, 그 국가가 세율을 조금 내리면 그에 따라 그 국가의 국민소득이 증가하므로, (조금 인하된 세율로) 소득의 더 적은 비중을 세금으로 가져가더라도 (국민소득의 증가로) 세금 징수액은 변하지 않는다. 이러한 경우는 앞에서 설명한 '독재자의 최적 세율'과 같다. 이는 세율 변화가 국민소득을 변화시키고, 이는 다시 세금 징수액을 변화시킴으로써, 마침내 독재자의 소득에 영향을 미치기 때문이다: 즉, 독재자의 세율 변화 → 사회의 국민소득 변화 → 독재자의 세금 징수액 변화 → 독재자의 소득 변화.

그러나 세수를 최대화하는 세율 수준에서 '세율을 인하'한다면 다수세력은 필연적으로 자신의 시장소득이 증가할 것이다([역주] 이는 '래퍼곡선'(Laffer curve)의 논리이다). 왜 그런가? 세율 인하로 (1) 국민소득이 증가하면 정부는 더 많은 국민소득에 대해 세금을 징수할 수 있을 뿐만 아니라, (2) 다수세력은 시장에서 더 많은 소득(즉, 더 많은 시장소득)을 얻을 수 있기 때문이다: 즉, 정부의 세율 인하 → 사회의 국민소득 증가 → 정부의 세금 징수액 증가 → 다수세력의 시장소득 증가. 따라서 다수세력에 부과되는 최적의 세율은 독재자의 세율보다 필연적으로 '더 낮을' 것이다. 이에 대한 가장 간단한 산술적 예를 살펴보기 위해 (1) 세수를 극대화하는 세율이 3분의 1(즉, 33%)이고, (2) 다수세력이 시장에서 국민소득의 3분의 1만큼을 벌어들인다고 가정해 보자. 이 경우에 먼저, 합리적인 독재자는 자신이 징수(강탈)하는 마지막 1달러의 세금 부과로 국민소득이 3달러 감소하고, 이 손실의 3분의 1(즉, 1달러)이 자신의 손실로 돌아온다는 것을 알게 될 것이다. 그러므로 이 독재자는 마지막 1달러의 세금 징수로 손익분기점(즉, 세금 1달러 징수=소득 1달러 감소)에 도달하고, 이때의 세율이 세수를 극대화하는 세율(즉, 최적 세율)이다. 그러나 다수세력이 세수를 극대화하는 세율(즉, 최적 세율)을 독재자의 경우와 똑같이 3분의 1로 선택하면(이는 다음 이유로 '잘못된' 선택이다), 다수세력은 손익분기점이 아니라 '손해'를 보게 된다. 즉, 다수세력은 세금으로 징수한 마지막 1달러로 (1달러가 아니라) 이제 2달러(즉, 독재자가 잃는 1달러와 다수세력이 잃는 시장소득 1달러를 합친 금액임)의 손실을 보게 되어, 궁극적으로 다수세력은 손해(순손실)를 입기 때문이다([역주] 앞에서 언급하였듯이 다수세력은 독재자와 달리 자신이 거주하는 사회에서 시장소득의 커다란 비중을 창출하기 때문이다). 따라서 민주정치제하에서 다수세력은 (1) 독재자가 선택하는 세율과 재분배보다 '더 낮은 세율'과 '더 적은 소득재분배'를 통해 자신의 총소득을 극대화하려 할 것이다([역주] 이는 민주정치제하에서 다수세력은 자신이 거주하는 사회의 생산량과 시장소득에 대해 독재자보다 '더 포괄적인 이익심'을 갖기 때문이다). 이 명제에 대한 형식적인 증명과 여러 부수적 결과들을 보고자 하는 독자들은 앞에서 소개한 「독재정치와 다수결의 경제학」에 관한 나의 논문[50]을 참조하기 바란다.

---

50 [역주] Martin C. McGuire and Mancur Olson(1996), "The Economics of Autocracy and Majority Rule: The Invisible Hand and the Use of Force," *Journal of Economic Literature*, 34, pp. 72~96.

2) 역수 법칙: 지배세력은 최적 세율 부과로 국민소득을 국민소득 비중의 '역수'만큼 감소시켜야 함

이제까지의 설명을 좀 더 일반적으로 논의해 보기로 하자. 즉, 지배세력(독재정치하에서 독재자든, 민주정치하에서의 다수세력이든, 또는 어떤 유형이든)은 자신의 최적 세율 부과로 자신이 받는(차지하는) 국민소득 비중의 '역수'(逆數)만큼 국민소득이 감소하면 자신에 대한 소득재분배를 중단하는 게 좋다. 예를 들어, 먼저 독재정치에서 세수를 극대화하는 세율이 2분의 1(즉, 50%)이라면, 독재자는 자신의 마지막 1달러의 세금 징수로 국민소득이 2달러(즉, 2분의 1의 역수) 감소하면 자신의 세금 인상을 중단하는 게(즉, 세금을 그 수준에서 더 올리지 않는 게) 좋을 것이다. 다음으로, 민주정치에서 다수세력이 (1) 시장에서 국민소득의 5분의 3만큼을 벌고 있으며([역주] 이는 '다수세력'에 대한 정의로 '국민소득에서 차지하는 비중'을 말함), (2) 국민소득의 5분의 1만큼을 자신에게 이전(재분배)하는 것이 최적(즉, 세수를 극대화하는 세율이 5분의 1(즉, 20%)이라면)이라고 여긴다고 가정해 보자. 이러한 가정하에서 다수세력은 국민소득을 얼마나 줄여야 하는가? 이 경우 다수세력은 자신에게 재분배한 마지막 1달러의 세금 징수로 국민소득을 4분의 5(=(3/5)+(1/5)=4/5의 '역수', 즉 1.25달러)만큼 감소시켜야만 할 것이다. 즉, 다수세력은 자신의 마지막 1달러의 세금 징수로 국민소득이 1.25달러(즉, 5분의 4의 '역수')만큼 감소하면 자신의 세금을 그 수준에서 더 올리지 않는 게 좋을 것이다. 다수세력은 독재자보다 더 낮은 최적 세율 부과로 국민소득을 더 적게 감소시킨다. 따라서 '지배세력이 사회에 대해 갖는 이익심이 더 포괄적'일수록(즉, 모든 소득 원천을 합쳐서 '지배세력이 국민소득에서 차지하는 비중이 클수록') 지배세력 자신에 대한 소득재분배(세금 강탈이나 세금 징수)가 더 적어지고, 재분배로

▌**표 1-8** 독재자와 다수세력의 최적 세율 비교

지배세력 유형	국민소득 점유 비중	최적 세율 (세수를 극대화하는 세율)	세금 징수	국민소득 감소액	함의
독재자	0	1/2 (=50%)	마지막 1달러의 세금 징수	1/2의 역수 =2달러 감소	독재자는 자신의 마지막 1달러의 세금 징수로 국민소득이 2달러(즉, 2분의 1의 역수) 만큼 감소하면 자신의 세금을 그 수준에서 더 올리지 않는 게 좋다.
다수세력 (국민소득 중 3/5을 차지함)	3/5	1/5 (=20%)	마지막 1달러의 세금 징수	4/5의 역수 =1.25달러 감소	(1) 다수세력은 자신의 마지막 1달러의 세금 징수로 국민소득이 1.25달러(즉, 5분의 4의 역수)만큼 감소하면 자신의 세금을 그 수준에서 더 올리지 않는 게 좋다. (2) 다수세력은 독재자보다 더 낮은 최적 세율 부과로 국민소득을 더 적게 감소시킨다.

주: 역자 작성.

인한 사회적 손실도 더 적어진다.

또한, 이러한 '역수 법칙'(reciprocal law)은 '지배세력(ruling interest)이 공공재에 얼마를 지출해야 하는지'를 결정하는 데에도 사용될 수 있다. 지배세력(독재자 또는 다수세력)은 공공재에 얼마를 지출하는가? 우선, 우리는 앞에서 독재자가 "공공재에 지출한 마지막 1달러가 '세율의 역수'만큼 국민소득을 증가시키는 지점"까지 공공재에 지출함으로써 이익을 얻는다는 것을 보았다. 물론 독재자는 자신의 부과하는 '세율'에 따라 자신이 얻는 '이익 규모'가 결정된다. 다음으로, 시장에서 소득을 버는 지배세력(즉, 다수세력)의 경우, 공공재 지출로부터 얻는 이익 규모가 독재자의 경우보다 필연적으로 '더 크다'. 왜 그런가? 민주정치제에서 지배세력(다수세력)이 공공재 지출로부터 얻는 이익은 '지배세력이 자신에게 재분배하는 사회(국민)소득 부분(금액)'과 '자신이 버는 시장소득 부분(금액)'을 더

하기 때문이다. 이처럼 민주정치제하에서 지배세력(다수세력)은 '사회(국민)소득에서 자신에게 소득을 재분배'할(즉, '재분배소득'을 얻을) 뿐만 아니라 (독재자와 달리) '시장에서 소득(즉, '시장소득')을 번다'. 즉, 민주정치적 지배세력(다수세력)은 '재분배소득'(redistributive income)을 추구하면서 동시에 '시장소득'을 번다. 이러한 특성을 가진 지배세력은 '자신이 공공재에 지출하는 마지막 1달러'가 "국민소득에서 자신이 차지하는 비중의 '역수'만큼 국민소득을 증가시킬 때"까지 공공재에 대한 지출을 계속할 것이다. 이에 관한 예를 들어 보기로 하자. 앞 단락에서 우리는 시장소득의 3/5을 벌고, 사회(국민)소득의 1/5을 자신에게 이전(재분배)하려는 가상의 다수세력(redistributive majority; 즉, '재분배 추구 다수세력')이 있다고 가정하였다. 이 경우 재분배 추구 다수세력은 '공공재에 지출한 마지막 1달러'가 '국민소득을 5/4(즉, 5분의 4의 역수=1.25달러)만큼 증가시키는 지점'까지 공공재에 돈을 지출한다면 당해 다수세력은 이익을 얻을 것이다. 따라서 '더 포괄적인 이익심'을 갖는 다수세력(지배세력)이 자신에게 '더 적게 재분배'하는 것처럼, 그들은 사회 전체에 이익이 되는 '공공재에 더 많은 돈'을 지출한다.

독자들은 이와 같은 역수 법칙이 지배세력이 (1) 자신에 대한 재분배를 통해 더 이상 이익을 얻지 못하는 지점과 (2) 공공재에 자신의 돈을 얼마나 지출하는 게 이익이 될지를 결정하는 데 모두 적용된다는 점에 주목하기 바란다. 또한, 이 역수 법칙은 독재정치든 민주정치든 모든 유형의 정치체제에 적용될 수 있다.[51]

---

51 어떤 지배세력이 사회 내 '모든 사람'을 포괄하는 경우 그 지배세력이 차지하는 소득 비중은 일부가 아니라 '전부'(즉, 1 또는 100%)이다. 이 경우에도 '역수 법칙'이 여전히 적용되지만(1/1=1이므로) 여기에 새로운 내용은 없다. 왜 그런가? 우리가 다음과 같은 '경제이론'에서 익히 알고 있는 내용을 다른 방식으로 표현한 것에 불과하기 때문이다. 우리가 이미 잘 알고 있는 경제이론에 따르면, '모든 사람을 고려(포괄)하고 총후생을 극대화

위의 논의에서 우리는 지배세력의 주체를 '독재자'와 구별하기 위해 단지 '다수세력'(majority)이라고만 언급하였다. 그러나 이러한 논의는 (1) 다수세력이 정부를 지배하는(그래서 소득재분배를 이행하는) 동시에 (2) 시장에서 소득의 일부를 버는 '모든' 지배세력에 적용될 수 있다. 이 경우에 지배세력의 크기는 상관없다. 즉, 지배세력이 다수세력보다 크든 작든 상관없다. 지배세력이 '시장에서 벌어들이는 소득'(즉, '시장소득')에 '자신이 사회(국민)소득에서 재분배를 통해 얻는 이익'[52](즉, '재분배소득')을 더하면, 지배세력은 필연적으로 독재자보다 '더 포괄적인 이익심'을 갖게 된다. 따라서 지배세력은 자신에 대한 재분배로 인해 발생하는 사회적 손실에서 더 많이 비중을 부담하고, 또한 공공재로부터 얻는 이익도 더 많이 얻게 된다.

마찬가지로, 어떤 사회에서 '소득획득 능력에서 더 큰 비중을 차지하는 지배세력'은 '그 사회의 소득획득 능력에서 더 작은 비중을 차지하는 지배세력'보다 자신에게 더 적은 소득을 재분배하고, 그 사회에 더 많은 공공재를 공급한다. 이는 사회의 '소득획득 능력에서 더 큰 비중을 차지하는

하는 사회'는 공공재의 '사회적 한계비용'(marginal social cost, MSC)이 공공재로부터 얻는 '사회적 한계이익'(marginal social benefit, MSB)과 같아질 때(즉, MSC=MSB)까지 공공재에 지출할 것이다. 또한, '모든 사람을 포괄하는' 지배세력은 분명히 자신에게는 아무것도 재분배하지 않을 것이다. 왜 그런가? 어떤 지배세력이 공공재 공급에 드는 재원 조달에 필요한 수준 이상으로 세금을 인상하고, 잉여 소득을 자신에게 재분배한다면 그 지배세력은 '인센티브를 변화(왜곡)시키는 조세 부과'로 인해 손실을 입게 되고, 그 결과 아무런 수익도 얻지 못할 것이기 때문이다. (그러나 '모든 사람을 포괄하고 총후생을 극대화하는 사회'가 만장일치로 (지배세력이 아니라) 사회 내 '가난한 사람들'에게 소득을 재분배하기로 합의하였다면, 이때의 재분배는 공공재가 될 것이다. 따라서 이러한 경우는 '정치권력을 이용한 이기적인 재분배(self-interested redistribution)'를 분석하는 방식으로 분석해서는 안될 것이다.) 흥미롭게도 이러한 상황은 (1) 이제까지 살펴본 '포괄적인 다수세력'뿐만 아니라 (2) 이 장의 다음 절에서 살펴볼 '초(超)포괄적인 다수세력'(superencompassing majorities)에게도 적용될 수 있다.

52 [역주] 지배세력이 독재자처럼 국가 자금(재정)을 마음대로 통제하기 때문에 이러한 이익을 얻을 수 있다.

지배세력'이 필연적으로 '소득획득 능력에서 더 작은 비중을 차지하는 지배세력'보다 자신이 거주하는 사회에 대해 '더 포괄적인 이익심'을 갖고 있기 때문이다. 또한, 미국이나 스위스와 같은 선진 민주정치 국가에서 중대 정책 변경 시 일반적으로 요구되는 '다수세력 이상'(즉, 초다수세력)의 지지라는 '견제와 균형'(checks and balances) 시스템이 존재한다면, '초다수'(supermajority) 지배세력은 '그 사회의 소득획득 능력에서 더 작은 비중을 차지하는 다수세력'보다 더욱더 적은 소득을 자신에게 재분배하고, 더욱더 많은 공공재를 사회에 공급할 것이다. 이는 '초다수 지배세력'이 자신이 거주하는 사회에 대해 '초포괄적인 이익심'(superencompassing interest)을 갖기 때문이다.

5. 초포괄적인 다수세력: 초다수세력

놀랍게도 때때로 '다수세력'과 특히 '초다수세력'은 자신이 거주하는 사회에 대해 '초포괄적인 이익심'을 갖기 때문에 그들은 순수한 이기심에서 탈피하여 자신들에 대한 재분배를 포기하고, 소수세력(minority)을 자신들과 똑같이 대우할 것이다. 또한, 다수세력이나 초다수세력이 사회에 대해 '초포괄적인 이익심'을 갖는 경우, 그들은 '사회가 만장일치로 파레토 효율적이거나 사회적으로 이상적인(socially ideal) 수준의 공공재 공급에 합의하였을 때 공급되는 양'과 '동일한' 양의 공공재를 공급할 것이다. 특히 '초포괄적인 이익심'이 존재할 때에는 언제든지 '두 번째 보이지 않는 손'(즉, '강제력을 사용하여 포괄적인 이익심을 유도하는 손')이 작동하여 '모두(사회 전체)의 이익'과 완전히 일치하도록 이끈다(즉, 사회에 대해 '초포괄적인 이익심'을 가지는 경우 '강제력'이라는 '두 번째 보이지 않는 손'을 통해 '사회 전체의 이익'이 유도된다). 이러한 상황에서 '두 번째 보이지 않는 손'은 완전한 시장에서 작동하는 '첫 번째 보이지 않는 손'과 마찬가지로 '파레토 효율성'(Pareto efficiency)[53]을 가져다준다. 즉, 자신이 원하는 것은 무엇이든 가져갈 수 있는 힘(강제력)을 가진 사람이라도 아무것도 가져가지 못하게 되는 상태에 이르게 된다.

이러한 결론들은 처음에는 '모든 직관과 상식에 어긋나는' 것처럼 보인다. 그러나 좀 더 자세히 살펴보면 우리는 이 역설을 간단하고 명쾌하게 해결할 수 있다. 이러한 놀라운 결과는 '협소한 이익심이나 포괄적인 이익심(narrow or encompassing interests)에 관한 이론'에서 '두 가지 절단력'이 결합된 효과에서 비롯됨을 알 수 있다.

'첫 번째 절단력'(즉, 가위의 첫 번째 날)은 어느 한 사회나 관할지역에 존재하는 '이익심의 폭'(즉, 이익심이 협소하냐 포괄적이냐)과 그로부터 얻을 수 있는 '이익의 정도' 간의 관계이다. 우리는 앞에서 (1) 인구가 많이 거주하는 어떤 사회에서 어느 한 범죄자는 자신의 약탈(절도)행위로 인해 사회에 끼치는 손실에서 '아주 작은 비중만'을 부담하기('아주 작은 비중만'이 자신에게 돌아오기) 때문에 자신이 범죄를 저지를 때 이를 고려하지 '않는다'는 사실을 살펴보았다. 그러나 우리는 (2) 마피아단은 자신들의 약탈행위가 관할지역에 끼친 손실을 '어느 정도' 고려한다는 점, (3) 독재자는 자신의 세금 강탈행위가 지배 사회에 끼친 손실 때문에 세금강탈률을 '더 많이' 줄인다는 점, (4) 재분배를 통해 소득을 얻을 뿐만 아니라 '시장에서 소득을 벌어들이는' 지배세력(예를 들면, 다수세력)은 자신에 대

---

53 이 경우에 사회적 결과에 대해 제기할 수 있는 유일한 이의(異議)가 있다면 그것은 '초기 자산이나 소득을 획득할 수 있는 능력'의 분배에 관한 것이다. 그러나 초기 자산이 주어져 있다면 '다른 사람의 상태를 더 나쁘게 하지 않으면서 누군가의 상태를 더 낫게 하는 것은 불가능할(즉, 파레토 효율성이 달성될) 것이다'.

한 재분배를 '더욱더 많이' 제한한다는 점 등에 대해서도 살펴보았다. 또한, (5) 지배세력이 시장에서 벌어들이는 소득(즉, 시장소득)의 비중이 커질수록 그 지배세력은 자신에게 '더 적게' 재분배함으로써 이익을 얻는다는 점도 논의하였다. 따라서 '사회에 대해 이익심이 더 포괄적'일수록 지배세력이 얻는 이익은 '감소하는' 경향이 있다. 왜 그런가? 지배세력의 이익이 '감소하는' 경향은 세금 부과와 절도가 초래하는 '인센티브 변화(왜곡) 효과'(incentive-distorting effect) 때문이다. 경제학에서는 어떤 이론적인 목적으로 '일괄세'[54](lump-sum tax, 정액세—즉, 단순히 가정으로 '사람들의 인센티브에 아무런 영향을 미치지 않는 세금'을 말함—를 가정하는 것이 유용할 때가 있다. 그러나 현실 세계에서 부과되는 모든 지속적인 세금들은 인센티브에 영향을 미치며,[55] 심지어 세금 부과로 인해 발생하는 사회적 손실('사중손실'[56]이라고도 함)이 세금 징수액(세수)의 몇 배에 달하는

54 [역주] '일괄세'(一括稅; 또는 '정액세'(定額稅))란 "인두세(人頭稅)처럼 소득 수준과는 상관없이 일정한 금액을 일괄해서 거두는 세금"을 말한다. 여기서 '인두세'는 납세 능력의 차이를 고려하지 않고 각 개인에게 일률적으로 부과하는 조세이다.

55 일부 또는 많은 사람들은 지속적인 "'인두'세"(head tax)—즉, '일정 금액의 세금을 내지 않으면 머리(head)가 잘린다'—가 '일괄세'(또는 '정액세')라고 '잘못 알고' 있다. 이러한 인두세('참수세'(斬首稅) 또는 '참두세'(斬頭稅))가 지속되면 '참수(머리를 벰)하겠다는 협박'이 신빙성이 있고, 그 협박이 때때로 실행될 때에만 징수할 수 있다. 그러나 이러한 처벌은 인두세(참수세) 자체와 마찬가지로 (1) '납세자들이 다른 관할지역으로 도피하려는 인센티브'에 영향을 미칠 뿐만 아니라, (2) 자신의 관할지역 내에서 생산자들과 납세자들의 수도 감소시킬 것이다. 따라서 인두세(참수세)조차도 인센티브와 생산량 수준을 '변화'시킨다.

56 [역주] '사중손실'(또는 '자중손실')이란 완전경쟁시장과 비교하여 독점시장에서는 더 높은 가격에 의하여 사회적으로 바람직한 생산량보다 적은 물량의 재화가 공급되는 것을 말한다. 그런데 분배 측면에서도 비효율성이 발생하는데, 어떤 재화가 독점시장에서 공급될 경우 소비자는 완전경쟁시장과 비교하여 더 적은 소비자잉여를 누리게 된다. 이를 두고 소비자의 후생을 희생하는 대가로 독점기업은 완전경쟁시장의 기업보다 더 높은 독점이윤을 누리게 된다고 표현한다. 그런데 문제는 소비자의 희생된 잉여만큼 독점기업의 독점이윤이 증가하는 것이 아니라 그중 일부가 손실되는데, 이는 사회적으로 보았을 때 어느 누구의 후생도 증가시킨 것이 아니기 때문에 '사회적 후생의 손순실'이라고 말할 수 있다. 이와 같은 사회적 손실을 가리켜 '독점에 의한 사중손실'이라고 한다.

경우도 많다.

따라서 사회(국민)소득에서 더욱더 많은 비중을 획득(차지)하는 '다수세력'을 고려해 볼 때, 우리는 필연적으로 다수세력이 재분배(세금 부과)로 인한 사회적 손실의 '상당 부분'을 입게 되어, 그러한 재분배(세금 부과)로 인해 오히려 '손실'을 보게 되는 지점에 도달하게 된다. 이러한 상황은 재분배(세금 부과)로 인한 사회적 손실이 드물게 아주 작더라도 마찬가지이다. 예를 들어, 재분배세(redistributive tax; 즉, 재분배 목적으로 부과되는 세금) 부과로 사회(국민)소득을 단지 2%만(매우 작게) 감소시킨다면(즉, 아주 낮은 세금의 부과로 사회적 손실이 아주 작다면), 사회소득의 99%를 획득(차지)하는 지배세력(즉, '초다수세력')은 여전히 이 세금을 부과함으로써 '손실'을 입게 될 것이다. 또한, 재분배세 부과로 사회적 손실이 '2% 미만'(예를 들어, 1% 또는 0.5%)이라고 하더라도 그러한 지배세력(즉, '초다수세력')은 재분배세를 부과함으로써 여전히 손실을 보게 될 것이다. 이러한 경향은 포괄적인 지배세력이 '사회 전체'가 될 때까지 계속될 것이다. 그러므로 사회적 손실이 2% 미만이더라도(아주 작더라도) 포괄적인 또는 초포괄적인 지배세력이 '사회 전체'와 같아지기 전에는 재분배세 부과로 인해 손해를 보는 경우가 필연적으로 존재할 것이다.

이러한 논리가 가지는 매우 실질적인 중요성은 이 논리를 (본 장에서 제시한 권력이론의) '두 번째 절단력'(즉, 가위의 두 번째 날)과 결합해 보면 더욱 분명해진다. 두 번째 절단력은 바로 '공공재를 공급해야만 하는 포괄적인 지배세력의 인센티브'[57]에 관한 것이다. 즉, 포괄적인 지배세력은 왜 공공재를 공급하려 하는가? 이제 지배세력의 공공재 공급 인센티브에

57 왜 그런가? '무정부 상태'에서는 백성들의 생산하려는 인센티브(즉, 생산 유인)가 사라지기 때문에 모든 소득을 창출하기 위해서는 공공재가 필요하다고 가정한다.

관해 정주도적, 독재자, 다수세력, 초다수세력의 순서로 살펴보고자 한다. 먼저, 앞에서 살펴보았듯이 (1) 정주도적(stationary bandit)은 자신이 통제하고 자신을 위해 마음대로 쓸 수 있는 자금(돈)으로 '공공재를 공급하려는 인센티브'를 가지고 있다. 이때 정주도적은 공공재 공급에 얼마를 쓰려 하는가? (최적 세율을 100%까지 부과할 수 있는) 정주도적은 '공공재 공급으로부터 생기는 사회적 한계이익(social marginal benefits, SMB)에서 자신이 획득(차지)하는 비중'이 '공공재 공급에 드는 사적 한계비용(private marginal costs, PMC)'과 같아지는 지점(즉, SMB=PMC)까지 공공재를 공급하려는 인센티브가 존재한다는 점을 살펴보았다. 다음으로, (2) '50%의 최적 세율'을 부과하는 독재자(autocrat)는 '공공재 공급으로 자신이 얻는 이익의 절반'이 '공공재 공급에 자신이 부담하는 비용'과 같아질 때까지 공공재 공급에 돈을 쓰려는 인센티브가 있을 것이다. 세 번째로, (3) 시장에서 소득을 획득하는 다수세력은 독재자보다 공공재 공급으로부터 생기는 이익에서 '더 많은 비중'을 획득하기 때문에 공공재를 '더 많이' 공급하려는 인센티브를 가질 것이다. 마지막으로, (4) 지배세력이 시장에서 획득하는 소득의 비중이 클수록(즉, 지배세력이 '초다수세력'이 될수록), 초다수 지배세력은 공공재 공급으로부터 생기는 이익을 더 많이 가져오기 위해 '더욱더 많은' 공공재를 공급해야만 한다(즉, 더욱더 많은 공공재를 공급하려는 유인을 가진다). 따라서 더 많은 공공재 공급에 드는 비용을 충당하기 위해 더 높은 세율이 필요하다. 또한, 더 높은 세율은 더 많은 사회적 손실(사중손실)을 초래한다.

그러나 '더 포괄적인 이익심'은 다수세력에게 '더 많은 공공재'를 공급하기 위해 필연적으로 '더 많은 세금'을 부과할 인센티브를 제공함으로써 가위의 첫 번째 날인 '첫 번째 절단력'에 직면하게 된다. 왜 그런가? 다수세력은 '더 많은 세금 부과'로 발생하는 '사중손실(자중손실 또는 사회적 손실)

에서 더 많은 비중'을 부담하기 때문이다. '공공재 공급 재원 마련에 필요한 세금'('공공재 공급세'; [역주] 역자가 만든 말임)에 '재분배세'가 더해져야 하므로 필연적으로 '더 많은 사중손실'을 가져다준다. 앞에서 살펴본 바와 같이, '사회 전체'를 포괄하지 못하는 '다수세력 또는 초다수세력'이 필연적으로 존재하며, 이들은 공공재 공급세와 재분배세 부과로 손해를 보게 된다. 다수세력 또는 초다수세력은 심지어 공공재 공급 재원 마련에 필요한 세금(공공재 공급세)이 없는 경우에도(즉, 재분배세 부과만으로도) 손해를 본다. 어떤 지배세력이 공공재 공급 재원을 마련하기 위해서는 세금이 필요하고, 공공재 공급에 지출하고자 하는 금액은 '그 지배세력이 더 포괄적일수록' 증가한다. 이러한 이유로 우리는 다음 결론을 도출할 수 있다. 즉, "사회 전체를 포괄하지 못하는 '초포괄적인 지배세력'(예를 들면, 사회(국민)소득의 99%를 획득하는 세력)이 있으며, 그로 인해 이 지배세력은 소수세력(예를 들면, 사회(국민)소득의 1%를 획득하는 세력)를 착취할 수 있다. 이 경우에 '초포괄적인 지배세력'은 사회(국민)소득을 소수세력으로부터 자신에게 재분배함으로써 '손실'을 보게 될 것이다".[58] 이제 가위의 두 날(또는 두 절단력)을 합쳐서 생각하면, 우리는 "사회 전체보다 적으며, 그로 인해 소수세력을 착취할 수 있는 초포괄적인 지배세력이 사회(국민)소득을 자신에게 재분배할 인센티브를 차단해야만 한다"는 사실을 알 수 있다. 즉, 어떤 사회에서 (1) 사회 전체보다 작아서 (2) 소수세력을 착취할 수 있는 '초포괄적인 지배세력'이 있다면, 그 지배세력은 사회(국민)소득을 자신에게 재분배함으로써 '손실'을 보게 될 것이기 때문에 당해 지배세력의 그러한 인센티브를 '차단'(즉, '절단')해야 한다.

58 [역주] 원문은 다음과 같다. "It follows that there are superencompassing interests that do not comprise all of society (and thus have a minority that they could exploit) that would lose from redistributing income from the minority to themselves."

초포괄적인 지배세력이 사회(국민)소득을 자신에게 재분배할 인센티브가 없다면(즉, '재분배세'가 없이 '공공재 공급세'만 있다면) 그 지배세력은 '공공재 공급에 드는 지불(세금) 부담'과 '공공재 공급으로부터 얻는 이익'을 조정하는 '적정한 세율'을 부과하려고 할 것이다. 또한, '초포괄적인 지배세력'은 비록 완전히 이기적이지만, 만약 자신이 지배하는 '사회의 효율성에 완전히 자비로운 이익심(benevolent interest)'을 갖는다면, 그 경우에 공급하였을 공공재 양과 '동일한 양의 공공재'를 공급할 것이다. 다시 말하면, '초포괄적인 지배세력'이 완전히 이기적이지만, 만약 '사회의 효율성에 완전히 자비로운 이익심'을 갖는다면, 그 경우에 공급하였을 공공재 양과 '동일한 양의 공공재'를 공급할 것이다. 이제, 모든 면에서 초포괄적인 지배세력은 소수세력을 착취하지 않고 자신들과 똑같이 대우할 것이다. 이러한 명제에 대한 형식적(수학적)인 증명을 보고자 하는 독자가 있다면 앞에서 언급한 「독재정치와 다수결의 경제학」이라는 논문[59]을 참고하기 바란다.

대부분의 다수세력이 '초포괄적'이라고 추정할 수는 없지만, 일부 다수세력은 확실히 '초포괄적'이다. 실제 세계에서 '초포괄적인 지배세력'은 존재하는가? 미국 메릴랜드대학교에 설립된 「제도개혁 및 비공식부문 연구센터」(IRIS)[60]의 대학원생 조교인 톰 보조(Tom Bozzo)는 '지배세력에 대한 최적 재분배'를 계산하기 위해 다음과 같이 컴퓨터 프로그램 작업(시뮬레이션)을 수행하였다. 톰 보조는 컴퓨터 프로그래밍을 통해 "사회 내 시장소득에서 일정 비중을 획득한 지배세력에 대한 재분배가 각 지배세력의 세금

---

59 [역주] Martin C. McGuire and Mancur Olson(1996), "The Economics of Autocracy and Majority Rule: The Invisible Hand and the Use of Force," *Journal of Economic Literature*, 34, pp. 72~96.

60 [역주] Center on Institutional Reform and Informal Sector.

부과를 나타내는 '세금변화함수'(tax-distortion function)와 비교하여 최적인지"를 계산해 보았다. 또한, 톰 보조는 이러한 절차를 시장소득에서 다른 일정 비중을 획득한 여러 지배세력들에 대해서도 적용해 보았다. 시장소득에서 일정 비중을 획득한 수많은 지배세력에 대한 이러한 시뮬레이션의 결과로 (1) '초포괄적인 지배세력'이 실제 세계에서 많이 존재하며, (2) 아마 전혀 드물지 않다는 점을 분명히 보여 주었다.

예를 들어, (1) 국민소득에서 3/4 이상을 벌어들이는 다수세력이 국내총생산(GDP; 즉, 국민소득)의 1/4을 공공재 공급에 지출하는 것이 자신에게 이익이 되며, (2) 이러한 공공재 공급을 위한 재원 마련에 필요한 금액보다 더 많은 세금을 추가로 징수하면 국민소득이 1/3만큼 감소한다고 가정해 보자. 이 경우에 국민소득 감소분이 공공재 공급에 지출될 금액, 즉 세금 징수액보다 더 크다: 즉, 1/4＜1/3. 따라서 국민소득에서 3/4 이상을 벌어들이는 다수세력(이 경우는 '초다수세력'임)은 국민소득을 자신에게 재분배함으로써 이익을 얻을 수 '없을' 것이다. 위에서 지적하였듯이 초포괄적인 지배세력은 사회(국민)소득을 자신에게 재분배함으로써 '손실'을 보게 될 것이다. 민주정치 체제에서 (1) 견제와 균형,[61] 그

61 [역주] '견제와 균형'이란 "국가의 권력을 분리하여 상호 견제하게 함으로써 국가 권력 간의 균형과 안정을 이루도록 유도하는 민주주의의 정치원리"를 말한다. 이는 국가 권력이 하나의 권력 기관에 집중되어 국가 권력이 남용되는 것을 방지하고 국민의 자유와 권리를 철저히 보장하기 위한 핵심 가치이기도 하다. 고대 그리스의 역사가 폴리비오스(Polybius, B.C. 200~B.C. 118)는 『역사』(*The Histories*)라는 저서에서 로마 공화정의 정치체제를 집정관, 원로원, 민회로 구성된 혼합정치 체제로 여겼다. 그는 이 세 개의 기구가 권력 분립을 이루어 상호 견제를 통해 균형을 이룬다고 보았으며, 그의 이러한 사상은 오늘날 대부분의 민주국가가 권력 분립을 이루는 데 영향을 미쳤다.
견제와 균형에 대한 필요성은 이후 영국의 사상가 존 로크(John Locke, 1632~1704년)와 프랑스의 철학자 샤를 몽테스키외(Baron Montesquieu, 1689~1755년)로 이어졌다. 로크는 입법과 행정을 분리하는 '이권분립'을 주장하였고, 몽테스키외는 입법과 행정으로부터 사법이 독립해야 한다는 '삼권분립'을 주장하였다. 두 사상가는 권력분립론의 이론적 배경을 제공하였으나, 실제로 권력 분립이 현실 정치에서 제도화된 것은 1787년 탄생한 미국

리고 (2) 특정 중차대한 결정들에 대해 명시적으로 요구되는 '과반수 이상(more-than-majority) 조건'은 흔히 볼 수 있는 현상이자 제도이다. 따라서 '무늬만 과반수'(bare majority; '가까스로 이룬 과반수')인 다수세력은 종종 자신이 하고 싶은 일을 해낼 수 없다. 이 때문에 많은 민주정치 국가들에서 '초포괄적인 세력'이 더 자주 나타나게 된다. 반면에, 윌리엄 니스카넨(William Niskanen)이 내 주장의 초기 버전을 확장하면서 지적하였듯이, 중위소득(median income) 수준과 그 이상의 사람들을 대표하는 다수세력은 외형적으로는 무늬만 과반수이지만, 실제로는 한 사회의 소득획득 능력(income-earning capacity)의 '절반 훨씬 이상'(즉, '초포괄적')을 대표하기도 한다.[62] 이러한 다수세력은 때때로 확실히 '초포괄적인 세력'이다. 따라서 우리는 많은 민주정치 국가들에서 '초포괄적인 세력'이 존재함을 자주 볼 수 있다.

연방헌법을 통해서였다. 미국은 입법·행정·사법의 삼권분립, 국회의 양원제, 지방분권, 복수정당제 등을 통해 견제와 균형의 원리를 실현하고 있다.

우리나라도 국가 권력을 입법부, 행정부, 사법부로 구분하는 삼권분립을 보장하고 견제와 균형을 적용하고 있다. 첫째, 입법부는 법을 제정하는 한편, 행정부에 대해 국정감사와 국정조사를 할 수 있고 사법부에 대해 대법원장 임명동의권을 지닌다. 둘째, 행정부는 법을 집행하는 한편, 입법부에 대해 대통령이 법률안 거부권을 행사할 수 있으며, 사법부에 대해 대법원장과 대법관의 임명권을 갖고 사면권도 행사할 수 있다. 셋째, 사법부는 법을 적용하는 한편, 입법부가 만든 법률이 위헌인지 심판할 수 있으며 행정부의 명령과 규칙에 대한 심사권을 가진다[출처: 네이버 지식백과, '견제와 균형'(checks and balances), 두산백과].

62 William Niskanen(1997), "Autocratic, Democratic, and Optimal Government," *Economic Inquiry*, 35, pp. 464~479.

6. 권력 논리에서 고려해야 할 다른 차원: 장기적인 관점

이제까지 우리는 두 가지 '권력의 논리'에 관해 살펴보았다. 즉, (1) 사회의 이익을 전혀 고려하지 않는 '협소한 세력'(즉, '자신이 거주하는 사회에 대해 협소한 이익심을 갖는 세력'; 예를 들면, 많은 도둑들 중 어느 한 도둑)과 (2) 사회에 대해 '포괄적인 이익심을 갖는 세력'(즉, 사회의 이익을 고려하는 '포괄적인 세력')의 권력 논리에 관해 설명하였다. 포괄적인 세력은 비록 완전히 이기적이지만, '포괄적인 이익심'으로 인해 자신이 완전히 '자비로운 세력'으로 행동하도록 이끈다. 또한, 우리는 (3) 이러한 두 세력은 연속선상에 존재하는 여러 유형의 세력들의 양극단에 존재하는 세력으로서 권력을 가진 세력('지배세력')이 어느 한 극단(예를 들면, 협소한 세력) 또는 다른 극단(예를 들면, 포괄적인 세력)에 얼마나 가까운지에 따라 각 지점에서 도출되는 결과가 달라진다는 점에 대해서도 살펴보았다.

본 장의 분석에서 나는 "각 세력이 '장기적인 관점'—즉, 경제학자들은 이를 로버트 배로(Robert Barro)가 주장한 '무한계획시계'(infinite planning horizon)라 부름—에서 생각할 인센티브가 있다"라는 점을 당연하게 여겼다. 만약 각 지배세력이 사회에 대해 상당히 '장기적인 이익심'(long-term interest)을 갖고 있는 한, 앞에서 언급한 모든 결과는 대략적으로 성립되거나 유지될 것이다.

그러나 실제(현실) 세계에서 일부 세력들은 '장기적인 관점'을 고려할 아무런 이유가 없다. 우선, 매우 협소한 세력의 경우 '장기적인 관점'은 아무런 의미가 없다. 이는 '매우 협소한 세력'이 장기적인 관점에서든 단기적인 관점에서든 자신이 거주하는 '사회에 대한 이익심'(즉, 이사심(利社心))을 거의 또는 전혀 고려하지 않기 때문이다. 그러나 '포괄적인 세력'의 경우에는 '장기적인 관점'은 매우 중요하다.

또한, 시간의 연속성이 존재하며, 권력을 가진 세력(지배세력)의 계획 시계가 '매우 짧아지면' (그 세력이 사회에 대해 갖는 이익심이 아무리 포괄적일지라도) 당해 세력은 사회에 대한 이익심을 고려하지 않게 된다. 다음 장에서는 특히 '독재정치와 민주정치의 경제 성과'에 대한 우리의 이해와 관련하여 '시간 차원'(time dimension; 시간 요소 고려)이 가지는 심오한 중요성에 대해 논의할 예정이다.

암부로조 로렌체티의 좋은 정부의 결과

■ 암부로조 로렌체티, 「도시에서의 좋은 정부의 결과」

■ 암부로조 로렌체티, 「시골에서의 좋은 정부의 결과」

출처: 위키피디아

암부로조 로렌체티(c.1290~1348년)는 섬세하고 따뜻한 색조와 독창적인 구성으로 유명한 시에나(Siena) 화가였다. 그의 대표작 중 하나인 「도시에서의 좋은 정부의 결과」는 '좋은 정부와 나쁜 정부에 대한 알레고리'라는 연작(聯作)에 속하는 그림이다. 이 연작은 시에나 팔라초 푸블리코(시에나 시청사)에 있는 '살라 델라 파체'('평화의 방'이라는 뜻임)의 벽면을 장식하고 있다.

「농촌에서 좋은 정부의 결과」와 연결되어 있는 이 그림에서 로렌체티는 이전에 볼 수 없었던 자유롭고 독창적인 방식으로 평화로운 시에나 공화국의 모습을 포착하였다. 이 그림을 처음 보았을 때는 시에나에서의 '삶의 이상적인 하루'를 묘사한 것 같지만, 이 그림은 각각의 인물 그룹이 행복한 도시 생활에 여러 가지 면모를 대표하도록 의도되었다. 예를 들어, 철학자 성 빅토르 위고는 7종 수공예를 나타내며, 춤을 추고 있는 사람들은 아마도 음악의 기술을 지칭하는 것으로 보인다. (실제로 중세 시에나에서는 거리에서 춤을 추는 것이 불법이었다.)

이 연작의 전체 프로그램은 여전히 논쟁의 대상이며, 이 그림 역시 수많은 해석의 가능성을 가지고 있다. 이와 같은 중세의 그림들은 풍부한 디테일을 볼 수 있고 관람자들이 계속해서 그림을 찾고 그림 속 디테일에 대해 곰곰이 생각하도록 구성되어 있다.

출처: 『죽기 전에 꼭 봐야 할 명화 1001』(스티븐 파딩 편집, 하지은 · 한성경 역, 마로니에북스, 2007/2014), p. 55.

홉스: '만인의 만인에 대한 투쟁'과 국가와 개인의 계약

홉스는 많은 철학자가 높이 평가하였던 인간의 이성(理性)을 그리 중요하게 생각하지 않았다. 이성은 타고나는 게 아니라 노력으로 얻어진다고 말하였다. 이성의 능력을 제대로 갖추지 못한 사람들이 바글바글 모여 사는 세상은 어떤 모습일까? 오로지 살아남기 위한 생존의 법칙밖에 없을 것이다. 자신의 이익에만 혈안이 되어 있을 뿐이다. 다른 사람의 고통 같은 것은 관심 없고, 오로지 자신만 편하고 잘 살면 그만일 것이다. 홉스는 이것이 '자연 상태에 있는 인간의 모습'이라고 하였다. 홉스는 "자연 상태에서는 예술도 없고 문학도 없으며, 사교도 없다"라고 말하였다. 모든 사람이 자연 상태에서는 자신의 이익을 좇아 마음대로 행동한다고 보았다. 홉스는 이것을 '만인의 만인에 대한 투쟁'이라고 표현하였다.

홉스는 '만인의 만인에 대한 투쟁'은 인간의 본성으로 인한 것이어서 언제든지 일어날 수 있다고 하였다. 그러면 그 해결책은 무엇인가? 자연 상태의 사람들은 계속 혼란스럽게 살 수는 없다고 생각하였다. 그리고 마침내 '혼란 상태'에서 벗어나기 위해서는 인간 개개인의 자유가 어느 정도 제약되어야 한다는 생각에 이르게 되었다. 그래서 생각해 낸 것이 바로 '국가'이다.

그러므로 사람들이 서로 합의하여 '계약'을 맺는다. 자신이 가지고 있는 자유의 일부를 국가에 넘겨주고, 그 대신 국가는 개인의 생존과 이익을 지켜 주겠다는 약속을 하는 것이다. 이것이 홉스가 말하는 '사회계약설'이다.

사람들은 '만인의 만인에 대한 투쟁 상태'를 벗어날 수 있게 되었다. 이제 약속을 어긴 사람이나 법을 위반한 사람을 처벌해야 하는데, 누가 하는가? 이를 위해 국가를 다스리는 '통치자'가 있어야 한다. 당연히 그에게는 아주 큰 힘이 필요하다. 통치자가 힘이 없으면 사람들이 곧바로 '자연 상태'로 돌아가게 되기 때문이다.

이제 국가는 '리바이어던'이 되어야 한다. 리바이어던은 홉스가 발표한 책의 제목이며, 성경에 나오는 거대한 동물이다. 이 동물은 절대적인 힘으로 바닷속 동물들을 지배한다. 홉스는 국가가 리바이어던처럼 '절대 권력'을 가져야 한다고 생각하였다. 이러한 홉스의 사상은 왕이 큰 힘을 가지고 통치하던 당시의 '절대 왕정'을 지지하는 역할을 하였다.

하지만 사람은 태어날 때부터 누구나 생명과 자유의 권리를 갖고 있다는 홉스의 '자연권 사상'은 로크와 루소로 이어지면서 '국민주권 사상'을 탄생시켰다. 국민주권 사상은 모든 권력은 국민에게 있다는 사상으로, '근대 시민국가'를 세우는 이론적 토대가 되었다.

출처: 네이버 지식백과.

제2장

시간, 소득 및 개인의 권리

1. "폐하(왕이여), 만수무강하소서":
   국왕 폐하 만세
2. 도둑질(절도)은 어떻게 끝나는가?:
   도둑질의 종식
3. 민주정치(민주정부)의 자생적
   출현과 그 필요조건
4. 대의제 정부들의 재산권 및 계약권
   제정과 제도화
5. 지속적인 민주정치(민주정부)는
   곧 지속적인 재산권과 계약권을
   의미한다

앞에서 우리는 '무(無)정부 상태(anarchy)의 사회'에서 어떤 방랑도적단의 우두머리가 '어느 한 지역을 점령하여 안전하게 장악하고, 스스로 독재자가 될 수 있는 힘'을 갖게 되면([역주] 즉, 유(有)정부 상태 또는 정주도적이 되면) 그 사회에 '커다란 이익'이 발생한다는 점을 보았다. 그러나 어떤 무정부 사회에서 그 '반대의 변화'가 발생하면([역주] 즉, 어떤 방랑도적단의 우두머리가 '어느 한 지역을 점령하여 안전하게 장악하지 못하고, 스스로 독재자가 되지 못하면') 그 사회에 막대한 '손실'이 초래될 것이다. 이 중요한 손실을 이해하려면, 먼저 어떤 사회에서 '장기적인 투자'(long-term investment)로 인해 그 사회(그리고 '안전을 확보한 독재자')가 얻을 수 있는 이익을 고려해 보아야만 한다.

우리는 (1) 어떤 경제에서 투자율이 높을 때만 그 경제는 최대 소득을 창출할 수 있고, (2) '장기적인 투자'로부터 얻을 수 있는 수익(收益)의 대부분은 투자가 이루어지고 나서 오랜 시간이 지난 후에야 발생한다는 점을 잘 알고 있다. 따라서 '장기적인 관점'(long-term view; 장기적인 시계(視界))을 가진 어떤 독재자는 자신의 백성들에게 그들의 자본이 (1) 다른 사람들로부터의 절도(강탈)뿐만 아니라, (2) 독재자 자신에 의한 몰수로부터 영구적으로 보호될 것임을 설득시키려 할 것이다. 그러나 독재자의 백성들이 독재자에 의한 자본 몰수를 두려워한다면 그들은 투자를 줄이게 되고, 그 결과 장기적으로 독재자의 세금 징수액도 줄어들게 될 것이다.

어떤 사회(국가)에서 어떤 주어진 세율로 달성 가능한 최대 소득에 도달하려면 그 사회는 (1) 계약들(장기 대출과 관련된 계약들을 포함하여)을 공정하게 집행해야만 한다. 그러나 (2) 그 사회가 얻는 최대 이익은 '장기적으로만' 획득할 수 있다. 또한, 어떤 국가(사회)가 '장기 계약들'(long-term contracts)을 통해 최대한의 이익을 얻으려면 (3) 그 국가는 '안정적인 통화'(stable currency)가 필요하다. 따라서 어떤 정주도적은 다음 두 가지 조건하에서만 세금으로 최대 금액을 징수할 수 있을 것이다. 즉, 첫째 정주도적이 '무한히 장기적인 관점(시야)'을 가진 경우에만, 둘째 정주도적의 백성들로부터 (1) 그들의 사유 재산에 대한 권리와 (2) 공정한 계약집행이 영구적으로 보호 및 존중되고, (3) 그들이 사용하는 경화(硬貨, coin; 금속 화폐)나 화폐(지폐)가 안정적이고 완전한 가치를 유지할 것이라고 전적으로 신뢰를 받는 경우에만, 정주도적은 최대 금액을 세금으로 징수할 수 있다. 또한, 백성들도 자신이 거주하는 지역의 생산성이나 소득에 대해 '포괄적인 이익심'(encompassing interest)을 갖는 경우에 최대 이익을 얻을 수 있을 것이다.

어떤 독재자가 1년과 같은 '짧은 기간 동안 지배'하는 데에만 관심이 있다고 가정해 보자. 그러면 그 독재자는 무엇을 할 것인가? 우선, 그 독재자는 백성들로부터 '모든 편리한 재산(자본 자산)을 몰수'함으로써 이익을 얻을 것이다.[1] 이때 그 독재자가 1년간 거두어들이는 세금 징수액은 재산의 총가치보다 적을 것이다. 또한, 단기적으로 지배하는 그 독재자는 다음 세 가지를 통해 이익을 얻을 것이다. 즉, 그 독재자는 (1) 장기 계약들의 이행을 망각하고, (2) 자신의 부채 상환을 거부하고, 그리고 (3) 궁극적으로 인플레이션을 초래하더라도 더 많은 지출을 위해 새로운 화폐를 주조하거나 발행함으로써 이익을 얻을 것이다.

극단적으로 어떤 독재자가 사회의 미래 생산량이나 소득을 고려할 이

---

1 예를 들어, 만약 독재자의 세율이 50% 미만이어서 자본 수익의 절반 이상이 개인(자본) 소유주에게 돌아간다면, 어떤 '자본재의 자본가치'는 독재자가 얻는 '세금 수입(즉, 세수)의 현재 할인가치'보다 반드시 더 클 것이다. 일부 독재국가들에서는 이로 인해 자본재에 대한 사유재산권이 다른 정치체제에서보다 '훨씬 덜 안전'할 것이다(이 중요한 점을 지적해 주신 Yew-Kwang Ng 교수께 감사를 드린다). 그 결과 독재자는 이익을 얻기 위해 백성들로부터 '자본 자산을 몰수'하려 할 것이다. 그러나 어떤 독재자가 '매우 장기적인 시계'를 가지고 있다면 그 독재자는 자본재를 몰수하는 것이 합리적이라고 생각하지 않을 것이다. 독재자의 자본재 몰수는 (1) 자신이 지배하는 사회에서 투자를 감소시키고, (2) 지속적인 민간 투자로 발생한 소득에서 독재자가 빼앗아 올 수 있는 이익의 원천을 상실할 수 있기 때문이다.

유가 없을 때 그 독재자의 인센티브는 '방랑도적의 인센티브'와 같으며, 사실상 그 독재자는 '방랑도적'이 된다.[2] 이에 대한 역사적 증거가 있는가? 무엇보다도 인류 진보나 발전에서 놀라운 비중을 차지하는 것은 '방랑도적의 우두머리(두목)들이 어떤 지역에 정착하여, 그 지역의 지배자가 되려는 인센티브'([역주] 즉, 정주도적의 우두머리가 되려는 인센티브)에 기인하였다. 반면에 인류 역사에서 재산 몰수와 퇴보의 대부분은 독재자들이 (그들의 혈통이나 칭호(예, 총통, 황제 등)가 아무리 고상하고 높더라도) 종종 본질적으로 '방랑도적질의 행태로 되돌아가고자 하는 인센티브'([역주] 즉, 방랑도적의 우두머리가 되려는 인센티브) 때문이었다.

어떤 독재자가 아무리 '안전하고, 미래(장기) 지향적인 시계'를 가지고 있다고 할지라도 갑작스러운 역전(정권 교체)이나 다른 변화들을 겪을 수 있으며, 이는 독재자에게 '단기적 시계'(short-time horizon)를 가져다준다. 이러한 이유로 독재국가의 백성들은 항상 (1) 자신의 자본이 몰수되거나, (2) 자신의 대출이 거부되거나, (3) 자신이 보유한 경화나 화폐 가치가 떨어지는 등의 심각한 위험들에 직면하게 된다. 이러한 위험들은 '안전하

2 전쟁으로 인해 '독재자가 지배하는 지역(영토)의 경계'에 대한 확신이 약화되면(즉, 독재자가 지배할 영토가 사라질 수 있는 경우) 독재자는 (자신이 어딘가에서 일부 영토를 계속 지배할 수 있다고 믿더라도) 특정 영토에 대한 소유(지배)와 관련된 자신의 시계가 짧아진다. 극단적으로 독재자가 '지배할 영토에 대한 완전한 불확실성'(즉, 독재자가 지배할 영토가 완전히 없어지는 경우)은 결국 '방랑도적질'을 의미한다. 따라서 자연적 및 군사적으로 방어할 수 있는 경계(국경)들이 있을 때 방랑도적질보다 '정주도적질'의 이점이 가장 클 것이다. 흥미롭게도 역사상 최초의 국가들은 주로 어떤 인류학자가 말한 '환경적으로 둘러싸인(즉, 경계가 정해진)' 지역들, 즉 사막, 산 또는 해안들로 '둘러싸인' 경작지 지역들에서 출현하였다. 이에 관해서는 다음 논문을 참고하기 바란다: Robert L. Carniero(1970), "A Theory of the Origin of the State," *Science*, 169, pp. 733~738. 여기서 '환경적 경계들'은 (1) 군사적으로 실행 가능한 국경선들을 제공해 줄 뿐만 아니라, (2) (카니에로(R. Carniero)가 논문에서 지적하였듯이) 패배한 부족들이 자활하여 지탱할 수 있는 다른 지역들로 도망칠 기회를 제한하기도 한다. 결과적으로 사회 진보의 가장 초기 단계의 특징인 '합의제 민주주의 국가'는 이러한 '지리적' 조건에서 다른 조건들에서보다 일찍 '독재국가'로 대체되었다.

고, 미래(장기) 지향적인 시계'를 가진 독재자들이 있더라도 분명히 백성들로부터의 저축과 투자액을 감소시킬 것이다. 이 경우에 '합리적인(이기적인) 독재자'는 '백성들의 투자와 거래를 늘리는 데 이익심'(interest; 이기적 관심)을 가지고 있기 때문에 어떤 식으로든 '결코 백성들의 재산을 몰수하지 않겠다'고 약속할 인센티브를 분명히 갖고 있다. 그러나 어떤 '독재자의 약속'은 독립적인 사법부나 다른 독립적인 권력 기관에 의해 이행될 수 없다. 말 그대로 '독재자'는 다른 모든 권력 기관을 지배하거나 압도할 수 있다. 그러므로 (1) 이러한 상황(독재자의 약속 불이행 가능성)과 (2) 어떤 독재자가 '단기적인 시계'를 가질 수 있는 명백한 가능성으로 인해 그 독재자의 약속은 전적으로 신뢰할 수 없다. 따라서 제1장에서 제시한 '합리적인 이기적 독재자(rational self-interested autocrat) 모델'은 '안전한 독재자들'(secure autocrats)하에서 이루어지는 경제적 성과에 대해 '너무 낙관적'임을 알 수 있다. 왜 그런가? 합리적인 이기적 독재자 모델은 (1) 독재자들이 항상 '무한히 장기적인 계획 시계'(indefinitely long planning horizon)를 가질 것이며, 또한 (2) 독재자들의 백성들도 독재자들이 항상 무한히 장기적인 계획 시계를 가질 것이라고 믿는다는 점을 암묵적으로 가정하고 있기 때문이다. 그러나 독재자가 '단기적인 시계'를 가질 수 있는 가능성이 명백히 존재하며, 그로 인해 '백성들의 재산을 몰수하지 않겠다'라는 독재자의 약속을 믿을 수 없게 된다.

그러면 실제는 어떤가? 실제로 '독재정부'(autocratic government)가 있는 모든 사회(국가)에서는 조만간 '방랑도적과 똑같은 인센티브를 가진 독재자'가 필연적으로 등장할 것이다. 우리가 예상한 대로 역사적으로도 군주들과 독재자들이 저지른 재산 몰수, 대출 거부, 화폐 가치 하락, 통화 팽창 등의 사례들은 셀 수 없을 정도로 많다.

1. "폐하(왕이여), 만수무강[3]하소서": 국왕 폐하 만세[4]

한 사회(국가)에서 절대적인 권력(absolute power)을 가진 어떤 지배자(통치자)는 결코 '적절하고 질서 있는 승계'를 보장할 수 있는 권한을 가진 독립적인 권력자나 기관을 그 사회 내에 두거나 설치하지 않으려 할 것이다. 이는 새로운 지배자(통치자)를 옹립할 수 있는 충분한 권한을 가진 독립적인 권력자나 기관이 현재의 지배자(통치자)를 제거하거나 축출할 수 있기 때문이다. 따라서 심지어 '절대 독재'(absolute autocracy)라는 말의 정의(定義)에도 '승계 위기'(succession crisis)라는 특별한 위험이 존재한다는 사실이 내포되어 있다.[5] 예를 들어, 최근 아프리카와 라틴 아메리카의 많은 독재정권이나 정부에서 볼 수 있듯이 독재정부(체제)가 승계 위기와 미래에 대한 불확실성에 매우 취약하다는 사실을 분명히 알 수 있다. 아마도 '군주의 시계(time horizon)가 가지는 중요성'에 대한 가장 흥미로운 증거는 (1) '군주들의 장수(長壽)'에 대한 역사적 관심과 (2) '왕조[6]의 사회적 바람직성'에 대한 한때 만연된 믿음 등에서 비롯된 것일 수 있다. 먼저, '군주들의 장수'에 대해 살펴보기로 하자. 왕의 안녕과 장수를 기원하는 방

3 [역주] '만수무강'(萬壽無疆)이란 "아무 탈 없이 오래 삶"을 말한다.

4 [역주] '만세'(萬歲)란 "영원히 삶"을 말한다.

5 일부 비민주적인 정권들은 승계를 '제도화'할 수 있다. 그러나 이 경우 이들은 (1) '단일' 독재자의 독점적 지배하에 있지 않으며, (2) 오히려 '과두정치'(oligarchy)에 더 가깝다. 또한, 그러한 경우는 비민주적 정권들이 어느 정도 '전체주의적'(totalitarian)이라고 해도 마찬가지이다. 예를 들면, 스탈린이 사망한 후 구소련 정부는 곧 일상화되었고, 그 후 지도자 승계는 '매우 작은 집단들'에 의해 제도적 규칙에 따라 결정되었다. 그러나 구소련의 경우 공산당 정치국원들(Politburos; 공산당 중앙위원회 위원들)이나 기타 다수의 인원으로 구성된 기구들이 어떤 지도자의 후계자를 결정할 권한을 갖게 되면, 이들은 (1) 후계 지도자의 권한을 제한하거나, (2) 심지어 흐루쇼프(Nikita Khrushchev; 구소련 수상)가 그랬던 것처럼 후계 지도자를 축출하기도 한다.

6 [역주] '왕조'(王朝)란 "같은 왕가에 속하는 통치자의 계열. 또는 그 왕가가 다스리는 시기"를 말한다.

법에는 여러 가지가 있지만, (앞에서 살펴본 것처럼) 왕의 백성들이 "왕이여 만수무강하소서"(Long Live The King; '국왕 만세!')라고 말할 때 그들이 '진심을 담아' 말해야 할 이유가 더 많다. 왜 그런가? 왕이 '왕조의 계승'(dynastic succession)을 미리 고려(계획)하고 소중히 여긴다면, 이는 '왕의 계획 시계(planning horizon)'를 더욱 길게 하는 것이며, 그로 인해 그의 백성들에게도 좋다.

다음으로, '왕조의 사회적 바람직성'에 대해 살펴보기로 하자. '왕조의 계승'이 왜 역사적으로 널리 행해졌는가? 어떤 왕의 장남이 왕위(王位)에 가장 유능한(적합한) 후계자일 확률이 거의 제로(0)에 가까움에도 불구하고, '왕조 계승'이 역사적으로 널리 행해진 것은 아마도 지배자(통치자)들이 어떤 이유로 '장기적인 관점이나 시계'를 가질 때, 자신의 지배지역에서 현재의 지배자(통치자)를 포함하여 '모든 사람이 이익을 얻는다'라는 직관적인 생각에 기인할 것이다. 예를 들어, 독재체제나 전제주의 체제의 경우 '다음 지배자(통치자)가 누가 될 것인지'에 대한 합의가 이루어지면 관련된 '모든 사람에게 이익'이 될 수 있다. 왜 그런가? '다음 지배자(통치자)가 누가 될 것인지'에 대한 합의가 이루어지는 경우, 이는 (1) 권력 승계를 둘러싼 다툼이나 투쟁의 가능성을 줄일 뿐만 아니라, (2) 백성들로부터의 믿음과 신뢰를 높임으로써, 미래에서뿐만 아니라 심지어 현재에도 투자, 소득, 세금 징수 등을 증가시킬 수 있기 때문이다. 따라서 독재체제의 경우에 '왕조 계승'은 '사회적으로 바람직'할 수 있다. 왜 그런가? 독재체제에서 왕조 계승은 (1) 승계 위기의 가능성을 줄일 수 있고, (2) 군주들에게 (i) '장기적인 시계'와 (ii) 자신이 지배하는 사회의 생산성(또는 소득)에 대해 '더 포괄적인 이익심'을 갖게 할 수 있기 때문이다.

2. 도둑질(절도)은 어떻게 끝나는가?: 도둑질의 종식

제1장에서 살펴보았듯이 "두 번째 보이지 않는 손"(second invisible hand; '합리적인 이기적 독재자 모형')은 장기 지배(통치)를 바라는 어떤 독재자에게 자신이 지배하는 지역의 생산성(소득)에 대해 '포괄적인 이익심'을 갖게 하는 놀라운 인센티브를 제공해 준다([역주] 즉, 장기 지배(통치)를 바라는 어떤 독재자는 놀랍게도 '두 번째 보이지 않는 손'에 이끌려 '자신이 지배하는 지역의 생산성(소득)에 대해 포괄적인 이익심'을 가지게 된다). 그럼에도 불구하고 그 독재자는 자신의 목적을 달성하기 위해 지배사회에서 착취할 수 있는 순 잉여(net surplus; 순이익)를 극대화하려고 한다. 설상가상으로 어떤 독재자가 '매우 짧은(단기적) 시계'를 가질 때(즉, 독재자의 지배 기간이 매우 짧을 때), (1) 백성들의 재산을 몰수하고, (2) 백성들로부터 돈을 빌려서 체결한 모든 계약을 파기하고, (3) 주화(鑄貨)나 화폐의 가치를 떨어뜨리더라도 자신이 필요한 돈을 조달하기 위해 화폐 주조소나 인쇄기를 사용하는 것이 그 독재자에게 막대한 이익이 된다는 점이다. 따라서 '정주도적질'(stationary banditry)하에서 많은 역사적 진보나 발전이 있었음에도 불구하고, 독재자의 백성들이 (1) 독재자가 착취하여 획득한 이익을 '자신들을 위해 보유하기'를 좋아하는 것은 당연하며, 또한 (2) 어떤 체제(예, 독재체제)가 방랑도적질(roving banditry)하에서 제공할 수 있는 것보다 '더 안전한 재산권 및 계약권의 보장'을 원하는 것은 당연한 일이다.

따라서 '민주정치의 윤리적 매력'과 '도적질에 대한 도덕적 혐오감'을 제쳐두더라도, 우리는 '독재체제(autocracy)가 어떻게 다른 지배(통치)체제(government system)로 대체될 수 있었는지'(또는 '독재체제가 어떻게 끝났는지')에 대해 의문을 제기해야 한다. 독재자들은 종종 자신의 '지위를 잃는' 경우가 있다. 독재자들은 언제 자신의 지위를 잃는가? 독재자들은 (1)

자신이 거느린 군대의 장교들이 쿠데타(coup d'état)[7]를 일으키거나, (2) 궁전 경비병에게 살해당하거나, (3) 잘못된 경제운영이나 경제실정으로 측근들이나 가신들에게 지급할 자금이 없거나, (4) 자연사(自然死)로 사망하여 매장되는 경우 등에 자신의 지위를 잃는다. 따라서 이러한 경우들에 각 독재자의 임기는 끝나며, 일부 독재자의 임기는 일찍 끝난다. '임기 종식'의 대부분은 '승계 위기'와 함께 일어난다. 그러나 임기가 끝난 각 독재자는 대부분 다른 정주도적이나 방랑도적에 의해 계승된다. 놀랍게도 독재자의 지배(통치)가 끝나고 민주정치로 이어지는 것은 '특별한 상황'에서만 가능하다.

민주정부(democratic government; 민주정(民主政)), 또는 적어도 '대의정부'(representative government)나 '비독재정부'(nonautocratic government)가 독재정부(autocracy)를 대체하는 예외적인 경우를 설명할 수 있는 '특별한 상황'은 무엇인가? 일부 '비독재정부나 대의정부, 또는 비교적 민주적인 정부'는 '보편적 투표권(universal voting rights)의 시대'가 도래하기 훨씬 이전에 등장하였다. 이러한 이유로 우리는 정부가 (1) '성인 보통선거권'(universal adult franchise)[8]이 있는지의 여부가 아니라 (2) 자유로운 정치적 투표경쟁을 통해 선출된 '대의정부'인지의 여부에 초점을 맞추어야 한다. 그러면 민주주의란 무엇인가? 이 시점에서 우리는 일찍이 조지프 슘페터(Joseph Schumpeter)가 말한 것처럼, '민주정치'(democracy)를 '자유로운 선거경쟁을 통해 현재 정부의 지배력(통치력)이 다른 정당이나 집단으로 교체될 수 있는 체제'로 인식해야 한다.[9] 성인 보통선거권의 범위는 몇몇 다른 질문들에 답하는 데

7 [역주] '쿠데타'란 "무력으로 정권을 빼앗는 일"을 말한다. 이는 지배계급 내부의 권력 이동으로서 체제의 변혁을 목적으로 하는 '혁명'(革命)과는 구별된다.

8 [역주] '선거권'을 '참정권'(參政權)이라고도 부른다. '참정권'이란 "국민이 국정에 직접 또는 간접으로 참여하는 권리"로서 선거권, 피선거권, 공무원이 될 수 있는 권리 등을 말한다.

9 Joseph Schumpeter(1954), *Capitalism, Socialism and Democracy*, 4th edition, London: Allen

매우 중요하지만, '독재정부가 대의정부로 교체되는 과정'에서 핵심은 아니다. 현대사를 보면 '제한된 선거권을 가진 대의정부'가 '성인 보통선거권'으로 발전하는 경향이 압도적이다. 그러나 이러한 과정은 지금 우리가 논의하고 있는 문제의 경우와는 다른 논리를 가지고 있다.

'민주정부로의 전환'을 설명할 수 있는 한 가지 특별한 상황은 '외부의 영향력'(outside influence)이나 심지어 '외부로부터의 민주정부 강제 시행'이다. 이러한 경우로 어떤 사례가 있는가? 예를 들어, 민주정부(민주정치)가 전쟁에서 독재정부를 물리치고 나서 '민주정부(민주정치)를 강제적으로 시행한 경우'이다. 가장 부유하고 기술적으로 가장 발전된 국가들은 대부분 '민주정치 국가들'이고, 한동안 민주정부(민주정치)를 유지해 왔다. 또한, 민주정부(민주정치)는 독재정부들과의 군사 경쟁에서 대개 우세하거나 승리하였다.[10] 예를 들면, (1) 제2차 세계대전 후 서독, 일본, 이탈리아에서 승전한 민주정치 국가들은 패전국 국민에게 '민주정치 제도'를 강제로 시행하였고, 게다가 (2) 과거 독재정부가 자신들에게 가져다준 재앙적인 결과들에 대해 생생하게 기억하고 있는 이들 국민은 민주정치 제도를 쉽게 받아들였다. 또한, '외부의 압력과 영향력'은 다른 여러 국가에서 일어난 민주정치로의 전환에 대해서도 설명할 수 있다. 즉, 다른 여러 민주정부들에서도 외부의 압력과 영향력이 작용하였다. 반면에 다음 절에서는 민주정치가 '외부의 압력이나 영향력'이 아니라 '내부적 또는 자생적'으로 출현한 경우에 대해서 살펴보기로 하자.

---

and Unwin.

10 David Lake(1992), "Powerful Pacifists: Democratic States and War," *American Political Science Review*, 86, pp. 24~37.

3. 민주정치(민주정부)의 자생적 출현과 그 필요조건

실제로 (외부적 영향력이나 강제가 아니라) '내부적(internal)이고 자생적(spontaneous)'으로 이루어지는 '대의정부로의 전환'을 설명할 수 있는 '특별한 상황'을 찾기가 어렵다. '자생적으로 민주정치를 이룩한' 국가들이 있다면, 이들은 자신의 민주적인 문화나 '이기심이 없는' 지도자들 덕분이었다고 주장하기는 쉬울 것이다. 그러나 나는 여기서 '민주정치의 출현'을 그런 식으로 설명하지 않을 것이다. 나는 여기서 독재자들을 분석할 때 '범죄자 비유'가 제시한 '이기적인 행동'을 가정하기 때문에 '민주정치의 기원'을 설명하기 위해 이기심보다 '더 고상한 동기'를 임시적(ad hoc)으로 도입하는 데 의존해서는 안될 것이다. 그 대신 나는 앞에서 '독재정부'를 설명할 때 사용한 이론을 간결하게 확장하여 '민주정치(민주정부)의 자생적 출현'을 설명하고자 한다.

'독재정부 이론'을 간결하게 확장하여 수립한 나의 이론에 따르면, '민주정치(민주정부)의 자생적 출현'을 위한 중요한 첫 번째 필요조건은 독재정부가 출현하는 데 필요한 일반적인 조건들을 '깨부수는' 것이다([역주] 민주정치(민주정부)는 독재정치의 '반대'이기 때문이다). 이를 위해 우리가 해야 할 과제는 어떤 독재자(독재정부)를 전복(顚覆)하려 계획(시도)하였거나 이를 도운 어떤 지도자가 전복에 성공한 후 '왜 자신이 다음 독재자가 되지 않는지'를 설명하는 것이다. 이는 독재정치의 경우와 반대된다. 왜 그런가? 제1장에서 우리는 독재정치가 '가장 수익성이 높은 체제'라는 것을 살펴보았다. 대부분의 쿠데타와 반란의 주동자들은 거사가 성공한 후 '자신을 독재자로 임명'하였다. 따라서 여기서 '민주정치(민주정부)의 자생적 출현'에 대한 나의 이론은 다음을 예측해 준다. 즉, 나의 이론은 "어떤 독재정치의 전복을 계획하고 시도하였던 개인들이나 집단의 지도자들 중 누구도 전복에 성공한 후 스스로 독재자가 되지 '않기' 때문에 민주정치(민주정부)가 '자생적으로 출현할' 것이다"라고 예측하는 데 있다.

또한, 우리는 다음 두 가지 요인으로 '독재정치가 방지되고, 민주정치(민주정부)가 허용된다'라는 사실을 추론할 수 있다. 즉, (1) 소수의 지도자, 집단 또는 가족 간에 '권력의 균형'(balance of power)을 유지한([역주] 소수의 지도자, 집단 또는 가족들이 권력을 나누어 가진) 역사적 우연들이나 (2) 어떤 지도자나 집단이 다른 지도자나 집단을 제압하려는 시도를 무모하게 만드는 '광범위하고 균등한 권력 분산'(broad and equal dispersion of power)에 의해 '독재가 방지되고, 민주정치가 허용된다'라는 사실을 추론할 수 있다. 그러나 이러한 추론 자체가 우리에게 '새롭고 독창적인 결론'을 제시해 주는 것은 아니다. 이 추론은 오히려 민주정치의 출현에 관한 일부 역사 및 정치학 문헌에서 나타나는 주요 귀납적 발견들 중 하나를 보여 준다. 여기서 제시한 내 이론이 옳다면, (1) 영국 역사에 대한 잘 알려진 '휘그파의 해석'(Whig interpretation)과 (2) 로버트 달(Robert Dahl)[11]이나 타투 반하넨(Tatu Vahanen)[12]과 같은 정치학자들이 제시한 '민주정치에 대한 설명'에도 상당한 진실이 내포되어 있을 것이다. 또한, 역사적 및 귀납적 문헌에 따르면 영국, 미국, 그리고 다른 나라에서 '대의 민주정치(representative democracy)의 자생적 출현(autonomous emergence)'은 '다원적 권력 분산'(pluralistic dispersion of power)과 관련이 있었다.

그럼에도 불구하고 '대의 민주정치의 자생적 출현'에 필요한 '두 가지

---

11 [역주] 미국의 정치학자로 '민주주의 이론'의 대가로 꼽히며, 예일대학교 정치학과의 스털링 명예석좌교수와 미국정치학회 회장 등을 지냈다.

12 Robert A. Dahl(1971), *Polyarchy: Participation and Opposition*, New Haven, CT: Yale University Press; Tatu Vanhanen(1989), "The Level of Democratization Related to Socioeconomic Variables in 147 States in 1980~85," *Scandinavian Political Studies*, 12(2), pp. 95~127.

추가적 필요조건'을 찾기 위해 내 이론의 논리로 다시 돌아갈 필요가 있다. 어느 한 지도자가 어떤 지역을 완전히 장악하지 못하도록 '권력의 균형'이 유지되는 경우에도 그 지도자는 자신을 '어떤 작은 지역의 독재자'로 군림할 수 있다. 이와 같이 어떤 넓은 지역에 걸쳐 권력과 자원이 분산되어 있으면 일련의 '소규모 독재정부들'(small-scale autocracies)이 형성되고, 민주정치(민주정부)가 실현되지 않을 수 있다. 그러나 서로 싸우는 여러 집단(독재정부)이 넓은 영역에서 함께 다툰다면 '소규모 독재정부들'도 설립과 존속이 불가능하다. 따라서 '민주정치의 자생적 출현'을 위한 두 번째 필요조건은 "넓은 지역에 걸쳐서 대략적인 권력의 균형을 이루고 있는 여러 세력이 '소규모 독재정부들'(mini-autocracies)을 수립하도록 권력과 자원이 분산되어서는 안된다"는 것이다.[13]

세 번째 필요조건은 "'민주적 제도가 등장하는 특정 지역'이 지리적 장벽이나 성벽 또는 기타 운이 좋은 상황 등으로 인해 인접 정권들에 의한 정복을 피할 수 있어야 한다"는 것이다.[14] 제1장에서 우리는 어떤 독재자

13 예를 들면, 군 장교들이 지휘하는 부대들은 일반적으로 별도의 막사들에 분리되어 있다. 이러한 부대들과 군 조직들의 전형적인 '위계적 특성'으로 인해 군 장교들로 구성된 '군사정권들'(military juntas)에서 '군 장교들 사이에 권력의 균형'이 있더라도 그러한 군사정권들이 민주정치 국가로 발전할 가능성은 적을 것이다.

14 엄밀히 말하면, 여기에는 '네 번째 필요조건'도 있다. 그러나 네 번째 필요조건의 논리는 우리가 '집단행동의 논리'를 이해하기 전까지는 분명하지 않을 것이다. 네 번째 필요조건은 "자발적인 집단행동이 일어나기 위해서는 '권력공유 계약을 체결해야 하는 개별 당사자들의 수'가 매우 적어야만 한다"는 것이다. 예를 들어, 개별 당사자들의 수가 많다면(예를 들면, 비슷한 정도의 힘(권력)을 가진 개별 가족이 수천 개 있다면) "자발적 집단행동은 '평화로운 질서'(이는 '공공재'임)와 기타 공공재의 공급을 통해 이익을 얻는 데 성공할 수 없다"(즉, 개별 당사자들의 수가 많다면 자발적 집단행동은 일어나지 않을 것이다. 이를 '집단행동의 논리'라고 부른다). 그 이유에 대해서는 나중에 설명할 것이다. 자발적 집단행동이 실패한다면 어느 누군가가 '정주도적'이 되기에 강력한 힘(권력)을 획득할 때까지 서로 싸우는 '무정부 상태'가 지속될 것이다. 이러한 경우에 '비독재적인 정부를 수립하는 데 동의해야 하는 지도자들의 수'는 '지도자가 없거나 합의에 의해 통치되는 무리나 부족 내 구성원들의 수'와 비슷해야만 할 것이다.

가 자신이 공공재에 지출하는 것보다 납세자들로부터 더 많은(종종 훨씬 더 많은) 세금을 징수한다는 사실을 살펴보았다. 이로부터 다른 조건들이 동일하다면 '어떤 독재자의 지배지역이 넓고 세금을 내는 백성들(납세자들)의 수가 많을수록, 그 독재자의 수익도 더 커질 것이다'라는 논리가 성립된다. 따라서 윌리엄 니스카넨(William Niskanen)이 본 논의의 초기 원고에 대한 논평에서 지적하였듯이, 독재자들은 '침략행위'를 통해 '자신의 지배지역을 확장하려는 인센티브'를 가지게 된다.[15] 그러나 지배지역 전체로 '선거권(참정권)을 확대'하려는 경향을 가진 민주정부들은 다른 지역을 침략하려는 인센티브를 갖지 않는다.

1) 권력공유(권력분담)의 논리: 권력을 왜 공유(분담)하는가?

우선, '여러 세력 간에 권력의 균형이 존재한다'라고 가정해 보자. 이러한 가정으로 (1) 어떤 지도자도 독재권력(dictatorial power)을 획득할 수 없으며, (2) (위에서 언급한) '비독재적인(또는 대의적인) 정부의 출현'을 위한 추가적 필요 요건도 충족된다. 그러면 균형된 권력을 가진 각 지도자에게 '최선의 결과'는 무엇인가? 이러한 경우에 분명한 점은 각 지도자는 '아무런 권력이나 영향력을 갖지 못하는 것'보다 '권력을 공유하는 것'(share power)이 더 낫다는 사실이다. 그 결과 독재자가 될 수 없는 어떤 지도자는 '비독재적인(또는 대의적인) 정부'를 수립하기 위해 '다른 지도자들과 협력하려는 인센티브'를 갖게 된다. 어느 한 사회(국가)에서 여러 집단(세력)이

15 William A. Niskanen(1997), "Autocratic, Democratic, and Optimal Government," *Economic Inquiry*, 35, pp. 464~479.

함께 섞여 있으나 단일 지배권(통치권)에 구속되지 않는 경우, 집단(세력)의 각 지도자는 그 사회(국가)를 완전히 통제하지 못할 수도 있다. 이때 이러한 집단을 완전히 통제하지 못하는 지도자들에게 최선의 선택은 자신이 이끄는 집단의 대표(a representative of groups)로서 권력을 공유하는 '대의제(代議制) 정부'를 수립하는 것이다. 대의제 정부하에서 아무도 '선거 결과가 어떻게 나올지'를 미리 확신할 수 없지만, 각 집단(세력)은 다른 집단(세력)들과 연합하여 다른(특정) 집단이 지속적으로 선거를 지배하지 못하도록 할 수 있다. '지도자들 간의 합의'뿐만 아니라 '선거'도 각 집단의 지도자들과 회원들의 이익에 부합할 수 있다. 따라서 (1) (여기서 설명한) 여러 세력(집단) 간에 '권력의 균형'이 이루어지고, (2) 위에서 제시한 다른 필요조건들이 충족될 때, 적어도 '비독재적인 정부', 또는 아마도 '대의제 정부'가 자생적으로 출현할 것이다.

'소규모' 수렵 및 채집인 집단은 모든 중요한 결정들을 구성원들 간의 '합의'를 통해 내릴 수 있으며, 전임(專任) 우두머리(지배자)가 필요하지 않을 수 있다. 그러나 각 지도자가 '상당한 수'의 사람들을 대표하는 경우에는 상황이 달라진다. 평화로운 질서를 유지하고, 다른 공공재들을 공급하려면 필요한 공공재들을 생산하기 위해 관리(공무원)들로 이루어진 지배계층(hierarchy of officials)을 갖춘 '공식적인 정부'가 필요하다. 정부의 지배계층(governmental hierarchy)은 시민들에게 '세금을 납부하도록 강제할 수 있는 권한(징세력)'을 가지고 있어야 한다. 또한, 정부의 지배계층은 분명히 '평화를 유지할 수 있는 충분한 힘(치안력)'을 가지고 있어야 한다. 또한, 다른 국가들을 상대하기 위해서는 '군사력'이 필요하기 때문에 정부의 최고 행정관(Chief Executive; 대통령이나 총리)은 일반적으로 '법 집행 기관'뿐만 아니라 '군대'를 책임지게 된다.

따라서 모든 정부—특히 모든 새로운 정부—는 정부의 어떤 지도자가

‘독재자가 되기 위해 도모할 수 있는 책략이나 음모’를 용이하게 하는 몇 가지 이점을 그 지도자에게 반드시 제공해 준다. 예를 들면, 대의제 정부하에서 상당수 지도자들은 ‘종신 대통령’이나 다른 ‘독재적 직책들’(예, 총통)을 맡을 기회들을 이용하였다. 왜 그런가? 대의제 정부하에서 어떤 지도자에게 (1) 민주적 반대자들이 매우 성가신 존재일 수 있고, (2) 독재자의 역할이 자신에게 매우 보람 있는 일이기 때문이다. 또한, 많은 대의제 정부는 한 국가의 ‘군대 지도자’와 같이 다른 역할이나 직책들에서 출발한 ‘독재자들’에 의해 장악되었다. 따라서 이러한 이유로 많은 권력공유(분담) 체제가 ‘대의제 정부’로 살아남지 못할 것이다.

2) 권력제한의 논리: 권력을 왜 제한하는가?

우선, 위에서 설명한 ‘소규모 집단의 지도자들이 권력을 공유(분담)하도록 이끈 인센티브’를 상기해 보자. ‘권력의 균형’은 소규모 집단의 지도자들이 스스로 독재자가 되지 못하게 하는 역할을 하였다. ‘권력의 균형’하에서 놀랍게도 각 지도자는 ‘독재자의 역할을 하려는(즉, 독재자가 되려는) 다른 지도자가 독재자가 될 가능성을 최소화하려는 인센티브’(즉, ‘견제 인센티브’)를 가지고 있다! 왜 그런가? 이는 (1) 권력을 획득(장악)한 어떤 정치적 경쟁자(지도자)가 자신의 주요 정적(政敵)들을 제거하고 싶을 뿐만 아니라, (2) 권력투쟁에서 패배하였을 때 자신이 독재적 착취의 피해자가 되는 것을 피하는 것이 바람직하기 때문이다. 따라서 ‘대의제 정부’를 구성하는 지도자들은 ‘어떤 지도자가 독재자가 될 가능성을 줄이는 방식’으로 대의제 정부를 조직하고 제한하려는 인센티브를 갖는다. 본질적으로 ‘권력’이 정부의 최고 행정관이라는 지위에 내재되어 있음을 감안할 때, ‘독재정부의 출현’을 막기 위해 사용되는 ‘장치들’이 항상 작동되는 것은 아니다.

그러나 권력을 공유하는 데 동의하는 지도자들은 '그러한 장치들을 작동시키려는 강한 인센티브'를 가지고 있으며, 또한 그러한 장치들은 때때로 작동하기도 한다. 그런데 놀랍게도 '대의제 정부 또는 민주제 정부의 자생적 출현'을 가져다주는 동일한 조건들은 또한 그러한(즉, 대의제 또는 민주제) 정부의 권한과 특히 그러한 정부의 최고 행정관(예, 대통령이나 총리)의 권한을 '제한하는' 구조들과 절차들을 가져다주기도 한다.

4. 대의제 정부들의 재산권 및 계약권 제정과 제도화

어느 한 사회(국가)에서 '평화로운 질서'가 확립되면 그 사회(국가)에 거주하는 사람들의 대부분은 '생산 활동'과 '상호이익이 되는 거래들'(mutually advantageous trades)을 통해 자신의 이익을 가장 잘 달성할 수 있다. 이러한 사회(국가)에서 사람들이 효율적으로 생산하기 위해서는 '재산권을 규정하고 보호하는 제도들'이 필요하다. '상호이익이 되는 거래들'은 '제3자에 의한 집행'(third-party enforcement)이 필요하며, 이들 거래로부터 이익을 얻으려면 그 사회(국가)에 거주하는 사람들은 '계약의 이행(contract enforcement)을 위한 제도들'을 마련하거나 확립해야 한다. 따라서 (1) 재산권을 규정하고 보호하며, (2) 계약을 이행하고, (3) 각종 분쟁을 해결하기 위한 장치나 제도들은 사람들의 공동이익을 달성하는 데 필요하다. 즉, 사람들의 공동이익을 달성하기 위해서는 (1) 재산권을 규정하고 보호하며, (2) 계약을 이행하고, (3) 각종 분쟁을 해결하기 위한 장치나 제도들이 필요하다. 따라서 '대의제 정부'를 수립하고 유지하는 사람들은 계약을 집행하고, 합의를 해결하기 위한 제도인 '법원 제도'(court system)에 마땅히 이기적 관심(이익심)을 갖게 될 것이다.

이러한 법원과 사법부가 대의제 정부의 어떤 최고 행정관(지도자)의 통제하에 있다면, 법원과 사법부는 그 정부의 다른 권한들과 함께 그 정부 지도자의 권력을 '강화'하는 데 사용될 수 있다. 재산소유권에 대한 분쟁을 판결하는 사람들(판사들)이 그 정부 지도자의 명령을 따라야 한다면, 그 지도자는 자신이 원하는 모든 재산을 자신의 것이라고 주장(청구)할 수 있을 것이다. 반면에 그 정부 지도자(최고 행정관)에 반대하는 사람들이 그의 명령에 따라 처벌을 받을 수 있다면 '독재정부'가 등장할 가능성이 높을 것이다. 또한, 정부의 최고 행정관보다 덜 강력한 정치 관료들이 법원을 통제한다면 이와 비슷하지만 덜 심각한 문제들이 발생할 것이다.

따라서 '권력공유 체제'를 수립하는 지도자들은 (1) 재산과 계약에 관한 분쟁 및 (2) 재산법과 계약법의 해석에 관한 분쟁을 조정하거나 해결하려는 인센티브를 갖는다. 그러면 그러한 분쟁을 누가 해결하도록 하는가? '권력공유 체제'를 수립하는 사람(지도자)들은 '해당 분쟁에 대한 개인적인 관련이나 이해관계가 없는 사람들'이 그러한 분쟁을 해결하도록 주선할 것이다. 만약 어떤 사람들이 해당 분쟁에 관련이나 이해관계가 없다면 무엇이 옳은지에 대한 자신의 신념에 따라—즉, 자신의 도덕적 원칙과 법에 따라—문제를 결정(즉, 분쟁을 해결)하려고 할 것이며, 다른 행동을 할 이유가 없다. 따라서 이 과정에서 필요한 결정들을 '공정하게'(사심 없이) 내릴 수 있는 '사회적 장치들'(social contrivances)—예를 들면, 배심원단이나 독립적인 사법부—을 마련하는 것은 곧 '권력공유 체제를 수립하는 사람들'의 이익에 부합할 것이다. 과거의 오랜 경험에 따르면 이러한 사회적 장치나 제도들은 상당히 잘 작동할 수 있음을 알 수 있다. 이러한 경우는 인간의 삶에서 윤리적(도덕적) 원칙(ethical principle)과 집단의 규범(norms)이 매우 중요하다는 것을 의미한다. 따라서 나는 '이기적인 동기'(self-interested motivation)가 아니라 '윤리적 원칙이나 규범'이 중요함을 강조하고자 한다.

마지막으로, 독자들은 다음 두 가지 점에 유의하기 바란다. 우선, 권력공유 체제에 참여한 지도자들은 '독재적 착취의 피해자가 되지 않도록 보장하기 위한 장치나 제도들'을 고안하였다. 또한, 이러한 장치나 제도들은 재산권과 계약권을 보호하기도 한다. 다음으로, 진정한 독재정치(독재정부)에서는 (1) 그 개념 정의상 독재자의 권력을 능가하는 권력이 있을 수 없으며(또는 독재자보다 더 강력한 권력이 존재할 수 없으며), 그 결과 (2) 독재자가 백성들의 재산을 몰수하지 못하도록 보장하는 장치나 제도들이 존재하지 않는다. 반면에 '대의제 정부를 수립하는 권력공유의 논리' 그 자체는 당연하게도 '독재자가 국민의 재산을 몰수하지 못하도록 보장하는 장치와 제도들'을 만들어 낸다.

1) 역사상 일어난 몇몇 명예혁명

역사상 '독재정치(독재정부)'에서 '민주제 정치'로의 많은 전환은 (우리의 예상과 달리) '자생적으로 이루어지지 않았다'. 20세기와 심지어 19세기에 등장한 '대의제 정부들'은 자생적으로 출현하였기보다는 (1) 영국과 미국의 대의제 정부의 선례(때로는 영국과 미국의 대의제 정부의 영향력과 힘)와 (2) 때로는 다른 민주제 정부 국가들 덕분이었다. 미국 헌법에 의해 수립된 미국의 민주정치(민주제 정부)는 영국에서 1688~1689년에 일어난 명예혁명으로 이룩한 역사적인 '정치적 화해'(political settlement; 정치적 합의)에 큰 영향을 받았다. 또한, 한때 대영제국의 자치령[16]이었던 국가들에서 수립된 민주제 정부(민주정치)도 영국의 영향을 받았다.

16 [역주] '자치령'(自治領)이란 "광범위한 자치권을 얻어 중앙정부의 간섭을 받지 아니하는 영토"로서 영국에서 독립하기 이전의 캐나다, 오스트레일리아, 뉴질랜드 등을 말한다.

따라서 본 절에서는 (1) 영국에서 '명예혁명'을 통해 이룩한 '진정한 대의제 정부'의 출현과 (2) 그로부터 1세기 후 미국에서 이룩한 '미국 헌법의 제정'에 초점을 맞추고자 한다. 그러나 역사적으로 (1) 이탈리아의 베네치아, 피렌체, 제노바, 일부 북부 도시 국가들과 (2) 그리스 아테네와 로마 공화국들에서 대의제 정부가 자생적으로 출현하였다(그러나 이들 국가의 대의제 정부는 오늘날까지 계속 이어지지 않았으며, 그로 인해 그들에 대한 정보도 많지 않다). 그럼에도 대부분의 경우에 나는 과거 이탈리아, 아테네, 로마 공화국들에서의 민주제 정부의 자생적 출현이 나의 현재 이론에 부합하는지 또는 모순되는지에 대한 질문을 다른 연구자들께 맡기도록 하겠다. 이러한 이유로 나는 아래에서 영국의 '명예혁명'과 이를 통한 '진정한 대의제 정부'의 출현과 이에 영향을 받은 '미국 헌법의 제정'에 초점을 맞추고자 한다.

다행히도 영국에서 '대의제 정부의 최초 출현'은 나의 현재 이론이 예측하는 '민주제 정부(민주정치)로의 전환 논리'와 매우 잘 부합한다. 17세기 중반 영국에서 여러 내전(內戰, civil wars)이 있었지만, 영원한 승자가 나오지 않았다. 이는 영국 개신교의 다양한 교파와 과격파(tendencies),[17] 그리고 그들과 연계된 경제 및 사회 세력들이 어느 정도 고르게 대립하고 있었기 때문이다. 또한, 비용이 많이 드는 여러 싸움이 일어났으며, 특히 올리버 크롬웰(Oliver Cromwell)[18] 이후에는 다른 모든 세력을 물리칠 수 있는 힘을 가진 사람이 아무도 없었다. 복원된 스튜어트 왕가의 왕들(Stuart kings)은 이를 해낼 수(즉, 그러한 힘을 가지고) 있었을지 모르지만, (1) 그들이 저지

17 [역주] 'tendency'는 일반적으로 사용되는 '경향 또는 성향'이라기보다는 영국의 정치조직 내에서의 '과격파'를 말한다.

18 [역주] 올리버 크롬웰(1599~1658년)은 영국의 정치가이자 군인으로 1642~1651년의 '청교도혁명'에서 왕당파를 물리치고 공화국을 세우는 데 큰 공을 세웠다. 1653년에 통치장전(統治章典)을 발표하고 호국경(護國卿)에 올라 전권(專權)을 행사하였다.

른 많은 실수와 (2) 궁극적으로 그들에 반대하는 여러 개신교 정치적 종파와 과격파를 가진 거의 모든 사람을 단결시킨 계기(즉, 실정) 등으로 인해 결국 그들도 패배하게 되었다.

그러나 그 당시 '승리한' 지도자들과 집단들이나 과격파들 중 어느 누구도 (1) 다른 모든 사람에게 자신의 의지를 강요하거나, (2) 새로운 독재 정부를 수립할 만큼 강력하지는 못하였다. 그 대신, 앞에서 설명한 논리에서 알 수 있듯이, '대의적(representative)이고 비교적 민주적인 정부'(즉, '비교적 민주적인 대의정부')가 등장하였다. 왜 그런가? 이는 부분적으로 '승리한' 지도자들과 집단들이나 과격파들 중 어느 누구도 자신이 '절대군주'(absolutist monarch)가 되는 것이 궁극적으로 불가능하였기 때문이었다. 또한, 상기 논리가 예측해 주듯이, 명예혁명을 일으킨 지도자들은 '권력공유 제도(power-sharing arrangement)를 설계하려는 인센티브'를 가지고 있었다. 권력공유 제도는 다른 누군가가 '절대 권력'을 가지게 될 가능성(확률)을 낮추어 주기 때문이다. '권력을 장악한 각 지도자 또는 집단'이 선택할 수 있는 최선의 선택은 (1) 그들 모두를 대표하는 '의회의 집권(지배)'(ascendancy of parliament)에 동의하고, (2) 정부뿐만 아니라 자신들이 옹립한 입헌 군주들(limited monarchs)[19]에게 주어진(부여한) 권한들을 '제한'하는 것이었다. 또한, 명예혁명을 일으킨 개별 지도자와 집단은 다른 사람들의 독재권력에 대비해 '보험에 가입'함으로써(즉, '안전장치'를 마련함으로써) 이익을 얻게 되었다. 그러한 장치들은 독립된 사법부, 권리장전(Bill of Rights; 1689년에 제정된 영국의 법률), 관습법에 대한 존중 강화 등이었다.

---

19 [역주] '입헌 군주제'(立憲君主制)란 "군주가 헌법에서 정한 제한된 권력을 행사하는 정치체제"를 말한다.

영국 사람들은 신중하게 마련된 입헌 군주제, 독립적인 사법부, 더 안전한 관습법, 권리장전 등을 통해 얼마 지나지 않아 다음 두 가지 점에서 비교적 높은 수준의 신뢰감을 갖게 되었다. 즉, 영국 사람들은 (1) 자신들이 체결한 모든 계약이 공정하게 집행될 것이며, (2) (심지어 정부에 비판적인 사람들에게도) 사유재산권이 비교적 안전하게 보호될 것이라는데 높은 신뢰감을 갖게 되었다. 이러한 논리에 따라 우리는 그러한 제도들과 장치들—즉, 입헌 군주제, 독립적인 사법부, 더 안전한 관습법, 권리장전 등—은 (1) 새로운 제도를 만든 사람들이 나중에 '새로운 독재정부의 피해자가 될 위험'을 감소시켰을 뿐만 아니라, (2) '재산권의 안전'과 '계약 집행의 신뢰성'을 증가시켰다. 1689년(명예혁명) 이후 영국에서 '재산 및 계약 집행에 대한 개인의 권리'는 다른 어느 나라에서보다 더 안전하였을 것이다. 그 결과, '명예혁명'(Glorious Revolution)이 일어난 지 얼마 지나지 않아 1760년경 마침내 영국에서 '산업혁명'(Industrial Revolution)[20]이 시작되었다.

다음으로, 미국의 경우는 어떤가? 미국에서 '민주적 국가 정부'의 등장은 부분적으로 영국의 사례(모범)나 영향 덕분이었다. 그러나 미국의 '민주적 국가 정부'의 출현은 다른 국가들을 억압할 수 있는 단일 집단이나 식민지가 없었기 때문이기도 하였다. 미국에서 13개의 식민지는 노예제나 종교와 같은 문제 등에서도 모두 달랐다. 개별 식민지들은 일반적으로 (1) 영국 지배하에서 상당한 수준의 '내부 민주주의'(internal democracy; '식민지 내에서의 민주주의')를 경험하였으며, (2) '다양한 종교 및 경제 집단들'을 보유하고 있었다. 물론 미국 헌법의 초안자들도 독재정부를 방

---

20 [역주] '산업혁명'(產業革命)은 "18세기 후반부터 약 백 년간 유럽에서 발명된 기계 및 증기기관 등으로 인한 생산기술의 변혁과 그에 따른 사회조직의 큰 변화"를 말한다.

지할 수 있는 '권력 분산'(dispersion of power)과 '견제와 균형'(checks and balances)의 중요성을 인식하고 있었다. 또한, 미국 헌법의 초안자들은 무엇보다도 '왕이나 대통령의 통제(지배)를 받지 않는 법원과 사법부'의 존재를 중요하게 생각하였다. 앞에서 설명한 논리에 따라 견제와 균형, 법원의 독립성, 권리선언(Bill of Rights; [역주] 1791년 미국 헌법에 부가된 최초의 10개 수정조항으로 '기본인권선언'을 말함)에 의해 보호되는 광범위한 개인의 권리 등은 (1) 폭정(暴政)이 발생할 가능성을 최소화하였을 뿐만 아니라, (2) 재산권과 계약권을 안전하게 보호해 주었다.

2) 최고 행정관 권한의 제한과 재산권의 강화

위에서 살펴보았듯이 영국과 미국 사례는 잘 알려져 있다. 그러나 '이탈리아 북부 도시 국가들(city-states)'의 경우는 오늘날 우리에게 그다지 잘 알려져 있지 않은 것 같다(적어도 나에게는 그렇다). 여기서도 내가 제시한 논리가 작동하였던 사례들을 분명히 찾을 수 있다. 때로는 유력(有力) 가문들이나 상인들이 자신이 거주하는 도시를 위해 정부를 조직하였을 때, 그들은 (1) 투표를 통해 권력을 어느 정도 분산하였을 뿐만 아니라, (2) 그 정부의 최고 행정관이 독재권력을 장악할 가능성을 줄이기 위해 노력하였음을 알 수 있다. 우선, 예를 들어, 제노바(Genoa; 이탈리아 북서부의 항구 도시)의 경우 한동안 정부의 최고 행정관은 '외부인'이어야 하였으며, 특히 그 도시의 유력 가문 중 어느 가문에도 속하지 않은 사람이어야 하였다. 게다가 최고 행정관은 (1) 임기가 정해져 있었고, (2) 임기가 끝나면 그 도시를 떠나야 하였으며, (3) 지역 가문 출신의 사람과 결혼하는 것도 금지되었다.[21]

다음으로, 베네치아(Venice; 영어명은 베니스, 이탈리아 북동부의 항구 도시)의 경우, 한 가지 흥미로운 사실은 자신을 독재자로 만들려고 시도한 어떤 총독(doge; 옛 베네치아 및 제노바의 공화정 총독)이 자신이 저지른 범죄로 참수당한 후, 그 뒤를 이은 총독들은 공식 행렬에서 '칼을 든 상징적인 사형 집행인'을 자신의 뒤를 따르게 하였다는 점이다.[22] 왜 그랬는가? 이는 독재권력을 잡으려는 지도자가 있다면 그 지도자에 가해지는 형벌을 상기시키기 위해서였다. 또한, 내 이론이 예측해 주듯이, 이탈리아에서 이러한 도시 국가들은 당시 대부분의 유럽 왕국들보다 더 정교한 법원, 계약권 및 재산권을 갖추고 있었다. 그 결과, 이미 잘 알려진 바와 같이, 이러한 도시 국가들은 '르네상스[23](Renaissance; 14~16세기 유럽의 문예부흥기) 문화'는 말할 것도 없이 '유럽에서 가장 발전된 경제'를 창출하였다.

마지막으로, 도시들의 경우를 살펴보자. 우선, (1) 도시들에서 대규모로 축적된 재고들과 자본재들은 '몰수'로부터 보호하기 매우 어렵고, (2) 많은 재산을 가진 사람들은 강제 대출 및 기타 형태의 '독재적 강탈'의 손쉬운 표적이 될 것이다. 또한, (3) 도시들에서 자본 공급은 토지 및 기타 천연자원의 공급과는 달리 '위험조정 수익률'(즉, 위험 요인을 조정한 수익률)에 민감할 것이다. 따라서 '독재적 몰수와 강탈'은 도시들의 성장을 불균형적으로 감소시킬 것이다. 반면에 '양질의 재산권과 계약권'은 도시들의 성장을 촉진시킬 것이다. 드롱과 슐라이퍼(DeLong and Shleifer, 1993)의 연구

---

21 Avner Greif(1994), "On the Political Foundations of the Late Medieval Commercial Revolution: Genoa During the Twelfth and Thirteenth Centuries," *Journal of Economic History*, 54(2), pp. 271~287.

22 Christopher Hibbert(1989), *Venice: The Biography of a City*, New York and London: W. W. Norton and Company, p. 49. 이 흥미로운 사례를 나에게 알려준 필립 코엘료(Philip Coelho) 교수에게 감사드린다.

23 [역주] '르네상스'(문예부흥)란 "14세기 말엽에서 16세기 초에 걸쳐 이탈리아를 중심으로 전 유럽에 퍼진 학문 및 예술상의 혁신 운동"을 말한다. 인간성의 존중, 개성의 해방을 목표로 하고, 그리스와 로마 고전 문화의 부흥을 추구하여 '유럽 문화의 근대화'에 사상적 원류가 되었다.

가 보여 주듯이, '독재적 지배를 받지 않았던 중세 및 근대 초기 유럽의 도시들'이 '절대주의적 독재 지배를 받았던 도시들'보다 '훨씬 더 성장하였다'는 사실은 우리에게 중요한 시사점을 제시해 준다.[24]

5. 지속적인 민주정치(민주정부)는 곧 지속적인 재산권과 계약권을 의미한다

'대의제 정부'를 세우는 사람들은 '그 지도자의 권력(권한)과 그가 독재자가 될 가능성을 제한하는 방식'을 통해 대의제 정부를 수립하려는 인센티브를 가지고 있다. 그러나 그들은 그와 같은 방식으로 대의제 정부 수립에 성공하지 못할 수도 있다. 왜 그런가? 앞에서 언급하였듯이, 어떤 정부의 최고 행정관(즉, 행정부 수반이나 대통령)은 본질적으로 '자신이 독재자가 될 수 있는 역량을 강화하는 몇 가지 권한'을 가지고 있을 것이다. 이를 제한하기 위해 대의제 정부를 세운 사람들이 그 최고 행정관을 지나치게 견제하면, 그 정부가 '신속한 조치'를 취할 수 없게 되어 외국 또는 국내의 적들에게 자신들이 세운 정부가 패배하거나 장악당하기 쉬워질 수 있다. 따라서 민주정치(민주정부)는 종종 '실수나 불행'으로 무너지는 경우가 있다.

민주정치(민주정, 또는 민주정부)가 수립되고, 선거가 실시된다고 해서 반드시 '안전한'(secure) 재산권이나 계약권이 보장되는 것은 아니다. 왜 그런가? 민주주의(민주정부) 자체가 안전하지 않다면 민주정치(민주정부)

---

24 Bradford J. DeLong and Andrei Shleifer(1993), "Princes and Merchants: European City Growth Before the Industrial Revolution," *Journal of Law and Economics*, 36(2), pp. 671~702.

가 제공하는 개인의 권리들(즉, 개인의 재산권이나 계약권)도 안전할 수 없기 때문이다. 만약 민주정치(민주정부)가 안전하지 않다면 재산권과 계약권은 선출된 공직자가 독재권력을 장악하는 과정에서 빼앗기거나 약화될 수 있다. 또한, 재산권과 계약권은 '무효화'될 수도 있다. 예를 들면, 권력 기반이 '취약한 민주정치(민주정부)'의 지도부가 자신의 생존을 위해 시도할지도 모를 자본 몰수, 화폐(통화) 가치 하락, 인기 없는 소수자들에 대한 몰수 등에 의해 무효화될 수도 있다. 따라서 '민주정치(민주정부)의 수립'(또는 한 번 또는 몇 번의 선거 실시)과 '재산권 및 계약권을 포함한 개인 권리의 안전성(보장)' 사이에는 본질적인 상관관계가 없다. 중요한 것은 '안전한 민주정치(민주정부)'와 '안전한 재산권 및 계약권' 간의 상관관계이다.

반면에, (1) '지속적인 민주정치(민주정부)'(lasting democracy) 또는 '지속적인 대의제 정부'(lasting representative government)와 '재산권 및 계약권' 사이에는 매우 심오하고 중요한 상관관계가 존재하며, (2) 이러한 상관관계는 '경제발전'에 중요하다. 또한, 이러한 상관관계는 민주정치(민주정부)가 생존하는 데 필요한 '논리적 조건들'(logical conditions)에 포함되어 있다. 다음 두 경우에는 민주정치(민주정부)가 생존할 수 없다. 우선, 현재(집권) 정부의 교체나 퇴진을 요구할 때 '법치주의'(rule of law)[25]가 지켜지지 않는다면 민주정치(민주정부)는 생존할 수 없다. 또한, 현재 정부에 반대하는 사람들이 '언론의 자유'(free speech)와 재산권 및 계약권 등을 포함하여 법치주의에 의거한 '모든 권리'를 누리지 못한다면 민주정치(민주정부)는 생존할 수 없다. 심지어 정권을 잡은 정부에 '반대하는 사람들'조차 이러한 권리들을 누려야 한다면 다른 일반 시민들도 마땅히 이러한 권리들을 누

25 [역주] '법치주의'(法治主義)란 "국가의 권력은 국민의 의사에 따라 제정된 법률에 바탕을 두어야 한다는 근대 입헌국가의 정치원리"를 말한다.

려야만 할 것이다.

'재산권'[26]은 단순히 '매매할 수 있는 재산과 관련된 개인의 권리'를 말한다. 미국의 제임스 매디슨[27](James Madison; 미국 정치인, 1751~1836년)이 적절하게 언급하였듯이, "'어떤 사람이 자신의 재산에 대한 권리가 있다'라고 말할 수 있는 것처럼 '그 사람은 자신의 권리로 재산을 소유한다'라고 말할 수 있다".[28] 따라서 '지속적인 민주정치(민주정부)'를 운영하기 위해서는 '법원(사법) 시스템, 독립적인 사법부, 법과 개인의 권리에 대한 존중'—이들이 바로 위에서 언급한 '논리적 조건들'이다—등이 필요하다. 동시에 이들 조건은 '안전한 재산권 및 계약권을 보장'하는 데에도 필요하다.

앞에서 살펴본 나의 논리가 시사해 주듯이, '재산 및 계약에 대한 개인의 권리들이 여러 세대에 걸쳐 지속될 것이라고 확신할 수 있는 사회(국가)들만'이 '안전한 민주정치 사회(국가)들'이라고 할 수 있다. 반면에 독재국가(사회)에서 독재자는 대개 '짧은 시계'를 가지고 있다. 또한, 독재국가(사회)에서는 질서 있는 법적 승계를 보장하는 '독립적인 권력이나 기관'이 존재하지 않는다. 독립적인 권력이나 기관이 존재하지 않는다는 것은 곧 현재의 독재자가 사라지면(실권하면) 어떤 일이 일어날지에 대해 '항상 상당한 불확실성'이 존재한다는 것을 의미한다. 실제로 역사적으로도 백성들의 재산권과 계약이행권을 '존중한' 절대 지배자(즉, 독재자)가 오랫동안 연속적으로 지배한 사례는 단 한 차례도 찾을 수 없다. 물론 민

---

26 [역주] '재산권'(財產權)은 "경제적 이익을 목적으로 하는 권리"를 말하며, 주로 물권, 채권, 무체(無體) 재산권 등이 있다.

27 [역주] 미국의 제4대 대통령(재임 1809~1817년)이자 정치학자로 헌법 제정 회의에서 헌법 초안의 기초를 맡아 '미국 헌법의 아버지'로 불린다. 토머스 제퍼슨 행정부의 국무장관을 지낸 후 대통령이 되어 제퍼슨의 중립정책을 계승하였다.

28 James Madison(1983), *The Papers of James Madison*, Robert A. Rutland, Thomas A. Mason, Robert J. Brugger, Jeanne K. Sisson, and Fredrika J. Teute, eds., Charlottesville: University Press of Virginia.

주적 정치 지도자들의 임기(또는 재임 기간)와 시계는 일반적인 독재자의 임기와 시계보다 훨씬 짧을 수 있다. 이로 인해 민주정치(민주정부)는 그 이점과 효율성을 크게 잃게 될 수 있다. 그러나 '안전한 민주정치'에서는 (1) '법치주의'에 따라 '예측 가능한 권력 승계'가 이루어지며, (2) 개인의 권리들에 대한 판결과 집행이 결코 독재국가에서처럼 근시안적으로(또는 짧은 시계로) 이루어지지 않는다. 또한, '안전한 민주정치 국가'에서는 많은 사람이 (1) 매우 장기적인 계약도 확실하게 체결할 수 있고, (2) 증손자들을 위한 신탁을 안전하게 설정할 수 있고, (3) 무기한 지속되는 재단을 설립할 수 있을 것이다. 그 결과 '안전한 민주정치 국가'에서 개인들의 법적 권리는 무기한 보장될 수 있을 것이다. 이러한 논리를 통계적으로 증명할 수 있는가?

이를 위해 나는 1996년에 미국 메릴랜드대학교 부설기관인 「제도개혁 및 비공식부문 연구센터」(IRIS)에 소속된 몇몇 동료들과 함께 입수 가능한 자료가 있는 모든 국가를 대상으로 한 가지 흥미로운 통계적 연구를 수행한 바 있다. 그 연구 결과에 따르면, 어떤 사회(국가)에서 '민주주의 체제가 지속된 기간'과 '재산권 및 계약권의 안전성' 사이에 '강한 상관관계'가 있음을 발견하였다.[29] 또한, 독재국가들에서는 '개별 독재자의 재임 기간이 길수록 재산권과 계약권이 더 안전하게 보호되고 있다'라는 사실도 발견하였다. 이러한 두 결과는 모두 본 절에서 제시한 나의 이론과 '완전히 일치'하고 있음을 알 수 있다.

따라서 자본이 종종 '독재가 지속되거나 일시적인 독재국가들'(이러한 국가들에서 자본의 희소가치(즉, 수익률)가 매우 큰 경우에도)에서 '안정적

29 Christopher Clague, Phillip Keefer, Stepheen Knack, and Mancur Olson,"Property and Contract Rights in Autocracies and Democracies," *Journal of Economic Growth*, 1(2), June 1996, pp. 243~276.

인 민주정치 국가들'(stable democracies)로 도피하는 것은 결코 놀라운 일이 아니다. 더욱이 안정적인 민주정치 국가들에서 이미 자본이 비교적 풍부하게 공급되어, 그 수익률이 높지 않더라도 자본은 이들 국가로 도피할 것이다. 또한, 복잡하고 정교한 '계약집약적인'(contract-intensive) 사업들—예를 들면, 은행업, 보험업, 자본시장 등—을 통해 얻을 수 있는 이익은 주로 '안정적인 민주정치 국가들'—예를 들면, 미국, 영국, 스위스 등—에서 획득된다. 역사적 경험에 따르면 비교적 '가난한 국가들'이 운 좋게도 '유난히 좋은 경제정책들'을 실시한 '강력한 독재자'가 지배하였을 때 '급속도로 성장하였다'라는 사실을 보여 주었다. 그러나 그러한 급속한 성장은 한두 명의 독재자가 지배하는 기간 동안(단기적으로)만 지속되었다. 따라서 우리는 '여러 세대에 걸쳐(장기적으로) 뛰어난 경제 성과'를 달성한 거의 모든 국가가 '안정적인 민주정치 국가들'이라는 사실에 전혀 놀라지 말아야 한다!

명예혁명

'명예혁명'은 '유혈(流血)사태가 없었기' 때문에 이런 명칭이 붙게 되었다. 1685년 왕위에 오른 제임스 2세는 가톨릭교도로서 가톨릭교 부활정책과 전제주의(專制主義)를 강력히 추진하였다. 즉, 종래의 심사율(審査律)을 무시하고 가톨릭교도를 문무(文武) 관리로 등용하여 국민들이 싫어한 상비군(常備軍)을 설치하였다. 이어 1687~1688년에 선왕(先王)과 같이 신앙자유선언을 발표하였다. 그러나 이 선언은 실제로는 가톨릭교를 부활시키려는 의도였고, 1688년의 선언은 교회의 설교단(說教壇)에서 이것을 낭독하도록 명하였다. 이에 대해 캔터베리 대주교를 비롯하여 7명의 주교가 반대 청원을 하자 왕은 그들을 투옥하였다. 이 같은 폭정에 대해 국민들의 반감이 고조되던 중에 왕자 출생을 계기로 양측의 대립이 표면화되었다. 원래 제임스 2세는 왕자가 없었기 때문에 왕위는 장녀인 프로테스탄트교도 메리에게 계승되리라고 기대하였으나, 1688년 6월 5일 왕자가 탄생함으로써 다음 치세에는 가톨릭교 정책개혁을 희망한 프로테스탄트교도의 꿈이 일시에 사라졌다.

따라서 왕에 대한 인종(忍從)의 의미가 없어지자, 의회에서는 토리당과 휘그당의 양대 정당 지도자가 협의한 끝에 6월 말 네덜란드 총독 오렌지공(公) 윌리엄과 메리 부부에게 영국의 자유와 권리를 수호하기 위하여 군대를 이끌고 귀환하도록 초청장을 보냈다. 국내 귀족의 반란으로 소란한 가운데 11월 윌리엄·메리 부부는 1만 5,000명의 군대를 이끌고 영국 남서부에 상륙하여 런던으로 진격하였다. 국내 귀족과 지방호족들도 잇달아 윌리엄·메리 부부의 진영에 가담하였다. 이들을 물리치기 위해 왕이 파견한 사람도 왕을 배반하고 윌리엄 진영에 투항하고, 왕의 둘째 딸 앤도 윌리엄군(軍)에 가담하였다. 이렇게 되자 왕은 국외로 망명할 것을 결심하고, 왕비와 왕자를 프랑스로 도피시킨 뒤 자신도 탈출을 기도하였다. 처음에는 실패하였지만, 윌리엄 부부의 묵인하에 12월 도

피에 성공하였다. 런던에 입성(入城)한 윌리엄 부부에게 1689년 2월에 의회에서는 '권리선언'(權利宣言)을 제출하여 승인을 요구하였다. 윌리엄 부부는 그것을 인정한 다음, 윌리엄 3세와 메리 2세는 공동으로 왕위에 올랐다.

'권리선언'은 뒤에 '권리장전'(權利章典)으로서 재차 승인을 받았다. 이 장전의 원칙에 나타나 있듯이, 이 혁명은 17세기의 왕권과 의회의 항쟁에 종지부를 찍게 하였고, 종래 의회의 권리를 수호함과 동시에 왕위 계승까지도 의회가 결정할 수 있게 하여, 그 뒤 의회정치 발달의 기초를 확립하였다.

출처: 네이버 지식백과, '명예혁명'(Glorious Revolution, 名譽革命), 두산백과.

[역주] 참고자료 2

휘그적 역사 해석[30]

1. 휘그적 역사 해석

영국의 저명 역사가인 허버트 버터필드(Herbert Butterfield)는 1931년에 『휘그적 역사 해석』을 저술하였다(*The Whig interpretation of history*, Herbert Butterfield, New York: Norton, 1931[1965]). 근대 이전의 역사관은 '폐쇄회로' 형태가 지배적이었다. 즉, "하늘 아래 어느 것도 전혀 새로운 것은 없다"는 생각이다. 이는 어떤 상황에서도 '역사 속에서' 유사한 모델을 찾을 수 있다는 믿음을 반영한다. 그러나 산업혁명 이후에는 문명이 무한히 발전해 나간다는 "진보 사관"이 부상하였으며, 이는 곧 '휘그적 역사 해석'(Whig interpretation of history)이다.

잉글랜드에서는 17세기 초 스튜어트 왕조 군주들이 왕권신수설에 기반한 절대왕정을 추진하려 하였으나, 잉글랜드 내전(1641~1651년)으로 초전에 좌절되고 말았다. 1801년 토리당(Tory) 의원들이 휘그당(Whig) 의원들을 "자유주의자"(liberals)라 부른 데서 자유주의의 실체가 나타났다. 당시 토리당 의원들이 이 말을 쓴 것은 혐오감을 담기 위해서였다. 전통과 질서를 무시하는 '방종한 자들'이란 뜻이었다. 휘그당 의원들이 "그래, 우린 자유주의자야!"하고 바로 받아친 것은 계몽사상이 '자유'의 관념을 높여 주었기 때문이다. '자유'와 함께 19세기 유럽에서 맹목적 숭배의 대상이 된 것이 '진보'였다. 반대로 '정체'(停滯)는 경멸의 대상이었다. 바뀌면 무조건 좋은 것이고 바뀌지 않으면 무조건 나쁜 것, 이것은 역사를 '무한한 진보의 과정'으로 보는 것이 "휘그적 역사 해석"이다.

30 [역주] 본 내용은 독자의 이해를 위해 역자가 '인터넷'을 통해 찾은 일반적 내용을 간단히 정리하였다.

18~19세기는 물론 20세기 중반까지 영국사 해석에 있어서 가장 막강한 영향력을 미친 것은 이른바 "휘그 사관"(Whig history)이라고 불리는 역사관이다. 휘그 사관은 한 마디로 표현하면 '진보 사관'이다. 영국의 역사는 '입헌군주제, 의회민주주의, 개인의 자유를 위한 걸음'이었다는 해석이다. 휘그 사관에 따르면, 이러한 진보의 걸음을 이끌었던 중요한 원동력은 '영국의 프로테스탄트화'였다. 영국의 역사 전체를 '필연적으로 도달할 수밖에 없는 목표들'을 위한 진보의 과정으로 해석하다 보니 그것에 반대되는 요소들은 철저히 역사의 반동으로 낙인찍히고 폄하되었다.

2. 휘그주의 역사

'휘그주의 역사'는 과거를 더 많은 자유와 계몽을 향한 필연적인 전진으로 해석하는 역사학의 관점이며, 현대적 형태의 자유민주주의와 입헌 군주제로 그 정점에 도달하기 마련이라고 주장한다. 일반적으로 휘그파 역사가들은 입헌 군주제 정부, 개인의 자유, 과학의 진보를 강조한다. 이 용어는 자주 일반적으로 (때로는 부정적 의미로) 과거를 계몽을 향한 가차 없는 '진보적 전진'으로 소개하는 역사가들을 일컫는 것이다. 이 용어는 또한 과학의 역사에서 현재의 과학에 이르게 된 이론과 실험의 성공적인 연쇄에 초점을 맞추지만, 실패한 이론이나 막다른 지경에 다다른 역사는 무시한다. 휘그주의 역사는 일종의 '자유주의'이며, 인간의 '이성'에 대한 믿음을 강조하고, 과거의 역사와 전통과 관계없이 인간이 이성을 통해서 더 나은 사회를 만들 수 있다고 본다. 이는 인류의 필연적인 '진보'로 증명된다는 것이다.

"휘그주의"(Whigism) 역사의 반대는 보수주의 역사인 "토리주의"(Toryism) 역사이다. 영국 역사가 테일러(A. J. P. Taylor)에 따르면, 토리주의는 인류의 본질에 대한 의심에 기초한다. 이 역사관은 진보를 불신하고, 전통적인 제도에 집착하고, 미래보다는 과거를 더 선호한다.

3. 역사서술학

역사적 지식은 두 가지 차원을 따라 일어나는데, 한편으로 역사가는 모든 사람이 기여하는 '공통 역사'를 전제하기도 하고, 다른 한편으로는 역사의 '승자의 입장'에서 역사를 쓰기도 한다. 1930년대에 허버트 버터필드는 "휘그주의적 역사서술학(Historiography)"과 "토리주의적 역사서술학"을 각각 공통 역사의 승자들과 패자들의 입장으로 유용하게 구별하였다.

'휘그주의적 역사서술학'과 '토리주의적 역사서술학'이라는 버터필드의 신조어 배후에 있는 공통 역사는 17세기 영국의 왕에 대한 의회의 지배를 포함한다. 군주주의적 토리당에게 이것은 자연 질서가 파편화되고 혼돈으로 떨어지는 이야기였던 반면에, 의회를 옹호한 휘그당에게 그것은 만인을 위한 평화로운 기획과 번영으로 귀결된 자유의 확산에 대한 걸림돌의 제거를 의미한다. 다시 말해서, 휘그당과 토리당은 서로를 같은 역사 서사의 주역들로 인식하였지만, 그들은 그 서사의 줄거리를 본원적으로 다른 견지에서 해석하였다. 구체적으로 휘그당이 자유를 본 곳에서 토리당은 타락을 보았고, 토리당이 질서를 본 곳에서 휘그당은 정체를 보았다. 토리당에게 휘그당은 군주제 약점의 운 좋은 수혜자들이었지 역사적 운명의 파도를 올라탄 자들이 아니었다. 휘그당이 역사의 문자를 통제하였다면, 토리당은 유배당한 역사의 정신에 대한 권리를 주장하였다.

'휘그주의적 역사서술학'은 기독교의 해방 이야기에서 종교적 선례들이 있으며, 근대 특유의 진보에 관한 서사이다. 그것의 요소들은 애덤 스미스, 헤겔, 마르크스, 그리고 밀과 같은 사상가들에서 발견될 수 있다. 이러한 정치적 기원에도 불구하고 오늘날 휘그주의적 역사서술학은 정치보다 과학에 관한 해설에서 발견되지만, 민주주의에 관한 희망에 찬 몇몇 역사들은 계속 '휘그주의적'이다.

왕의 만수무강 기원

최근(2025년 2월 19일) 미국의 트럼프 대통령은 소셜네트워크서비스(SNS) 트루스 소셜(Truth Social)에 "혼잡 통행료는 이제 사라졌다. 맨해튼과 뉴욕 전체가 구원을 받았다. 국왕 폐하 만세!(Long Live The King)"라는 문장을 남겼다.

유명 소설가 성석제가 쓴 『왕은 안녕하시다 2』에 다음과 같은 재미있는 표현이 나온다:

> "벌의 집단에서는 여왕벌이 늙고 건강이 나빠지면 'Queenright'(여왕벌의 건재에서 나오는 힘)가 약화된다. 시녀벌 십여 마리는 여왕벌에게 일상적으로 더듬이를 갖다대서 얻는 페로몬을 둥지 곳곳에 퍼뜨리는 전령 역할을 한다. 그 페로몬을 통해 집단 전체에 여왕의 힘이 약화된 것이 알려지고 준비된 여왕 후보군에서 새로운 여왕벌을 빨리 만들어내지 못할 경우 그 집단은 멸망의 길로 향하게 된다. 다급하면 원래 암컷이었던 일벌들이 여왕벌로 변신하기도 하는데 여왕벌 같은 역할을 기대할 수는 없다. '여왕벌의 안녕'(Queenright)은 그만큼 전체 집단의 지속에 절대적인 역할을 한다.
>
> 조선시대에 '왕의 안녕'(Kingright, 이 소설을 쓰면서 떠올린 조어이며 아직 옥스퍼드 영어사전(www.oed.com)에는 등재되지 않았을 것으로 믿고 있다)은 조선 전체의 민생과 체제의 지속에 지대한 역할을 했다."
>
> (성석제, 2019, pp. 417~418.)

대규모 분업 조직인 꿀벌사회에서 여왕벌은 절대적인 리더이다. 여왕벌은 (1) 많은 수의 일벌을 생산해 무리의 번성을 책임지며(필요 인력 공급), (2) '여왕 페르몬'을 통해 일벌들이 번식 욕구를 억제하고 무리를 위해 일하도록 통제한다. 이는 곧 여왕벌이 꿀벌 사회에 대해 갖는 '포괄적인 이익심'(encompassing interest)을 잘 보여 준다. 여왕벌이 사라지면 일벌들은 자신만의 알을 낳으려 하여 조직(무리)은 곧 붕괴할 것이다. 결국 여왕벌은 무리에 꼭 필요한 인력을 지속적으로 제공하고, 구성원들의 개별 이익 추구를 억제하여 무리를 안정적으로 운영하는 리더십을 발휘한다. 따라서 여왕벌의 리더십은 (1) '필요한 인력 제공'과 (2) '불공평한 사회를 안정적으로 통제하는 능력'에 있다.

제3장

코스적 협상, 거래비용 및 무정부 상태

1. 대안이론의 기본 1: 상호이익이 되는 거래
2. 대안이론의 기본 2: 거래비용 (상호이익이 되는 자발적인 거래에 비용이 발생한다)
3. 대안이론의 기본 3: 시장실패
4. 대안이론의 기본 4: 코스 정리
5. 코스 정리의 일반화: 정부와 정치에 대한 분석으로 확장
6. 무정부 상태
7. 내 이론에 추가(보완)하기

본서의 뒷부분에서는 제1장과 제2장에서 설명한 내 이론—즉, '방랑도적 및 정주도적 이론'—을 크게 확장할 것이다. 그러나 그 전에 다음 두 가지 질문을 던져 보기로 하자. 우선, 앞에서 제시한 내 이론에 '어떤 경고 사항'이 뒤따라야 하는가? 다음으로, 내 이론에 대한 '최선의 대안(代案) 이론'(best alternative theory)은 무엇인가? 물론, 가장 좋은 설명은 "최소한의 설명으로 가장 많은 것(the most with the least)을 설명하는 것"이며, 앞의 두 장에서 시도한 것이 바로 그러한 방식에 의해 설명하였다. 앞에서 제시한 내 이론은 매우 '단순'하였다. 무릇 이론은 단순해야만 한다. 그러나 현실은 어리둥절할 정도로 매우 '복잡'하며, 우리가 이러한 복잡성을 인식하지 못할 위험이 항상 존재한다. 예를 들어, 우리는 앞에서 내가 묘사한 '범죄자 비유'(criminal metaphor)에 대한 몇 가지 사전 경고를 한 이유를 상기해야 할 필요가 있다. 내가 들었던 범죄자 비유는 부분적으로 우리가 '권력의 이기적인 사용(self-interested use of power)만을 고려한다'라는 점을 강조하기 위해 사용된 것이었다. 나는 도적의 예를 사용함으로써 인간 본성의 복잡성과 다양성을 '추상화'하였을 뿐만 아니라, 또한 이들을 두드러지게 추상화(배제)하였다. 이는 매우 단순한 가정이다. 그러나 현실 세계에는 '정주도적들'(stationary bandits)만 있을 수 없고, '자비로운 독재자들'(benevolent despots)도 존재할 수 있다는 사실을 상기해야 할 것이다.

앞의 장들에서 내가 한 '순수한 이기심'(pure self-interest)에 대한 가정을 '독재자들'의 경우뿐만 아니라 '다수세력'(majority interests)이나 '다른 지배세력'(ruling interests)에도 똑같이 적용할 수 있다. 그 결과 우리는 (1) '독재자가 가지는 포괄적인 이익심(encompassing interests)'과 "다수세력의 '더 포괄적인'(즉, 초(超)포괄적인) 이익심"이 가져다주는 시사점(함의)을 서로 비교할 수 있으며, (2) 그로 인해 다수세력의 경우에 도출되는 '더 나은 결과들'이 다수세력의 '더 고상한 행동'에 대한 가정(즉, 다수세력이 독재자보다 '더 고상한 행동'을 할 것이다)을 은밀하게(또는 무의식적으로) 함으로써 생긴 것이 아니라는 것을 확신할 수 있다. 즉, '독재자'뿐만 아니라 '다수세력'이나 '기타 지배세력'에도 '이익심 가정'을 똑같이 적용함으로써 그 결과들을 서로 비교해 볼 수 있다.

그러면 다수세력과 다른 지배세력의 경우는 어떤가? 어떤 사회(국가)에서 때때로 '다수세력과 다른 지배세력'은 자신이 거주하는 사회에 대해 '초포괄적인 이익심'(superencompassing interests)을 갖는다. 그래서 이들 세력은 '소수자들'(minorities; 소수세력)을 무시하지 않고 자신들처럼 잘 대우하며, 그들에게도 동등한 양의 공공재를 공급한다. 놀랍게도 이 사실은 다수세력과 지배세력이 도적(bandit)처럼 '이기적이고 양심의 가책이 없다'라는 가정하에서 도출된 것이다. 그럼에도 불구하고 우리는 다수세력과 다른 지배세력이 이기적(self-interested)이라는 가정이 '지나치게 단순화되었다'라는 점을 인식하는 것이 중요하다.

나는 다수세력과 다른 지배세력이 '자신의 이익을 위해 한결같이 일관되게 행동한다'라고 가정하였다. 그러나 이 가정에서 발생하는 '오류의 위험'은 생각보다 훨씬 더 크다. 나중에 살펴보겠지만, 나는 거주 사회에 대해 '초포괄적인 이익심'을 갖는 다수세력과 다른 지배세력이 마치 '사회적 단일체를 최적화하는 것처럼 행동한다'라고 가정하였다. 물론 이 가정은 현실의 몇 가지 중요한 측면을 분명히 반영하고 있다. 그러나 이 가정은 '특별이익집단으로부터 발생하는 문제'를 간과하고 있다. 나중에 이 문제를 쉽게 다룰 수 있겠지만, 지적(知的) 설명과 발전을 위해 '단순화'가 필수적인 요소일 것이다. 그러나 그 과정에서 '간과된 것을 잊어버리는 것'도 위험하다는 사실을 기억해야 한다. 따라서 앞에서 설명한 내 이론에 "주의해서 사용하라!"라는 경고가 필요할 것이다. 이제 문제는 여기서 제시된 내 이론을 '대안적인 이론들'(alternatives)과 어떻게 비교하는가이다.

공교롭게도, 한 가지 부분적인 예외를 제외하면, 제1장과 제2장에서 살펴본 문제들을 다루는 제대로 된 '대안이론들'(alternative theories)은 거의 존재하지 않는다. 대부분의 대안이론들은 임시방편적인(ad hoc) 주장들과 화려한 전문 용어들(jargons)이 뒤섞여 있을 뿐이다. 사실상, 이론들 사이에 경쟁이 없는 상황에서 내가 제시한 이론이 너무 쉽게 승리할 것 같다. 왜 그런가? '존재하는 이론'(즉, 내 이론)과 '존재하지 않는 이론'(즉, 대안이론) 사이의 경쟁에서는 비록 '존재하는 이론'(내 이론)이 부족한 점이 많더라도 그 이론(내 이론)이 승리할 것이기 때문이다.

그러나 연구 문헌에서 매우 흥미로운 '대안적인 원시(原始)이론'(alternative proto-theory)이 하나 등장하고 있다. 이 원시적인 대안이론은 지금까지([역주] 2000년 당시; 본서는 2000년에 출간됨) 공식화되지 않았으며, 일반적인(동시에 명확하고 정확한) 방식으로 제시되지 않고 있다. 대안이론의 일부는 엄격한 형식적 모델들로 제시되어 있지만, 그러한 모델들은 아직 '일반성'(一般性)이 부족하다. 따라서 대안이론이나 원시이론은 그 잠재력이 완전히 드러나기 전에 약간의 추가적인 발전이 필요하며, 나는 본 장에서 대안이론이나 원시이론을 내 방식대로 발전시켜 보고자 노력할 것이다. 그러나 나는 대안이론이나 원시이론이 궁극적으로 제1장과 제2장에서 제시한 내 이론보다 더 낫지 않을 것이라고 여긴다. 그러나 대안이론이나 원시이론이 여러 목적에 유용하며, 우리에게 '매우 가치 있는 통찰력'을 제공해 줄 것이다. 내 생각으로는 경제이론을 좋아하는 분들이라면 본 장이 이 책에서 가장 흥미로운 부분일 것이다.

대안적인 원시이론은 '시장에서의 자발적 거래'에 대한 비유로 시작된다. 대안이론이 제시해 주는 최고의 통찰력 중 많은 부분은 '시카고 정치경제학파'(Chicago School of Political Economy)라고 불리는 학파의 문헌에서 나타난다. 또한, 대안이론은 다른 지적 전통에 속한 경제학자들과 경제

사학자들에 의한 이론적 발전으로부터도 많은 도움을 받았다. 대안이론을 이해하려면 무엇보다도 '거래이익, 거래비용, 시장실패 이론, 코스적 협상' 등과 같은 기본 개념들에 대한 지식이 필요하다. 이러한 개념들은 일반적으로 전문 경제학자들에게 친숙한 개념이다. 나는 아래 네 절에서 (1) '상호이익이 되는 거래 및 그 개시(開始)', (2) '거래비용', (3) '시장실패', (4) '코스 정리'에 관해 차례대로 설명할 예정이다.

1. 대안이론의 기본 1: 상호이익이 되는 거래

일반적으로 많은 사람이 나중에 구매하지 않았으면 하는 몇 가지 물건들을 구매할 때가 있다. 그러나 우리(소비자들)는 우리가 한 대부분의 거래에 대해 후회하지 않는다. 또한, 우리가 구매한 제품을 판매하는 회사들(판매자들)도 일반적으로 그 제품을 판매한 것에 대해 만족한다. 따라서 우리의 일상적인 경험에 따르면 '시장에서 이루어지는 많은 거래가 당사자 간에 상호이익(mutual advantage; 상익(相益)[1])이 된다'라는 사실을 알 수 있다. 독점자들로부터 물건을 구매하는 사람들(소비자들)은 '경쟁적인 가격'으로 물건을 구매할 수 있다면 더 좋겠지만, 그들 역시 이익을 기대할 때만 물건을 구매하기 때문에 독점자들과의 대부분의 거래에서도 양쪽(즉, 소비자와 독점자) 모두에게 이익이 발생한다. 이는 곧 '자발적인 거래'를 나타낸다.

'자발적 거래'(voluntary transactions)에 대한 이러한 기본 요점은 애덤 스미스(Adam Smith)의 유명한 명언인 '보이지 않는 손'을 뒷받침하는 가

1 [역주] '상익'이란 역자가 만든 말이다.

장 중요한 근거이다. 즉, 애덤 스미스는『국부론』에서 "시장에서 자신의 이익만을 추구하는 이기적인(self-interested) 당사자들은 마치 보이지 않는 손(invisible hand)에 이끌려 공익(public interest)을 위해 움직인다"라고 말하였다. 애덤 스미스의 '보이지 않는 손'은 언제 작동하는가? 생산자(판매자)는 구매자 자신에게 가장 이익이 될 때만 제품을 구매하는 구매자에게 자신의 제품을 판매함으로써 자신의 이익을 극대화할 수 있다. 즉, 생산자(판매자)와 구매자는 각각 자신의 이익이 최대가 될 때 판매하고 구매한다. 무엇을 생산하고, 얼마나 생산할 것인지에 대한 기업(생산자)의 결정들은 기업들이 자신의 제품을 수익성 있게 판매할 수 있는지에 대한 '기대'—즉, 구매자들의 수요와 자신의 생산비용 고려—에 따라 결정된다. 따라서 전체 시장경제의 생산은 구매자들과의 거래가 '상호이익'이 될 것이라는 기업들(생산자들)의 기대에 따라 결정된다. 이처럼 시장에서 판매자와 구매자 간에 '상호이익'이 될 때 당사자 간에 '자발적인 거래'가 이루어진다. 그러나 상호이익을 가져다주는 자발적 거래에 '거래비용'이 발생한다. 이에 관해서는 다음 절에서 설명하고자 한다.

2. 대안이론의 기본 2: 거래비용(상호이익이 되는 자발적인 거래에 비용이 발생한다)

방금 설명한 자발적 거래와 상호이익에 관한 내용은 모든 현대 경제학에 공통적으로 적용되고 있다. 그러나 일반적으로 나처럼 유별나고 분명하게 '자발적인 거래'를 강조하지는 않는다. 자발적인 거래를 설명적으로 강조하는 이유는 대안이론의 기본이 되는 '또 다른 중요한 생각'—즉, 무엇이 자발적인 교환과 거래를 제한하는가?—으로 자연스럽게 연결되기 때문이다. 이는 '자발적 교환과 거래 및 교섭(협상)을 제한'하는 것이 바로 '거래비용'(transaction costs)이라는 생각이다. 대안이론을 제시해 온 경제학자들과 경제사학자들이 (1) '거래와 교섭(협상)을 통해 얻는 이익'(즉, 거래이익과 교섭이익)에 주목하였을 뿐만 아니라, (2) '거래비용'에 대해서도 분명하게 인식하고 있었다. 그들이 견해에 따르면 거래비용은 '시장거래들에서 발생하는 모든 비용과 손실'을 포괄한다.

우리는 어떤 슈퍼마켓 계산대에서 거래를 종료하는 일(즉, 대금 결제)을 맡은 직원들을 만나게 된다. 이러한 직원들의 인건비와 이들이 사용하는 계산대들(금전 등록기들) 및 기타 시설물들(예, 장바구니, 비닐봉지, 카트 등)에 드는 비용들이 모두 '거래비용'이다. 이러한 비용들과 기타 여러 종류의 거래비용은 시장을 이용하는 데(또는 시장거래를 하는 데) 드는 비용들을 말한다. 만약 시장을 이용하지 않는다면(또는 시장에서 거래하지 않는다면) 이러한 특정 비용들은 발생하지 않을 것이다. 경제학에서 거래비용에 관한 방대한 문헌들은 저명 경제학자이자 1991년 노벨경제학상 수상자인 로널드 코스(Ronald Coase)[2]가 쓴 두 편의 심오한 논문에서 유래한다.[3]

코스는 오래전에 "계층적 기업들(hierarchical firms; 계층구조[4]를 가진 기업들) 내에서 생산과 기타 활동들이 원칙적으로 '시장에 의해' 조정될 수 있다"라는 점에 주목하였다. 만약 계층적 기업들이 어떤 경쟁적인 시장에서 번창하려면, 그들의 '계층구조'가 자신의 기업 내에서 이루어지는 생산

---

2 [역주] 영국의 경제학자로 '거래비용' 개념을 도입하고, 시장실패가 발생해도 정부 개입이 불필요하다는 '코스 정리 이론' 등을 통해 1991년 노벨경제학상을 수상하였다.

3 코스의 두 논문은 다음과 같다: (1) Ronald Coase(1937), "The Nature of the Firm," *Economia*, pp. 386~405; (2) Ronald Coase(1960), "The Problem of Social Cost," *Journal of Law and Economics*, 3, pp. 1~44.

4 [역주] '계층구조'(hierarchy)란 "한 기업 내에서 여러 계층 사이의 관계나 조직"을 말한다.

과 다른 활동들을 '경쟁시장에서보다 더 낮은 비용'으로 이루어지도록 조정할 수 있어야만 한다. 즉, 기업들의 '계층구조'가 개별 근로자들, 자재 공급업체들, 기계 소유주들이 경쟁시장에서 자발적으로 조정하였을 때보다 더 낮은 비용으로 자신의 생산과 기타 활동들을 수행하도록 조정할 수 있어야만 한다. 경쟁적인 환경에서는 계층적 기업들이 생산한 제품들이 경쟁시장에서보다 더 비싸다면 생존할 수 없다. 계층적 기업들이 이익을 보려면 '시장을 이용하는 데 드는 모든 비용과 손실'—코스 전통의 경제학자들은 이를 한데 묶어 '거래비용'이라고 부름—이 그 기업들이 생산을 조정하기 위해 '계층구조를 사용하는 데 드는 비용들'을 초과해야만 한다. 바꾸어 말하면, 계층적 기업들이 자신의 생산을 조정하기 위해 '계층구조를 사용하는 데 드는 비용들'이 '시장을 사용할 때 드는 모든 비용과 손실'보다 더 적어야만 그 계층적 기업들은 이익을 볼 수 있다. 올리버 윌리엄슨(Oliver Williamson)[5]을 비롯한 여러 경제학자는 코스의 이러한 통찰력을 활용하여 계층적 기업들에 대한 탁월한 분석들을 제시해 주었다.[6]

3. 대안이론의 기본 3: 시장실패

경제학자들은 '공해나 오염으로 인한 피해'를 '시장실패'(market failure)의 대표적인 사례로 간주한다. 예를 들어, 어떤 공장의 굴뚝에서 나오는 매연이 그 공장 근처에 사는 사람들이 마시는 공기를 오염시키면 인근 주

5 [역주] '윌리엄슨'은 미국의 경제학자로 '신제도경제학 이론'의 중요한 핵심의 하나인 '거래비용'을 체계화하고, 기업 분야의 '경제적 지배구조'에 관한 연구 공로로 2009년 엘리너 오스트롬(Elinor Ostrom)과 노벨경제학상을 공동 수상하였다.

6 Oliver Williamson(1985), *The Economic Institutions of Capitalism*, New York: The Free Press.

민들은 피해나 손실을 보게 된다. 그러나 이러한 손실은 그 공장을 소유한 기업의 비용들(즉, 사적 비용들)에는 포함되지 않는다. 당해 기업은 제품 생산을 위해 자신이 사용하는 노동, 자본, 원자재에 대한 여러 '사적 비용들'(private costs)은 자발적으로 지불하지만, 공해(매연)로 인한 '사회적 비용들'(social costs)은 자발적으로 지불하지 '않을' 것이다. 만약 당해 기업이 공해(매연)로 인한 사회적 비용들을 지불하지 않는다면 적어도 그 기업의 일부 생산량은 그 가치(즉, 구매자들이 그 기업의 생산량에 대해 기꺼이 지불하고자 하는 가격)보다 '더 많은 비용을 사회에 부과'하게 될 것이다.

이러한 경우에 정부는 어떻게 할 것인가? 정부는 '외부효과'(externality; '부정적 외부효과')로 인해 피해자들이 입는 '사회적 손실'(social loss)에 해당하는 금액만큼 해당 기업에 '폐수 배출 수수료'(effulent fee)를 부과할 수 있다.[7] 이를 통해 해당 사회는 폐수 배출 수수료를 부과하기 전보다 더 많은 실질소득이나 후생(즉, 실질소득이나 후생의 증가)을 창출할 수 있다. 만약 (1) 폐수 배출 수수료가 부과되기 이전의 상황이 확실히 파레토 효율적(Pareto-efficient)이지 않았고, (2) (정부 개입에 의한) 폐수 배출 수수료 부과가 이러한 사회적 비효율성(social inefficiency; 파레토 비효율성)을 시정(是正)한다면 다음 두 가지 결과가 나타난다. 즉, (1) 폐수 배출 수수료 부과로 해당 사회에서 실질소득이나 후생이 증가하게 되고, (2) 증가된 실질소득이나 후생이 그 사회에 어느 정도 분배될 것이다. 이러한 분배로 해당 사회 구성원 모두는 적어도 이전만큼 잘 살거나, 일부 구성원은 더 잘

7 이때 '사회적 손실'은 피해자들이 자신이 입은 피해에 효율적으로 적응한 후의 사회적 손실이어야 한다. 그러나 만약 피해자들이 자신이 입은 손실들에 대해 '완전히 보상'을 받는다면, 그들은 그러한 손실들을 최소화하려는 인센티브를 갖지 않을 것이며, 그 결과는 사회적으로 효율적이지 않을 것이다. 이에 관해서는 다음 논문을 참고하기 바란다: Mancur Olson and Richard Zeckhauser(1970), "The Efficient Production of External Economies," *American Economic Review*, 60(3), pp. 512~517.

살게 될 것이다.

또 다른 경우로 어떤 기업들이나 개인들의 활동으로 인해 다른 기업들이나 개인들에게 이익을 주지만, 그 대가(보상)를 받지 못하는 '외부효과'(side effect; '긍정적 외부효과')를 고려해 보자. 예를 들면, 어떤 기업이 자신의 근로자들에게 자사(自社)뿐만 아니라 다른 기업들에도 유익할 기술을 교육하였으나, 그 근로자들이 교육을 마친 후 다른 회사로 이직하는 경우를 고려해 보자. 그러면 '유익한(긍정적) 외부효과'(beneficial side effect)를 지닌 그 기업의 기술교육 활동은 '너무 적게' 이루어질 것이다. 따라서 해당 사회의 자원 배분을 '파레토 효율적이거나 사회적으로 합리적인 수준'에서 이루어지기 위해서는 '유익한(긍정적) 외부효과'를 갖는 활동들에 대해 정부에 의한 적절한 '보조금'(subsidy) 지급이 필요할 것이다. 즉, 정부의 개입으로 그러한 '유익한(긍정적) 외부효과'를 지닌 활동들에 대해 적절한 '보조금'을 지급해 주어야 해당 활동은 사회의 자원 배분이 파레토 효율적 또는 사회적으로 합리적인 수준에서 이루어질 수 있을 것이다. 이미 오래전에 피구(A. C. Pigou)는 "외부효과가 존재할 때—즉, 기업들이나 개인들의 어떤 활동이 다른 기업들이나 개인들에게 비용(손실)이나 이익을 가져다주지만, 그에 대해 대가(비용 지불)나 보상이 없을 때—'자유방임'(laissez-faire; 즉, 정부의 무간섭)은 파레토 효율적 결과를 가져다줄 수 없다"라는 점을 보여 주었다.[8]

'시장실패'(market failure)를 가져다주는 '외부효과'의 특징은 시장에서 가격을 책정할 수 없는 (1) '좋은(유익한) 행위'(good; 선재(善財) 또는 익재(益財)) 또는 (2) '나쁜(해로운) 행위'(bad; 악재(惡財) 또는 해재(害財))가 존재한다는 점이다. 이는 (1) "'좋은 행위'의 수익자들"(즉, 어

8 A. C. Pigou(1946), *The Economics of Welfare*, 4th edition, London: Macmillan.

떤 '좋은 행위'로부터 이익을 얻는 사람들)에게 비용(대가)을 청구할 수 없거나, (2) "'나쁜 행위'를 유발한 사람들"(즉, 가해자들)에게 자신이 다른 사람들에게 끼친 손실에 대해 대가를 지불하도록 할 수 없기 때문이다. 따라서 어떤 외부효과가 2명 이상의 사람들에게 영향을 미친다면, 그 외부효과는 '공공선재'(public good, 公共善財; 또는 '집단선재', collective good, 集團善財) 또는 '공공악재'[9](public bad, 公共惡財; 또는 '집단악재', collective bad, 集團惡財)가 된다. 예를 들어, 대기오염(air pollution)은 '공공악재'이며, 대기오염의 감소는 '공공선재'이다. '나쁜(해로운) 행위'(즉, '공공악재')의 감소는 곧 '좋은 행위'(즉, '공공선재')이므로, '좋은 행위'('공공선재')에 초점을 맞추어 설명하면 논의를 더 간결하게 할 수 있다. 따라서 우리는 논의의 편리상 '좋은 행위'('공공선재')에 초점을 맞추어 설명하기로 하자. 이하에서는 '공공선재'('집단선재')를 그냥 '공공재'('집단재')라고 부르기로 한다. '외부효과와 공공재(공공선재) 문제'는 어떤 재화의 비(非)구매자들을 그 재화를 '소비하지 못하게 할 수 없기'(nonexcludable; 즉, '소비에서 배제하기 불가능하기') 때문에 발생한다. 그 결과 사적재(私的財, private goods)와 같은 방식으로 시장에서 가격을 매길 수 없다. 따라서 누구도 그 재화의 소비로부터 배제하기 불가능하므로 '집단적 소비'(collective consumption)가 발생하며, 이 경우에 파레토 효율성(Pareto efficiency)을 달성하기 위해서는 일종의 '집단(또는 단체)행동'이나 '정부에 의한 행동'(즉, 정부 조치)이 필요할 것이다.

2명 이상의 당사자들에게 영향(즉, 좋은 영향 또는 나쁜 영향)을 미치는 '외부효과'가 곧 '공공재'(즉, 공공선재 또는 공공악재)라는 것을 이해한

9 [역주] '공공악재'란 경제발전에 도움이 되는 상품이나 경제행위이지만, 동시에 환경이나 사회적 문제를 일으키는 재화로 '음(陰)의 공공재'라고도 불린다.

다면, 우리는 그러한 재화들이 많다는 것을 금방 알 수 있다. 예를 들면, 어떤 집주인이 정원에 '꽃을 심어' 자신의 집을 지나가는 사람들에게 '공짜로 즐거움'을 준다면 그러한 행위(꽃을 심는 행위)는 곧 '외부효과'를 발생시키거나 '공공재'(집단재)가 된다. 또한, 홍수 조절, 국방, 기초 분야 연구, 안정적인 물가 수준, 전염병의 확산 방지를 위한 예방 접종, 법과 질서 등으로부터 얻는 이익(혜택)은 일반적으로 전체 또는 부분적으로 집단재(공공재)들이다. 특히 이러한 집단재(공공재)들이 가져다주는 이익(혜택)은 누구도 '배제할 수 없다'([역주] 이를 '배제 불가능성'(nonexcludability)이라고 부름)라는 특징이 있다. 즉, 집단재(공공재)의 비구매자들(즉, 비용을 전혀 지불하지 않은 사람들)을 집단재(공공재)로부터 얻는 이익(혜택)에서 배제할 수 없다.

외부효과 또는 집단재(공공재)가 가지고 있는 이러한 '배제 불가능성'이라는 특성은 '자유방임(정부 불개입)하에서 사회적 비효율성이 발생하는 원천'이기도 하다. 대기오염을 줄이기 위해 일부 사람들이 운전을 줄이면, 그 감소 혜택(이익)은 '운전을 줄인 사람들'뿐만 아니라 '운전을 줄이지 않은 사람들'에게도 똑같이 돌아간다. 따라서 '코스 정리'(Coase theorem)가 등장하기 전까지 모든 경제학자는 '자유방임(정부 불개입)이 외부효과와 공공재(집단재)를 효과적으로 다루지 못한다'는 데 전적으로 동의하였다. 그러나 '집단재(공공재)를 얻기 위한 개인의 비용 지불이나 희생'과 '집단재(공공재)로부터 얻는 이익' 간에는 거의 또는 아무런 연관성이 없기 때문에, 일반적으로 집단재(공공재)는 '강제적인 세금 납부'나 기타 '강압적인 메커니즘(방식)'을 통하지 않는 한 적절하게 공급되지 않을 것이다. 1960년에 '사회적 비용 문제'에 대한 코스의 선구적인 논문이 발표된 이후에는 마침내 이러한 견해(즉, '자유방임이 외부효과와 공공재(집단재)를 효과적으로 다루지 못한다')는 결코 만장일치를 얻지 못하였다.

4. 대안이론의 기본 4: 코스 정리

아주 우연히 '정리'(theorem)[10]라고 불리게 되었지만, 코스의 주장은 주로 예를 통해 전개되었다. '어떤 농장 옆에 소목장이 있으며, 그 목장주의 소들이 농부의 밭에 있는 곡식을 짓밟는다'라고 가정해 보자. 코스 이전 또는 피구 이론에서는 이러한 상황을 필연적으로 '시장실패'를 초래하는 '외부효과'의 명백한 하나의 예로 간주하였을 것이다. 당해 목장주는 자신의 소들이 이웃 농부에게 끼치는 손실을 고려할 인센티브가 없으며, 그로 인해 그의 목장 운영 방식과 운영 수준(즉, 키우는 소들의 수)은 '파레토 효율성'과 일치하지 않을 것이다. 이 경우에 파레토 효율성을 달성하려면 목장주는 자신의 소들이 농부의 농작물에 끼친 피해에 대해 '책임'을 져야(즉, '배상'을 해야) 할 것이다. 이러한 해결책은 옳은가?

현대 경제학에서 가장 유명한 주장 중 하나인 이러한 주장(즉, 코스 정리)에서 코스는 '그러한 해결책이 필요하지 않다'라고 설명하였다. 목장주의 소들이 농장에 들어와 농부의 농작물에 끼치는 '피해비용'(또는 목장주의 보상 금액; 예를 들어, 100만 원)이 '소들이 농장에 들어오는 것을 막는 데(예를 들어, 울타리를 설치하는 데) 드는 총비용'(예를 들어, 80만 원)을 초과한다면, 농부와 목장주 간의 '자발적인 협상'(voluntary bargain)을 통해 '울타리를 설치'함으로써 소들을 농부의 밭에 들어오지 못하게 할 수 있을 것이다. 즉, 농부와 목장주 간의 '자발적인 협상'을 통해 외부효과를 효과적으로 '내부화'(內部化, internalized; 외부효과 교정[11])할 수 있을 것이다. 또한, '양 당사자의 권리가 명확하게 규정되어 있는 한' 목장주의 소들이

10 [역주] '정리'(定理)란 "이미 진리라고 증명된 일반적인 명제"를 말하며, 예를 들면, '피타고라스의 정리'를 들 수 있다.

11 [역주] '교정'(矯正)이란 "틀어지거나 굽은 것 또는 결점 등을 바로잡는 것"을 말한다.

농부의 농작물에 끼친 피해에 대해 '법으로 목장주가 책임을 져야(즉, 배상을 해야) 하는지'의 여부는 경제적(파레토) 효율성을 달성하는 데 전혀 중요하지 않을 것이다. 그러나 만약 목장주가 자신의 소들이 농부의 농작물에 끼친 피해에 대해 책임을 지지 않는다고 해도 여전히 '파레토 효율적 결과'가 달성될 수 있을 것이다. 왜냐하면 '농부'가 목장주에게 돈(예를 들어, 울타리 설치 비용)을 지불하고 목장주의 소들이 자신의 농작물에 접근하지 못하게 할 수 있기 때문이다. 물론 이 경우에 농부의 소득이 감소할 것이다. 따라서 농부와 목장주 사이의 소득분배는 '초기의 권리 배분'(즉, '초기에 누구에게 피해를 보상할 권리가 부여되느냐')에 따라 달라질 것이다. 그러나 '코스적 협상(Coaseian bargain)이 사회적으로 파레토 효율적인 결과를 가져다줄 것이다'라는 결론은 '피해에 대한 배상 책임이 누구에게 있는지'(즉, 목장주에게 있는지 또는 농부에게 있는지)에 전혀 영향을 받지 않는다. 이러한 이유로 목장주와 농부는 '그들의 공동이익을 극대화할 때까지 협상할 인센티브'를 갖게 될 것이다.

물론 코스는 협상에 시간이 걸리거나, 다른 이유로 비용이 많이 들 수 있다는 점을 잘 알고 있었다. 즉, 협상에 '거래비용'이 발생한다는 점을 잘 인식하고 있었다. 그러나 협상에 '협상비용'(bargaining costs)이 너무 많이 들지 않는다면 외부효과는 정부 개입 없이도 '내부화'(외부효과 교정)될 수 있을 것이다. 또한, 만약 거래비용이나 협상비용이 0이라면(즉, 한 푼도 들지 않는다면) 모든 외부효과는 '파레토 효율적인 방식'으로 처리(내부화)될 것이다. 왜냐하면 합리적인 양 당사자들이 그들의 공동이익을 극대화할 때까지 협상하려 할 것이기 때문이다. 양 당사자들이 합리적이라면 협상 테이블 위에 1센트(또는 1원)의 돈도 남겨 두지 않을 것이다. 만약 협상 결과가 파레토 효율적이지 않다면 테이블 위에는 가져갈 돈이 남아 있을 것이다. 그러면 이 경우에 적어도 거래비용이나 협상비용이 들지 않는다면 확실히 관련 당사자들 간의 '자발적인 협상'을 통해 '파레토 효율적인 결과'에 도달할 수 있을 것이다. 따라서 코스 정리에 따르면, '외부효과가 존재하는 상황에서 자유방임(즉, 정부의 불개입)은 파레토 효율성을 가져다줄 수 없다'라는 피구 이론은 근본적으로 '잘못된' 것이다.

비록 코스가 일반적으로 이런 식으로 문제를 언급하지는 않았지만, 코스가 연구한 것은 본질적으로 (1) '상호이익이 되는 교환과 거래의 논리'와 (2) '거래비용이 그러한 교환과 거래를 제한한다'라는 생각을 기존의 시장 실패 이론(즉, 피구 이론)에 적용하여, 기존 이론(피구 이론)에 결함이 있음을 보여 주었다.

5. 코스 정리의 일반화: 정부와 정치에 대한 분석으로 확장

일부 다른 경제학자들과 경제사학자들은 '자발적 교환'(voluntary exchange) 및 '코스적 협상' 개념과 이들과 관련된 '거래비용'을 이용하여 '시장'(market)뿐만 아니라 더 넓게 '정부(government)와 정치(politics)'를 이해하려고 시도하였다.[12] '경제학'이라는 학문이 애덤 스미스(Adam Smith)의 '시장'에 대한 설명에서 시작되었고, 대부분의 경제분석이 '시장'에 초점을 맞추어 왔기 때문에, '정부와 정치'에 대한 그러한 접근 방식(즉, '자발적 교

12 예를 들어, 다음 논문을 참고하기 바란다: Douglass C. North(1990), "A Transactions Cost Theory of Government," *Journal of Theoretical Politics*, 2(4), pp. 355~367. 또한, 딕싯(A. Dixit)은 기존의 거버넌스(지배구조) 틀(framework) 내에서 '경제정책 결정에 대한 거래비용이론'을 제시하였다. 그러나 본서에서 설명한 문제들을 명시적으로 고려하지 않았다: Avinash Dixit(1996), *The Making of Economic Policy: A Transaction-Cost Politics Perspective*, Munich Lectures in Economics, Cambridge and London: MIT Press, pp. xvii, 192.

환'과 '코스적 협상' 및 '거래비용'을 이용하여 '정부와 정치'를 분석하려는 방식)이 경제학자들에게 '특별한 매력'을 갖게 하는 것은 당연한 일이다. 경제학자들의 (1) '자발적 교환과 시장에 대한 오랜 이해'와 (2) '시장의 거래비용이나 단점(시장실패)에 대한 강조'를 결합한다면 (3) '경제와 정치'를 모두 설명할 수 있는 '일반이론(general theory)이 나올 수 있는 여지'가 있을 것이다. 최근 '정부와 정치'를 분석하기 위해 본질적으로 '자발적 교환'과 '코스적 협상'(이제부터 나는 이 용어들을 혼용해서 사용할 것임) 및 '거래비용접근법'(transaction costs approach)을 사용하는 많은 연구가 진행되었다. 이러한 연구들은 때때로 서로 상당히 다르며, 일부 연구는 '거래비용'이라는 용어를 사용하지도 않는다. 따라서 간략한 요약만으로 정부와 정치에 관한 모든 연구를 완전히 설명할 수 없을 것이다. 그러나 본서의 제1장과 제2장에서 제시한 '내 이론'에 대한 '최선의 대안이론'을 종합적으로 제시해 주기 때문에 이들 세 가지 개념을 함께 고려하는 것이 중요하다.

물론 '코스적 협상'과 '거래비용접근법'에는 '거래비용이 때때로 엄청나게 높을 수 있다'라는 인식이 포함되어 있다. 즉, 일부 거래의 경우 '거래에 필요한 협상비용과 기타 거래비용'이 '거래로부터 얻는 이익'을 상쇄하고도 남을 정도로 매우 높다. 당연히 이러한 거래는 성사(成事)되지 않을 것이다. 이처럼 손실을 초래하는 거래(즉, 이익보다 손실이 더 큰 거래)는 귀중한 자원을 사용하므로 '그러한 거래를 배제하는 방식'으로 경제적 효율성을 정의하는 것은 터무니없는 일이다.

'거래비용접근법'을 지지하는 일부 사람들에 따르면 어떤 사회 내 개인들과 기업들은 합리적으로 '각 당사자에게 부과되는 거래비용'을 고려한 후에 '상호이익이 되는 모든 거래'에 참여할 것이라고 주장한다. 그러나 그러한 거래(즉, '상호이익이 되는 거래')에 드는 '거래비용'이 그 거래가 가져다줄 '이익'을 초과하면 거래 당사자들은 그러한 거래를 하지 않을 것이며, 이는 당연한 결과이다. 따라서 시장에서 거래 당사자들이 거래비용을 고려하기 때문에 '시장에서 발생하는 모든 현상(status quo)'은 효율적이다([역주] 즉, 시장은 실패하지 않는다!). 만약 '거래비용을 고려한 후'에 시장 참여자들에게 '더 나은 결과'가 존재하였다면 시장 참여자들은 분명히 '더 나은 결과를 낳는 거래'를 수행하였을 것이다. 따라서 '시장실패'라는 말은 '모순'이며([역주] 즉, 시장실패는 발생하지 않는다!), '자유방임'은 자유주의자들(libertarians; 자유지상주의자들)이 이전에 생각하였던 것보다 훨씬 더 낫다. 소수의 '무정부주의적 자본주의' 사상가들만이 이 문제를 명확하게 설명할 수 있을 것이다. 그러나 이들의 논리에 따르면 자유방임뿐만 아니라 '무정부 상태'(anarchy)도 이상적이다. 실제로 이들의 논리에 따르면 사람들이 자유롭게 거래할 수 있는 한, 우리는 자동적으로 "존재 가능한 모든 세계 중에서 가장 효율적인 세계(most efficient world)에 살고 있다!"([역주] 이 말은 각주 17와 19에 나오는 볼테르(Voltaire)의 소설 『캉디드』(Candide)에 나오는 팡글로스(Pangloss) 박사가 한 말을 비유적으로 표현한 것이다.)

이러한 생각은 기본적으로 이념에 바탕을 두고 있지만, '이념적인 이유'로 그러한 생각을 무시해서는 안 될 것이다. 왜 그런가? 그러한 생각은 다른 이유 중에서도 특히 몇 가지 '매우 다른 함의(시사점)들'을 내포하고 있기 때문이다. 그러한 함의들을 내포한 한 가지 경로는 대표적으로 1992년에 노벨경제학상을 수상한 저명 경제학자인 게리 베커(Gary Becker)[13]와 그의 연구를 기반으로 한 다른 연구자들에 의해 제시되었다. 베커의 생각

13 [역주] 게리 베커는 『차별의 경제학』(1957), 『경제이론』(1971), 『인간 행위에 대한 경제학적 접근』(1976) 등을 저술하였으며, 1992년 인간 행위와 사회 현상을 분석하여 미시이론에 인적 자본 개념을 도입한 공로로 노벨경제학상을 수상하였다. 베커는 전통적인 관점에서 볼 때 사회학·인류학·범죄학 등 비경제학적 분야에까지 경제학적 분석을 시도하여 '실증경제학'의 새로운 지평을 열었다.

은 무엇인가? 베커는 "비효율적인 정부 프로그램들(사업들이나 정책들)은 정치적으로 불리할 수밖에 없다"라는 생각을 강조하고, 이를 바탕으로 이론적 모형을 구축하였다. 즉, '비효율적인 정부 프로그램들'로 인해 초래되는 '초과부담들'(excess burdens)은 (1) 더 많은 손실들이 발생하고, (2) 그로 인해 승자들이 얻는 이익이 더 적어진다는 것을 의미한다. 그러한 손실들은 '정치적 협상'(political bargain)에서도 분명히 고려될 것이다. 반면에 '더 효율적인' 재분배정책들을 통해 '사중손실'(deadweight loss; [역주] '자중손실'로도 불리며, 이는 '초과부담'과 같은 의미임)이 적을수록 '정치적 거래(협상)'에서 나누어 가질 수 있는 실질소득이 더 많아질 것이다. 정치적 협상에서 어떤 집단들은 다른 집단들보다 '더 큰 정치적 힘'을 가지고 있을 것이며, 이는 집단들 간의 소득분배(즉, 가져갈 수 있는 소득액)에 영향을 미칠 것이다. 그러나 정치적 교섭을 통해 관련 당사자들은 '파레토 효율성에 근접하는 적절한 소득분배'를 가져다주는 경제정책들(정부 프로그램들, 또는 재분배정책들)을 선택하려는 인센티브를 가질 것이다. 따라서 정치적 협상을 통해 적어도 대략적으로 '효율적인 재분배'(efficient redistribution)를 달성할 수 있을 것이다.[14]

일부 경제학자들은 이러한 주장을 더욱 발전시켰다. 그들 중 일부는 거래비용이 새로운 '기술'(technology)뿐만 아니라 기존의 '기관들'(institutions)에 따라서도 달라진다고 주장하였다. 먼저, 예를 들어, 컴퓨터화된 '판매 시점 관리 시스템'(point-of-sale system)[15]의 발견(즉, 신기술)으로 거래

14 Gary Becker(1991), "A Theory of Competition Among Pressure Groups for Political Influence," *Quarterly Journal of Economics*, 106, pp. 407~443; Gary Becker(1985), "Public Policies, Pressure Groups, and Deadweight Costs," *Journal of Public Economics*, 28, pp. 329~347. 또한, 베커 모델을 적용한 대표적인 사례는 다음 논문을 참고하기 바란다: Bruce Gardner(1983), "Efficient Redistribution Through Commodity Markets," *American Journal of Agricultural Economics*, 65(2), pp. 225~234.

비용이 일부 감소한 것은 의심할 여지가 없다. 다음으로, 미국에서 주식을 거래하는데 드는 거래비용들도 아마 뉴욕증권거래소(NYSE)나 나스닥(NASDAQ)과 같은 기관들에 의해 크게 감소되었다. 거래비용이 기관들에 따라 달라진다는 인식은 뜻밖에도 '자유방임'이나 심지어 '무정부 상태'를 옹호하는 '코스 유형의 주장'을 뒤집을 수 있는 가능성을 열어 준다. 마지막으로, 일부 사람들이 지적하였듯이 '정부'도 거래비용을 줄일 수 있는 하나의 '기관'이다. 우리 사회에서 정부가 때때로 민간 부문보다 거래를 더 효율적으로 주선하거나 조직할 수 있는 특별한 유형의 활동이나 상황들이 분명히 존재한다. 아마 우리 대부분은 이 점에 동의할 것이다.

1) 코스 정리는 정치에도 적용된다!

이러한 발견은 (1) 정치에서도 '자발적 교환이론'을 적용할 수 있으며, 또한 (2) '거래비용접근법'은 '효율적인 정부 정책들'을 채택하는 과정에서 작동하는 '정치적 힘'(즉, 정치적 거래나 협상)을 설명하는 데에도 유용하다는 점을 시사해 준다. 어떤 정치체제 내에서 '자발적 교환'을 통해 '상호이익이 되는 거래나 협상'이 이루어지면 '사회적으로 효율적인 공공정책들'이 채택될 수 있다. 실제로 일부 연구들에 따르면, '정치적 거래나 협상'은 (1) '파레토 효율적'이거나 (2) '대략(거의) 사회적으로 효율적'인 '사회적 결과들'을 달성할 수 있음을 보여 주었다. 이를 위해 어떤 정치체제에서 '비효율적인 정책'이 채택되었다고 가정해 보자. 이로부터 '정치적 거래나 협상'을 통해 '더 효율적인 정책'으로 전환된다면 (1) 반드시 '순이익'이 발생

15 [역주] '판매 시점 관리 시스템'(POS)이란 "금전등록기와 컴퓨터 단말기 기능이 결합된 것으로 음식점, 백화점, 대형 마트 등 가맹점의 판매정보를 실시간으로 관리해 주는 시스템 또는 기기"를 말한다.

하고, (2) 이러한 순이익은 '모든 사람이 더 나아지도록'(또는 적어도 일부 사람들은 더 나아지고 아무도 더 나빠지지 않도록) 분배될 수 있을 것이다. 다시 말하면, '모든 사람을 더 나아지게(better off) 할 수 있는 정책들'(또는 일부 사람들은 더 나아지고 아무도 나빠지지 않도록 하는 정책들)이 있었다면, 그러한 정책들은 '정치적 거래나 협상'을 통해 분명히 채택되었을 것이다.[16] 역으로 말하면, '모든 사람을 더 나아지게 할 수 있는 정책들'(또는 일부 사람들은 더 나아지고 아무도 나빠지지 않도록 하는 정책들)이 '없었기' 때문에 현재의 정책이 채택되었을 것이다. 이처럼 정치에서 '정치적 거래나 협상'을 통해 '정부(또는 정치) 개입'이 어떤 방식으로(또는 어떤 형태로) 이루어지든 '현재 상태(즉, 현재의 정책)가 효율적'임을 알 수 있다. 이는 다소 '놀라운' 결과이다.

이전에 이러한 견해를 제시한 연구자 중 일부는 (1) '반(反)정부적 자유방임주의자'였으며, (2) 이들은 칭찬할 만한 지적 정직성을 바탕으로 자신의 분석을 위해 정치체제에서 '상호이익이 되는 거래' 논리를 따랐고, (위에서 설명하였듯이) '정치적 거래나 협상'을 통해 어떤 정부 정책들이 채택되든 그 정책들이 '효율적'이라는 판단에 이르렀다. 또한, '자발적 교환'과 '거래비용접근법'을 사용하는 다른 연구자들은 (1) 한편으로는 '자유방임적

16 정부나 정치에 대해 '거래비용접근법'을 명시적으로 사용하든 사용하지 않든 이러한 논리나 노선을 따라 유익하게 고려할 수 있는 흥미로운 연구들이 많이 있다. 이에 관해서는 다음 논문들을 참고하기 바란다: (1) George J. Stigler(1971), "The Theory of Economic Regulation," *Bell Journal of Economics and Management Science*, 2, pp. 3~21; (2) George J. Stigler(1992), "Law or Economics?," *Journal of Law and Economics*, 35(2), pp. 455~468; (3) Earl Thompson and Roger Faith(1981), "A Pure Theory of Strategic Behavior and Social Institutions," *American Economic Review*, 71(3), pp. 366~380; (4) Donald Wittman(1989), "Why Democracies Produce Efficient Results," *Journal of Political Economy*, 97(6), pp. 1395~1424; (5) Gary Becker(1995), *The Myth of Democratic Failure: Why Political Institutions Are Efficient*, Chicago: University of Chicago Press. 또한 앞에서 언급한 게리 베커의 두 논문도 여기에 해당한다.

결과' 또는 '무정부적인 결과'나 (2) 다른 한편으로는 '정치적 결과(즉, 정치적 거래나 협상의 결과)가 반드시 대략(거의) 효율적'이라고 결론 내리는 데에 매우 조심스러워하였다. 그러나 그들의 조심성은 '이론이 가진 논리'가 아니라 그들의 '과학적 신중함과 상식의 표시'였다. 이러한 논리에는 필연적으로 내가 다른 책에서 언급하였던 '팡글로스적인[17](Panglossian; [역주] '한없이 낙천적인'; 이 말은 『캉디드』에 나오는 낙천적인 교사인 팡글로스(Pangloss)에서 유래함) 함의'가 내포되어 있다.

2) 코스적 협상(상호이익이 되는 거래)과 거래비용 패러다임이 '유토피아적인' 이유: 코스 협상(상호이익이 되는 거래)과 거래비용접근법이 '사회적으로 좋은 결과'를 가져다주는 이유

우리는 '자발적인 교환'을 통한 "'상호이익이 되는 거래'와 이와 관련된 '거래비용'"이라는 패러다임(paradigm)[18]이 어떻게 '사회적으로 좋은 결과'를 가져다주는지 설명하는 데 유용한 도구라는 것을 쉽게 알 수 있다. 왜 그런가? 우선, 사람들이 '자발적으로 거래에 참여'할 때, 사기행위나 실수(즉, 거래비용)가 없다면 그들은 그러한 거래를 통해 양 당사자 모두가 이익을 얻는다. 즉, 사람들은 '자발적인 거래'를 통해 '상호이익'을 얻는다. 또한, 사람들이 주어진 패턴(형태나 유형)의 거래에 계속 참여한다면, 그들이 상호이익을 얻기 위해서는 '사기행위나 실수가 없어야

17 [역주] 프랑스의 철학자 볼테르의 소설 『캉디드』에서 '팡글로스 박사'(Pangloss: pan = 모든, glotta = 혀, 따라서 이는 '우주 최고의 혀 놀림쟁이'라는 뜻임)는 "우리는 이미 상상 가능한 세상 중 최고의 세상에 살고 있다"라고 말하였다.

18 [역주] '패러다임'이란 "어떤 한 시대 사람들의 사고나 인식을 근본적으로 규정하는 이론적인 틀이나 체계"를 말한다.

만'(즉, '거래비용이 적어야만') 한다. 따라서 '자발적인 교환과 상호이익이 되는 거래 및 거래비용 패러다임'은 필연적으로 '자유방임'(즉, 정부 불개입)에 의해서든, '정치적 협상'에 의해서든, '사회적으로 효율적인 결과가 달성된다'라는 추론에 이를 수 있다. 앞에서 살펴본 것처럼 만약 어떤 결과가 '사회적으로 비효율적'이라면(즉, 어떤 결과가 관련된 모든 사람의 총이익을 극대화하지 못한다면) 정치적 협상을 통해 '더 효율적인 결과'로 전환함으로써 이익을 얻을 수 있으며, 그로부터 얻는 이익을 모든 사람이 더 나아지도록 어느 정도 분배할 수 있을 것이다. 따라서 어떤 경제에서 거래의 당사자들은 (1) 거래비용이 이익을 초과하지 않는 한 (2) 그러한 '더 효율적인 결과'로부터 이익을 얻을 수 있는 거래에 반드시 참여할 것이다. 그러나 '거래비용이 이익을 초과'한다면 '비효율적인 결과'에서 정치적 협상을 통해 '더 효율적인 결과'로 전환함으로써 도달할 수 있는 이른바 '더 효율적인 결과'는 사실상 더 효율적이지 '않게' 된다.

그렇기 때문에 우리는 이러한 접근법(즉, 상호이익이 되는 거래 및 거래비용 패러다임)으로는 '한없이 낙천가'인 팡글로스 박사[19]를 도저히 떨쳐

19 [역주] 프랑스 작가 볼테르가 쓴 소설『캉디드』(1759)에는 '엄청난 낙천가'가 나온다. 순진한 청년 캉디드를 교육시키는 '팡글로스 박사'다. 그의 '낙천주의'는 도무지 말릴 수 없다. 그는 "모든 것은 최선의 상태에 있다"고 주장한다. 물론 그 역시 현실 세계에 온갖 부정과 불합리가 존재한다고 인정한다. 스스로 이를 경험하기도 한다. 그런데도 이 세상은 결점도 있지만, 여전히 가장 좋은 곳이라며 '낙천주의'를 고집한다. 볼테르는 팡글로스를 통해 당시 유럽에 퍼져 있던 '낙천적 세계관'을 조소한 것이다. 그 뒤 팡글로스라는 이름은 서양에선 보통명사로 사용돼 왔다. 영어사전을 찾아보면 'Pangloss'는 "근거 없는 낙천주의자"로 해석된다. 'Panglossian'(근거 없이 낙천적인)이라는 형용사도 있다. 노벨경제학상 수상자인 미국의 폴 크루그먼 교수는 이 단어를 자주 사용한다. 주로 낙관적 경제예측을 비판하거나, 금융인들의 도덕적 해이를 가리킬 때 쓴다. 크루그먼 교수는 1998년 자신의 한 논문을 통해 정부 보호 아래 안이한 영업을 해오던 아시아 은행들을 싸잡아 '팡글로스'라 불렀다. '근거 없는 낙관론'에 빠져 곧 닥쳐올 위기를 감지하지 못하였다는 의미다. 사실 우리 은행들도 당시까지 그랬던 게 사실이다. 정부가 도와주면 되겠지, 예금이 들어오고 경기가 좋아지면 괜찮다, 담보 잡았으니 안전하다 등등. 이런 낙관적인 전제로 과잉투자와 부실대출로 제 무덤을 팠던 셈이다. 크루그먼 교수는 최근 또 다른

낼 수 없다. 만약 우리가 (1) '코스적 협상과 거래비용접근법'의 가정들에서 시작하여 (2) 논리적 실수를 하지 않는다면, 우리가 현재 도달해 있거나 곧 도달하려고 향하는 "'사회적 균형(결과)'이 '파레토 효율적'이거나 적어도 '대략(거의) 파레토 효율적'이다"라는 결론에 항상 도달할 수밖에 없을 것이다([역주] 이 얼마나 낙천적인 결론인가! 이는 곧 팡글로스적인 결론이다). 어떤 사회에서 시장과 정치에서 협상을 통해 이루어지는 소득분배에 대해 어떻게 생각하든, 일단 모든 협상이 완료되면 그 사회는 '파레토 효율적인 상태'(즉, "다른 사람의 상태를 더 나쁘게 하지 않고서는 어느 한 사람의 상태를 더 낫게 할 수 '없는' 상태"[20])에 도달할 것이다. 왜 그런가? '파레토 효율적인 상태'에서는 '상호이익이 되는 모든 거래가 이루어졌기' 때문이다. 본 절의 서두에서 언급하였듯이 '코스적 협상과 거래비용접근법'은 '좋은 결과'를 설명하는 데에 적합하다. 그러나 이러한 전통을 따르는 대부분의 경제학자들은 실제로 '유토피아적인(utopian; 이상주의적인) 유형'과는 거리가 멀다. 따라서 우리는 '코스적 협상과 거래비용접근법'이 '나쁜 결과'를 설명하는 데 '적합하지 않은' 이유를 알 수 있다. '나쁜 결과'는 정말로 일어나지 않는가?

관점에서 팡글로스들을 비판하기도 한다. 금융위기가 진정되고, 유럽 재정위기가 고비를 넘자, '이젠 됐다'라는 안도감이 '근거 없는 낙관론'을 낳아선 곤란하다는 지적이다. 특히 성급한 출구전략이나 재정 긴축에 대해 '팡글로스적'(Panglossian)이라고 공격해 왔다. 『캉디드』에 나오는 팡글로스 박사의 낙천주의는 남에게 피해를 주지는 않았다. 하지만 크루그먼이 지적하듯 경제나 금융 분야의 팡글로스들은 자칫 엄청난 파장을 몰고 올 수 있다. 특히 정부의 주요 정책을 결정하는 자리에 팡글로스들이 앉아 있을 때 더더욱 그렇다[출처: 중앙선데이, 2011년 2월 27일자].

20 [역주] '파레토 효율적인 상태'는 달리 표현하면 "파레토 개선(즉, 다른 사람의 상태를 더 나쁘게 하지 않고서도 어느 한 사람의 상태를 더 낫게 할 수 '있는' 상태)이 '불가능한' 상태"를 말한다.

3) 명백히 사회적으로 비효율적인 결과

그러나 세상에는 '나쁜 일'은 분명히 일어난다. 심지어 합리적인 사람들에게도 '나쁜 일'은 종종 일어난다. '정부와 정치' 역시 분명히 '터무니없이 비효율적인 결과'의 원인이 되기도 한다. '대안이론'(즉, 코스적 협상과 거래비용접근법)의 열렬한 지지자들(즉, '사회적으로 효율적인(좋은) 결과가 나타난다'라고 믿는 사람들)은 방금 위에서 설명한 논리를 고려해 볼 때 내가 어떻게 '터무니없이 비효율적인 결과가 발생한다'라고 확신할 수 있는지를 의아해할 것이다. 먼저, '터무니없이 비효율적인(나쁜) 결과'에 대한 극단적인 예로 전쟁을 들 수 있다. 아마도 '전쟁'은 '파레토 효율적이지 않은 결과'(즉, '비효율적인 나쁜 결과')가 존재한다는 사실을 보여 주는 가장 단순한 증거일 것이다. 두 나라가 '비용이 많이 드는 전쟁'을 치른다고 가정해 보자. 이때 두 나라는 전쟁을 치르지 않음으로써 '전쟁비용을 절감'하여(즉, 이익을 획득하여), 이를 공유(共有)할 수 있다. 절감된 전쟁 비용을 공유함으로써 두 나라 모두 '더 나은 결과'를 얻을 수 있다. 전쟁을 벌이지 않는다면 두 나라는 어떻게 더 나아지는가? 예를 들어, 두 나라가 전쟁과 동일한 실질적 결과를 가져오고, 전쟁을 벌이지 않음으로써 생기는 절감된 비용을 공유하는 '협정'을 체결하여, 이를 준수한다면 '양국 모두 더 나은 결과'를 얻을 수 있을 것이다.[21]

---

21 양국 모두에게 더 나은 결과를 가져다줄 수 있는 '평화적인 협정'이 항상 존재할 수 있지만, 이 협정이 (제3자의 개입 없이) 항상 '자체적으로 실행'되지는 않을 것이다. 또한, 위트먼(D. Wittman, 1989)이 정확하게 지적하였듯이 양국 간의 협정이 자체적으로 실행되지 않으면 협정을 집행할 공정한 제3자가 존재하지 않을 수도 있다: Donald Wittman(1989), "Why Democracies Produce Efficient Results," *Journal of Political Economy*, 97(6), pp. 1395~1424. 물론 국제재판소와 법원들이 있지만, 이들 기관은 당사국들이 그들의 협정을 준수하도록 강제할 권한이 없는 경우가 많다.

'대안이론'(즉, 코스적 협상과 거래비용접근법)이 설명할 수 '없는' 또 다른 '명백히 나쁜 결과'는 '왜 어떤 나라들은 매우 가난한지'(즉, 왜 자신의 잠재소득(potential incomes)의 극히 일부만을 획득(실현)하는지)이다. 세계에서 가장 부유한 국가들의 1인당 소득은 가장 가난한 국가(즉, 최빈국)들보다 20배 이상 더 높다. 오늘날 세계 모든 국가는 대부분의 현대 기술을 이용할 수 있고, 세계 자본시장에 접근할 수 있다. 그럼에도 국가 간에 1인당 소득에서 엄청난 차이가 발생한다. 나는 다른 논문에서 국가 간에 발생하는 '1인당 소득의 이러한 커다란 차이'의 대부분을 (1) 국가들이 보유한 '토지나 천연자원의 차이'나 (2) 각국 '인구의 생산력(生産力) 차이'로 설명하기가 명백히 '불가능하다'는 점을 자세히 설명한 바 있다.[22] 그러면 그러한 차이를 어떻게 설명할 것인가?

따라서 "많은 국가가 얼마나 '잘못 통치되고'(misgoverned) 있는지"를 고려하지 않고서는 많은 국가의 '극심한 빈곤'을 설명할 수 없을 것이다. 다시 말하면, 많은 국가의 극심한 빈곤을 설명하려면 '많은 국가가 얼마나 잘못 통치되고 있는지'를 고려해 보아야 한다. 그럼에도 한 가지 분명한 사실은 이러한 '잘못된 통치'(misgovernment; 실정[23])와 '국가 간의 1인당 소득의 엄청난 차이'를 "국가 간의 '거래비용'의 차이"로만 설명할 수 없다는 점이다. 즉, 국가 간 1인당 소득의 엄청난 차이를 부유한 국가의 사람들과 마찬가지로 '가난한 국가의 사람들도 흥정하고 거래할 수 있다'라는 주장으로는 그럴듯하게 설명할 수 없다는 점이다. 예를 들면, (1) 최첨단 기술을 장착한 기계들을 제조 및 생산하는 기업들이 전 세계에 자신의 제품을 판매하기를 열망하고, (2) 더 높은 수익(이때의 수익은 '위험을 조정한 수익'을 말

22 Mancur Olson(1996), "Big Bills Left on the Sidewalk: Why Some Countries Are Rich and Others Poor," *Journal of Economic Perspectives*, 10, pp. 3~24.

23 [역주] '실정'이란 "정치를 잘못함," 또는 "잘못된 정치"를 말한다.

함)을 얻기 위해 지구 끝까지 자본을 신속하게 이동시키려는 수많은 포트폴리오 매니저들이 있는데, 그러한 현대적 기계 분야에서 일어날 수 있는 '상호이익이 되는 거래'가 왜 국가 간 1인당 소득의 엄청난 차이를 없애지 못하는가? 또한, 사람들의 생산성을 높일 수 있는 기술과 자본을 쉽게 이용할 수 있는데도, 전 세계 인구의 대다수를 빈곤에 빠뜨릴 만큼 거래비용이 매우 높을 수 있는가? 따라서 '국가 간의 1인당 소득의 엄청난 차이'를 "국가 간의 '거래비용'의 차이"만으로는 충분히 설명할 수 없다.

마지막으로, 우리가 곧 살펴볼 또 다른 (대부분 다른 이유로 인해) 명백히 '비효율적인 결과'는 '홉스적 무정부 상태'(Hobbesian anarchy)이다. 무정부 상태와 다른 명백히 비효율적인 결과를 설명하기 위해서는 완전히 합리적인 당사자들 간에도 "모든 거래나 상호 작용이 항상 '자발적으로' 일어나는 것은 아니다"(즉, '강제적으로' 일어날 수 있다)라는 점을 분명히 인식해야 한다.

4) 힘(무력)의 어두운 면

사람들이 종종 자발적인 거래를 통해 자신의 이익을 추구 또는 달성하는 것처럼, 어떤 사람들은 때때로 '자발적인 거래'가 아니라 '무력(武力, force)으로 위협하거나 무력을 사용'함으로써 자신의 이익을 추구 또는 달성할 수 있다. 어느 한 개인이 다른 사람보다 훨씬 더 많은(또는 큰) 힘을 가진 경우, 그는 '자발적인 교환'보다 '무력을 사용하거나 사용하겠다고 위협'함으로써 자신의 이익을 '더 잘' 달성할 수 있다. 즉, 힘을 많이 가진 사람은 무력을 사용하거나 사용하겠다고 위협하지 않았다면 비용이 많이 들었을 거래를 '무력을 사용하거나 사용하겠다고 위협'함으로써 '공짜로' 실현할 수 있다. 이와 관련하여 노벨경제학상 수상자인 토머스 셸

링(Thomas Schelling)[24]은 다음과 같이 언급하였다:

> 인간의 생산성과 관련하여 한탄스러운 원리 중 하나는 '창조'하는 것보다 '파괴'하는 것이 더 쉽다는 점이다. 한 사람이 수년에 걸쳐 지은 집도 성냥 한 갑을 살 수 있는 돈을 가진 비행 청소년에 의해 한 시간 만에 파괴될 수 있다. … 남에게 '상처를 주는 힘'(power to hurt; '상처력')—즉, 누군가가 소중히 여기는 것을 파괴하고, 고통과 슬픔을 주는 힘—은 일종의 '협상력'이며, 이를 사용하기 쉽지는 않지만 자주 사용된다. '상처력'(傷處力)은 암흑가에서는 협박, 강탈 및 납치의 기초가 된다. … '상처력'은 사회가 범죄와 비행을 억제하기 위해 사용하는 인도적 처벌과 체벌(體罰)의 근간이다. … 또한, 신(神)들은 복종을 강요하기 위해 '상처력'을 사용하였다.[25]

따라서 앞에서 설명하였듯이 '합리적인 이기심'(rational self-interest)은 (1) '자발적인 교환'을 통해 '상호이익'이 달성되도록 하고, (2) 시장의 '보이

---

24 [역주] 셸링은 캘리포니아주립대학교 버클리에서 1944년에 학사학위를 받고, 하버드대학교에서 1951년에 경제학 박사학위를 받았다. 셸링의 관심은 기존의 경제학에 머무르지 않고 중고차시장, 핵협상 과정에서부터 하키 선수의 헬멧 이야기에 이르기까지 다양하다. 셸링은 RAND 연구소의 중견 간부직을 역임하였는데(1958~1959년), 그곳에서 미국과 소련 간의 핵무기 경쟁을 분석한 『갈등의 전략』(*The Strategy of Conflict*, 1960)을 출간하였다. 이 책을 통해 그는 게임이론을 사회과학을 위한 '최고의' 수학적 기법으로 끌어올렸다. 선택의 폭을 '제한'하여 그 좁아진 선택을 보다 믿을 만한 억제력으로 이끄는 것이 효율적이라는 주장은 독창적인 그의 이론 중 하나이다. 셸링은 순종보다는 저항이, 또 저항보다는 보복하는 것이 최선이라고 말하였다. 그것도 공개적으로 되풀이 보복할 것임을 강조함으로써 자신의 선택을 좁히는 것이 상대방의 공격을 저지하는 데 큰 효과가 있다는 것이다. 특히 '보복'은 확실한 것보다는 '불확실한 것'이 더욱 믿을 수 있고 효율적이라고 셸링 교수는 강조하였다. 그는 제2차 세계대전 후 60년간을 놀라운 시대라고 평가하는데 핵무기를 지닌 국가는 적지 않았지만, 어디에서도 핵위기는 발생하지 않았기 때문이다. 공격을 하였다가는 보복당할 것이 분명하였기 때문에 오히려 전쟁을 피할 수 있었다며 미국과 소련이 서로 핵무기 경쟁을 하면서도 상대편이 핵무기를 사용하면 곧바로 강하게 보복할 것이라고 으름장을 놓은 전략이 핵전쟁을 억제했다고 분석하였다. 게임이론 분석을 통해 갈등과 협력에 대한 이해를 증진시켰다.

25 Thomas Schelling(1966), *Arms and Influence*, New Haven, CT: Yale University Press.

지 않는 손'에 이끌려 '사회의 이익'을 달성하도록 한다. 또한, 이와 마찬가지로 '합리적인 이기심'은 '힘을 가진 사람(세력가)들이 다른 사람들을 강요'하도록 이끌 수 있다. 잭 허시라이퍼(Jack Hirshleifer)의 말에 따르면 "무력의 어두운 면"이 존재한다.[26]

'모든 거래나 상호 작용이 자발적'이라는 가정을 버리면 '사회적 결과가 반드시 효율적'이라는 함의(시사점)는 사라진다. '힘을 가진 당사자'(세력가)는 자신의 힘(무력)을 사용하거나 사용하겠다고 위협함으로써 이익을 얻을 수 있다. 다만 힘(무력)을 가진 사람이 힘(무력)을 사용하거나 사용하겠다고 위협하는 데 드는 '비용'이 그렇게 함으로써 그 당사자가 얻는 '이익'보다 작아야만 한다([역주] 즉, 힘(무력)을 가진 사람이 힘(무력)을 사용하거나 사용하겠다고 위협함으로써 얻는 '이익'이 그 당사자가 그렇게 하는 데 드는 '비용'보다 커야만 한다). 그러나 힘(무력)을 가진 사람에 의한 무력 사용이나 그 위협으로 '피해자가 입는 손실'은 사회적 결과에 전혀 영향을 미치지 않는다. 즉, (1) 피해자가 입는 손실과 (2) 심지어 힘(무력)을 가진 당사자가 얻는 이익 대비 '피해자가 입는 손실의 크기'는 사회적 결과에 전혀 영향을 미치지 않는다. 왜 그런가? 예를 들어, 도둑은 울타리가 피해자에게는 가치가 있더라도 도둑질할 때 자신이 부순 울타리의 가치에 대해 신경 쓸 필요가 없다. 또한, 살인자들은 자살하고자 하는 사람들만 골라서 죽이는 것은 아니다.

마찬가지로, 정부가 민간 소유자들보다 재산을 더 효율적으로 사용할 수 있을 때만 국민의 재산을 몰수할 것이라는 보장은 없다. 또한, 정부가 납세자들보다 돈을 더 잘 쓸 수 있을 때만 납세자들로부터 그들의 돈을 징

---

26 Jack Hirshleifer(1994), "The Dark Side of the Force," Presidential Address to the Western Economics Association, *Economic Inquiry*, 32, pp. 1~10.

수할 것이라는 보장도 없다. 따라서 '자발적인 거래'와 그에 따른 '거래비용'을 넘어, 우리의 분석에 '강압적 힘(즉, 무력이나 강제력)의 사용이나 행사'로부터 얻는 이익까지 포함해야만 정부가 하는 '좋은 일'뿐만 아니라 '나쁜 일'을 설명하는 데 아무런 장애물이 없게 된다.

마지막으로, 우리의 분석에 '강제력'을 포함한다면 우리는 '정부가 본질적으로 강제적'이라는 기본적 현실을 쉽게 받아들일 수 있다. 예를 들어, 세금은 정의(定義)상 '강제적인 것'이며, 모든 정부가 그러한 세금을 부과한다. 세금은 유명한 속담이 말해 주듯이 '죽음'만큼이나 피할 수 없는 일이다. 또한, (1) 정부의 경찰들이 들고 다니는 곤봉들과 총들, (2) 정부의 군대가 보유한 놀랍도록 폭력적이고 강압적인 무기들, 그리고 (3) 정부가 때때로 벌이는 엄청난 비용이 드는 전쟁들 등을 설명하는 데 더 이상 문제가 되지 않을 것이다. 우리가 세계 각국에서 흔히 볼 수 있듯이 '정부의 상징'이 '금전등록기나 상점'이 아닌 '사자나 독수리와 같은 사납

미국 국장
(Great Seal of the United States)

영국 국장
(Coat of Arms of the United Kingdom)

출처: 위키피디아.

고 힘센 동물들'인 것은 우연이 아니다. 만약 자발적인 교환과 거래비용만을 고려한다면 우리가 기대하게 되는 정부의 상징은 금전등록기나 상점이 될 것이다. 그러나 현실 세계에서 우리가 보는 정부의 상징은 '사자(영국의 경우)나 독수리(미국의 경우)와 같은 사납고 힘센 동물들'이다. 이는 결코 우연이 아니다.

5) 계약 준수(이행)를 위한 강제의 필요성

'자발적 교환'과 '거래비용접근법'은 그 자체로는 일부 '좋은 결과들'을 설명할 수 없다. 이는 심지어 '사회적으로 효율적인 시장들'에서 '좋은 결과들'이 발생하는 경우에도 마찬가지이다. 일부 거래들은 (제3자에 의한 개입 없이) '자체적으로 이행'(self-enforcing; 독립적으로 이행)된다. 예를 들어, 어떤 거래가 현장(on the spot)에서 완료되는 경우 일반적으로 '거래로부터 이익을 얻는 데 필요한 것'은 양 당사자의 이익과 재치(mother wit; 즉, 거래 기술)뿐이다. 그러한 거래들은 공통 문화나 거래 촉진 기관들의 '도움 없이도' 당사자 간에 이루어질 수 있다. 이러한 거래의 예로 자치 부족들이 부족 간에 거래하는 경우를 들 수 있다. 또한, 그러한 거래는 때때로 정부의 금지에도 불구하고 일어날 수 있다. 예를 들면, 암시장들(black markets)의 경우이다.

그러나 많은 다른 거래들은 '자체적(또는 독립적)으로 이행되지 않는다'. 그러한 거래들은 필요한 경우 '강제력을 지닌 제3자(third party; 당사자가 아닌 사람)에 의해 이행될 것'이라는 사실이 당사자들에게 알려진 경우에만 일어난다. 먼저, 어느 한 수요자와 어느 한 공급자가 서로 간에 어느 정도 떨어져 있는 경우, 그들 중 누군가(수요자 또는 공급자)는 운송중인 상품의 가치가 저하될 위험을 감수해야 한다. 둘째, 어떤 상품이 주문 제작되는 경우, 거래가 완료되기 전에 필요한 투입물들이 생산에 투입되어야 한다. 셋째, 거래를 위해 보험에 가입한 경우 일부 당사자들은 특정 우발 상황이 발생할 경우, 보상을 받기 위해 대금을 지금(미리) 지불해야 한다. 넷째, 선물(先物)거래를 할 때는 자신이 손실을 보는 당사자라도 거래를 완료해야 한다. 다섯째, 대출과 차입거래를 할 때는 수년 또는 수십 년 후에 받게 될 수익을 기대하며 자본을 빌려준다. 이러한 모든 경우에서 당사자들은 자신이 맺은 계약이 확실히 이행될 것이라고 기대(확신)하지 않는 한 거래로 인한 이익(거래이익)은 실현될 수 없다. 다시 말하면, 당사자들은 자신이 체결한 계약이 확실하게 이행되어야만 거래로부터 이익을 얻을 수 있을 것이다. 차입자나 나중에 계약을 이행하는 당사자는 자신이 체결한 계약을 항상 제때에 이행하겠다고 약속해야만 한다. 그러나 홉스(Thomas Hobbes)가 오래전에 말하였듯이 "칼 없는 언약은 말에 불과하다"[27]([역주] 즉, "강제 이행 없는 계약은 말에 불과하다"[28]). 따라서 위에서 언급한 거래들의 경우에 최소한 최후의 수단으로 '제3자에 의한 강제이행'이 있어야 한다.

이제까지 설명한 '코스적 거래(자발적인 거래)와 이를 제한하는 거래비용에 대한 이론'은 아쉽게도 계약을 이행하는 '외부의 힘'(즉, 강제력)에 대해서는 설명하지 못한다. 그럼에도 불구하고 이 이론은 '자체적으로 이행되는 거래'가 아니라 '제3자에 의한 이행'(third-party enforcement)이 필요한 거래들에 참여하고자 하는 사람들이 (1) 왜 그러한 이행(즉, 제3자에 의한 이행)을 원하는지, (2) 왜 그러한 이행을 위해 기꺼이 비용을 지불하려 하는지 등을 설명하는 데에도 쉽게 확장될 수 있다. 그러나 이 이론은 (1) 계

---

27 [역주] "Covenants without the sword are but words."
28 [역주] "Contracts without the **enforcement** are but words"(이 표현은 역자가 만든 것이다).

약 이행을 통해 시장이 더 잘 작동하도록 하는데 왜 종종 '강제력'이 사용되는지([역주] 즉, '강제력의 올바른 사용', 또는 '강제력의 밝은 면')와 (2) 시장에서 거래되는 상품들을 빼앗기 위해 왜 때때로 강제력이 사용되는지([역주] 즉, '강제력의 잘못된 사용', 또는 '강제력의 어두운 면')를 설명할 수 없다.

6. 무정부 상태

앞에서 살펴본 것처럼 사람들이 자신의 이익을 위해 '강압(강제력)을 사용하겠다고 위협'하는 것은 합리적일 수 있다. 물론 강압을 사용하겠다는 위협은 토마스 홉스의 말처럼 '무정부 상태에서의 인간의 삶'을 "고독하고, 가난하고, 고약하고, 잔인하고, 짧게"[29] 만드는 주요 요인이다. '홉스주의적 무정부 상태'에서는 어느 한 사람이 생산한 것(그리고 그것을 생산하는 데 사용된 도구들이나 기타 자본)을 다른 사람들이 빼앗아 갈 가능성이 존재한다. 따라서 '무정부 상태'에서는 '생산하려는 인센티브'(즉, 생산 인센티브)가 이러한 가능성(즉, 강탈 가능성)에 의해 제한을 받는다. 또한, 무정부 사회에서 노동의 일부는 생산에 사용되기보다는 다른 사람들이 생산한 것을 '빼앗거나 훔치는 데' 사용될 것이다.

도둑질은 자연스럽게 (1) '재산을 보호하는 비용'과 (2) '기타 도둑질 방지 활동에 드는 비용'을 발생시킨다. 이러한 비용들은 (1) '무정부' 사회에서 중요할 뿐만 아니라, (2) 놀랍게도 일부 '비(非)무정부'(non-anarchy; 무정부 상태가 아닌) 사회를 이해하는 데도 중요할 것이기 때문에 별도의 주

29 [역주] "solitary, poor, nasty, brutish, and short."

의가 필요하다. 예를 들어, 어느 한 가족이 무정부적 환경에서 발생하는 '고질적인 도둑질'에 어떻게 대응할 것인지를 고민하는 경우를 고려해 보자. 이 가족은 어떻게 노력하는 게 자신의 이익에 가장 잘 부합할 것인가? 이 가족은 '도둑질을 방지하는 데 기울인 마지막 한 단위(예, 1시간)의 노력'([역주] 즉, '도둑질 방지를 위한 한계노력')이 '생산 활동에 투입한 마지막 한 단위(예, 1시간)의 노력'([역주] 즉, '생산을 위한 한계노력')과 '동일한 수익'을 갖도록 자신의 노력을 배분하는 것이 자신의 이익에 가장 잘 부합할 것이다. ([역주] 즉, '도둑질을 방지하는 데 기울인 마지막 한 단위의 노력으로부터 얻는 수익'(즉, '도둑질 방지로부터 얻는 한계노력 수익')이 '생산 활동에 투입한 마지막 한 단위의 노력으로부터 얻는 수익'(즉, '생산으로부터 얻는 한계노력 수익')과 '같도록' 자신의 노력을 배분함으로써 자식의 이익을 가장 잘(최대로) 달성할 수 있을 것이다.) 무정부 상태에서 어떤 가족은 '생산'보다 '도둑질 방지'에 더 많은 노력을 기울이는 게 합리적일 수 있다. (물론 이러한 논리는 '도둑질'과 '생산'의 경우에도 적용할 수 있다. 따라서 무정부 상태에서 어떤 사람들(즉, 잠재적 도둑들)은 '생산'보다 '도둑질'에 더 많은 시간을 할애할 것이다.)

그러면 도난(도둑질)은 어떻게 방지할 수 있는가? (1) 물건을 다른 방식(예를 들어, 자본보다는 노동을 많이 사용하는 방식)으로 생산하고, (2) 다른 제품들(예를 들어, 즉석에서 먹을 식량)을 생산함으로써 도난을 방지할 수도 있다. 먼저, 우리는 위에서 '무정부 상태에서 자본재들(예, 기계나 도구들)이 쉽게 도난당할 수 있다'라는 사실을 지적한 바 있다. 따라서 생산(즉, 생산 방식)은 '노동집약적'(labor intensive; 노동을 많이 사용하는)이어야 한다. 다음으로, 일부 활동(예를 들면, 즉석에서 먹을 식량을 구하는 활동)은 본질적으로 '도난에 저항력'이 있다. 물론 도난 방지를 위해 생산성은 낮지만 '도난에 저항력이 있는' 생산 방식(예를 들어, 노동집약적 생산)

을 사용함으로써 '포기된(생산되지 못한) 제품들'(예, 자본재)은 무정부 상태에서 야기되는 '암묵적 비용'(implicit costs)이다.

따라서 무정부 상태의 사회에서는 다음과 같은 생산물들을 생산하지 '못하게' 된다. 즉, 어떤 사회가 무정부 상태에 있으면 그 사회는 (1) '도둑질'에 투입된 자원들을 사용하여 생산할 수 있었던 생산물들, (2) '재산을 보호'하는 데 투입된 자원들을 사용하여 생산할 수 있었던 생산물들, 그리고 (3) 만약 생산이 '도난을 방지하지만 사회적으로 덜 생산적인 방식'으로 이루어지지 않았다면 얻을 수 있었던 추가 생산물 등을 '상실'하게 될 것이다. 따라서 무정부 상태는 (1) 인명 손실을 수반할 뿐만 아니라, (2) '도둑질하려는 인센티브'와 '도난을 방지하려는 인센티브' 모두를 증가시켜, 결국에는 '생산하려는 인센티브'(생산 인센티브)를 감소시킨다.

따라서 '힘을 가진 사람들'(권력자, 또는 세력자)이 때때로 자신의 목적(이익)을 달성하기 위해 (1) 폭력을 사용하거나, (2) 폭력을 사용하겠다고 위협하는 것은 '합리적'일 것이다. 그러나 무정부 상태에서의 폭력은 항상 사회적으로 '비합리적'이다. 왜 그런가? 어떤 무정부 상태의 사회에서 도둑질을 통해 (1) 어떤 사람들은 이익을 얻지만, 다른 사람들은 손해를 보고, (2) 도난 및 도난 방지 활동에 자원들이 사용(투입)됨으로써 그 사회의 생산이 감소하기 때문이다. 그러므로 어떤 사회에서 '무정부 상태'가 적절한 '평화적 질서'(유(有)정부 상태) 체제로 대체된다면 그 사회에서 생산이 크게 증가할 것이다. 실제로 어떤 사회에서 '폭력적인 무정부 상태'에서 '평화로운 질서 체제'(즉, 유정부 상태)로 전환함으로써 얻는 이익은 일반적으로 매우 크다. 평화로운 질서 체제로부터 얻는 이익은 매우 크며, 이를 사회 구성원 모두가 '더 낫게'(better off; 더 잘 살 수 있게) 할 수 있도록 공유(분배)할 수 있으며, 여기에는 여러 방법이 있다. 이러한 이유로 어떤 사회에서 주민들(집단)이 자신의 공동이익을 달성하고자 한다면 그들은 결코 '무정부 상태'를 선택(또는 선호)하지 않을 것이다.

1) 사회계약: '코스적 협상'의 다른 이름

방금 말하였듯이 사람들(집단)이 무정부 상태를 피함으로써 이익을 얻는다. 그렇기 때문에 과연 사람들이 '무정부 상태를 피하려 할 것이다'([역주] '무정부 상태를 피하려는 인센티브를 가질 것이다')라고 결론지을 수 있는가? '상호이익이 되는 교환'으로부터 유추해 보면 우리는 "사람들(집단)이 무정부 상태를 피하려 할 것이다"라고 추론(推論)할 수 있다. 이는 모든 무정부 사회가 '사회계약'(social contract)을 체결하고, 이를 준수함으로써 이익을 얻을 수 있기 때문이다. 우리는 '합리적(이기적)인 사람들로 구성된 어떤 집단이 자신의 공동이익이나 집단이익이 무엇이든 그것을 위해 행동(노력)할 것이다'라고 가정할 수 있다. 이러한 일반적인 가정은 무정부 회피와 관련하여 '동일한 추론'([역주] 즉, '사람들(집단)이 무정부 상태를 피하려 할 것이다')을 가져다준다. 이처럼 각 집단은 '무정부 상태를 피하려는 데'에 공동이익(집단이익)을 가지고 있으므로, 일반적으로 "각 집단은 평화로운 질서 체제를 확립함으로써 자신의 공동이익(즉, '무정부 탈피')을 달성하려고 할 것이다"라고 결론지을 수 있는가?

가장 단호하게 말하면, 그 대답은 "아니다!"이다. '평화로운 질서 체제'를 확립하기 위한 자발적인 행동은 종종 일어나지 않는다. 특히 대규모 집단이나 국가에서는 그러한 행동이 절대로 일어나지 않는다. 그러한 행동이 자주 일어나지 않는지에 대한 가장 중요한 이유는 다음 장에서 논의할 예정이다. 그러나 우리는 앞에서 "많은 집단이 '특별한 장치가 없다면' 사회계약을 맺을 수 없다"라는 사실을 증명하기에 충분한 한 가지 논거를 살펴보았다. 그 논거는 무엇인가? 무정부 상태의 인구 집단(사회)에 속해 있는 모든 사람이 '평화로운 질서 체제'([역주] 즉, 유정부)를 확립하기 위해 사회계약에 서명하더라도 '해당 사회계약이 이행되지 않는 한' 무정부 상태는 없어지지 않을 것이기 때문이다. 만약 계약을 이행할 수 있는 매우 강력한 기관(예를 들면, 정부)이 있었다면 애초에 무정부 상태는 존재하지 않았을 것이다.

2) 권력이론의 필수 불가결성

앞에서 살펴보았듯이 '거래비용접근법'은 (1) '계층적인 기업들'(hierarchical firms; [역주] 즉, 계층구조를 가진 기업들)을 연구하는 데 성공적이었고, 또한 (2) '정치'를 분석하는 데에도 시사하는 바가 크다. 그러나 '거래비용접근법'은 다음 세 가지를 설명할 수 '없다'. 첫째, '거래비용접근법'은 (1) '정부와 정치', 또는 (2) 인간 삶에서 '강제적 권위나 강제력(강압적 힘)'이 존재하는 다른 영역들을 이해하는 데에는 충분한 근거를 제공해 주지 못한다. 둘째, '거래비용접근법'은 우리가 실제 세계에서 관찰하는 많은 '명백하게 비효율적인 사회적 결과'를 설명할 수 없다. 셋째, '거래비용접근법'은 그 자체만으로는 '권위적인 이행'(authoritative enforcement)이 필요한 '상호이익이 되는 계약'을 설명할 수 없다. 그러나 '거래비용접근법'은 다음과 같은 세 가지 유용성도 가지고 있다. 첫째, '거래비용의 개념'을 '강압적 힘(강제력)의 중요성'에 대한 인식과 함께 사용하면 '거래비용접근법'은 '정치와 정부'에 대해서도 '유용한 통찰력'을 제시해 줄 수 있다(이와 관련해서는 딕싯(Avinash Dixit)의 연구[30]를 참조하기 바람). 둘째, '거래비용접근법'은 오염 물질들이나 기타 외부효과가 존재하는 상황에서 두 사람 간의 상호 작용을 고찰할 때에도 매우 유용하다. 셋째, '거래비용접근법'은 본서의 제1장과 제2장에서 제시한 '나의 이론'과 함께 사용하면 시사하는 바가 클 것이다. 따라서 '자발적이고 상호이익이 되는 협상'과 이를 제한하는 '거래비용'에 대한 비유나 이론(패러다임)만으로는 충분하지 않으며, 더욱이 '정부와 정치 이론'의 자연스러운 출발점도 아니다.

마지막으로, (1) '유정부'와 (2) 유정부가 하는 모든 좋은 일들과 나쁜 일들, 그리고 (3) 정부가 없을 때 나타나는 끔찍한 '무정부 상태' 등을 제대로 이해하려면 제1장과 제2장에서 전개한 '나의 권력이론(theory of power)'을 대체할 수 있는 이론(즉, '대안이론')은 없을 것이다. 따라서 우리는 이제까지 살펴본 (1) '자발적 교환을 통해 얻는 상호이익'('자발적 교환에 의한 상호이익')뿐만 아니라, (2) '권력과 강압의 논리'(logic of power and coercion)에 대해서도 잘 이해해야만 한다.

7. 내 이론에 추가(보완)하기

이제 본서의 앞부분(즉, 제1장과 제2장)에서 제시한 '내 이론'을 확장해 볼 차례이다. 본 장에서 설명한 코스의 주장에 따르면, "거래비용이 0이라면(즉, 들지 않는다면) 합리적인 당사자들은 반드시 '파레토 효율적인 코스적 협상'(Pareto-efficient Coaseian bargains)을 달성할(또는 '코스적 협상'을 통해 '파레토 효율성'에 도달할) 것이다". 그러나 다음 장에서 이러한 코스의 주장에도 '논리적 결함'이 있음을 살펴볼 예정이다. 그럼에도 불구하고

30 Avinash Dixit(1996), *The Making of Economic Policy: A Transaction-Cost Politics Perspective*, Munich Lectures in Economics, Cambridge and London: MIT Press, pp. xvii, 192.

'추가 이론'(additional theory)을 이해하는 데 필요하기 때문에 코스 이론의 논리적 결함에 대해서도 고찰할 예정이다. 먼저, 우리는 '추가 이론'을 이해하는 데 필요한 다음 세 가지 질문을 제기할 수 있다. 첫째, 수렵 및 채집 무리(집단)와 같은 '소규모 집단들'은 왜 일반적으로 자신의 집단 내에서 '평화로운 질서'와 기타 공공재를 공급하는 실제적인 '사회계약'을 체결하는 데 성공하는가? 둘째, 어떤 사회에서 왜 '다수의 인구'(즉, 대규모 집단)는 '자발적인 코스적 협상'을 성사시키지 못하는가? 마지막으로, 세계에서 가장 번영하는 국가들에서 '경제 활력'을 약화시키는 주요 요인은 무엇인가? 제1장과 제2장에서 제시한 '내 이론'에 이러한 세 가지 질문들을 추가하여 설명함으로써 다음 장들에서 '추가 이론'을 제시하고자 한다. 이를 위해 우리는 이러한 질문들에 대해 명확히 이해해야 할 필요가 있다.

제4장

합리적인 개인들과 비합리적인 사회

1. 소규모 집단들은 종종 (선택적 유인 제공 없이도 또는 무임승차하려는 인센티브 없이) '자발적인 집단행동'에 성공한다: 소규모 집단 내 각 개인의 자발적인 집단재 공급 유인
2. 소규모 집단 내 회원들 간의 전략적 상호 작용과 흥정하려는 유인
3. 보편적 오류
4. 거래비용이 없는 경우: 거래비용이나 교섭(협상)비용이 들지 않는다면 어떻게 될 것인가?
5. 핵심이 없는 게임
6. 선택적 인센티브
7. 논의의 요약

먼저, 설명의 편의를 위해 다음을 가정해 보기로 하자. 여러 명의 개인(구성원)들로 이루어진 어떤 집단이 있으며, 이 집단은 (구성원 각자가 아닌) '그 집단에 효율적이거나 합리적이지 않은 어떤 결과'—즉, 집단에 속해 있는 모든 개인의 총(또는 공동)실질소득이나 총(또는 공동)후생을 극대화하지 못하는 어떤 결과—에 도달하였다고 가정해 보자. 이 경우에 '그 집단에 효율적이거나 합리적인 결과'(즉, '집단 최적적인 결과')에 어떻게 도달하는가? 제3장에서 제시한 '대안이론'(alternative theory; 즉, 코스적 협상과 거래비용접근법)이 말해 주듯이, 이 경우에 '효율적이거나 집단 최적적인(group-optimal) 결과'로 전환함으로써 얻는 이익을 집단 전체가 공유할 수 있는 어떤 교섭(이를 '코스적 협상'(Coaseian deal)이라고 부름)이 이루어져야 할 것이다. 이때 그러한 교섭(협상)은 그 집단에 속한 모든 개인이 더 나아질 수 있도록 해야 한다. 과연 이러한 교섭(협상)은 기능할 것인가?

로널드 코스(Ronald Coase)는 "거래 당사자들 간에 거래비용이 들지 않는다면 이러한 '집단 합리적인(또는 최적적인) 결과'(group-rational or optimal outcome)가 달성될 것이다"라는 결론을 내렸다. 코스의 이러한 결론은 거의 보편적으로 받아들여지고 있다. 이 결론은 모든 곳에서 '모든 종류와 모든 크기의 집단들'에 적용될 수 있는 것으로 여겨진다. 문제는 거래 당사자들 간에 교섭에 '거래비용이 든다'라는 점이다. 확실히 모든 사람은 '집단 효율적인 교섭'(group-efficient deal)을 하는 데 협상비용이나 거래비용이 많이 들며, 심지어 거래비용이 '효율적인' 배분이나 결과로 이동함으로써 얻는 이익보다 더 클 수 있다는 점을 잘 알고 있다. 이는 (공식적이든 비공식적이든, 또는 민간이든 정부든) 최상의 거래 메커니즘을 사용하여 도달한 대안적인 배분(즉, '효율적인 배분 결과로의 전환')이 '애초에 전혀 효율적이지 않았다!'(즉, 거래비용 > 이익)라는 것을 의미한다. 따라서 이러한 코스의 논리(일부 거래비용을 주장하는 경제학자들에 의해 나중에 확장되었지만)는 "집단이 '합리적인 개인들'로 구성되어 있다면 집단도 합리적이다"([역주] 즉, '집단의 구성원인 개인들이 합리적이라면 그 집단도 합리적이다')라는 점을 의미하는 것처럼 여겨진다. 즉, '개인들이 자신의 개인이익(individual interest)을 위해 행동하는 것'처럼 '집단도 자신의 공동(집단)이익(common interest)을 위해 행동할 것이다'라는 점을 암시하고 있다.

이러한 믿음은 거래비용이론이나 시카고학파 전통(Chicagoan tradition)에만 국한된 것이 아니며, 오랫동안 '통념'으로 여겨져 왔고, 일부 학계나 학문 분야에서는 여전히 통용되고 있다. 우선, 마르크스(Karl Marx)의 '계급이론'(class theory)에 따르면 사회계급(social class)은 '합리적이고 정보에 정통한 개인들(즉, '허위의식'(虛僞意識, false consciousness)[1]이 없는 개인들)로 구성되어 있으며, 이들은 자신의 계급이익(class interest)을 위해 자발적으로 행동할 것이다'라고 가정하고 있다. 이러한 가정은 사실인가? 둘째로, 자본주의 사회에서는 '부르주아 계급'(bourgeois class; [역주] 근대 사회에서 '자본가 계급'에 속하는 사람을 말하며, 그 반대는 '프롤레타리아 계급'임)에 의해 통제되며, 자본주의 발전의 적절한 단계에서 '프롤레타리아 계급'(proletariat; [역주] 자본주의 사회에서 자기 노동력을 자본가에 팔아 생

1 [역주] '허위의식'이란 인간의 의식은 "'물질적 존재 조건'에 의해 형성되는데, 이때 왜곡된 형태로 반영된 의식"을 말한다. 마르크스는 유물론적 입장에서 '인간의 의식'은 자신의 존재 형태, 즉 사회적 생산관계와 같은 물질적인 조건으로부터 자유로울 수 없으며, 사회적 조건에 의해 형성 또는 반영된 사회적 산물로 본다. 인간의 의식은 의식적 존재가 가지는 것 이외의 어떤 것도 아니며, 인간 존재는 실제적인 삶의 과정으로부터 인간의 의식이 자유로울 수 있다는 신념이나 환상에서, 즉 본질과 외양의 모순에 의해 형성된다. 사회적 조건은 사회적 의식을 형성하며, 이것이 '계급의식'으로 발전한다. 계급의식은 그 계급의 물질적 존재 조건에 기반하지만 지배계급의 '이데올로기'에 의해 영향을 받는다. 이때 받게 되는 이데올로기에 의해 형성된 의식이 '허위의식'이다. 마르크스의 허위의식의 개념은 이데올로기의 개념으로 발전되었다[출처: 네이버 지식백과, '허위의식'(교육학용어사전, 1995, 서울대학교 교육연구소)].

활하는 '노동자 계급'을 말함)은 '자본주의를 전복하고, 프롤레타리아 독재(proletariat dictatorship)를 수립하여, 계급이 없고 국가가 없는 공산주의 사회의 토대'를 만들기 위한 자신의 계급이익('프롤레타리아 계급이익')을 위해 자발적으로 행동할 것이다. 이러한 믿음은 사실인가? 셋째로, 한때 정치학을 지배하였던 '집단이론'(group theory)이나 '분석적 다원주의'(analytical pluralism) 이론에 따르면 '집단들이 자신의 집단이익(group interest)을 위해 행동할 것'이라는 전제하에서 정치를 설명하려 하였다. 이러한 전제는 사실인가? 넷째로, 일부 경제학자들의 '노동조합이론'(theory of labor union)에 따르면 '노동자 집단'에 대해서도 동일한 가정을 하였다. 즉, 노동자 집단도 자신의 '집단이익'을 위해 자발적으로 행동할 것이다. 이러한 가정은 사실인가? 마지막으로, 사람들은 '무정부 상태(anarchy)의 해악과 평화로운 질서(peaceful order)로부터 얻는 이익 때문에 사회계약(social contract)을 맺어 정부를 수립하려 할 것이다'라고 생각한다([역주] 여기서 사회계약 체결과 정부 수립은 사람들의 '집단이익'에 해당된다). 이러한 생각은 '개인들이 자신의 개인이익을 위해 자발적으로 행동하는 것처럼 집단들도 자신의 집단이익을 위해 자발적으로 행동할 것이다'라는 가정을 보여 주는 또 다른 예이다. 이러한 가정은 사실인가?

나는 내가 쓴 『집단행동의 논리』(1965)[2]에서 기존의 통념을 깨고 '집단이 자신의 공동(집단)이익을 위해 자발적으로 행동한다'라는 견해가 '잘못되었다'라는 사실을 보여 주었다. 『집단행동의 논리』에서 보여 준 나의 이러한 주장은 이제 대부분의 상황에서 거의 보편적으로 받아들여지고 있다. 그러나 그러한 내 주장이 '적용되지 않는' 몇 가지 중요한 경우들이

---

2 Mancur Olson(1965), *The Logic of Collective Action: Public Goods and the Theory of Groups*, Harvard Economic Studies, Vol. 124, Cambridge, MA: Harvard University Press.

있다. 코스 정리(Coase theorem)도 그중 하나이다. 이는 겉보기에 내 주장이 그들과 관련성이 없는 것으로 간주되거나, 심지어 고려조차 되지 않았기 때문이다. 다행히도 제3장에서 고려한 코스의 논리(Coaseian logic)는 (1) 집단행동의 논리에 대한 몇 가지 '새로운 확장'과 (2) 집단행동의 논리를 증명하는 '새로운 방법'을 제시해 준다. 또한, 이 새로운 증명은 (1) 유명한 '용의자 딜레마(Prisoner's Dilemma) 모델'에 대한 몇 가지 일반적이고 매우 해로운 '오해들'을 보여 준다. 특히 이 새로운 증명은 (2) '한 집단에 속한 개인(회원)들의 수'(집단의 크기)와 '그 집단이 자신의 공동이익을 위해 행동할 가능성'(집단행동의 가능성) 간의 관계와 관련하여 몇 가지 일반적이고 매우 해로운 '오해들'을 보여 준다. 예를 들면, 어느 한 집단에 속한 회원들의 수가 '작은' 경우에, 그 집단은 자신의 공동이익을 위해 행동할 가능성이 '클' 것이다. 반면에 어느 한 집단에 속한 회원들의 수가 '많은' 경우에, 그 집단은 자신의 공동이익을 위해 행동할 가능성이 '작을' 것이다. 그러나 코스의 논리는 이러한 점을 보여 주지 못한다.

우리가 '코스 정리'와 '용의자 딜레마' 모두를 '올바르게' 이해한다면 본서에서 내가 제시한 이론에 상당한 설명력을 더할 수 있을 것이다. 이 장에서 나는 '집단행동의 논리'에 대해 이전과는 다소 '다른 설명'을 제시하고자 한다. 『집단행동의 논리』를 이미 잘 이해하고 있는 독자들은 이 책의 나머지 장들을 이해하는 데 충분할 것이지만, 이 장에서 '몇 가지 놀라운 사실들'도 발견할 수 있을 것이다. 이 장에서 나는 먼저 '소규모 집단들이 집단적으로 행동할 수 있는 능력'에 대해 간단히 설명하고자 하며, 일부 독자들은 이미 이 사실을 잘 알고 있을 것이다.

1. 소규모 집단들은 종종 (선택적 유인 제공 없이도 또는 무임승차하려는 인센티브 없이) '자발적인 집단행동'에 성공한다: 소규모 집단 내 각 개인의 자발적인 집단재 공급 유인

회원(구성원)이 '소수'에 불과한 소규모 집단들에서 '어느 한 개인'(회원)이 전적으로 자신의 비용 부담으로 어떤 집단재의 일정량을 공급함으로써 해당 집단재로부터 충분한 이익을 얻는 경우가 많다. 그러면 소규모 집단 내 나머지 다른 개인(회원)들은 해당 집단재로부터 얻는 이익을 공짜로 얻을 수 있기 때문에 '무임승차'(無賃乘車, free ride)하게 된다. 극단적인 경우로, 우선 두 사람만이 이익을 얻는 어떤 공공재(집단재)를 고려해 보자. 예를 들어, 어느 마을에 두 가구만 이용하는 '막다른 도로'(공공재)가 있다고 생각해 보자. 또한, 두 가구는 해당 집단재에 '동일한 가치'를 부여한다고 가정해 보자. 해당 공공재(집단재)의 최소 공급으로 두 개인이 얻는 이익을 합하면 그 가치가 공공재 공급에 든 비용의 2배 이상이 될 수 있다. 그러면 각 가구는 자신이 혼자서 모든 비용을 부담하더라도 집단재의 일정량을 공급함으로써(즉, 자발적인 집단행동에 참여함으로써) 이익을 얻을 수 있다. 그 결과 각 가구는 두 가구로 이루어진 집단을 위해 자신이 기여한 행동(즉, 일정량의 집단재 공급)으로부터 얻는 이익의 '절반'(=1/2)을 나누어 가지게 된다. 이처럼 아주 소규모 집단 내에서 어느 한 개인은 혼자서 모든 비용을 부담하더라도 일정량의 집단재를 자발적으로 공급하려는 유인을 가진다.

다음으로, '막다른 도로'(집단재) 공급으로부터 이익을 얻을 수 있는 가구가 다섯 가구라고 가정해 보자. 그러면 어느 한 가구는 자신이 집단재 공급에 기여(비용 부담)한 결과로 얻게 되는 총이익 중 1/5을 가져오게 된다.

이러한 이익은 종종 그 가구가 집단재의 공급에 자발적으로 기여하도록 할 인센티브를 부여할 수 있을 것이다. 그러나 '다섯 가구로 이루어진 집단'은 분명히 '두 가구로 이루어진 집단'만큼 '집단 지향적 행동'(group-oriented action)을 하려는(즉, 집단행동에 참가하려는) 인센티브가 강하지는 '않을' 것이다. 왜 그런가? 다섯 가구로 이루어진 집단에 속해 있는 어느 한 가구는 단독으로 일정량의 집단재 공급으로 집단 내 모든 회원에게 가져다주는 '총이익'이 그 일정량의 집단재 공급에 드는 '총비용'의 5배나 그 이상이 되지 않는 한, 그 가구는 혼자서 자신의 비용으로 그 일정량의 집단재를 공급함으로써 이익을 얻을 수 '없을' 것이다. 환언하면, 어느 한 가구가 일정량의 집단재 공급으로 얻을 수 있는 총이익이 그 집단재 공급에 드는 총비용의 5배나 그 이상이 된다면 그 가구는 혼자서 자신의 비용으로 그 일정량의 집단재를 공급함으로써 이익을 얻을 수 있다. 많은 집단재의 경우 최소량을 공급하더라도 그 비용에 비해 가치(이익)가 매우 클 수 있으므로 이 조건이 때때로 충족될 수 있다. 따라서 '다섯 가구로 구성된 집단'의 경우에도 어느 한 가구에 의해 일정량의 집단재가 '일방적(단독)으로 공급'될 수 있다. 그러나 '다섯 가구로 구성된 집단'의 경우 '두 가구으로 구성된 집단'에 비해 그 필요성이나 공동이익 또는 '집단 합리적인(최적적인) 수량' 면에서 '훨씬 더 적은 양'의 집단재가 어느 한 가구에 의해 일방적으로 공급될 수 있다.

마지막으로, '막다른 도로'(집단재) 공급으로부터 이익을 얻을 수 있는 가구가 많다고 가정해 보자. 일반적으로 많은 수의 가구들이 있으면 '더 길거나 더 튼튼한 도로'가 필요할 것이다(물론 그러한 도로가 공급되지 않을 수 있다). 그러나 한 가지 분명한 사실은 여전히 한 집단 내에 '다수의 가구'가 있는 경우 어느 한 가구에 의한 '일방적인 공급'은 '집단 합리적인 공급량' 또는 '집단 최적적인 공급량'에 비해 관련 집단재를 '훨씬 더 적게 공급한다'라는 점이다. 이는 '다수'의 가구로 이루어진 큰 집단 내에서 어느 한 가구가 순전히 자신의 일방적 비용 부담으로 일정량의 집단재가 공급되더라도 자신이 얻을 수 있는 이익이 매우 적기 때문이다.

2. 소규모 집단 내 회원들 간의 전략적 상호 작용과 흥정하려는 유인

다음으로, 어떤 집단재 공급으로 이익을 얻는 사람(회원)의 수가 '적을' 때(예를 들면, 5명)에는 위에서 살펴보았듯이 (1) 소규모 집단들에서 어느 한 개인은 혼자서 모든 비용을 부담하더라도 '일정량의 집단재를 자발적으로 공급하려는 유인'을 가질 뿐만 아니라, 또한 (2) 소규모 집단 내 각 개인(회원)은 '전략적으로 상호 작용하고 흥정하려는 유인'도 가진다. 집단 내 두 개인 간에 흥정은 어떻게 이루어지는가? 예를 들어, 소규모 집단 내 한 개인(회원)이 다른 개인(회원)에게 "(1) 만약 당신이 일정량의 집단재를 공급한다면(또는 (2) 일정량의 집단재 공급에 드는 비용의 일부를 부담한다면) 나도 그렇게 할 것이다"라고 제안(흥정)할 수 있다([역주] 아래에서 곧 살펴보겠지만 여기서 (1)의 표현을 '매칭(matching) 공급 방식', (2)의 표현을 '비용 분담(cost sharing) 원칙'이라고 부른다). 이로 인해 어떤 집단재의 어느 한 잠재적 수익자(受益者)는 '다른 개인이 일정량의 집단재를 공급하거나 집단재 공급 비용을 분담할 것'이라는 사실을 알게 될 것이다. 그렇게 되면 (1) 집단 내 각 개인이 부담해야 하는 집단재 공급 비용이 줄어들고, (2) 일정량의 집단재가 공급될 가능성이 커질 것이다. 만약 집단 내 두 사람이 집단재 공급에 드는 '비용을 분담'하기로(cost sharing) 합의하였다면, 이는 '다른 사람이 비용을 분담하면 자신도 비용을 분담할 것'이라고 말하는 것과 같다. 이때 제3자는 집단재 공급에 참여함으로써 얻는 자신의 기여(비용 분담) 가치가 훨씬 더 커진다는 것을 알게 된다. 그 결과 제3자도 비용분담에 가담할 것이다. 따라서 집단 내 회원들 간의 '비용 분담'은 (1) 일정량의 집단재 공급 가능성을 높여 줄 뿐만 아니라, (2) 더 많은 양의 집단재를 공급하도록 유인할 것이다. 그러면 비용을 어떻게 분담할 것인가? 집단 내 모든 개인이 '어떤 집단재 공급으로부터 자신이 얻는 이익에 정확히 비례'하여 그 집단재를 공급하는 데 드는 비용을 분담(즉, '이익에 비례한 비용 분담')하는 게 합리적일 것이다. 따라서 집단재 공급으로부터 얻는 자신의 이익에 '비례'하여 집단재 공급에 드는 비용을 분담한다면 집단 내 각 개인은 '총이익을 극대화하는 양'을 공급하게 될 것이다. 즉, 당해 집단재는 '집단 합리적인', 또는 '집단 최적적인' 또는 '집단 파레토 효율적인'(group Pareto-efficient) 수준(양)에서 공급될 것이다.

일반적으로 어떤 집단재로부터 이익을 얻는 잠재적 수익자들의 수가 '적을' 경우, 집단 내 각 개인(어느 한 개인)이 얻는 이익은 집단 내 다른 개인들의 기여(비용 분담)나 비기여(비용 불(不)분담, 또는 무임승차)에 따라 크게 영향을 받는다. 이를 살펴보기 위해 먼저, 어떤 집단의 모든 회원이 집단 최적적인 양을 공급하고 있다고 가정하자. 다음으로, 이러한 상태에서 어느 한 회원이 집단재 공급에 기여(비용 분담)를 중단하면(즉, 무임승차한다면) 어떻게 될지 생각해 보자. 예를 들어, 다섯 가구로 구성된 어떤 집단에서 각 가구는 어떤 집단재에 대해 동일한 가치를 부여한다고 가정해 보자. 이제 이 집단에서 어느 한 가구가 '매칭 공급'(즉, 당신이 일정량의 집단재를 공급하면 나도 공급하겠다) 또는 '비용 분담' 원칙에서 '탈퇴'하면 나머지 네 가구가 부담해야 하는 비용이 크게 증가할 것이다. 나머지 네 가구는 자신의 기여(비용 분담)가 크게 증가한다는 점을 알기 때문에 자신들도 '무임승차'하려고 할 것이다. 한 가구가 무임승차하는 이 집단에서 4명의 각 기여자(비용 분담자)가 당해 집단재 공급에 드는 한계비용의 1/5이 아닌 1/4을 부담해야만 한다면 각 기여자는 비용이 더 커져서(즉, 1/4 > 1/5), 눈에 띄게 더 적은 수량을 공급하려고 할 것이다. 그 결과 1명의 무임승차자는 이전보다 훨씬 더 적은 양의 집단재를 소비하게 될 것이다. 이로 인해 그 무임승차자는 다시 기여(비용 분담)하려고 할 것이다.

만약 1명의 무임승차자가 다시 기여하지 않는다면 다른 회원들은 자신들도 집단재를 더 적게 공급하거나 전혀 공급하지 않으려 할 것이다(즉, 다른 회원들도 무임승차하려고 할 것이다). 다른 회원들이 그렇게 행동한다면 그 무임승차자가 다시 기여(비용 분담)하도록 할 인센티브를 증가시킬 수 있다. 즉, 다른 회원들은 그 무임승차자가 집단재 공급에 다시 기여(비용 분담)하도록 '유인'하기 위해 자신들도 집단재 공급을 줄이거나 전혀 공급하지 않으려 할 것이다. 그러면 '어떤 집단들'에서 이러한 '흥정'이 일어나는가? 예를 들면, 매우 작은 집단들에서는 '상호이익이 되는 집단행동'(mutually advantageous collective action)이 이루어질 때까지 회원들 간에 교섭(흥정)을 계속할 인센티브가 '항상' 존재한다고 확신할 수 있다. 왜 그런가? 아주 작은 집단 내에서 한 개인(회원)의 기여(비용 분담)가 다른 회원들의 기여 결정에 매우 중요하기(또는 다른 회원들의 기여에 미치는 영향이 매우 크기) 때문에 '회원들은 항상 서로 교섭할 인센티브'를 가지고 있다. 소규모 집단들이 자발적으로 집단재를 공급할 것이라고 확신할 수는 없지만, 소규모 집단들 내에서 자발적인 행동과 교섭(협상)은 종종 성공할 수 있다. 다음에서 살펴볼 아주 특별한 경우를 제외하고 소규모 집단들에서는 '집단재 공급이 없는 결과'(outcome without provision)는 안정적인 균형(stable equilibrium)이 될 수 '없다'. 왜 그런가? 소규모 집단 내에서 각 개인(회원)은 (1) 다른 개인들과 교섭(흥정)하고, (2) 집단행동(집단재 공급)을 통해 이익을 얻을 때까지 교섭(흥정)을 계속할 지속적인 인센티브를 갖고 있어서, 궁극적으로 '집단재가 공급'될 것이기 때문이다. 이러한 결과는 곧 '안정적인 균형'이라고 할 수 있다. 따라서 소규모 집단들에서는 '집단재 공급이 없는 결과'는 균형이 될 수 '없다'.

3. 보편적 오류

경제학에서 "심지어 2명의 개인(회원)으로만 구성된 아주 소규모 집단들에서도 회원들은 자신의 공동이익을 위해 협력하지 '않을' 것이다"라는 일반적인 가정이 여전히 존재한다. 심지어 기술적으로 정교한 작업을 수행하는 일부 연구자들조차도 "2명으로만 이루어진 아주 소규모 집단들도 대규모 집단들과 마찬가지로 자신들의 공동이익을 위해 함께 힘쓰지(협력하지) '않을' 것이다"라는 점을 당연하게 여긴다. 이는 '오해'이다. 이러한 일반적인 오해는 한 가지 유명한 사례(즉, '용의자 딜레마 게임')가 가진 매혹적인 단순성에 기인한다.

놀랍도록 단순한 예로 유명한 '용의자 딜레마 사례'가 있다. 용의자 딜레마 사례에서 일반적으로 도출되는 결론은 '집단 내 회원이 2명으로만 이루어진 집단들도 일반적으로 집단재를 획득(공급)하지(또는 자신들의 공동이익을 달성하지) 못한다'는 점이다. 그러나 두 사람이 용의자 딜레마 게임을 '무한히 많은 횟수만큼 반복'할 때만 '협력'을 통해 그들의 공동이익을 달성할 수 있다(또는 협력을 통해 집단재를 획득하거나 공급할 수 있다). 어떤 유형의 '단일 시행(한 번만 하는) 게임'(또는 경기자들이 '게임의 횟수를 미리 알고 있는' 게임들)에서 각 경기자의 지배적인 전략(dominant strategy; '우월전략')은 서로 '협력'하기(cooperate)보다는 상대방을 '배신'(defect)하는 것이다. 따라서 단일 시행 게임에서 두 사람은 '집단적으로(두 사람 모두에게) 합리적인 결과'(collectively rational outcome)를 얻지 못한다.

용의자 딜레마 상황에서 2명의 범죄 용의자는 이미 경찰의 손에 잡혀 있으며, 수사 대상인 범죄(중범죄)보다 증거 불충분으로 '더 가벼운 범죄'(경범죄)로 유죄가 입증될 수 있다. 2명의 범죄 용의자는 '더 중대한 범죄'(중범죄)를 저질렀지만, 이 범죄를 목격한 사람은 그들 두 사람뿐이며, 둘 중 적어도 어느 1명이 자백하고 다른 사람을 그 범죄에 연루시키지(뒤집어씌우지) 않는 한 누구도 그 범죄에 대해 유죄 판결을 받을 수 없다. 따라서 두 범죄 용의자가 공동으로(함께) 저지른 범죄에 대해 자백하지 않고 '침묵하는 것'은 곧 두 범죄 용의자에게 하나의 '집단재'(collective good)이다.

범죄 용의자들의 사례가 '사회적 협력(social cooperation)의 실패'를 설명하는 데 왜 사용되는가? 그 이유의 한 가지 핵심은 고전적인 비유에서 범죄 용의자들이 경찰에 의해 '별도의 감방에 격리될 수 있고, 실제로 격리된다'는 점이다. 따라서 범죄 용의자들은 타의에 의해 서로 의사소통할 수 없다. 이는 2명의 범죄 용의자가 (1) 서로 의사소통이 허용되지 않기 때문에 (2) 경찰에게 관련 범죄에 가담한 사실을 말하지 않기로 합의할(입을 맞출) 기회가 없음을 의미한다. 따라서 2명의 범죄 용의자는 격리되어 의사소통할 수 없어서 (3) 자신들의 '집단이익(공동이익, 즉 '범죄 혐의 부인')을 도모하거나 달성할 기회'를 잃게 된다. 2명으로 이루어진 '용의자 딜레마 게임'의 원동력은 "하나의 공동 문제를 가진 두 사람 간의 상호 작용에서 거의 보편적으로 나타나는 특징인 '의사소통'—즉, 두 사람 모두에게 '집단재'(즉, '범죄 혐의 부인')를 획득하는 데 필요한 의사소통—이 몇 가지 예외적인 '특수한 사정들'에 의해 방해를 받는다"라는 데 있다. 범죄 용의자들 간의 '의사소통을 방해'하는 특수한 사정들이란 무엇을 말하는가? 용의자 딜레마의 첫 번째 특수한 사정은 범죄 용의자들을 심문하는 '경찰관들'에 있다. 경찰관들은 "범죄 용의자들이 '의사소통'을 통해 서로를 밀고(배반)하지 못하도록(즉, 서로 협력하도록) 하는 데 방해가 될 수 있다"라는 점을 알고 있다. 따라서 2명으로 이루어진 용의자 딜레마 게임의 첫 번째 핵심 특징은 범죄 용의자들이 '집단재(침묵을 지키는 것)를 획득'하는 데(또는 '집단적으로 최선인 결과'를 얻는 데) 효과적인 수단인 '의사소통'이 경찰관들에 의해 '방해'를 받는다.

두 범죄 용의자는 '더 중대한 범죄에 대한 유죄 판결을 피하는 것'이 곧 그들의 공동이익(또는 집단재)이고, 이를 달성하려면 '그들 모두 자신이 저지른 범죄에 대해 증언(자백)하지 않겠다'라는 두 용의자 간의 합의가 '신뢰할 수' 있어야만 한다. 따라서 용의자 딜레마의 두 번째 특수한 사정은 '범죄 용의자들'에 있다. 범죄 용의자들은 사법[3]이나 재판[4]을 방해하기 위한 '두 사람 간의 합의 자체'가 '불법'(합의의 불법성)이기 때문에 법원을 통해 두 용의자 간의 계약을 집행할 수 없다(계약이행의 불가능성). 그 결과 두 범죄 용의자는 불법적인 합의를 도모할 수 없게 된다. 따라서 심지어 두 사람(회원)만으로 이루어진 아주 작은 집단들에서도 '사회적 협력의 어려움'이 나타나는 결과를 보여 주는데, 많은 사람 중에서 유독 '범죄 용의자들'이 사용되는 것은 우연이 아니다. 이는 단지 2명의 범죄 용의자로만 구성된 아주 작은 집단들에서도 두 사람 간에 이루어지는 '합의의 불법성'과 그로 인한 '계약집행의 불가능성'으로 인해 '사회적 협력이 어렵다'라는 점을 의미한다. 따라서 2명으로 이루어진 용의자 딜레마 게임의 두 번째 핵심 특징으로 범죄 용의자들 간의 '합의의 불법성'으로 인해 두 용의자가 집

3 [역주] '사법'(司法)이란 "국가의 기본적인 작용의 하나로 어떤 문제에 대하여 법을 적용하여 그 적법성이나 위법성, 권리관계 등을 확정하여 선언하는 일"을 말한다.

4 [역주] '재판'(裁判)이란 "쟁송(爭訟)의 해결을 위해 법원 또는 그 재판관이 내리는 판단"을 말하며 성질에 따라 민사, 형사, 행정 재판 등이 있고, 형식에 따라 판결, 결정, 명령 등이 있다.

단재(침묵을 지키는 것)를 획득하는 데 효과적인 수단인 '의사소통'이 방해를 받는다. 그러면 어떤 작은 집단 내에서 실제로 소수의 개인(회원)들이 '집단재로부터 이익을 얻을 수 있는 경우'는 어떤 때인가? 첫째, 작은 집단 내 개인들이 일반적으로 공동이익을 달성하기 위해 어떻게 협력할지에 대해 서로 간에 '의사소통(communication)할 수 있을 때', 개인들은 실제로 집단재 공급에 의해 이익을 얻을 수 있다. 둘째, 집단 내 개인들이 일반적으로 자신의 합의를 이행하기 위한 '법적 계약 및 기타 장치나 제도들을 이용할 수 있을 때', 개인들은 집단재 공급에 의해 이익을 얻을 수 있다. 따라서 이러한 두 가지 조건이 충족되면 작은 집단 내에서 개인들은 일반적으로 '집단재를 획득'할 수 있고, 이를 통해 '집단이익을 달성'할 수 있다.

이제까지 설명한 이 장의 논리는 '매우 작은 집단들은 종종 자발적으로 집단행동(또는 집단재 공급)에 참여하거나 성공할 수 있음'을 보여 주었다. 이제 이러한 논리는 집단 내 관련 당사자(회원)들이 (1) '서로 의사소통할 수 있고', (2) 서로 간에 '집행 가능한(enforceable) 계약이나 합의에 도달할 수 있는' 모든 경우에 적용된다. 예를 들면, 사적재(私的財)의 거래에서와 마찬가지로 집단재(집단행동)에서도 관련 당사자들의 합의나 계약이 '동시에' 이루어지는 경우(예를 들면, 즉석 시장이나 현장 시장처럼)에, 이때의 합의나 계약은 일반적으로 당사자들 간에 '자체적으로 집행'(self-enforcing; 자체 집행)된다. 그러나 집단재(집단행동)에서 기여자(비용 부담자)들이 '서로 다른 시기'에 기여(비용 부담)하려고 합의하는 경우에, 이때의 합의나 계약은 당사자들 간에 자체적으로 집행되지 않고, 일반적으로 당사자들 간이 아닌 '제3자에 의한 집행'(third-party enforcement)이 필요하다.

소규모 집단들은 일반적으로 (1) 회원들 간에 '의사소통'이 가능하고, (2) 계약이나 합의안을 집행하는 데 필요한 여러 장치나 제도들을 이용할 수 있다. 그러나 용의자 딜레마 사례는 2명의 용의자로만 이루어진 '매우 작은 집단'이지만, 이러한 두 가지 조건을 사용할 수 없다. 따라서 '예외적인 상황'에서만 성립하는 '용의자 딜레마 사례'가 '왜 그렇게 유명해지고 큰 영향을 미쳤는지'를 생각해 볼 필요가 있다. 용의자 딜레마 사례는 왜 유명해지고 큰 영향을 미쳤는가? 아마도 그 이유 중 하나는 이 사례가 '매우 단순'하기[5] 때문일 것이다. 그러나 또 다른 이유는 용의자 딜레마 사례의 결론—즉, '아주 작은 집단이라도 집단들은 자신의 집단이익(공동이익)을 달성하기 위해 회원들이 서로 협력하지 않을 것이다'—이 '대규모 집단들'에 대해서도 성립한다는 점이다. 그러나 '대규모 집단들이 자발적으로 그들의 집단이익을 달성하는 데 성공하지 못하는' 진짜 이유를 발견하거나 설명하지 못하고 있다. 아래에서 그 이유를 살펴보기로 한다.

1) 대규모 집단들에서 자발적 집단행동이 실패하는 이유

대규모 집단들에서 자발적 집단행동이 왜 실패하는가? 예를 들어, 어떤 집단재로부터 이익을 얻는 잠재적 수익자가 100만 명이라고 가정해 보자. 앞에서 설명한 '소규모 집단들'에 대한 분석에 따르면, 5명으로 구성된 어떤 매우 작은 집단의 경우 집단 내 어느 한 개인(회원)은 집단이익을 획득하기 위한 행동(집단행동)에 참여한 결과로 얻는 총이익(예, 50억 원) 중 1/5

5 [역주] 이러한 경우를 '오컴의 면도날'(Occam's razor)이라고 부른다. '오컴의 면도날'은 어떤 사항을 설명하기 위한 가설의 체계는 간결해야 한다는 원리를 말한다. 어떤 사실 또는 현상에 대한 설명들 가운데 논리적으로 가장 단순한 것이 진실일 가능성이 높다는 원칙을 의미한다. 건전한 추론을 위한 방법론으로서 '단순성의 원칙'(principle of simplicity) 또는 '논리 절약의 원칙'(principle of parsimony)으로도 지칭된다. 14세기 영국의 작은 마을에서 출생한 신학자이자 철학자였던 윌리엄 오컴(William Ockham)은 어떤 현상의 인과관계를 설정함에 있어 불필요한 가정을 삼가야 한다고 주장하였다. 즉, '불필요한 가정은 면도날로 잘라내라'. 이는 "면도날로 잘라내듯 모든 가정(假定)을 도려낸 뒤 남는 단순한 것, 그것이 바로 본질"이라는 점을 의미한다.

(예, 10억 원)을 획득할 것이라는 사실을 분명히 알 수 있다. 그러나 집단재로부터 이익을 얻는 잠재적 수익자가 100만 명인 어떤 대규모 집단에 속한 어느 한 개인은 그 자신이 집단재의 공급에 기여(비용 부담)한 결과로 얻는 총이익(예, 50억 원) 중 100만 분의 1만큼만(예, 5,000원) 차지할 것이다. 그러므로 100만 명으로 구성된 어떤 집단에 속한 어느 한 개인은 (앞에서 살펴본) 인구가 많이 거주하는 사회에서 활동하는 어느 한 범죄자와 비슷한 위치에 있다. 다음으로, 아주 많은 개인들로 구성된 '아주 대규모(예, 1,000만 명)의 집단'의 경우 이 집단에 속한 어느 한 개인은 집단이익을 얻기 위한 행동(집단행동)에 참여한 결과로 얻는 이익(예, 50억 원) 중 아주 작은 비중만(예, 1,000만분의 1; 즉, 500원)을 차지하게 된다. 그러나 이러한 아주 작은 이익 비중(몫)은 일반적으로 아주 대규모 집단에 속해 있는 개인(회원)들이 자발적으로 집단의 공동이익을 달성하기 위해 행동(집단행동에 참여)하도록 할 인센티브를 부여해 주지 '못할' 것이다.

어떤 집단재 경우 '이익 대 비용 비율'(예, 이익 50조 원 대 비용 1,000만 원)이 엄청나게 커서, 심지어 집단재로부터 얻는 총이익의 100만 분의 1(예, 5,000만 원)이라도 일정량의 집단재 공급에 드는 총비용(예, 1,000만 원)을 크게 '초과'할 수 있을 것이다. 따라서 이 경우에는 일정량의 집단재가 집단행동 없이도 어느 한 개인에 의해 '일방적(단독)으로' 공급될 수 있을 것이다. 그러나 어떤 집단재의 이익 대 비용 비율이 엄청나게 크다면, 이는 그 집단재에 정말 엄청난 '집단적 비합리성'(collective irrationality; [역주] 집단재로부터 얻는 이익이 집단재 공급에 드는 비용을 엄청나게 크게 초과함으로써 이익 대 비용 면에서 '비효율성'이 발생함)이 존재한다는 것을 의미한다! (물론, 집단 최적적인 상태에서는 집단재에 대한 1달러의 한계지출이 있는 경우 이익 대 비용 비율은 1이 될 것이다.) 이는 무엇을 의미하는가? 어떤 집단재로부터 얻는 가치(이익)가 집단재 공급에 드는 비용에 비해 너무 커서 대규모 집단에 속한 어느 한 개인이 혼자서 일정량의 집단재를 일방적으로 공급할 인센티브가 있다면, 이는 그 대규모 집단이 (무임승차자들이 많아서) 자신의 집단이익을 달성하는 데 '크게 실패하고 있음'([역주] 즉, 집단적 비합리성이 존재함)을 입증하는 것이다.

또한, 대규모 집단 내에서 어떤 집단재를 공급함으로써 얻는 이익이 100만분의 1에 불과한 개인들은 일반적으로 서로 간에 전략적으로 상호 작용하거나 흥정(협상)할 인센티브가 없을 것이다. 대규모 집단에 소속된 어느 한 개인이 집단재의 공급으로부터 얻는 이익이 100만분의 1(아주 작은 이익)에 불과하다면 두 사람은 100만분의 2만큼의 이익을 얻게 될 것이다. 그러나 100만분의 2만큼의 이익도 너무 작아서 일반적으로 두 사람이 그 집단에 대해 '집단적으로 비합리적인 결과'를 개선하기 위해 세 번째 사람과 전략적으로 상호 작용하거나 흥정하도록 할 인센티브를 부여하기에 충분하지 못할 것이다. 이처럼 대규모 집단 내에서 집단재 공급으로 어느 한 개인이 얻는 이익이 아주 작아서, 집단에 속한 개인들이 일반적으로 서로 간에 전략적으로 상호 작용하거나 흥정(협상)할 인센티브가 없다면 어떻게 할 것인가? 이때 그들을 '위협'하는 방법을 생각해 볼 수 있다.

2) '집단재를 공급하지 않겠다'는 위협 전략이 가지고 있는 잘못된 논리: 집단재 비공급 위협 전략의 모순

어떤 대규모 집단에 속해 있는 많은 개인이 일정량의 집단재를 공급하기로 합의하더라도, 이들 개인은 그 집단 내 무임승차자들만큼 이익을 얻지 못할 것이다. 이때 다수의 개인은 무엇을 할 것인가? 실제로, 합의를 통해 일정량의 집단재를 공급한 '다수의 개인들'은 '각 무임승차자에게 집단재 공급에 기여(비용 부담)하지 않으면 집단재 공급을 중단하겠다'라고

'위협'할 수 있을 것이다. 그러나 이러한 '기여 위협'(contribution threat)은 효과가 '없을' 것이다. 예를 들어, 어떤 집단재가 공급됨으로써 이익을 얻는 사람이 N명(예, 1,000명)인 어떤 집단이 있다고 생각해 보자. 이 중에서 어느 1명이 무임승차를 한다고 가정해 보자. 이 경우 무임승차자가 아닌 N−1명(예, 999명)의 사람들은 그 비(非)기여자(holdout; 무임승차자)가 적절한 몫(비용)을 부담하지 않으면 해당 집단재를 공급하지 않겠다고 '위협'할 수 있다.

이러한 '위협 전략'은 소규모 집단들에서는 종종 효과가 있을 수 있음을 보았지만, 집단이 커질수록 이 위협 전략은 점점 더 신뢰성이 떨어진다. 왜 그런가? 첫째, 예를 들어, 1,000명으로 구성된 어떤 집단에서 '비기여(무임승차) 전략'을 사용하면서 집단재로부터 이익을 얻는 어느 한 수익자(무임승차자)는 '나머지 999명이 집단재가 공급되지 않음으로써 자신보다 999배나 많은 총손실을 입는다'라는 사실을 알고 있다. 둘째, 1,000명으로 이루어진 어떤 집단에 소속된 어느 한 '합리적' 수익자는 집단재 비공급 위협 전략 사용 시 얼마의 비용을 부담할 것인가? 집단재 비공급 위협 전략 사용으로 그 합리적 수익자가 비용을 지불하더라도 집단재 공급에 드는 총비용의 1,000분의 1 이상을 부담하지 않을 것이다. 따라서 어느 한 무임승차자를 위협하기 위해 사용하는 '집단재 비공급(즉, 집단재를 공급하지 않겠다) 위협 전략'이 성공하더라도(즉, 위협 결과 무임승차자가 집단재 공급에 기여하더라도), '집단재가 공급되지 않음으로써 발생하는 손실'(1명의 무임승차자보다 나머지 999명은 999배나 많은 총손실을 입음)에 비해 '집단재 비공급 위협 전략의 성공으로 나머지 999명이 얻는 이익'(1명의 무임승차자가 위협 결과로 집단재 공급 비용을 추가로 부담함으로써 나머지 999명이 얻는 이익)은 아주 작을 수밖에 없을 것이다. 이는 1명의 무임승차자를 위협하기 위해 '집단재 비공급 위협 전략'을 사용하여 성공하더라도 그 효과가 미미함을 의미한다.

위의 두 가지 설명은 다음과 같이 요약될 수 있다. 어떤 아주 대규모 집단에서 '강제나 강압'이 없을 때 사용할 수 있는 유일한 위협인 '집단재 비공급 위협'(즉, '집단재를 공급하지 않겠다는 위협') 전략은 두 가지 이유로 인해 사실상 확실히 '실패'할 것이다. 첫째, 대규모 집단 내에서 다수의 '집단재 공급 기여자들'은 그들의 '집단재 비공급 위협'(집단재를 공급하지 않겠다는 위협) 전략의 적용 대상인 '무임승차자'보다 집단재 비공급으로 오히려 자신들이 몇 배나 더 많은 손실을 입기 때문이다(위의 첫 번째 경우의 예 참조). 둘째, 다수의 집단재 공급 기여자들은 같은 기간 동안 집단재 비공급 위협 전략의 성공으로 1명의 무임승차자의 기여(비용 부담)를 통해 얻을 수 있는 이익보다 훨씬 더 많은 손실을 입기 때문이다. 다시 말하면, (위에서 말하였듯이) 다수의 집단재 공급 기여자들은 '집단재 비공급으로 발생하는 손실'에 비해 '집단재 비공급 위협 전략의 성공으로 자신들이 얻는 이익'이 아주 작을 것이기 때문이다.

대규모 집단들에 소속된 모든 사람은 '무임승차자 또는 비기여자가 되려는 인센티브'를 가지고 있다. 따라서 우리는 대규모 집단 내에 소속된 '대다수의 사람들'이 실제로 집단재 공급에 자발적으로 기여(비용 부담)할 것이라고 기대해서는 '안될' 것이다. 아주 대규모 집단들에서 집단재 공급을 통해 이익을 얻으려는 개인(회원)들 간의 자발적인 상호 작용은 다음 두 가지 결과를 가져다준다. 첫째, 집단 내 개인(회원)들은 무임승차자가 되려고 함으로써 종종 집단재가 '전혀' 공급되지 않는다. 둘째, 집단 내 개인(회원)들은 무임승차자가 되려고 함으로써 집단재는 '집단 합리적인 수준(양)에 조금이라도 근사한 양'조차도 자발적으로는 물론이고 보조금 지급 없이는 결코 공급되지 않는다. 다시 말하면, 대규모 집단들에서는, 개인들의 무임승차 욕구 때문에 집단재를 공급하려면 보조금 지급이나 다른 유형의 '선택적 인센티브'(selective incentive)를 제공해 주어야만 한다. 이에 대해서는 나중에 살펴볼 예정이다.

3) '집단 합리성(최적성)의 한계'에서의 논리: '한계 집단 합리성'(최적성)의 논리

이제까지 살펴보았듯이 대규모 집단들에서 '자발적인 개별 행동'은 개인들의 무임승차 욕구로 인해 집단재를 (1) 전혀 공급하지 못하거나, (2) 설사 공급한다고 하더라도 '집단 합리적인(collective rational) 양'만큼을 공급할 수 없는 결과를 가져다준다. 이러한 이유로 우리는 하나의 '사고(思考) 실험'으로서 '집단적으로 최적적인 양이 이미 공급된 상황'을 고려해 보기로 하자. 우리는 (1) '소규모 집단'의 경우에 집단 최적적인 양이 공급되었음을 보았고, 그 대조로서 이제 (2) '대규모 집단'의 경우에도 집단 최적적인 양이 공급되었음을 고려해 보는 것은 흥미로운 일일 것이다. 먼저, '집단적' 측면에서 살펴보면, 100만 명으로 구성된 어떤 집단이 '집단 최적적인 수준(양)'에서 집단재를 공급한다면, 마지막으로 한 단위(즉, 한계단위)의 집단재를 공급함으로써 100만 명의 수익자들이 얻는 총이익은 마지막 한 단위(즉, 한계단위)의 집단재 공급에 드는 비용과 같을 것이다. 그러나 '개인적' 측면에서 보면, 100만 명으로 구성된 이 집단에 속해 있는 어느 한 개인은 마지막 한 단위(즉, 한계단위)의 집단재 공급으로부터 얻는 총이익 중 100만 분의 1만큼(즉, 아주 작은 몫)만 얻게 된다. 따라서 대규모 집단 내 어느 한 개인(회원)은 자신이 집단재 한 단위를 공급한다면 집단재로부터 얻는 이익이 집단재 공급에 드는 비용의 100만 분의 1에 불과하다는 것을 알게 될 것이다! 분명히 대규모 집단들에서는 집단 내 개인들의 '자발적인 개별 행동이나 보조금을 받지 않는 개별 행동'으로는 (대다수 개인의 무임승차하려는 욕구 때문에) '집단 합리적(최적적)인 양'의 집단재를 공급하지 '못할' 것이다. 환언하면, 대규모 집단들에서 '집단 합리적(최적적)인 집단재 양'을 공급하려면 집단 내 개인들을 '강제'하거나, 또는 그들에게 '보조금'을 지급하거나, 다른 '선택적인 인센티브들'을 제공해야만 한다.

내가 1965년에 쓴 『집단행동의 논리』가 출간된 이후 여러 학문 분야들과 여러 국가에서 다수의 연구자들이 앞에서 언급한 나의 이론을 검증하기 위해 방대한 세부 및 후속 연구들과 통계적 검증들, 통제된 실험들 등을 수행해 왔다. 그 결과 압도적으로 많은 연구가 '나의 이론을 입증해' 보였다. 특히 『집단행동의 논리』에서 비롯된 여러 연구 문헌 중 일부가 다음 두 권의 책에 (요약되지는 않았지만) 인용되어 있으며, 이 책들 역시 나름대로 중요한 기여를 하였다고 생각된다. 그 책들은 러셀 하딘(Russell Hardin)의 『집단행동』[6]과 토드 샌들러(Todd Sandler)의 『집단행동』[7]이다.

4. 거래비용이 없는 경우: 거래비용이나 교섭(협상) 비용이 들지 않는다면 어떻게 될 것인가?

거래비용을 연구하는 일부 학자나 연구자들은 다음과 같이 가정하곤 한다. 즉, (1) 어떤 대규모 집단에 소속된 모든 사람(회원)이 집단재 공급에 드는 비용 중 자신의 분담분을 지불하기로 합의하고, (2) 그 결과 집단재가 공급된다면 그들 모두는 이익을 얻을 수 있을 것이다. 이러한 이유로 수천 또는 수백만 명으로 구성된 대규모 집단들에서도 (1) 교섭(협

6 Russell Hardin(1982), *Collective Action*, Baltimore, MD: Johns Hopkins University Press.

7 Todd Sandler(1992), *Collective Action: Theory and Applications*, Ann Arbor, MI: University of Michigan Press.

상)에 필요한 비용(즉, 교섭비용)을 '외부에서' 지불하거나, (2) 어떤 이유로 거래비용이나 교섭(협상)비용이 들지 않는다면, 집단재가 '자발적으로' 공급될 수 있다고 가정한다. 결국, 대규모 집단들에서도 '이익에 비례하여 비용을 분담'하고 집단재를 공급하기로 하는 합의가 만장일치로 이루어진다면, 그러한 합의는 대규모 집단 내에서 '만장일치로 모두에게 이익이 되는 합의'(unanimously advantageous agreement)가 될 것이다. 따라서 '코스적(코스 이론에 기반을 둔) 교섭(협상)비용 및 거래비용접근법'에 따르면, 합의와 협상에 관련된 당사자들이 (앞에서 언급한 두 가지 이유로) 교섭(협상)비용을 지불할 필요가 없다면 그러한 합의(협상)는 충분히 발생할 수 있을 것이다.

물론 '외부에서' 모든 교섭비용과 거래비용을 지불한다는 가정은 '비현실적'이다. 또한, 우리는 앞에서 어떤 아주 대규모 집단에 속한 개인들은 외부에서 협상비용이나 거래비용에 대해 보조금(지원금)을 받지 않는다면 서로 간에 교섭(협상)할 인센티브조차 갖지 '않을' 것이라는 사실을 살펴보았다. 그러나 거래비용이나 교섭(협상)비용이 (1) 외부에서 지불되거나, (2) 다른 이유로 0이 될 경우에 어떤 일이 일어날지에 대해 생각해 보는 것은 중요하다. 왜 그런가? 그 일은 '사적재와 관련된 거래'와 '공공재(公共財)와 관련된 거래' 간에 존재하는 중요하고도 이전에는 간과된 '차이'를 보여 주기 때문이다. 많은 경제학자들이 이러한 차이를 알아차리지 못함으로써 논리적 오류에 빠지게 되었다. 따라서 어떤 외부 재단(財團)이 집단재 공급을 위한 교섭(협상)에 드는 시간 및 기타 재원에 대해 '모든 비용을 지불한다'라고 가정해 보자. 이들 비용은 어떤 대규모 집단에 속한 개인들이 집단재를 공급하기 위하여 '만장일치로 모두에게 이익이 되는 자발적 합의'(unanimously advantageous voluntary agreement)를 협상하거나 도출하는 데 드는 시간 및 기타 재원에 대한 모든 비용을 말한다.

사적재 거래의 경우 사적재를 획득하는 유일한 방법은 '그 거래에 참여'하는 것이다. 만약 어떤 사람이 거래에 참여하지 않으면 그는 아무것도 얻지 못한다. 또한, 사적재의 경우 '상호이익이 되는 거래'에 관련 당사자들의 참여를 유도하는 데에는 아무런 문제가 없다. '사적재 거래를 통해 상호이익을 얻을 수 있다'라는 거래 당사자들의 이기적 관심(이기심)이 거래 참여의 직접적인 동기가 되기 때문이다.

'상호이익이 되는 거래 기회'에 대해 알아내는 데 드는 비용(즉, '정보비용')이나 기타 거래비용 등으로 인해 상호이익이 되는 거래들이 성사되지 '않을' 수 있다. 상호이익이 되는 거래들이 성사되지 않으면 사회적 비효율성이 존재하는가? 그러나 정보를 획득하거나 기타 거래비용을 충당하는 데 드는 비용들은 귀중한 자원들을 소모하므로 '상호이익이 되는 거래가 성사되지 않는다고 해서 사회적 비효율성이 존재한다'라고 가정해서는 안될 것이다. 시장에서 개인들의 이기심은 그들에게 '상호이익이 되는 거래'를 찾으려는 인센티브를 부여하거나 제공해 준다. 또한, 종종 기업들은 그러한 거래 기회에 대한 정보를 판매하거나 중개에 참여함으로써 이익을 얻을 수 있을 것이다. 따라서 시장들이 다양한 방식으로 '불완전'하다는 특징이 있더라도, 개인의 이기심과 기업의 적절한 대응으로 개인들과 기업들이 사적재에서 '상호이익이 되는 거래들'에 참여하도록 인센티브를 부여하는 데에는 일반적으로 아무런 문제가 없을 것이다.

5. 핵심이 없는 게임

이제 다음과 같은 어떤 대규모 집단이 있다고 가정해 보자. 즉, (1) 어떤 집단재 공급에 드는 비용을 집단에 소속된 모두가 분담하고, (2) 그 결과 집단재가 자발적으로 공급된다면, 집단 내 모두(모든 회원)가 이익을 얻을 수 있는 어떤 대규모 집단이 있다고 가정해 보자. 또한, 집단재의 잠재적 수익자의 '대부분'(또는 수익자 중 '1명을 제외한 모든 사람')이 '비용을 분담하고, 집단재를 공급하는 데 합의하였다'라고 가정해 보자. 이는 '집단재를 공급하려는 거래'가 성사되었음을 의미한다. 이 경우에 그러한 거래(합의)에 참여하지 않은 사람들은 가장 운이 좋은 사람들이다! 왜 그런가? 거래(합의)에 '참여하지 않은' 사람들은 공짜로 공공재(집단재)를 얻는 반면, 거래(합의)에 '참여한' 사람들은 공공재(집단재)에 드는 비용을 지불하기 때문이다. 이러한 경우에 그 대규모 집단에 속한 개인들이 가질 수 있는 가장 좋은 결과는 거래(합의)에서 빠지는(즉, 거래에 '참여하지 않는') 것이다.

그러나 실제로 잠재적 수익자들은 거래에서 빠지지 '않으려' 할 것이다. 왜 그런가? 잠재적 수익자들은 '거래(합의)에 참여하면서' 자신을 제외한 다른 모든 사람이 공공재(집단재)에 드는 비용을 분담하게 하는 것이 자신에게 이익이 되기 때문이다. 그러나 집단재를 공급하는 거래가 '있을 것 같으면' 합리적인 개인들은 그 거래에서 '빠지려고' 애쓸 것이다. 일반적으로 집단 내 각 개인은 '자신은 참여하지 않은 상태에서 집단재를 공급하려는' 거래(즉, 무임승차할 수 있는 거래)가 있다면, 이는 자신에게 가장 이익이 될 것이다. 따라서 모든 사람은 그러한 상태(즉, 무임승차하려는 상태)에 있으려는 인센티브를 가지게 될 것이다. 그 결과 집단재는 공급되지 '않을' 것이다. 이는 처음에 가정한 '집단재를 공급하려는 거래'와 상반되는 결과이다.[8]

---

8 집단재 공급 거래(협상)에 '참여하지 않음(즉, 무임승차함)으로써 이익을 얻는 어떤 수익자'가 있는 경우 집단재 공급은 '집단 최적적이 되지 않는다'라는 점은 사실이다. 이는 당해 비참여자(즉, 무임승차자)가 집단재 공급 비용을 분담할 때보다 사신이 집단재를 '덜 얻게'

이러한 결과의 중요성을 이해하려면 '전체 집단'뿐만 아니라 잠재적 수익자들로 구성된 어떤 집단에 속한 어느 한 개인이 참여할 수 있는 모든 '연합이나 하위 집단들'(심지어 '한 개인으로만 구성된 하위 집단'을 포함하여)에 대해서도 생각해 보아야 한다. 또한, 관련 집단재가 단일 수치로 불연속적인 양(즉, 단일 수치로 주어진 양; 예를 들면, 7단위)으로만 공급된다고 가정해 보기로 하자. 이 경우에 우리는 집단재가 얼마나 공급되느냐는 질문에서 벗어나 방금 가정한 '일정량의 집단재(예를 들면, 7단위의 집단재)가 과연 공급될 수 있을 것인지'의 여부에 대해서만 초점을 맞출 수 있다. 이러한 가정들하에서 어떤 경우에 집단행동의 문제나 코스적(코스이론에 기반한) 협상 가능성이 발생하는가? 관련 공공재(집단재)가 전체 집단에게 공급에 드는 비용보다 더 큰 가치(이익)가 있는 경우(즉, 이익> 비용)에만 (1) '집단행동의 문제'가 발생하고, (2) '코스적 협상의 가능성'이 문

된다는 것을 의미한다. 이를 위해 다음 두 가지 경우를 살펴보자. 첫째, 어떤 집단이 너무 작아서 집단재 수익자가 2명 또는 소수(즉, 소규모 집단)에 불과하다면, 이는 집단재 공급 거래(협상)에 '참여하고자 하는 동기'(인센티브)를 부여할 수 있다. 왜 그런가? 아주 소규모 집단들의 경우 집단재 공급 거래(협상)에 참여하여 '더 많은 집단재를 얻음으로써 얻는 이익'이 매우 크기 때문이다. 즉, 아주 소규모 집단들에서 (1) (집단재 공급 거래(협상)에 참여하지 않음으로써) '적은 양의 집단재를 얻으면서 무임승차자가 되는 것'보다 (2) (공급 거래(협상)에 참여함으로써) '집단재 공급에 드는 모든 비용을 분담하고 더 많은 양의 집단재를 얻는 것'이 그들에게 더 나을 수 있기 때문이다. 이러한 경우는 집단이 '작을 때' 적용된다. 둘째, 현재 고려하고 있는 '대규모 집단'에서는 이러한 논리가 전혀 적용되지 않는다. 왜 그런가? 예를 들면, 1,000명으로 구성된 어떤 대규모 집단에서 어떤 '1명의 수익자'가 무임승차하다가 집단재 공급에 참여하기로 결정한다면, 그 수익자의 참여는 집단재 공급 가치를 겨우 1/1,000 정도만 증가시킬 것이다. 그 결과 그 수익자가 집단재 공급에 참여하려는 동기는 미미할 것이다. 대규모 집단에 속한 어느 1명 또는 소수의 개인은 집단재 공급에 참여함으로써 집단재 공급량을 '아주 작게' 증가시킬 것이다. 따라서 이러한 작은 증가는 그들의 후생에 거의 영향을 미치지 못할 것이다. 그러나 집단재 공급에 드는 총비용에서 그들이 분담해야 하는 몫(비중)은 전혀 미미하지 않을 것이다. 즉, 대규모 집단 내 어느 한 개인이나 소수의 개인이 집단재 공급으로 얻는 이익은 미미하지만, 자신이 분담해야 하는 비용은 클 수 있다. 따라서 대규모 집단의 어느 한 개인이나 소수의 개인은 일반적으로 '집단재 공급에 드는 총비용 중 적정 금액을 분담하는 것'보다 '작고 최적적이지 않은 양으로 공급되는 집단재에 무임승차하는 편'이 더 나을 것이다.

제가 된다. 여기서 우리는 '이익과 비용 간에 큰 차이'가 있다고 가정한다(그러므로 '집단행동의 문제'가 발생하고, '코스적 협상의 가능성'이 문제가 될 것이다).

따라서 대규모 집단 내에서 집단재를 공급하려면 '집단재를 공급하는데 드는 비용을 회원들 간에 어느 정도(공정하게) 분담'해야만 한다. 그 결과 전체 집단에 속한 모든 회원은 '집단재가 무사히 공급된다면' 집단재가 공급되지 않을 때보다 더 많은 이익을 얻을 것이다. 그러면 비용을 어떻게 분담할 것인가? 비용을 분담하는 한 가지 적합한 방법은 전체 집단에 속한 각 개인(회원)이 '자신이 얻는 이익 몫(비중)만큼 비용을 부담하는 방법'을 들 수 있다. 즉, 집단 내 각 개인(회원)에게 '자신이 얻는 이익 몫(비중)이 자신이 부담하는 비용 몫(비중)과 같도록 하는 방법'을 말한다. 이 방법은 스웨덴의 경제학자인 린달(Eric Lindahl)이 제안하였기 때문에 '린달균형'(Lindahl equilibrium) 또는 '린달의 비용 분담'(Lindahl's cost share)이라고 부른다. 만약 집단 내 모든 개인(회원)이 '동일하다면' 이들 모두 집단재 공급에 드는 비용을 '동일하게' 지불하게 될 것이다. 우리는 여기서 편의상 이러한 방식으로 집단재 공급에 드는 비용을 분담한다고 가정해 보자.

따라서 다음과 같은 상황이 분명 존재할 것이다. 코스 정리가 말해 주듯이 "거래비용이 들지 않는다면 합리적 개인들은 집단재를 공급하기 위해 '코스적 협상'을 할 것이다"(즉, '코스적 협상 가능성'이 발생할 것이다). 코스적 협상의 결과 집단 내 모든 개인(회원)에게 '비용을 공정하게 분담(fair division)'한다면 그들 모두는 집단재 공급을 통해 이익을 얻을 것이다.

그러나 우리는 다음 질문을 제기할 수 있다. 어느 한 개인에게 더 큰 보상이나 이익을 제공하는 '소규모 연합들이나 소집단들'이 존재할 수 있는가? 물론 그 대답은 '그렇다'이다. 특히 대규모 집단행동 문제의 경우 필연적으로 그 대답은 '그렇다'이다. 왜 그런가? '무임승차하는 연합이나 소집단'은 다른 사람들이 집단재 공급에 드는 비용을 지불할 때 분명히 가장 많은 이익을 얻을 것이다! 이는 무임승차자가 많든, 또는 단 1명이든 마찬가지이다. 집단 전체에 속한 '합리적 개인들의 목표'는 다른 사람들이 비용을 지불하는 동안 자신은 무임승차하는 것이다. 그 결과 집단재(공공재)는 공급되지 '않을' 것이다. 이러한 결과는 '거래비용이나 협상비용이 없다'라고 가정한 위의 경우에서 코스 정리와 '모순'된다(반면에 코스 정리에 따르면 거래비용이 없다면 회원들 간의 자발적 협상을 통해 집단재가 공급될 수 있다).

더 큰 집단에 속한 개인들이 '집단재가 공급될 것이라고 믿는다면' 그들은 (1) 자신은 '비용을 지불하지 않는 집단'으로 교묘하게 이동해 가고자 하고, (2) 다른 사람들을 '비용을 분담하는 연합'으로 교묘하게 유도하려고 할 것이다. 이는 그들에게 '합리적 전략'이다. 더욱이 만약 거래비용이 외부에서 지불되거나 (다른 이유로) 들지 않음으로써 '전략적 기동'[9](strategic maneuvering; 전략적으로 교묘하게 이동하는 행동)에 비용이 들지 않는다면, 대규모 집단에 속한 개인들은 집단재가 공급될 것이라는 확신이 없이도 그러한 전략적 기동을 무한정 계속할 것이다! 따라서 대규모 집단 내 개인들이 공공재(집단재)가 공급될 것이라고 믿든 또는 믿지 않든, '거래비용이 들지 않는다면 합리적 개인들은 항상 코스적 협상을 할 것'이라는 코스 정리의 예측은 '반증'[10]됨(즉, 성립되지 않음)을 알 수 있다.[11]

---

9 [역주] '기동'(機動)이란 "상황에 따라 재빠르게 하는 행동," 또는 "전투에서 적보다 유리한 곳으로 부대를 이동시키는 일"을 말한다.

10 [역주] '반증'(反證)이란 "어떤 사실이나 주장에 대해 증거를 들어 그것을 부정하는 일"을 말한다.

11 어떤 사람들은 다음과 같이 주장할 수 있다. 즉, (1) 집단 내 어느 한 '적극적인 사람'(entrepreneur)이 나서서 집단 내 각 당사자가 집단재 공급에 드는 비용에서 '자신이 부담해야 하는 몫'을 지불하겠다는 계약서(합의안)를 작성하여 회원들에게 배포할 수 있다. 그러나 (2) 그 계약서(합의안)는 집단재 공급으로 이익을 얻는 모든 잠재적 수익자가

일반적인 요점은 '대규모 집단의 집단행동 문제들'에는 협동적 게임(cooperative game) 이론가들이 '핵심이 없는 게임'(games without cores)이라고 부르는 경우가 '항상' 내재되어 있다는 점이다.[12] 여기서 '핵심이 없는 게임'이란 일부 개인들이 '전체 연합'([역주] '핵심'에 해당)에서보다 어떤 '소집단'(subgroup)에서 더 큰 이익을 얻는 경우를 말한다.[13] 이는 심지어 일부 개인들이 전체 연합에서 얻는 총이익이 가장 클 때에도 어떤 '소집단'에서 더 큰 이익을 얻는 경우를 말한다. 이제까지 '정의(定義)상 거래비용이 들지 않는다'라고 가정하였다. 이 가정은 또한 '합리적 개인들이 코스적 협상을 달성하는 데 방해가 될 수 있는 모든 요소를 제거한다'라는 것을 의미

서명해야만 효력이 발생할 것이다. 그러나 '만장일치의 동의'가 필요한 경우 어느 한 개인이 '거부자'(즉, 동의를 거부하는 사람)가 됨으로써 이익을 얻을 수 있다. 그러면 당해 거부자는 계약 체결(합의 달성)로 얻는 이익에서 '큰 몫'을 받는 경우에만 그 계약서(합의안)에 서명하는 데 동의할 것이다! 또한, 집단 내 '다른 사람들'은 '거부자의 요구를 들어줌'으로써 이익을 얻을 수 있다. 왜 그런가? 그렇지 않으면 만장일치 규정과 거부사로 인해 다른 사람들은 집단재 공급으로 얻을 수 있는 모든 이익을 얻지 못하기 때문이다. 만약 집단재 공급에 대한 만장일치 규정이 필요하지 않은 경우, 당해 거부자는 다른 사람들이 그들만의 노력(기여)으로 집단재를 공급함으로써 이익을 얻을 것임을 알기 때문에 '집단재 공급비용을 한 푼이라도 부담하기를 거부'할 수(즉, '무임승차자'가 될 수) 있다. 이러한 경우에 당사자들 간의 협상안을 집행할 수 있고, '집단 최적성'(group optimality)을 달성하기 위한 계약(협상안)을 설계하는 사람들에게 '선점권'(先占權)을 준다면, 집단재를 공급할 수 있는 계약(협상안)을 성공적으로 설계할 수 있다. 그러나 이를 위해서는 '효율적인 결과'를 가져다주는 계약(협상안)에 임의의 '선점 우위'(first-move advantage)를 부여해야 한다. 만약 임의의 선점 우위가 '무임승차자'가 되어 이익을 얻을 수 있는 어떤 사람에게 주어진다면, 일반적으로 '집단 최적적인 자발적 집단재 공급' 가능성은 존재하지 않을 것이다. 이는 협상에 사용된 자원비용이 집단 '외부'에서 충당되더라도 마찬가지이다.

12 Avinash Dixit and Mancur Olson(1998), "Does Voluntary Participation Undermine the Coase Theorem?," *Elsevier Science S. A. Economic Letters*, 61, pp. 3~11.

13 우선, 여기서 '대규모'라는 단어는 코스 정리를 반박하기 위해 검토할 필요가 없는 매우 다양한 경우를 살펴보는 것을 피하기 위해 '느슨하게' 사용되었다. 다음으로, '핵심이 없는 게임'은 '소규모 집단들'에서도 발생할 수 있다. 특히 내가 쓴 『집단행동의 논리』에서 제시한 '소수자(少數者)에 의한 다수자(多數者)의 착취'가 있을 때 발생할 수 있다. 이는 "어떤 집단 내에서 한 당사자(또는 '소수자')가 다른 당사자들('다수자')보다 '공공재(집단재)에 훨씬 더 높은 절대적 가치'를 부여하는 경우"를 의미한다.

하기도 한다. 그러나 방금 묘사한 정의와 가정은 다음과 같은 '논리적 모순'을 수반하기 때문에 정의하거나 가정될 수 없다. 코스 정리는 (1) 근본적으로 '합리적 개인행동'을 가정하고 있으며, (2) 합리적 개인행동이 없으면 아무런 의미가 없다. 그러나 '대규모 집단의 집단행동 문제들'의 경우 '합리적 개인행동'은 역설적으로 다음을 의미한다. 즉, 합리적 개인행동은 코스 정리의 기반이지만, (1) 개인들이 코스적 협상에서 자신을 '제외시키려'(즉, 자신은 무임승차하려고) 하고, (2) 그로 인해 심지어 거래비용이 들지 않을 때에도 종종 '코스적 협상이 성사되지 못하게 할 것이다'라는 것을 역설적으로 나타낸다.

6. 선택적 인센티브

대규모 집단들은 어떤 경우에 집단행동에 성공하는가? 대규모 집단들은 집단 내 개인(회원)들에게 '선택적 인센티브'(selective incentive)를 제공할 때 집단행동에 참여하거나 성공할 수 있다. 여기서 선택적 인센티브란 무엇을 말하는가? '선택적 인센티브'는 집단재 자체의 특성([역주] 집단재는 일단 공급되기만 하면 특성상 집단 내 누구나 사용할 수 있음)과 달리 대규모 집단 내 "개인들이 집단재 공급에 기여(비용 부담)하였는지의 여부에 따라 개인들에게 '선택적으로' 적용되는 인센티브"를 말한다. 선택적 인센티브는 '부정적'(negative; 처벌적) 또는 '긍정적'(positive; 보상적)일 수 있다. 예를 들어, 집단재 공급에 '기여하지 않은' 사람들에 대해서는 '손실이나 처벌'이라는 '부정적(처벌적)인 선택적 인센티브'를 적용할 수 있다. 또한, 민주주의 사회에서 '세금 납부'(집단재)도 '부정적(처벌적)인 선택적 인센티브'의 도움으로 효과적으로 이루어진다. 세금을 납부하지 않는(즉,

집단재 공급에 '기여하지 않은') 사람들은 체납된 세금뿐만 아니라 추가적인 '벌금'(부정적(처벌적)인 선택적 인센티브)도 부담해야 하기 때문이다.

현대 민주주의 사회들에서 가장 잘 알려진 형태의 조직화된 이익집단인 '노동조합'도 일반적으로 그 활동과 지탱에 있어서 부분적으로 '부정적(처벌적)인 선택적 인센티브'를 통해 지원을 받고 있다. 우선, 실질적인 권한을 가진 노동조합들은 유니언숍(union shop),[14] 클로즈드숍(closed shop)[15] 또는 에이전시숍(agency shop)[16] 제도를 통해 대부분의 회비를 징수하고 있다. 왜 그런가? 이들 제도는 회비 납부를 어느 정도 '강제적'이거나 '자동화'하고 있기 때문이다. 이와 동일한 효과를 내는 비공식적인 제도들도 종종 있다. 다음으로, 파업 중에 하는 '피케팅'[17](picketing; 피켓시위; 노동쟁의 때 감시원(피켓) 배치하기)도 노동조합들이 때때로 필요로 하는 또 다른 '부정적(처벌적)인 선택적 인센티브'이다. 또한, 노동조합이 '설립되고 인정회된' 산업(기업)들에서 피케팅(피켓시위)은 일반적으로 '평화롭게' 진행된다. 왜 그런가? 노동조합이 파업을 선언한 기업을 폐쇄할 수 있는 능력을 분명히 가지고 있음을 관련 당사자 모두가 잘 알고 있을 때(즉, 노조의 힘이 강할 때) 피케팅(피켓시위)은 대개 '평화롭게' 진행된다. 그러나 노동조합 설립 초기에는(즉, 노조의 힘이 약할 때) 종종 (1) 노동조합들과 (2) '반(反)노조 고용주들 및 파업에 반대하는 근로자들' 양측 모두에서 많은 '폭력행위들'이 발생하거나 수반된다.

---

14 [역주] '유니언숍'이란 "고용주의 '비조합원' 고용이 가능하나 일정 기간 내에 조합에 가입시킬 것을 조건으로 하는 사업장"을 말한다.

15 [역주] '클로즈드숍'이란 "'노동조합원만'을 고용하는 사업장"을 말한다. 반면에 '오픈숍'(open shop)은 "'비조합원'도 고용하는 사업장"을 말한다.

16 [역주] '에이전시숍'이란 "'노조 미가입자'도 조합비를 내는 노동조합"을 말한다.

17 [역주] '피케팅'이란 "노동쟁의 때 공장 등의 입구에서 출근 저지 투쟁을 하거나 다른 사람들이 공장 등에 일하러 들어가지 못하도록 하는 감시원이나 감시대, 또는 그런 감시"를 말한다.

노동조합을 반대하는 일부 사람들은 다음과 같이 주장한다. 즉, 이들은 노동조합의 많은 조합원이 (자발적으로 가입하는 것이 아니라) '법적으로 강제된 유니언숍 제도'를 통해서만 가입하기 때문에 '대부분의 관련 노동자들은 실제로 노동조합에 가입하기를 원하지 않는다'라고 주장한다. 이 주장은 사실인가? 제2차 세계대전 직후에 미국에서 통과된 '태프트-하틀리법'(Taft-Hartley Act; 미국의 노동관계조정법)은 '노동자들이 실제로 노동조합에 가입하기를 원하였는지 여부'를 결정하기 위해 '정부가 관리하는 공정한 선거'를 실시해야 한다고 규정하였다. 본 절에서 설명한 '집단재(집단행동)의 논리'가 알려 주듯이, 노동조합 회비 납부를 '강요당하였던'(즉, 강제로 노동조합 회비를 내야 하였던) 바로 그 노동자들은 '강제 회비를 내는' 노동조합에 (반대하지 않고 오히려) 찬성투표하였다. 그것도 그들은 대개 압도적인 차이로 노동조합에 찬성투표하였다. 이는 무엇을 말하는가? 노동자들은 '자신은 노동조합 회비 납부를 회피(무임승차)하면서도 회사 내 다른 모든 사람이 강제로 회비를 내도록 하는 데 찬성투표하였음'을 의미한다. 이는 또한 태프트-하틀리법의 이 규정이 무의미하다는 것을 의미한다. 그 결과 태프트-하틀리법의 이 규정은 곧 폐기되었다. 그러한 모순적인 생각을 지닌 노동자들은 사실상 '높은 수준의 세금(공적인 일)을 내는 데 찬성투표하면서도 정작 자신은 세금을 회피하기 위해 사적인 일을 도모하려는 납세자들'과 다를 바 없다고 할 수 있다. 노동자들과 납세자들 모두 이율배반적이기 때문이다.

이와 동일한 논리로 많은 전문직 협회들(professional associations)도 '은밀하거나 노골적인 강압'(즉, '부정적(처벌적)인 선택적 인센티브')을 통해 회원을 확보한다. 예를 들면, 미국 주(州)들의 경우 변호사들은 노동조합의 클로즈드숍처럼 '클로즈드바'(closed bar; [역주] '변호사들만' 가입할 수 있는 협회) 제도(즉, '부정적(처벌적)인 선택적 인센티브')를 운영하고 있다. 다른 여러 유형의 로비 단체들이나 카르텔들도 마찬가지이다. 예를 들어, 기업 간부나 관계자들이 자신의 기업에 도움에 되는 유력 정치인들에게 제공하는 기부금 중 일부도 순수하고 자발적이라기보다는 '교묘한 형태의 강압'에 의한 것이다.

다음으로 '긍정적(보상적)인 선별적 인센티브'를 살펴보자. 긍정적(보상적)인 선별적 인센티브는 간과되기 쉽지만, 흔히 볼 수 있다. 이에 대해서는 내가 쓴 『집단행동의 논리』에서 다양한 사례를 소개하였다. 우선, 미국의 농업단체들(farm organizations)이 대표적인 예이다. 미국의 '강력한' 농업단체들에서 많은 조합원들은 자신의 조합비가 (1) 농업협동조합(farm cooperative)의 후원 배당금(patronage dividends; 이익배당금)에서 자동으로 공제되거나, (2) 농업단체들과 관련된 상호보험회사(mutual insurance company)에 납부하는 보험료에 포함됨으로써 조합원이 된다. 즉, 미국의 강력한 농업단체들의 조합원들은 조합비를 (1) 이익배당금에서 자동 공제하거나 (2) 보험료에 포함시켜서 납부한다. 이러한 관행은 긍정적(보상적)인 선별적 인센티브에 해당된다. 다음으로, 도시 고객들(urban clients)을 보유한 많은 단체도 이와 유사한 긍정적(보상적)인 선택적 인센티브를 제공한다. 예를 들면, 도시 단체들은 자신의 고객들에게 회원들에게만 제공되는 보험증서, 출판물, 가격 할인, 기타 개인상품 등의 형태로 긍정적(보상적)인 선택적 인센티브를 제공한다. 마지막으로, 노동조합들의 '고충 또는 불만 처리 절차'(grievance procedures)에서도 선택적 인센티브가 제공된다. 노동조합에서 일반적으로 '활동적인'(열렬한) 조합원들의 고충이나 불만이 가장 많은 관심을 끌기 때문에 이들에게 우선적으로 선택적 인센티브를 제공한다.

'어떤 로비단체가 가진 정치적 힘'과 '그 로비단체와 관련된 기업단체'(예를 들면, 기업연합회) 간에 존재하는 '공생(共生)관계'는 종종 해당 기업단체에게 세금 혜택이나 기타 이익들을 제공해 준다. 또한, 어떤 중요한 국가적 운동이나 행사와 관련하여 정치권(political arm)에서 흘러나오는 믿을 만한 공보(公報) 및 기타 유익한 정보는 종종 해당 운동이나 행사가 유발한 기업 활동을 더 수익성 있게 만들어 주는 가치있는 기반을 생성한다. 이러한 방식들로 얻은 수익금은 다시 '로비 활동을 하기 위한 참여자들'을 모집하는 데 유용한 긍정적(보상적)인 선택적 인센티브를 제공해 준다. 따라서 기업 활동과 로비 활동은 공생적이고 상호 보완적이다. 이들의 공생적이고 상호 보완적인 관계는 독점적 환경에서뿐만 아니라 가장 경쟁이 치열한 환경에서도 생겨날 수 있다.

7. 논의의 요약

'집단들이 일반적으로 공동이익을 위해 행동한다'라는 오랜 믿음은 '잘못된' 것이다. 특히 코스 정리, 마르크스 및 기타 다양한 지적 전통에 의해 이 믿음이 강화되었음에도 불구하고, 이 믿음은 '잘못된' 것이다. 어떤 집단에서 어느 한 집단재의 가치(또는 집단재 공급으로부터 얻는 이익)가 집단재 공급에 드는 비용을 명백히 초과한다면 집단재를 공급하기 위한 '잠재적인 코스적 협상'(potential Coaseian bargain; 코스적 협상 가능성)이 필연적으로 발생할 것이다. 만약 잠재적인 코스적 협상이 성사되고 시행된다면 해당 집단에 속한 모든 사람은 이익을 얻을 것이다. 그러나 어떤 집단의 규모가 '매우 크다면' 집단 내 개인(회원)들은 그러한 코스적 협상을 성사시키는 데 비용이 많이 드는 협상과 전략적 상호 작용 과정에 참여할 아무런 인센티브가 '없을' 것이다. 그로 인해 대규모 집단들에서는 '코스적 협상'이 성사되지 '않을' 것이다. 비록 거래비용이 들지 않는다고 하더라도 코스적 협상이 성사될 것이라고 가정할 수 '없을' 것이다. 또한, 코스적 협상이 이루어질 것이라는 기대는 '핵심이 없는 게임'을 가져다줄 것이다. 이는 모든 합리적인 개인들이 '전체 연합보다는 가장 큰 이익을 얻는 소집단', 즉 '무임승차자 연합'(coalition of free riders)에 속하기 위해 끊임없이 노력하는 게임을 의미한다.

집단들은 다음 두 가지 상황에서만 집단행동을 하는 데 직면하는 커다란 어려움을 극복하고, 합리적으로 집단이익을 달성(또는 집단재를 획득)할 수 있다. 첫 번째 상황은 '집단의 수(규모)가 적을 때'이다. '용의자 딜레마'에 대한 일반적인 오해가 제시하는 반대 결론에도 불구하고, 매우 작은 규모의 집단들은 공동이익을 위해 집단적으로 행동할 수 있고, 실제로 매우 자주 그렇게 행동한다. 다음으로, 어떤 대규모 집단이 집단행동의 어려움을 극복할 수 있는 또 다른 상황은 '선택적 인센티브의 제공 여부(與否)'이다. 많은 집단은 규모가 크고, 선택적 인센티브를 제공할 기회가 없기 때문에 그들 집단은 결국 집단이익(집단재 공급)을 위해 집단적으로 행동할 수 없다. 반면에 대규모 집단들이 선택적 인센티브를 제공할 수 있다면 그들은 집단이익을 위해 집단적으로 행동할 것이다.

어떤 사회도 모든 집단이 '포괄적이고 대칭적인 조직'을 결성할 수 있는 것은 아니다. 즉, 모든 집단이 '단체나 집단을 결성할 수 있는 것'은 아니다. 예를 들면, 실업자들, 가난한 사람들, 소비자들, 납세자들 등은 공동이익을 가지고 있음에도 집단을 조직하거나 결성하지 '못하고' 있다. 따라서 집단행동을 하기 위해 결성된 집단들 간의 협상에서 이들 집단은 '집단을 결성하지 못한 사람들'에 대한 손실을 고려하지 않거나 무시하는 경향이 있다(이는 사회 전체적으로 비효율성이 발생함을 의미한다). 이러한 이유로 개인들의 자발적 노력이나 시장의 힘으로는 '사회 전체에 효율적인' 코스적 협상이나 사회계약을 도출할 수 없다. 마지막으로, '집단행동의 어려움을 극복할 수 있는 집단들'이 그 어려움을 극복하고, 집단행동에 성공하는 데에는 '오랜 시간'이 걸린다. 이 문제는 나중에 자세히 살펴볼 예정이다.

제5장

거버넌스 (통치 형태)와 경제성장

1. 거버넌스(통치 형태)의 진화
2. 집단 조직(집단 결성)의 자유가 있는 사회들에서 나타나는 경화증
3. 독재정부와 민주정부에서의 경제성장

앞의 장들에서 전개한 나의 주장이 옳다면, 이제 우리는 '여러 가지 중요한 질문들'에 답하는 데 필요한 '도구들'을 가지게 된다. 이러한 질문들에는 제3장에서 제기하였듯이 (1) "왜 어떤 집단들은 자발적 합의(voluntary agreement)를 통해 무정부 상태(anarchy)를 극복하지만, 다른 집단들은 그렇지 못한지"에 대한 문제도 포함된다. 또한, 서문에서 제기하였듯이 (2) "파시즘(fascism)[1]의 패배와 공산주의(communism)[2]의 붕괴 이후에 왜 경제적 성과들이 우리의 기대와 매우 달랐는지"에 대한 문제도 포함된다. 마지막으로, (3) "파시즘이 패배한 후에 예상치 못한 경제 기적(economic miracle)이 일어난 반면, 공산주의가 붕괴한 후에 왜 경제 성과가 공산주의가 지배하던 때보다 훨씬 더 나빴는가?"라는 문제도 있다.

1. 거버넌스(통치 형태)의 진화

먼저, 나는 제3장에서 약속한 대로 다음 질문에 대한 답을 제시하고자 한다. 즉, (1) "왜 대규모 집단들은 자발적인 사회계약이나 코스적 협상(Coaseian bargain; [역주] 코스 이론에 기반한 협상으로 '당사자들 간의 자발적 협상'을 말함)을 통해 무정부 상태를 없애고 '정부'(유정부(有政府)[3])를 수립할 수 없는지?"와 (2) "왜 많은 소규모 집단들은 자발적 합의를 통해 평화로운 질서(공공재)를 이룩할 수 있는지?"에 대한 답을 제시하고자

1 [역주] '파시즘'이란 "독재적인 전체주의"를 말하며, 제1차 세계대전 후 이탈리아의 무솔리니 정권에서 비롯되었다.
2 [역주] '공산주의'(共産主義)란 "재산의 사유(私有)를 부인하고 생산수단의 사회적 공유를 토대로 하여 자본주의의 붕괴와 계급투쟁에 따른 프롤레타리아 혁명을 주장하는 주의"를 말한다.
3 [역주] '유정부'란 '무정부'라는 말에 대응하기 위해 역자가 만든 말이다.

한다. 우리는 앞에서 (1) 무정부 상태를 없앰으로써(또는 유정부 상태를 유지함으로써) 얻을 수 있는 이익이 '매우 크며', 그로 인해 유정부 상태에서 '모두가 더 잘 살 수 있다'는 점과 (2) '평화로운 질서'는 곧 '공공재'(public good)라는 점을 지적하였다. 또한, 평화로운 질서(공공재) 및 기타 집단재(collective good; 공공재)의 공급을 이해하기 위해 '집단행동의 논리'(logic of collective action)를 살펴보았으며, 그 결과 집단재로부터 이익을 얻는 사람들의 수가 증가할수록 '자발적인(즉, '선택적 유인'을 제공하지 않고서도 일어나는) 집단행동의 어려움'이 급격히 증가한다는 사실을 발견하였다. 따라서 (1) 소규모 집단들은 비록 집단적으로 합리적인 집단재 공급량을 결정하기 위해 필요한 합의를 도출하는 데 시간이 걸리더라도 일반적으로 '자발적인 집단행동'에 참여할 수 있지만, (2) 대규모 집단들은 자발적인(그리고 보조금을 받지 않거나 '선택적 유인'을 제공하지 않고서 하는) 행동을 통해 집단의 공동이익을 추구하거나 달성할 수 없다. 이러한 이론을 통해 우리는 무엇을 '예측'할 수 있는가? 따라서 이러한 이론은 "(1) 대규모 집단들은 (정치철학자들이 자주 논의하는 것으로) '자발적인 사회계약'이나 다른 유형의 자발적인 집단행동을 통해 평화로운 질서(공공재)를 달성할 수 '없지만', (2) 소규모 집단들은 종종 회원들 간의 합의를 통해 평화로운 질서(공공재)를 달성할 수 '있을' 것이다"라는 점을 예측해 준다. 이러한 예측은 실제로 성립하는가?

이러한 '이론적 예측'은 '역사적 기록'과 '인류학 문헌'과도 매우 부합한다. 우선, '대규모 집단'의 경우와 관련하여 (1) 사회계약에 관한 방대한 문헌과 그러한 계약이 체결되고 이행될 경우 그 사회가 얻을 수 있는 커다란 이익에도 불구하고, 사회 구성원들 간의 '코스적 협상'을 통해 평화로운 질서(공공재)나 기타 공공재를 달성하거나 공급에 성공한 '대규모' 집단이나 사회는 아직까지 발견된 적이 없었다. 또한, 나는 (2) 역사적 기록에서도 어떤 '대규모' 집단이나 사회가 어떤 유형의 '자발적인 집단행동'(voluntary collective action)을 통해 평화로운 질서(공공재)를 확립하거나 달성한 사례를 찾을 수 없었다. 그러면 '소규모 집단'의 경우는 어떤가?

반면에 인류학 문헌에 따르면, '가장 원시적인 사회들'이 자발적인 집단행동을 통해 평화로운 질서(공공재)를 달성하였음을 보여 준다. 예를 들면, 가장 단순한 식량 채집 및 수렵 사회들은 일반적으로 어린이를 포함하여 50명 또는 100명 정도의 사람들로만 구성된 무리(집단)로 이루어져 있었다. 이러한 무리는 일반적으로 구성원들 간에 긴밀한 협력이 필요한 소수의 가족으로만 구성되어 있었으므로 그들은 '소규모 집단'(small group)이었다. 위에서 주장한 나의 이론에서 예측하듯이, 그들은 대체로 '자발적인 집단'(voluntary group)이었으며, 일반적으로 구성원들 간의 합의(consensus)에 의해 통치되었다. 가장 원시적인 부족의 대부분은 지도자가 없었기 때문에 다른 부족들을 강압할 수 있는 위치에 있는 개인(지도자)이 '없는' 경우가 많았다. 반면에 가장 원시적인 부족에 추장(지도자)이 있는 경우, 그 추장은 집단 결정들(collective decisions)을 주재(主宰)하고 실행하는 역할만 하는 경우가 많았다. 어떤 부족의 규모가 너무 커지거나 부족 내에서 의견 대립이 심해지면 그 부족은 분열될 수 있었다. 그러나 분열 후 결성된 새로운 부족들은 대개 만장일치(unanimous consent)로 결정을 내렸다. 어떤 부족이 수렵 및 채집 단계에 있었다면 이들은 다른 부족을 정복하거나 노예를 보유하려는 인센티브가 거의 또는 전혀 없었다. 노예나 포로들은 그들을 보호하는 데 드는 비용을 정당화할 만큼의 생계비 이상의 잉여를 창출하지 못하였기 때문이었다.[4] 인류학자들은 "원시 부족들이 대개 '자발

4 인류학(또는 민족지학(民族誌學))적 기록에 대한 철저한 조사에서 나온 '정량적 증거'는 다음과 같은 사실을 보여 준다. 즉, 그러한 정량적 증거에서 (1) '노예에 대한 언급'이 대부분의 원시 민족들의 기록에서는 사실상 거의 찾아볼 수 없다. 그러나 (2) 더욱 발전된

적인 합의'를 통해 '평화와 질서'(peace and order)를 달성하고 유지하였다"는 사실을 발견하였다. 이러한 발견은 타키투스[5](Tacitus; 로마의 역사가·정치가, 56?~120?)와 카이사르(Caesar; 로마의 장군·정치가·역사가, B.C. 100~B.C. 44) 및 기타 고전 작가들이 미개한 게르만 부족들 사이에서 관찰한 내용과도 대체로 일치한다.

이제 자연스럽게 '인구가 증가하여 집단의 규모가 너무 커져서 자발적인 집단행동을 통해 평화로운 질서(공공재)를 달성할 수 없게 되면 어떤 일이 일어나는지'에 대해 살펴보기로 한다. 부족민들이 농작물을 효과적으로 재배하는 방법을 터득하자 생산량이 증가하고 인구가 증가하여 집단의 규모가 커졌다. 마침내, '정부'(유정부)를 필요로 할 정도로 대규모 집단들이 생겨났다. 대규모 집단들이 '자발적인 집단행동'을 통해 평화적 질서(공공재)나 기타 공공재들로부터 이익을 얻을 수 없다면, 그들은 '어떻게' 평화적 질서(공공재)를 달성하고 유지하였는가? 제1장에서 살펴보았듯이 독재자들은 실제로 막대한 이익을 얻을 수 있다. 또한, 방랑도적의 우두머리가 정주도적이 되면 큰 이익을 얻을 수 있다. 이는 인류 역사를 통틀어 대부분의 대규모 집단들이 '독재자들'에 의해 지배되어 온 이유이다.[6] 또한, 제2

농경 사회들에서는 '노예에 대한 언급'이 다소 흔하게 발견된다는 사실을 보여 준다. 이에 관해서는 L. T. Hobhouse, G. C. Wheeler, and M. Ginsberg(1965), *The Material Culture and Social Institutions of the Simpler Peoples*, London: Routledge and Kegan Paul을 참고하기 바란다. 또한, '수렵 채집 사회들에서 노예제가 수익성이 없음'에 대한 설명은 Mancur Olson(1967), "Some Historic Variation in Property Institutions," Princeton University mimeo에서 확인할 수 있다.

5 [역주] '타키투스'는 로마 제정시대의 역사가로 호민관·재무관·법무관을 거쳐 콘술을 지냈고, 아시아주의 총독을 맡았다. 제정(帝政)을 비판한 사서(史書)를 저술하였고, 주요 저서에 『역사』, 『게르마니아』 등이 있다.

6 소규모 부족들은 때때로 (1) '연합체'(federation)를 결성하여, (2) '자발적인 행동'을 통해 집단재를 획득할 수 있는 사람들의 수를 증가시킬 수 있다(이에 관해서는 Mancur Olson(1965), *The Logic of Collective Action*, Cambridge, MA: Harvard University Press, pp. 62~63을 참고하기 바람). 아주 초기의 농경 사회들의 일부는 이러한 특징을 지니고 있었을 것이다. 그러나

장의 분석에서 (비록 운이 좋은 경우일지라도) '대의제 정부나 민주제 정부가 어떻게 자생적으로 출현할 수 있었는지'에 대해서도 설명하였다. 따라서 앞에서 제시한 내 논리는 주요 '정부(통치) 유형'(예를 들면, 독재정부, 민주제 정부 등)을 포괄하여 설명할 수 있으며, 시간의 흐름에 따른 '정부들의 진화'와도 대체로 부합한다.

2. 집단 조직(집단 결성)의 자유가 있는 사회들에서 나타나는 경화증[7]

나는 제1장에서 '다수세력(majorities) 또는 시장에서 소득을 획득하는 다른 지배세력(ruling interests)이 논리가 정연하고 목적이 분명하다'라는 가정이 '너무 단순하다'는 점을 인정한 바 있다. 다수세력을 '최적화를 추구하는 단일 조직'처럼 모형화함으로써 현실의 몇 가지 중요한 특징을 조명할 수 있었다. 다수세력이 사회에 대해 갖는 '포괄적인 이익심(encompassing interest)과 때로는 초포괄적인 이익심(superencompassing interests)'은 '많은 민주정치 국가들이 지금과 같은 성과를 거둔 이유'를 설명하는 데 매우 중요하다. 그러나 아쉽게도 다수세력이 사회에 대해 갖는 '포괄적이거나 초포괄적인 이익심'에 대한 설명과 분석은 그 자체로 우리에게 '너무 장밋빛 전망'을 가져다준다. 왜 그런가?

그러한 분석은 다음 이유로 부분적으로 너무 장밋빛 전망이다. 즉, '일반 시민'이 (1) 공무(公務, public affairs) 및 공공 문제에 관해, 또는 (2) 다양

'소규모 집단들의 수'가 매우 많아지면 자발적인 집단행동은 불가능해질 것이다.

7 [역주] '경화증'(硬化症)이란 "몸의 조직 및 기관이 비정상적으로 단단하게 변화하는 병"으로 동맥 경화증, 간 경화증 등을 말한다.

한 유형의 공공정책들 및 공공제도들이 실제로 어떤 영향을 미칠지에 대해 '면밀히 조사하거나 진지하게 살펴보는 데' 시간을 사용할 인센티브가 없기 때문이다. 어떤 일반 시민이 선거를 앞두고 중요한 정책들이나 지도자의 리더십을 공부하는 데 얼마나 많은 시간을 할애할지를 결정한다고 가정해 보자. 그 시민이 이러한 문제에 더 많은 시간을 할애하거나 투자할수록 선거에서 '합리적인 정책들과 훌륭한 리더십'에 찬성투표할 가능성이 높아질 것이다. 그러나 그 일반 시민은 선거에서 '더 효과적인 정책과 더 훌륭한 리더십'이 선택되어 이로부터 얻는 이익(예를 들어, 100억 원)에서 '아주 작은 비중'만큼만(예를 들어, 100원) 얻게 될 것이다. 전체적으로 사회 내 '다른 시민들'이 거의 모든 이익을 얻게 되므로, 개별 시민은 (1) 진상(眞相) 조사나 사실 파악(fact finding; 사실 조사, 사실 확인, 진상 규명 등)과 (2) 사회를 위해 무엇이 최선인지를 생각하거나 고민하는 데 많은 시간을 할애하려고 할 인센티브를 갖지 못한다. '공무나 공공사업에 대한 지식'은 공공재이며, 그로 인해 다른 공공재들과 마찬가지로 '공무나 공공사업에 대한 지식과 탐구'에도 '집단행동의 논리'가 적용된다.

1) 일반 투표자나 시민의 '합리적 무지'

따라서 집단행동의 논리에 따라 일반 투표자는 '선거에서 어떤 선택이 투표자(사회) 전체 또는 (그 안에 들어 있는) 다수세력의 이익에 가장 부합하는지'에 대해 '합리적으로 무지'(rationally ignorant)하려 한다. 이 점은 전국 단위로 실시되는 선거들에서 가장 분명히 드러난다. 선거에 투표자가 얻는 이익은 어떻게 계산되는가? 어느 한 투표자가 (어떤 투표가 진정으로 자신에게 이익이 되는지가 분명해질 때까지) 선거 이슈들과 후보자들을 면밀히 조사하거나 탐구함으로써 얻는 이익은 (1) "'옳은'(자신이 기대하는)

선거 결과(즉, 자신이 지지하는 후보자가 당선되는 경우)가 당해 개인(사회가 아닌)에게만 가져다주는 이익(즉, 옳은 선거 결과로 얻는 개인적 이익)과 '잘못된'(자신이 기대하지 않은) 선거 결과(즉, 자신이 지지하지 않는 후보자가 당선되는 경우)가 당해 개인(사회가 아닌)에게만 가져다주는 이익(즉, 잘못된 선거 결과로 얻는 개인적 이익) 간의 차이"에 (2) '당해 개인(투표자)의 투표 변경이 선거 결과를 바꿀 확률(가능성)'을 곱한 값으로 주어진다. 일반 투표자가 선거 결과를 바꿀 확률은 매우 작기(예를 들어, 0.000001%) 때문에 그가 의사이든 택시 운전사이든(즉, 그 직업이 무엇이든) "일반 시민은 일반적으로 공무에 대해 '합리적으로 무지'하려 한다". ([역주] 이를 정리하면 다음의 식과 같다.)

- 어느 한 투표자가 선거 이슈들과 후보자들을 조사함으로써 얻는 이익
  = ['옳은' 선거 결과로 얻는 개인적 이익 – '잘못된' 선거 결과로 얻는 개인적 이익] × [당해 투표자의 투표 변경이 선거 결과를 바꿀 확률]
  = ['옳은' 선거 결과로 얻는 개인적 이익 – '잘못된' 선거 결과로 얻는 개인적 이익] × 0.000001%
  = 0 또는 ≈ 0⇒그 결과, 그 투표자는 '공무에 대해 합리적으로 무지' 하려 함.

일반 시민은 '항상' 일반적으로 공무에 대해 '합리적으로 무지'하는가? 때로는 '공무(공적 업무)에 관한 정보'가 너무 흥미롭거나 재미있는 경우 일반 시민은(합리적으로 무지하지 않고) 그 정보를 얻는 것만으로도 유익할 때가 있다. 이러한 경우는 '일반 시민이 공무에 대해 합리적으로 무지하다'

라는 일반화(일반적 주장)에 대한 가장 중요한 '예외들' 중 하나이다. 마찬가지로, 소수의 특수한 직업에 종사하는 개인들(즉, 특별 시민들[8])은 합리적으로 무지하지 않고 '공공재에 대한 특별한 지식'을 습득한다면 사적재(私的財)에서 커다란 보상(이익)을 얻을 수 있다. 예를 들어, 정치인들, 로비스트들, 언론인들, 사회과학자들(즉, '특별 시민들') 등은 합리적으로 무지하지 않고 '공무에 대한 특별한 지식 획득'을 통해 더 많은 돈, 권력, 명성을 얻을 수 있다. 때때로 '공공정책에 대한 특별한 지식'이 증권거래소나 기타 시장들에서 커다란 수익을 창출할 수 있다. 즉, 특별 시민들은 '공공정책에 대한 특별한 지식'을 통해 증권거래소나 다른 시장들에서 커다란 수익을 획득할 수 있다. 그러나 일반 시민은 일반적으로 (합리적 무지에 빠져) '공무나 심지어 단일 공공재(집합재)에 대한 열성적인 조사나 탐구'를 통해 자신의 소득과 삶의 기회가 향상되지 '않을' 것이라고 생각한다. 일반 시민은 일반적으로 왜 공무에 대해 '합리적으로 무지'하는가?

이를 위해 다음 '사실'에 주목해 보기로 하자. 어느 한 개인의 '공공재(집단재)에 대해 잘 알게(enlightened) 됨으로써 얻는 이익(benefits)'이 일반적으로 '공공재(집단재)에 대해 잘 알게 되는 데 드는 비용(costs)'을 부담하는 개인에게 '집중'되기보다는 어떤 집단 전체나 국가(사회) 전체에 '분산'된다[9]([역주] 공공재(집단재)의 경우 '비용은 당사자가 부담하고, 이익은 집단 전체나 사회 전체로 분산된다'). 그 결과 일반 시민은 공공재(집단재)에 대한 정보나 지식을 습득하는 데 합리적으로 무지하려 한다. 이러한 사실은 많은 '사회적 현상'을 설명하는 데 적용될 수 있다.

---

8 [역주] '특별 시민'이란 '일반 시민'이라는 말에 대응하기 위해 역자가 만든 말이다.

9 [역주] The benefits of individual enlightenment about public goods are usually **dispersed** throughout a group or nation, rather than **concentrated** upon the individual who bears the costs of becoming enlightened about public goods.

일반 시민들의 합리적 무지성이 적용되는 몇 가지 사회적 현상을 들어 보기로 하자. 먼저, 미디어에서 뉴스(보도) 가치를 판단할 때 적용되는 독특한 기준을 들 수 있다. 미디어에서 '무엇이 뉴스(보도) 가치가 있는지'를 판단할 때 '개가 사람을 무는' 일반적이고 흔한 경우가 아니라 '사람이 개를 무는'(man bites dog) 기이한 경우를 기준으로 사용한다. 미디어에서 '무엇이 뉴스(보도) 가치가 있는지'를 판단하는 기준으로서 '개가 사람을 무는' 일반적 경우가 아니라 '사람이 개를 무는' 특이한 경우를 사용하는 이유는 바로 '일반 시민들의 합리적 무지'에서 비롯된다. 일반 시민들은 '개가 사람을 무는' 흔한 경우에는 '합리적으로 무관심'하기 때문에 미디어에서는 그들의 '관심'('합리적 유지(有知)'[10])을 끌기 위해 '사람이 개를 무는' 기이한 경우를 보도 가치를 결정하는 기준으로 채택하거나 사용한다. 만약 사람들이 오로지 '공무에 대한 가장 중요한 정보'를 획득하기 위해서 텔레비전 뉴스를 시청하거나 신문을 읽는다면, 공적(公的)으로 거의 중요하지 않은 비정상적인 사건들은 무시되고, '경제정책의 복잡성과 공적 문제들에 대한 수량적 분석'만 강조될 것이다([역주] 그러나 '일반' 시민들은 공적 정보에 대해 '합리적으로 무지'하려 할 것이다. 반면에 '특별' 시민들은 공적 정보에 대해 '합리적으로 유지'하려 할 것이다). 그러나 (1) 뉴스가 정보 획득을 위한 수단이라기보다는 주로 대부분의 사람들에게 다른 형태의 '기분 전환이나 오락의 대안(수단)'일 경우에는 흥미진진한 '기이한' 사건들과 사람들의 관심을 끄는 기사들이 인기가 있을 것이다. 또한, (2) 긴장감 넘치는 방식으로 전개되는 사건들이나 공인(公人)들과 유명인사들의 성추문 사건들은 미디어에서 자세하고도 대대적으로 보도된다. 또한, (3) 공직자들은 대체로 시민들이 낸 세금값을 제대로 하지

10 [역주] '유지'란 '무지'(無知)라는 말에 대응하기 위해 역자가 만든 말이다.

표 5-1 합리적 무지의 폐해

합리적으로 무지한 대다수의 일반 시민들	자신의 진정한 이익을 알아보지 못한다.
	자신도 모르는 사이에 '약탈의 피해자'가 될 수 있다.
	특정 정책이 실제로는 일부 '특별이익집단의 이익'에만 부합할 때에도 '대다수의 시민들이나 사회 전체의 이익에 부합한다'라는 그럴듯한 주장에 설득되거나 현혹될 수 있다.

주: 역자 작성.

못하더라도 자신의 자리를 잘 보존할 수 있지만, 종종 뉴스거리가 될 만한 단순하고 눈에 띄는 '특이한' 실수를 저질러 그 직(職)을 잃을 수 있다. 마지막으로, (4) 일부 사람들의 격렬한 항의, 시위와 데모들은 많은 대중을 불쾌하고 불편하게 만들 수 있지만, 뉴스의 관심을 자신들에게 돌리게 함으로써 그렇지 않았더라면 무시될 수 있는 그들의 주장에 주의를 환기시키게 만든다. 이러한 경우들은 모두 일반 시민들을 합리적 무지에서 벗어나게 하여 '관심'('합리적 유지')을 끌게 하기 위함이다.

마지막으로, '일반 시민들이 합리적으로 무지하다'라는 사실은 무엇을 의미하는가? '유권자 전체나 대다수의 시민들이 합리적으로 무지하다'라는 사실은 우선, (1) 합리적으로 무지한 대다수의 일반 시민들이 종종 '자신의 진정한 이익을 알아보지 못한다'라는 것을 의미한다. 또한, (2) 합리적으로 무지한 대다수의 일반 시민들은 자신도 모르는 사이에 '약탈의 피해자'(victims of predation)가 될 수 있음을 말한다. 마지막으로, (3) 합리적으로 무지한 대다수의 일반 시민들은 특정 정책이 실제로는 일부 특별이익집단의 이익에만 부합할 때에도, '대다수의 시민들이나 사회 전체의 이익에 부합한다'라는 표면적으로 그럴듯한 주장에 설득되거나 속아 넘어갈 수 있다. 나중에 설명할 '특별이익집단들이 갖는 인센티브'를 고려하면 우리는 이 문제들이 생각보다 매우 심각하다는 것을 알 수 있다.

2) 개별 산업 및 직업에서의 집단 조직(집단 결성)

먼저, (1) 어떤 한 산업에서 활동하는 기업들이나 근로자들, 또는 (2) 어떤 직업이나 전문직(예, 의사나 변호사)에 종사하는 개인들이 로비단체나 카르텔(cartel)[11]처럼 '집단적으로 행동'하기 위해 조직을 결성하는 경우를 고려해 보자. 이들 집단의 크기는 어떠한가? 이들은 (1) 전체 유권자(시민) 중에서 '대다수'를 차지할 정도로 크지 않으며, (2) 한 국가의 국민소득에서 벌어들이는 비중이 크지 않을 것이다. 이들은 사회 전체에서 '대다수'를 차지하지 못하기 때문에 정부의 과세권(課稅權) 및 지출권(支出權)을 완전히 통제할 수 없을 것이다. 그러나 전체 유권자(시민)나 대다수 일반 시민은 '특정 공공정책의 세부 사항들과 공공정책들의 실제 효과'에 대해 '합리적으로 무지'하려 할 것이다. 그러나 (1) 어떤 산업 내에서 활동하는 기업들이나 근로자들과 (2) 어떤 직업이나 전문직에 종사하는 개인들은 집단을 조직하여 자신의 목적 달성을 위해 어떻게 하는가? 이러한 경우에 이들은 집단을 결성하여 전체 유권자(시민)나 대다수 시민이 '특정 공공정책의 세부 사항들과 공공정책들의 실제 효과'에 대해 가지는 '합리적 무지'를 효과적으로 이용하려 할 것이다.

이들은 전체 유권자(시민)나 대다수 일반 시민의 '합리적 무지'를 어떻게 이용하는가? 이를 위해, 우선 이들은 (1) '합리적으로 무지한' 전체 유권자(시민)나 대다수 일반 시민에게 (i) 그들의 산업을 보호하는 것이 '국가 경제를 튼튼하게 한다'라고 하거나, (ii) 그들의 산업에서 진입과 경쟁을 제한하는 규제들이 '소비자들에게도 좋다'라고 설득한다. 또한, 이들은 (2) 정부

---

11 [역주] '카르텔'이란 "동일 산업 부문의 기업이 자유경쟁을 피하고 시장을 독점하여 이윤의 증대를 꾀할 목적으로 상품의 가격이나 생산량 등에 대하여 협정을 맺는 행위, 또는 그런 독점 형태"를 말하며, '기업연합'이라고도 불린다.

에 로비 활동을 함으로써 일반 유권자나 대다수 일반 시민이 알지 못하는 '각종 세금 면제 혜택과 보조금'을 얻어 낸다. 마지막으로, 이들은 (3) 종종 은밀하게 그들의 시장을 '담합(談合; 서로 의논해서 합의함)하거나 카르텔화'하여 독점가격이나 독점임금을 달성할 수 있다. 예를 들면, 특별이익집단들(special interest groups)은 사람들이 오해하기 쉽거나 일반적으로 널리 알려지지 않은 각종 조치를 추진함으로써 그들의 이익에 가장 부합하는 행동을 할 것이다. 그러나 이로 인해 일반적으로 그들의 특별이익 추구 활동으로 발생하는 '경제적 효율성 손실'이 그들이 '직접적이고 무조건적인 보조금들'을 받을 때보다 '더 크게' 되는 결과가 초래된다.

특정 산업이나 직업을 대표해서 집단행동을 하려는 조직이나 단체들(즉, 특별이익집단들)이 경제적 효율성에 커다란 손실을 가져다줄 "재분배 활동을 '자제할' 인센티브"를 어느 정도까지 가질 것인가? 어떤 국가에서 (1) 어느 한 일반 산업에서 얻는 이익(이윤) 또는 부가가치액이나 (2) 일반 수공업이나 직업에서 받는 임금은 대체로 한 국가의 국내총생산(GDP)에서 '아주 적은' 비중을 차지할 것이다. 예를 들어, 계산을 쉽게 하기 위해 어떤 조직화된 집단이 정확히 GDP의 1%를 획득(차지)한다고 가정해 보자(즉, 이 집단은 아주 작은 집단이다). 다음으로, 이 아주 작은 집단은 얼마의 금액을 자신에게 재분배하려 하는가? 이 조직화된 아주 작은 집단은 '사회적 손실'이 '자신이 GDP에서 차지하는 금액'의 100배가 되는 지점까지 '정부의 재분배(governmental redistribution; 정부가 주는 재분배)와 카르텔의 재분배(cartelisic redistribution; 카르텔 결성으로 얻는 재분배)'를 얻으려 할 것이다! 왜 그런가? 이 경우에만 (1) '그러한 사회적 손실에서 자신이 지게 되는 한계비중'(즉, 개인적 한계손실)이 (2) '추가적 재분배를 통해 자신이 한계적으로 얻는 이익'(즉, 개인적 한계이익)만큼 커지기 때문이다. 즉, GDP의 1%를 차지하는 아주 작은 집단은 '사회적 손실'이 '자신의 GDP에서 차지하는 금액'의 100배가 되는 지점에서 (1) '사회적 손실에서 자신이 지게 되는 한계비중'(즉, 개인적 한계손실)이 (2) '추가적 재분배를 통해 자신이 한계적으로 얻는 이익'(즉, 개인적 한계이익)과 같아진다. 따라서 이처럼 전형적인 특별이익집단은 자신이 거주하는 사회에 대해 '포괄적인 이익심'보다는 '매우 협소한 이익심'(narrow interest)을 갖는다. 즉, GDP에서 아주 작은 비중인 1%를 차지하는 특별이익집단은 자신의 재분배 활동으로 사회적 손실이 100배 정도 될 때까지 재분배를 추구한다. 따라서 특별이익집단이 사회를 바라보는 관점은 '매우 협소'하고 건전하지 못하다. 따라서 특별이익집단은 (1) 어떤 사회에서 '대다수 일반 시민'이 갖는 인센티브만큼 결코 '건전하지 않은' 인센티브를 갖고 있다. 왜 그런가? 이는 어떤 사회에서 대다수 일반 시민은 공무에 대해 '합리적으로 무지하려는' 인센티브를 갖고 있으며, 또한 특별이익집단은 사회에 대해 '매우 협소한 이익심'을 갖고 있기 때문이다. 대다수 일반 사람들의 합리적 무지나 특별이익집단의 협소한 이익심은 모두 사회적으로 건전하지 않은 인센티브다. 게다가 불행히도 특별이익집단의 인센티브는 (2) '안전한(안전을 확보한) 정주도적'이 갖는 인센티브보다 사회에 훨씬 더 해롭고, (3) 종종 '보호 목적으로 갈취행위(protection racket)[12]를 일삼는 마피아단이나 갱단'이 갖는 인센티브보다 더 나쁘고, (4) '개별 범죄자'가 갖는 인센티브보다 사회에 훨씬 더 나쁘다. 나는 이 문제에 관해 내가 쓴 『국가의 흥망성쇠』(1982)에서 자세히 논의하였으므로[13] 여기서 이 문제를 더 이상 다루지 않을 것이다.

---

12 [역주] '갈취행위'란 "폭력단이 행패를 부리지 않는 대신 상점, 음식점 등으로부터 돈을 뜯어내는 행위"를 말한다.

13 Mancur Olson(1982), *The Rise and Decline of Nations*, New Haven: Yale University Press.

3) 집단행동을 위한 조직이나 집단의 '느린' 출현

나는 제4장에서 '집단행동은 일어나기 어렵고 문제가 많다'라고 주장하였다. 왜 그런가? 우선, (1) 일반적으로 조직을 결성하거나 새로운 협력 패턴을 만드는 데는 '특별한 행동 개시 비용'(즉, 창단(創團) 또는 집단 결성 비용)이 발생한다. 둘째, (2) 소규모 집단들이나 조직 결성에 필요한 선택적 인센티브를 가진 집단들도 '유리한 상황이 나타날 때까지' 조직을 결성하지 못할 수 있다. 셋째, (3) 조직을 결성하는 과정에서 각 당사자는 가능한 한 가장 적은 비용을 부담하기를 원하며, 또한 교섭(협상) 과정에서 때로는 '무기한으로 오래 버티려는' 인센티브를 가지고 있다. 마지막으로, (4) 심지어 소규모 집단들에서 교섭(협상)을 통해 충분히 이룰 수 있는 몇몇 집단행동들도 '일정한 시간이 지나야' 비로소 일어날 수 있다.

대규모 집단들의 경우는 어떤가? 대규모 집단들의 경우 집단 구성원들의 무임승차 욕구로 인해 '선택적 인센티브'(selective incentives) 제공을 통해서만 집단행동을 달성할 수 있다. 따라서 대규모 집단들에서는 선택적 인센티브 제공이라는 '더 큰 어려움'을 극복해야만 한다. 대규모 집단들의 경우 집단행동을 위해 '선택적'으로(즉, 집단행동에 '참가하느냐' 또는 '참가하지 않느냐'에 따라) 인센티브를 제공한다. 집단행동에 '참가하면' '보상'을 주고, '참가하지 않으면' '처벌'을 가한다. 전자를 '긍정적 또는 보상적 선택적 인센티브'(positive selective incentive)라고 하고, 후자를 '부정적 또는 처벌적 선택적 인센티브'(negative selective incentive)라고 부른다. 먼저, 만약 대규모 집단들에서 (1) '강압'(강제; coercion)이 제공되어야 할 선택적 인센티브(이를 '부정적인 선택적 인센티브'라 부름)라면 이를 제공하는 데 '강제력'이 사용되어야 할 것이다. 그러나 사람들은 '강압'(강제)을 싫어하기 때문에 '강압(강제)이라는 선택적 인센티브'를 제공하는 데 어려움과 심지어 위험(반발)도 따른다. 또한, 집단행동이 성공적으로 이루어지려면 일반적으로 집단 지도자의 (2) '강력한 리더십(지도력)'과 (3) '유리한 환경'이 필요하다. 예를 들면, 미국의 유명 노조 지도자인 지미 호파(Jimmy Hoffa)[14]가 노조 경력을 시작하였던 때를 보면 이 점의 중요성을 알 수 있다. 젊은 시절의 호파는 디트로이트에서 노조가 조직되지 않았던 화물 창고에서 일하던 노동자였다. 어느 무더운 여름날 곧 상할 것 같은 딸기가 대량으로 창고에 도착하자(이는 '유리한 환경'에 해당됨), 호파는 이 '절호의 기회'를 이용하여 동료들을 설득하여 파업을 일으켰다(이는 '강력한 리더십'에 해당됨). 이에 고용주는 상하기 쉬운 딸기 화물을 잃어버리는 것보다 '호파의 요구'를 받아들이는 것이 더 낫다고 생각하였다. 그러나 일반적으로 상황은 이 경우처럼 그리 '호의적'이지 않을 것이다. 또한, 지미 호파처럼 '약삭빠르고 용기 있고 선동적인' 지도자들은 작업 현장에 그리 많지 않을 것이다.

다음으로, '긍정적(보상적)인 선택적 인센티브'는 어떤가? '긍정적(보상적)인 선별적 인센티브'가 있다면, 이는 '많은 노력'을 기울인 후에야 발견되거나 이용될 수 있다. 왜 그런가? 우선, 집합재(공공재) 공급에 필요한 재원을 마련하거나 다른 사람들이 집합재(공공재)를 공급하도록 유인하는 데 쓸 수 있는 '잉여자금'을 만드는 일은 본질적으로 '어려운 일'이다. 이는 돈을 벌기 위해 새로운 사업을 시도하려는 사람들 사이에는 성공뿐만 아니라 실패도 존재하기 때문이다. 또한, 돈을 버는 기업가들은 자연스럽게 그 돈을 선택적 유인 제공에 쓰지 않고 자기 자신을 위해 쓰거나 보관하는 경우가 많다. 따라서 우리는 일반적으로 (1) '집단재를 공급할 수 있는 활동'

14 [역주] 지미 호파(1913~1975년)는 미국 노동운동 지도자로 1957~1971년 국제트럭운전자연대(International Brotherhood of Teamsters)의 회장을 역임하였다.

과 (2) '소득을 창출하는 활동' 사이에 존재할지도 모를 상호 보완성[15]을 찾거나, 이를 활용해야 할 것이다. 예를 들어, (1) 기업의 '로비력'(즉, 집단재를 공급할 수 있는 활동)을 부분적으로 사용하여 '사업 활동'(즉, 소득을 창출하는 활동)에 유리한 '정부 우대나 특혜'를 받거나, (2) 수혜자들(잠재 고객들) 간에 퍼져 있는 '로비단체의 명성과 신뢰'(즉, 집단재를 공급할 수 있는 활동)를 '관련 사업 활동'(즉, 소득을 창출하는 활동)에 효과적으로 활용해야 한다. 이러한 상호 보완성을 효과적으로 활용할 수 있는 경우에도 그 상호 보완성은 (1) '얼마간의 시간이 지나고' 나서나, (2) '기략(機略)이 풍부한 지도자가 있을 때'에만 발견되거나 이용될 수 있다.

4) 주장 검증하기: 이론은 실제와 부합하는가?

나는 이제까지 "(1) 어느 한 사회(국가)에서 내재적인 어려움 때문에 집단행동을 하기 위한 많은 조직이나 단체들이 '축적되는(accumualte; 즉, 결성되고 증가되는) 데에는 오랜 시간'이 걸리며, (2) 집단행동을 하기 위한 산업별, 직업별 및 기타 '협소한' 조직이나 단체들(즉, 특별이익집단들)은 그 사회(국가)의 '경제적 효율성과 역동성'에 매우 해롭다"라고 주장하였다. 반면에 어느 한 사회에서 다수세력('다수를 위한 일반이익 추구 집단')은 사회에 대해 '포괄적인 이익심'을 갖거나, 때로는 '초포괄적인 이익심'을 갖기 때문에, 다수세력(일반이익집단들)의 이익을 중시하고 특별이익집단들의 영향을 받지 않는 '민주정부들'(democratic governments)은 (1) 다수의 시민에게 이익이 돌아가는 공공재 공급에 큰 관심(즉, '포괄적인 이익심')을

15 [역주] '상호 보완성'(complementarity)은 '상보성'(相補性)으로도 불린다. '상보성'이란 "서로 보충하는 관계에 있는 성질"을 말한다.

가질 것이며, (2) 일반적으로 적정한 세금 부과로 그 사회의 경제에 '비교적 감내할 수 있는 정도의 경제적 효율성 손실'(즉, '사중손실')만 입힐 것이다. 이 경우에는 해당 경제에서 큰 왜곡이 발생하지 않을 것이다. 어떤 경제에서 정말로 '커다란 왜곡'이 초래되는 경우는 오로지 대개 '협소한 이익심을 가진 특별이익집단들의 로비 활동이나 카르텔화' 때문이다.

이러한 나의 주장은 현실과 얼마나 잘 부합하는가? '서구의 시장 민주주의 국가들의 경험'을 살펴봄으로써 '이러한 나의 이론이 현실에 부합하는지'를 검증해 볼 수 있다. 내 이론이 옳다면, 전쟁이나 대재난 등으로 집단행동을 하기 위한 조직이나 단체들이 붕괴되거나 와해(瓦解)된 후 '건전한(공정한) 법질서'를 확립한 사회(국가)들에서는 '한동안 매우 빠르게 경제가 성장'할 것으로 예상할 수 있다. 반면에 동일한 논리로 '오랫동안 안정을 유지해 온 사회(국가)들'은 그렇지 못한 사회(국가)들보다 '훨씬 더 느리게 성장'할 것이다.

외세의 침략과 그로 인해 제도적 붕괴를 겪지 않고 '가장 오랜 기간 안정'을 유지해 온 사회(국가)는 바로 영국이다. 그러나 내 이론이 예측하는 것처럼 영국은 주요 선진 민주주의 국가들 중 '가장 저조한 경제 성과'를 보임으로써 '영국병'(British disease)을 앓게 되었다. 또한, 제2차 세계대전 이후 독일과 일본이 이룬 '경제 기적'도 내 주장과 일치한다. 마지막으로, 내 이론은 적절하게 정교화 및 계량화 작업을 한다면 제2차 세계대전 이후 '미국의 지역 간 경제성장의 일반적인 패턴'도 설명할 수 있다. 다른 연구자들의 검증과 평가들도 대부분 내 이론을 뒷받침한다.[16]

---

16 예를 들면, 다음 문헌들을 참고하기 바란다: (1) Kwang Choi(1983), *Theories of Economic Growth*, Ames, IA: Iowa State University Press; (2) Richard Vedder and Lowell Galloway(1986), "Rentseeking, Distributional Coalitions, Taxes, Relative Prices, and Economic Growth," *Public Choice*, 51(1), pp. 93~100; (3) Steve Chan(1987), "Growth with Equity: A Test of Olson's Theory for the Asian Pacific-Rim Countries," *Journal of Peace Research*,

3. 독재정부와 민주정부에서의 경제성장

제2장에서의 내 주장이 옳다면, 많은 독재자들은 (1) '단기적 시계'(short time horizon; 또는 단기적 시야)를 가지고 있으며, (2) 그로 인해 '일시적인 방랑도적'보다 그들이 지배하는 사회의 생산성과 소득에 더 큰 관심(즉, '포괄적인 이익심')을 갖지 않는다. 그러면 어떤 통치체제가 '장기적 시계'를 가지는가? '여러 세대에 걸쳐(즉, 오랜 기간) 안전한 재산권과 계약권을 보장하는 유일한 사회(국가)들'은 '지속적인 민주정치 체제나 다른 대의제 정부를 채택하는 사회(국가)들'뿐이다. 제1장과 본 장의 앞부분에서 제시한 내 주장이 옳다면, 독재자들은 특정 산업 및 특정 직업 또는 특정 전문직을 대표하는 '특별이익집단들이 갖는 이익심'에 비해 자신이 통치하는 사회에 대해 비교적 '포괄적인 이익심'을 갖고 있다(물론 독재자들은 '다수세력'보다는 덜 포괄적인 이익심을 갖고 있다).

또한, 실제 세계에서 관찰된 '경제성장의 패턴'이 다른 이론들과 일치할 수 있지만, 본 장에서 제시한 나의 이론과도 확실히 일치한다. 예를 들어, 자본은 '종종 독재적이거나 일시적으로 민주화된 사회(국가)들'—이러한 사회(국가)들에서는 자본이 상대적으로 부족하고, 그로 인해 자본 수익률이 높음에도 불구하고—에서 '지속적인 민주정치제 사회(국가)들'—이들 사회(국가)에서 자본이 상대적으로 풍부하게 공급되고, 그로 인해 자본

24(2), pp. 135~149; (4) Erich Weede(1986), "Catch-up, Distributional Coalitions and Government as Determinants of Growth and Decline in Industrial Democracies," *British Journal of Sociology*, 37, pp. 194~220; (5) Jan-Erik Lane and Svante Ersson(1990), *Comparative Political Economy*, London and New York: Pinter, distributed by Columbia University Press, pp. viii and 296; (6) Todd Sandler(1992), *Collective Action: Theory and Applications*, Ann Arbor: University of Michigan Press; (7) Jonathan Rauch(1994), *Demosclerosis*, New York: Times Books; (8) Dennis C. Mueller, ed.,(1983), *The Political Economy of Growth*, New Haven, CT: Yale University Press.

수익률이 높지 않음에도 불구하고—로 '도피 또는 이동'하는 경우가 많다. 따라서 세계 각국에 걸쳐 '자본이 매우 불평등하게 분배되는 현상'은 제2장에서 제시한 내 주장과 놀라울 정도로 일치한다. 또한, 나의 주장은 최근이든 이전 역사에서든 '독재체제를 가진 대부분의 사회(국가)들'에서 나타나는 '대개는 평범하고, 때로는 비참한 경제 성과'와도 일치한다.

동시에, (1) 어떤 사회(국가)에서 역사적으로 '오랜 독재시대' 동안 놀랍게도 생산량과 인구가 '장기적으로 순증가'하였을 뿐만 아니라, (2) 최근 여러 국가에서 '강력하고 안정적이며 비교적 현명한 독재자들의 지배' 하에서 '놀라운 경제성장'도 나타났다. 나는 내 동료들과 함께 약 100개 국가를 대상으로 광범위한 통계적 분석을 수행한 결과 '독재자의 재임 기간'과 '독재자가 지배하는 국가의 재산권과 계약권의 질(안전보장성)' 간에 강하고, 통계적으로 유의미하며, 견고한 상관관계가 존재한다는 점을 밝혀냈다.[17] 또한, 비교적 최근에 대만, 한국, 싱가포르, 중국, 칠레 등에서 몇몇 독재자들 지배하에서 '눈부신 경제성장'이 일어났다. 경제적으로 가장 성공한 독재자들은 (1) '장기적인 계획 시계'(long planning horizon)를 가지고 있었을 뿐만 아니라, (2) '특별이익집단들에 저항하거나 이들을 억압하는 경향'을 갖고 있었다. 특히 경제적으로 가장 성공한 독재자들은 일반적으로 정부 정책들을 특정 산업이나 특정 직업의 '조직(집단)이익'(organized interests; 즉, '특별이익')에 맞추거나 영합하지 않는 "'강경'국가"(hard state)를 운영하는 경향을 지니고 있었다.[18] 다시 말하면, 성공적인 독재자들이

17 Christopher Clague, Philip Keefer, Stephen Knack, and Mancur Olson(1996), "Property and Contract Rights in Autocracies and Democracies," *Journal of Economic Growth*, 1(2), pp. 243~276. 앞에서 살펴보았듯이 이 논문에서는 "다른 유형의 정치체제 국가들보다 '오랫동안 민주정치를 지속한 국가들'에서 재산권과 계약권이 평균적으로 훨씬 더 잘 보장된다"라는 강력하고 설득력 있는 '통계적 증거'도 제시하고 있다.

18 [역주] The economically most successful autocrats tend to have "hard" states that do not

운영한 '강경국가'는 일반적으로 정부정책들을 '특정 산업이나 특정 직업의 집단이익'(또는 특별이익집단들의 이익)에 맞추어 결정하거나 조정하지 않았다. 모든 국가의 경험과 성과를 완전하게 설명하려면 본 장에서 제시된 나의 이론에서 '빠진' 많은 중요한 요인과 사항들을 고려해야만 할 것이다. 그러나 누락된 요인들을 모두 고려한다 하더라도 전체적인 패턴은 내 이론과 매우 일치할 것이다.

---

usually adapt their government policies to organized interests in particular occupations or industries.

제6장

법 집행과 부패의 원천들

1. 법을 준수하라는 압력은 왜 발생하는가?
2. 법 집행에 대한 민간 부문의 만장일치적 압력: 민간 부문은 왜 만장일치로 법 집행에 압력을 가하는가?

제1장과 제2장에서 설명한 내 이론들이 '틀릴 수 있는 논리적 가능성'이 한 가지 있다. 이 가능성은 본 장에서 우리가 주목해야 할 '현실적으로 매우 중요한 새로운 사실'을 제시해 주기 때문에, 이를 분석해 보는 것이 중요하다(그러나 실제로 아무도 이 가능성이 제1장과 제2장에서 제시한 내 주장들을 무효화할 수 있을 것이라고는 생각하지 않을 것이다). 그 가능성은 무엇인가? 그 가능성은 (1) 어떤 관할지역에 거주하는 사람들의 모든 재산을 도둑질로부터 보호하고(경찰 및 치안유지와 같은 공공재), (2) 기타 필수 공공재들을 공급하는 데 드는 '비용들'이 정부가 '징수할 수 있는 최대 세금액'을 '초과'할 수 있다(즉, 공공재 지출 비용 > 최대 세금 징수액)는 점이다. 제3장에서 설명한 '무정부 상태'(anarchy)에 대한 분석에서 무정부 상태에 있는 어떤 가족은 '생산 활동'보다 '도둑질로부터 자신의 재산을 보호'하는 데 더 많은 시간을 할애하는 것이 합리적일지도 모른다고 언급한 바 있다. 이러한 환경에서 정부가 '법과 질서'(law and order)에 대한 책임을 맡게 되면 이 활동에 얼마나 비용이 많이 드는가? 왕이나 전제군주도 민주정부도 한 나라의 모든 참새(sparrow)의 추락을 알 수 없다. 또한, 한 나라의 모든 재산을 감시하는 데 필요한 경찰과 그에 수반되는 법원, 교도소 및 기타 집단재(공공재)를 공급하는 데 엄청난 비용이 들 수 있다.

사실상 법과 질서를 유지하는 데(즉, 법과 질서라는 공공재를 공급하는 데) 드는 비용들은 세금 징수액과 국민소득에 비해 '아주 적어야' 하며, 실제로 많은 국가에서 이 비용들은 적다. 우리는 평화로운 질서와 기타 필수 공공재를 공급하는 데 드는 비용들이 세금 징수액(세수)에 비해 '그렇게 많이 들지 않는다'는 사실을 잘 알고 있다. 그러나 많은 독재자는 자신의 침략과 기타 사치를 위해 국민들로부터 '막대한 잉여금과 흑자'를 착취해 낸다. 또한, 대부분의 민주정부들도 '막대한 금액의 재량[1] 지출(discretionary spending)'—이는 법과 질서 및 민주적 정부의 생존을 위해 필요하지 않은 지출임—을 하고 있다. 그러나 대부분의 제3세계(third world; 아프리카, 아시아, 라틴 아메리카 등지의 개발도상국들) 국가들과 구소련을 비롯한 일부 구(舊)공산주의 국가들에서는 거대한 '비공식' 부문들(informal sectors)[2]이 존재한다. 비공식 부문들의 경우 많은 인구가 필요에 의해 '법의 테두리 밖'(outside of the law)에서 생활한다. 또한, 비공식 부문들에서 생활하는 사람들은 '정부 내 만연한 부패'로 인해 고통받고 있다. 법과 질서, 그리고 정부의 존립에 필요한 기타 공공재들을 공급하는 데 드는 비용들이 세금 징수액에 비해 비교적 '매우 적어야' 하는 이유를 이해하면, 우리는 (1) 공직이나 정부 부패와 범죄에 대해, 그리고 (2) 일부 국가들에서 대규모 '지하경제'(shadow economy)[3]나 비공식 부문들이 존재하는 이유에 대해 '새롭고 더 잘' 이해할 수 있을 것이다.

법과 질서를 유지하는 데 '많은 비용이 들지 않는' 데에는 두 가지 주요 이유가 있다. 첫 번째 이유는 '폭력과 기타 비용이 많이 드는 싸움의 원인들'을 생각해 보면 분명해진다. 만약 (1) 비용이 많이 드는 싸움에 관여할 수 있는 당사자들이 서로의 상대적 강점에 대해 잘 알고 있고, (2) 한쪽이 다른 쪽보다 훨씬 강하다는 데 양쪽 모두 동의한다면 그들은 결코 거의 싸우지 않을 것이다. 양 당사자 모두 싸움이 어떻게 끝날지 알기 때문에 '싸움의 비용을 절약할 수 있는 해결책'에 합의함으로써 이익을 얻을 수 있다는 점을 잘 알고 있다. 이때 합의안은 일반적으로 '힘의 차이'를 고려할 것

1 [역주] '재량'(裁量) 또는 '자유재량'(自由裁量)이란 "법치주의 아래서 법이 충분히 규정할 수 없는 경우에 법의 기속(羈束)에 대해 국가 기관에 허용된 판단 및 행위의 자유"를 말한다.

2 [역주] '비공식 부문'이란 "실물 자본과 인적 자본 및 기술이 제약된 상황에서 그 활동에 참가하는 사람들의 고용과 소득의 창출을 주목적으로 하는 재화와 서비스의 생산 및 분배에 관여하고 있는 소규모 단위의 부문"을 말한다.

3 [역주] '지하경제'(地下經濟)란 "(1) 사채놀이, 마약거래, 도박, 매춘 등 불법적인 경제 활동과 (2) 합법적이지만 정부의 공식 통계에는 나타나지 않는 여러 가지 경제 활동"을 말한다.

이다. 우선, 한 쪽이 다른 쪽보다 힘이 강하다면 약한 쪽이 강한 쪽에 '양보하는' 방식으로 합의가 이루어질 것이다. 반면에 양측의 힘이 비슷하다면 한 쪽이 상대방의 상대적 힘을 잘못 판단하여 상대방의 요구 조건을 받아들이는 것보다 '싸우겠다고 위협함으로써 더 나은 결과를 얻을 수 있다'라고 잘못 기대할(즉, 오판을 불러올) 가능성이 훨씬 더 높을 것이다. 이것이 바로 사람들이 정기적으로 '무정부 상태에 있는 지역'을 탈출하여, 심지어(또는 필요한 경우) '착취적이고 잘못된 통치가 이루어지는 지역'으로 이주하는 이유 중 하나이다.

또한, (1) 어느 한 개인(예를 들어, 어느 한 독재자)이 권력을 잡거나(즉, 독재정부를 수립하거나), (2) 어떤 민주정부가 경찰력을 확립하면 '그 정부의 힘'은 '어느 한 국민이나 시민의 힘'과는 비교할 수 없을 정도로 클 것이다. 이것이 사실이라는 것이 분명해지면 정부는 일반적으로 더 이상 '국민과 싸우는 데' 많은 비용을 부담할 필요가 없을 것이다. 왜 그런가? 정부의 힘이 막강해지면 국민은 '정부에 도전하지 않는 것'이 자신이 할 수 있는 최선의 선택이라는 점을 알게 되기 때문이다.

이러한 점은 새로운 주장이 아니다. 이는 토머스 홉스(Thomas Hobbes; 영국의 철학자 및 법학자, 1588~1679년)가 '독재정부'(autocratic government)라는 특수한 경우를 설명하기 위해 설득력 있게 주장한 것이기 때문이다. 홉스는 모든 신민[4](백성)을 완전히 압도할 정도로 '막강한 힘(권력)을 가진 독재자'를 옹호하였다. 또한, 홉스는 '평화로운 질서'를 보장하기 위해 '강력한 독재자'가 필요하다고 믿었다. 이러한 경우들에서 법과 질서를 유지하는 데 많은 비용이 들지 않을 것이다.

정부가 '평화로운 질서'를 유지하는 데 '많은 비용이 들지 않아도' 되는

---

4 [역주] '신민'(臣民)이란 "군주국에서 관리와 백성"을 아울러 이르는 말이다.

두 번째 이유는 정부가 '올바른 공공정책들과 제도들을 채택'함으로써 '민간 부문의 강력한 인센티브'에 의존할 수 있기 때문이다. '민간 부문의 강력한 인센티브'는 (1) 정부의 법 집행 노력을 크게 강화하고, (2) 법과 질서를 유지하는 데 드는 비용의 상당 부분을 '민간 부문에서' 부담하는 역할을 할 수 있다. 먼저, 좋은 경제정책들과 제도들을 채택한 사회들에서 범죄를 예방하고, 준법(遵法) 행동을 유도하기 위한 '민간 부문의 인센티브'를 고려해 보자. 좋은 경제정책들과 명확하게 규정된 재산권이 확립된 어떤 시장경제 사회(국가)에서 개인들과 기업들의 이기심(self-interest)—즉, 민간 부문의 인센티브—이 바로 범죄 예방, 준법 행동, 법 집행 등을 위한 주요 원동력이다.

다음으로, 절도 방지나 재산권 유지를 고려해 보자. '재산권 소유자들의 이기심'은 절도 방지를 위해 애쓰게 한다. 또한, '개인들과 기업들의 이기심'은 자물쇠를 설치하고, 귀중품들을 숨기고, 경비원들을 고용하고, 경비를 서게 한다. 물론 (1) 재산권이 '모호한'(명확하지 않은) 사회들에서 거주하고 있는 개인들과 기업들과 (2) 심지어 (제3장에서 살펴보았듯이) 무정부 상태에 있는 개인들도 '절도의 피해자가 되는 것을 피하려는' 비슷한 이기심을 가질 것이다([역주] 즉, 재산권이 '모호한' 사회들에서 거주하고 있는 개인들과 기업들의 이기심과 심지어 무정부 상태에 있는 개인들의 이기심은 절도의 피해자가 되는 것을 피하려 한다). 그러나 재산권이 '명확하게 규정된' 사회들의 경우 개인들과 민간기업들이 '자신의 이익을 위해' 수행하는 절도 방지 활동들은 (1) 법을 더욱 강화하고, (2) 정부가 법을 집행하는 데 드는 비용들을 절감하게 하는 역할을 한다. 즉, 재산권이 '명확하게 규정된' 사회들의 경우 개인들과 민간기업들의 이기심은 그들이 자신의 이익을 위해 '절도 방지 활동들'을 하게 한다. 이들 활동은 법을 더욱 강화하고, 정부가 법을 집행하는 데 드는 비용을 절감하게 하는 역할을 한다.

민간 부문에서 개인들과 기업들의 이기심은 종종 경찰, 법원, 정부가 절도범을 체포하고 처벌하는 데 도움을 준다. 예를 들면, 어느 한 가족이나 어떤 기업이 절도 피해자인 경우 그들은 일반적으로 경찰에 관련 범죄를 신고하고, 정부가 그 절도범을 체포하는 데 도움이 될 수 있는 모든 정보를 제공해 준다. 또한, 때때로 개인들이나 기업들은 자신들을 약탈하는 범죄자들을 체포하는 데 도움이 되는 정보에 대해 보상금을 제공해 주기도 한다.

물론 '도둑들의 이기심'도 존재한다. 즉, 도둑들도 자신의 이기심을 갖고 있다. 도둑들은 (1) 자신의 범죄를 숨기고 체포를 피하려는 인센티브뿐만 아니라, (2) 때로는 경찰이나 판사에게 뇌물을 주려는 인센티브도 가지고 있다. 또한, '범죄자들의 이기심'은 법을 훼손하거나 약화시키기 위해 도처에서 발휘된다. 그러나 좋은 경제정책들과 제도들을 갖춘 어떤 시장경제 사회에서는 범죄자들의 반대편에 서서 항상 자신의 이익을 지키려는 범죄 피해자들과 잠재적 피해자들이 있기 마련이다. '범죄 피해자들과 잠재적 피해자들의 이기심'은 (1) 자물쇠를 사용하고, 귀중품들을 숨길 뿐만 아니라, (2) 범죄를 신고하고, 도둑맞은 재산을 되찾도록 경찰에 압력을 가하고, 범죄자들에게 불리한 증언 등을 하기도 한다.

1. 법을 준수하라는 압력은 왜 발생하는가?

방금 설명하였듯이 어떤 사회에서 '좋은 경제정책들과 제도들'이 있을 때(즉, '좋은 경제정책들과 제도들을 갖춘 시장경제' 사회에서) '사적 이기심'(private self-interest)은 범죄와 부패를 제한한다. 이러한 사실은 자세히 살펴보면 생각보다 훨씬 더 중요하다. 왜 그런가? 다음 세 가지 경우를 살펴보기로 하자. 우선, '사기(詐欺)행위 방지에 대한 법('사기방지법')을 집행하는 데 드는 비용'을 고려해 보자. 사기행위를 방지하는 데에는 경찰과 법원의 역할도 중요하지만, 확실히 사기를 당하지 않으려는 '개인들과 기업들의 경계심'([역주] 이것도 '이기심'임)도 매우 중요하다. 또한, 정부가 구매자들을 위해 '구매자 주의(注意) 정책'(buyer beware policy; '구매자 주의 원칙' 또는 '구매자 위험 부담 원칙')을 마련하고 있다면 정부는 사기행위를 방지하거나 이에 대처하는 데 많은 비용을 지출할 필요가 없을 것이다.

다음으로, '대출(貸出)계약의 집행' 문제에 대해서 고려해 보자. 돈을 빌린 어떤 사람(차용인)이 그 돈을 갚지 않기로 결정하였다고 가정해 보자. 차용인(借用人)은 자신이 맺은 대출계약의 집행을 실천하지 않으려는(즉, 대출금을 갚지 않으려는) 인센티브를 가지고 있지만, 대출자는 다음 방식으로 차용인이 대출금을 상환하도록 유도할 것이다. 즉, 대출자는 (1) 차용인의 평판과 향후 신용에 대한 접근을 위협하거나, (2) 필요한 경우 법원에 차용인의 재산 압류를 청구함으로써 대출금을 상환하도록 요구할 것이다. 또한, 대출자는 대출 대상자를 결정할 때 '위험이 가장 낮은 차용인을 선호'([역주] 이는 '대출자의 이기심'임)하기 때문에 (대출자가 이러한 판단을 하지 않을 때보다) '더 높은 비율의 대출금이 상환'된다. 이처럼 대출자의 노력과 신중한 대출 방식(즉, '대출자의 이기심')은 (1) 대출금 상환을 더 일반적인 관행으로 만들고, (2) '상호 합의된 계약'에서 비롯된 사법(私法, private law)[5]을 습관적으로 준수하는 풍토를 조성한다.

마지막으로, 민간 부문에서 존재하는 개인들과 기업들의 '힘(권력)과 부(富)의 차이'도 고려해 보자. 일반적으로 성공적인 시장경제에서

5 [역주] '사법'이란 "개인 사이의 권리나 의무관계를 규정한 법률"로서 민법, 상법 등을 말한다.

(다른 측면에서는 문제가 되는) '부와 힘(권력)의 불평등'이 본 논의에서는 법과 질서를 유지하는 데 도움이 된다. 왜 그런가? 현재 우리가 논의하고 있는 절도와 계약집행 문제와 관련하여, 일반적으로 '더 힘이 있고(영향력이 있고) 부유한 사람들(세력)'일수록 '법을 준수하는 편'에 서게 될 것이다. 우선, 어느 한 절도범이 자신의 피해자만큼 '부유하거나 정치적으로 영향력이 크지 않다면'(반대로 어느 한 절도 피해자가 관련 절도범보다 '부유하거나 정치적으로 영향력이 크다면') 민간 부문의 순 힘은 '법의 편'(즉, '절도 피해자의 편')에 서게 될 것이다. 다음으로, 대출자들이 평균적으로 차용인들보다 '영향력이 더 크다면' 민간 부문의 순 힘은 '법의 편'(즉, '대출자들의 편')에 서게 됨으로써 대출계약 집행이 더 잘 이루어질 것이다. 마지막으로, 민간 부문의 순 힘은 합리적인 조건으로 돈을 빌릴 수 있는 환경을 조성함으로써 '돈을 빌려서(차입해서) 이익을 얻을 수 있는 사람들'(차용인들)을 유리하게 할 것이다. 즉, 차용인들이 평균적으로 대출자들보다 '영향력이 더 크다면', 민간 부문의 순 힘은 '법의 편'(즉, '차용인들의 편')에 서게 됨으로써 차용인들이 편리하게 돈을 빌릴 수 있게 할 것이다. 따라서 나는 '많은 법률을 지지하는(또는 법의 편에 서는) 민간 부문의 순 힘'은 매우 중요한 문제라고 생각한다.

우리가 나중에(제5장에서) 자세히 살펴볼 예정이지만, '잘못된 경제정책들과 열악한 제도들'을 가진 사회들(예를 들면, 구소련이나 과거 공산주의 사회들)에서는 사정이 크게 다르다. 그러나 현재 시점에서 중요한 점은 '적절한 경제정책들과 제도들'을 갖춘 사회들이나 정부들은 '민간 부문 당사자들(즉, 개인들과 기업들)의 이기심' 덕분에 '비교적 적은 비용'으로 '경제발전을 위한 충분한 법과 질서'를 유지할 수 있다는 점이다. 이제 이러한 점을 다음 생각과 결합해 보기로 하자. 즉, 우리가 이 점을 어느 한 사회에서 '다수세력(majorities)이 자신이 거주하는 사회에 대해 포괄적인 이익심

(encompassing interests)을 가지고 있다'라는 생각과 결합해 보면, 우리는 현대 민주정치 사회들에 대해 상당히 '낙관적인 관점'을 가질 수 있다. 다수세력이 사회에 대해 갖는 '포괄적인 이익심'은 다수세력이 '사회의 생산량(소득)에 관심'을 갖게 하고(즉, '생산량(소득)을 중시'하고), 자신들이 가져가는 '재분배를 제한'하는 역할을 한다. 따라서 현대 민주정치 사회를 지배하는 '포괄적인 이익심을 갖는 다수세력'(encompassing-interest majorities)이 (1) '좋은 경제정책들과 제도들'을 선택하려는 인센티브를 가지며, 이를 통해 (2) '적당한(즉, 비교적 낮은) 비용'으로 '합리적인 수준의 법과 질서'를 확보할 수 있다.

2. 법 집행에 대한 민간 부문의 만장일치적 압력: 민간 부문은 왜 만장일치로 법 집행에 압력을 가하는가?

이제 '좋은 경제정책들과 제도들을 갖추고 있지 못한 국가들'을 살펴보도록 하자. 우선, (시장이 아니라) 정부가 가격을 고정하고, '시장청소가격(market-clearing price; '시장청산가격' 또는 '시장균형가격')보다 낮은 가격'을 책정한다고 가정해 보자. 시장청소가격보다 낮은 가격에서는 수요량이 공급자들이 공급하고자 하는 수량(공급량)보다 더 많을 것이다([역주] 즉, 시장청소가격보다 낮은 가격 수준에서는 '초과수요'가 발생할 것이다). 그러면 (1) 정부가 책정한 통제가격(controlled price)보다 높고 (2) 시장청소(균형)가격보다 낮은 가격에서, 구매자와 판매자 모두 이익을 얻는 거래, 즉 '상호이익이 되는 거래'가 이루어질 수 있다. 이 경우 두 거래 당사자(즉, 구매자와 판매자) 모두 '법(즉, 정부의 통제가격 책정)을 위반함으로써' 이익을 얻는다. 따라서 '사유 재산에 대한 법 위반'과는 매우 대조적으로 양 당사자는 어느 쪽도 그러한 위반행위를 신고할 인센티브가 없을 것이다. 이러한 경우에 본질적으로 민간 부문의 모든 인센티브는 '법을 훼손하거나 약화시키는 것'이다. 다음으로, 정부가 '시장청소(균형)가격 수준보다 높은 가격'을 책정하는 경우에도 동일한 논리가 적용된다. 즉, 이 경우에도 두 거래 당사자(즉, 구매자와 판매자) 모두 '법을 위반함으로써' 이익을 얻으며, '사유 재산에 대한 법 위반'과는 매우 대조적으로 양 당사자는 어느 쪽도 그러한 위반행위를 신고할 인센티브가 없을 것이다.

이제 정부가 어떤 재화의 생산량을 결정하고, 생산계획자들이 선택한 그 재화의 수량이 시장에서 생산될 때의 수량보다 '적다'라고 가정해 보자([역주] 즉, 정부가 어떤 재화의 생산량을 시장균형보다 낮게 결정하는 경우, 그 재화는 시장에서 생산될 때보다 '과소생산'이 이루어질 것이다). 그 결과 (1) 과소생산으로 원하는 만큼의 재화를 얻지 못하는 구매자들이 있을 것이고, (2) 이러한 구매자들에게 '그들이 기꺼이 지불하려는 가격'에 그 재화를 공급함으로써 이익을 얻을 수 있는 잠재적 판매자들이 있을 것이다. 이때 양 당사자(즉, 구매자와 판매자) 모두 (1) '법(즉, 정부의 생산량 결정)을 회피하고', (2) 필요하다면 '법을 집행해야 할 정부 공무원들에게 뇌물을 주어 부패시킴으로써' 이익을 얻을 수 있다.

다음으로, 정부가 "(1) 어떤 재화가 시장에서 결정되는 양보다 '초과하여' 생산되어야 한다([역주] 즉, 시장균형량보다 과다생산)고 규정하거나, (2) 시장에서 전혀 '생산되지 않는' 재화를 생산해야 한다"고 규정하였다고 가정해 보자. 그러면 생산자들이 (1) 그 재화를 생산하지 않거나, 그 재화의 '규정된 양'을 생산하지 않을 경우에 부담하지 않아도 될 막대한 비용이 발생할 것이고, (2) (이때 그 생산이 규정상 '비경제적'이기 때문에) 그 재화는 구매자들에게 거의 가치가 없을 것이다. 그래서 구매자들은 그 재화를 구매하기 위해 그다지 노력을 기울이지 않을 것이다. 이러한 논의가 시사해 주는 일반적인 요점은 (1) '시장에 반(反)하는(market contrary) 법률이나 규제'는 모든, 또는 거의 모든 당사자에게 그 법이나 규제를 회피할 인센티브를 가져다줄 것이며, 또한 (2) 정부의 범죄행위와 부패를 조장할 것이라는 점이다.

따라서 '많은 사회에서 정부에 부패가 많은 이유' 중 하나는 (1) 이들 사회에서 모든, 또는 거의 모든 민간 당사자들이 '법을 회피할 인센티브'를 가지고 있으며, (2) 민간 부문에서 누구도 위반행위들을 당국에 '신고할 인센티브'가 없기 때문이다. 게다가 법이나 규칙 위반이 적발되면 관련 시장 내 양측 민간 당사자들(즉, 구매자와 판매자)은 법 집행을 하지 않도록 공무원들을 설득하거나, 뇌물을 주려는 똑같은 인센티브를 갖게 될 것이다. 본질적으로 민간 부문의 모든 인센티브는 법이나 규칙들을 훼손하거나, 약화시키는 쪽에 있을 것이다. 그 결과 이러한 사회들에서 머지않아 정부는 부패하고 무능해진다.

'제3세계 국가의 정부들'은 '번영하는 시장경제 국가의 정부들'보다 비교할 수 없을 정도로 더 많은 '시장에 반하는 정책들'(market-contrary policies; 시장 역행 정책들 또는 반시장 정책들)을 시행하려고 한다. 또한, 앞에서 살펴본 논의에서 알 수 있듯이 제3세계 국가의 정부들에서 훨씬 더 많은 '정부 부패들'이 존재한다. 마지막으로, 제3세계 국가들에 존재하는 거대한 '비공식 경제'(informal economies)는 (1) '시장에 반하는 정책들의 규모'뿐만 아니라, (2) 이러한 정책들이 시간이 지남에 따라 제3세계 국가들에서의 '정부 부패와 무능을 초래한 정도'를 보여 주는 분명한 증거이다.

물론 공산주의 국가들에서도 '시장에 반하는(역행하는) 활동'은 '일반적'이었다. 공산주의 치하에서 살았던 많은 사람의 증언에 따르면, '구소련형(Soviet-type) 국가들'에서는 공장 관리자가 종종 투입물자들을 확보하기 위해 준합법적(quasi-legal)이거나 불법적인(illegal) 거래에 참여하지 않고서는 자신의 업무를 완수하지 못하거나 할당량을 채울 수가 없었다. 구소련형 계획체제의 전체 시스템은 너무나 '시장에 반하는' 것이어서 관리들(아마도 특히 '고위'관리들)조차도 자신들에게 주어진 명령과 목표를 준수하거나 달성하기 위해 '규칙들과 계획을 위반해야만' 하였다. 즉, '시장에 반하는 활동'은 종종 공산주의 정권의 일부 목표를 달성하는 데 걸림돌(즉, 규칙과 계획 위반)이 되었다.

이제 우리는 과거 동구권[6]에서 만연한 '범죄와 공직 부패'의 원인에 대한 만족스럽지 못한 여러 설명 중 일부를 제시하였지만, 이는 그야말로 '일부'에 불과하다. 앞으로 살펴보겠지만, 우리는 이제까지 '구소련형 사회들이 사유 재산과 시장들을 전례 없는 수준으로 제한하였다'라고만 말해 왔지, 실제로 '구소련형 제도들'이 준법행위와 정부 공무원들의 청렴성을 얼마나 훼손시키고 약화시켰는지를 크게 '과소평가'해 왔다. 예를 들면, 구소련 스탈린(Joseph V. Stalin; 구소련 정치 지도자, 1879~1953년)이 도입한 체제나 제도들에는 앞에서 언급한 주장으로 설명할 수 있는 것보다 '훨씬 더 많은 불법행위와 공직 부패를 유발하였다'는 더 근본적인 특징이 있었다.

마지막으로, 우리는 다음 두 가지 문제를 설명해야 할 필요가 있다. 즉, (1) '공산주의 체제가 지배한 기간 동안 부패가 왜 그렇게 많이 증가하였는지'(또한, '탈(脫)공산주의 사회(국가)들에서 부패가 왜 심각한 문제였는지')에 대해서 설명해야 할 뿐만 아니라, (2) 구소련형 체제의 다른 특징들과 '체제전환'(system transition; 체제이행) 과정에서 직면하는 여러 어려

6 [역주] '동구권'이란 "'동부 유럽 지역'으로 폴란드, 루마니아, 헝가리, 알바니아, 불가리아 등 구소련의 영향권에 있었던 지역"을 말한다.

움에 대해서도 설명해야 할 필요가 있다. 이 책에서 전개한 나의 이론은 이 두 가지 문제를 설명하는 데 유용할 것이다. 특히 내 이론은 약간의 간단한 확장을 통해 (1) '스탈린이 수입한 체제 유형'과 (2) '시장경제 체제를 갖춘 민주정치 사회로의 전환 과정상 부딪히는 여러 어려움'에 대해 '완전히 새로운 관점'을 제시해 줄 수 있을 것이다. 이제 이러한 새로운 관점에 대해 다음 장(제7장)에서 설명하고자 한다.

제7장

구소련형 독재정치 이론

1. 독재자 착취(강탈)의 한계
2. 스탈린의 첫 번째 획기적 조치: '몰수'를 통한 저축과 투자 증대
3. 스탈린의 두 번째 획기적 조치: 세금은 어떻게 '일하려는 인센티브'를 높일 수 있는가? (세금이 '근로 인센티브'를 높이는 방법)

제1장과 제2장에서 논의한 '독재정치(autocracy; 또는 독재국가) 이론'에서 구소련(Soviet Union)[1]이 한동안 미국과 그 동맹국들에 '경제적'으로뿐만 아니라, '군사적'으로도 큰 도전이 되었던 두 가지 이유에 주목하였다. 첫째, 구소련이 '독재국가'였으므로 독재자의 '포괄적인 이익심'(encompassing interest)에 의해 통치되었다. 즉, 다른 모든 것이 같다는 가정하에서 소련의 지배영토가 '더 생산적'일수록, 독재자는 자신의 목표를 달성하는 데 필요한 '더 많은 재원(자금)'을 획득할 수 있었다. 따라서 공산당 제1서기(독재자)는 '자신이 지배하는 사회를 더 생산적으로 만들려는' 강한 인센티브를 갖고 있었다. 둘째, 구소련의 지배자(독재자)는 자신이 지배하는 사회에서 최대한의 잉여자금을 끄집어내어 자신의 정치권력, 군사력, 국제적 영향력 등을 증가시킬 수 있었다.

이러한 두 요인(이유)은 중요하지만, 그 요인들은 '공산주의 독재체제(communist autocracies)가 왜 공산주의(communism)인지'—즉, '공산주의 독재체제를 왜 그저 공산주의라고 부르는지'—를 잘 설명하지는 못한다. 스탈린(Joseph V. Stalin; 구소련 정치 지도자, 1879~1953년)이 구소련 정치체제에 대한 자신의 통제권(지배권)을 공고히 하기 전까지 어떤 독재자도 '스탈린이 구소련을 조직(지배)한 방식'대로 자신의 영토(국가)를 조직(지배)한 독재자는 없었다. 스탈린이 구소련(그리고 나중에 위성국가들[2])에 (1) 거의 보편적인 국가소유제를 실행하고, (2) 스탈린 정권이 정한 가격과 임금이 큰 비중을 차지하는 경제체제(즉, '스탈린식 공산주의 경제체제')를 도입한 이유는 무엇이었는가?

1 [역주] '소비에트 연방'의 공식 명칭은 '소비에트 사회주의 공화국 연방'(Union of Soviet Socialist Republics, USSR)이며 1991년 12월 21일에 해체되었다. 수도는 모스크바(Moscow)였다.

2 [역주] '위성국가'(衛星國家)란 "강대국에 가까이 있어 정치적, 경제적, 군사적으로 지배나 영향을 받는 약소국"을 말한다.

'중앙계획경제(centrally planned economy)를 선택'한 것이 '마르크스-레닌주의 이데올로기' 때문이라는 기존의 가정은 적절하지 못하다. '독재자들의 행동이 그들의 이데올로기로 설명된다'라고 말하는 것은 다음 두 가지 이유를 설명하지 않는 한, 곧 '설명이 아닌 말만 늘어놓는 것'에 불과하다. 즉, 우리가 (1) 어떤 독재자가 선택한 이데올로기에 영감이나 영향력을 미친 것이 무엇인지와 (2) 어떤 독재자가 다른 교리나 절충적 대안 대신에 '특정 이데올로기'를 선택한 이유를 설명하지 않는 한 '독재자들의 행동이 그들의 이데올로기로 설명된다'라고 말하는 것은 설명이 아닌 말만 늘어놓는 것에 불과하다. (1) 권력에 굶주린 어떤 독재자가 권력을 잡으려 하거나 (2) 독재자가 유권자나 권력 기반을 확보하기 위해 '인기 있는 어떤 이데올로기'를 표방할 때, 우리는 '왜 독재자가 그 이데올로기를 주장하거나 옹호하는지'를 충분히 설명할 수 있다. 따라서 스탈린이 구소련을 독재적으로 장악(지배)하기 위해 고군분투하던 1920년대 초에 레닌처럼 (1) '시장 지향적인 신경제정책'[3](New Economic Policy; 구소련이 1921~1927년에 도입한 신(新)경제정책을 말하며, 네프(NEP)라고도 불림)—즉, 이데올로기—을 채택하고, (2) '농업의 강제 집단화(forced collectivization)에 반대하는 결정'(즉, 이데올로기)을 내림으로써 외견상 '더 강하고 중추적인 세력'(예를 들면, 볼셰비키 세력)에 합류한 것은 놀라운 일이 아니다. 이는 스탈린이 자신의 '이데올로기'를 통해 구소련을 독재적으로 지배하려 하였기 때문이다.

그 결과 '무소불위(無所不爲)의 권력'을 장악한 스탈린은 (1) 더 이상 볼

3 [역주] '신경제정책(NEP)'이란 1921년 5월 소련 정부가 실시한 경제정책을 말한다. 1918년 이래 몰수한 소규모의 공장 중 7할을 그 원소유자에게 반환해서 경영을 허가하였고, 농업 국유의 폐지, 개인의 상행위의 인정, 임금 제도의 부흥, 어느 정도의 외자 도입의 허가 등의 조치를 취하였다.

셰비키[4](Bolshevik; [역주] 1917년 혁명 후 정권을 잡은 러시아 사회민주노동당 소속 다수파의 일원) 세력의 비위를 맞출 필요가 없었고, (2) 이전에 반대되었던 정책들을 다시 채택하였다. 후자의 대표적인 예로 스탈린은 (1) 농업을 잔인하게 집단화하고, (2) 국가가 경제를 완전히 흡수하였다. 스탈린은 왜 그러한 행동을 취하였는가? 특히 스탈린이 '단일 이데올로기적 입장'을 일관되게 고수하지 않았던 상황에서 '설명할 수 없는 이데올로기적 이유' 때문에 이런 일(변심)이 일어났다고 말하는 것은 큰 의미가 없다. 또한, 마르크스의 저서들에는 스탈린이 도입한 유형의 경제조직을 요구하지 않았다. 왜 그런가? 마르크스는 주로 '자본주의'에 초점을 맞추었고, 사회주의나 공산주의 사회들에서의 경제조직에 대해서는 거의 언급하지 않았기 때문이다. 시간이 지나면서 '스탈린의 강력한 실천과 선전'으로 인해 '마르크스-레닌주의 이데올로기'는 곧 '스탈린이 도입한 경제 및 정치 체제 유형'과 동일시되었다. 그러나 이러한 나중의 합리화(즉, 동일시)는 스탈린이 처음에 독재력을 장아하였을 때 내렸던 신댁들(즉, 채택하였던 정책들)을 제대로 설명할 수 없다.

특히 '공산주의 독재국가들이 채택한 특수한 경제체제(special economic system)'에 대한 기존의 설명은 부적절하다. 따라서 제1장과 제2장에서 제시한 '독재체제의 일반이론'을 확장함으로써 '공산주의 독재국가들이 도입한 특수한 경제체제'를 제대로 설명할 수 있을 것이다.

4 [역주] '볼셰비키'란 '다수파'라는 뜻이며, '러시아 사회민주노동당의 좌파'로 레닌을 지도자로 삼았다.

1. 독재자 착취(강탈)의 한계

어떤 독재자가 자신이 지배하는 사회에서 착취할 수 있는 자원의 양을 '제한'하는 것은 무엇인가? 앞에서(즉, 제1장과 제2장) 살펴보았듯이 인구가 많은 사회에서 활동하는 어느 한 '개별 범죄자'([역주] 즉, 완전경쟁적 범죄자)와 달리 '합리적인 독재자'(rational autocrat)는 금고에 있는 모든 돈을 강탈해 가지 '않는다'. 합리적인 독재자가 자신이 지배하는 사회에 대해 '포괄적인 이익심'을 가진다는 점을 고려할 때, 합리적인 독재자는 자신의 '세금강탈률'을 (1) '완전 몰수 수준'(즉, 100% 강탈)에서 (2) 세율 인하로 자신이 '획득하는'(이는 세율이 낮아지면 사회의 생산량과 과세기반(tax base; 세원)인 소득이 증가하기 때문임) 금액이 세율 인하로 자신이 '상실하는'(이는 세율이 낮아지면 사회의 생산량(소득)에서 빼앗아 오는 세금 비중이 작아지기 때문임) 금액과 상쇄되는(같아지는) 수준까지 '계속 낮출' 것이다. 그 결과 합리적인 독재자는 '세수(稅收)를 극대화하는 세율'(revenue-maximizing tax rate) 수준에 도달하게 된다. 이러한 경우에 합리적인 독재자가 '더 많은 수입'을 얻기 위해 할 수 있는 일이 있는가? 한 가지 가능성은 (1) 백성들의 '자본을 몰수'하는 방법이다. 또 다른 가능성은 (2) 독재자가 자신이 쓰기 위해 예상치 못한 인플레이션을 초래할 만큼의 '화폐를 발행'하여 인플레이션으로 늘어난 실제 화폐 금액에 세금을 부과할 수 있다. 또 다른 대안은 (3) 독재자가 다른 곳에서 돈을 빌린 다음 그 '상환을 거부'할 수 있다.

제2장에서 살펴본 바와 같이, 독재자가 '매우 짧은 시계(視界)'를 가지고 있을 때(즉, 독재자의 집권 기간이 '매우 짧을 때')에는 이러한 몇 가지 가능성은 자신의 이익을 달성하는 데 유용할 수 있다. 반면에 '오랫동안 집권할 것'으로 예상되는 독재자는 일반적으로 '백성들의 자본 몰수, 화폐 발

행에 의한 인플레이션 유발, 채무 상환 거부' 등으로 인해 손해를 볼 것이다. 나는 스탈린이 적어도 1920년대 후반에 자신의 권력을 공고히 한 후에 자연사(自然死)할 때까지 집권할 것으로 예상하였다(실제로 스탈린은 그러하였다). 실제로 스탈린은 (1) 집권 기간 대부분 인민들의 자원을 강탈하기 위해 인플레이션을 일으키지 않았고, (2) 서방 기업들에서 빌린 돈을 충실히 갚았다. 이런 면들에서 볼 때 스탈린은 '장기 시계를 가진(즉, 장기 집권하는) 지적인(합리적인) 독재자'의 전형이었다. 장기 시계를 가진(즉, 장기 집권하는) 독재자들은 일반적으로 백성들의 자본 자산을 몰수함으로써 이익을 얻을 수 없다. 이는 일반적으로 백성들의 자본 자산을 몰수함으로써 미래에 백성들의 투자가 줄어들고, 그로 인해 그들의 소득이 줄어들어, 결국에는 독재자들의 세금 수입이 줄어들 것이기 때문이다.

따라서 어떤 독재자의 '자본재 몰수'는 백성들의 미래 투자와 소득을 감소시키기 때문에 장기적으로 그 독재자의 세금 수입을 증가시킬 수 없을 것이다. 그러나 독재자가 '세수를 증가시킬 수 있는' 한 가지 '획기적인' 방법이 있다. 스탈린과 그의 충실한 심복들은 시행착오를 통해 이 방법을 최초로 발견하였다. 그 방법은 무엇인가?

2. 스탈린의 첫 번째 획기적 조치: '몰수'를 통한 저축과 투자 증대

스탈린은 (1) 구소련의 모든 농지와 천연자원, 그리고 (2) 신경제정책 실시 기간에 사적으로 소유되었던 모든 상업 및 산업 재산(즉, 유형 자본재 또는 물적 자본)을 '몰수'하였다. 그 결과 구소련의 저축률과 투자율이 크게 증가하였다. 일반적으로 스탈린의 이러한 '획기적인[5] 조치'(innovative measure; 혁신책) 이후에 '구소련을 비롯하여 스탈린주의 체제가 도입된 다른 국가들'은 이러한 조치를 취하지 않은 대부분의 다른 국가들보다 저축률과 투자율이 훨씬 높았다. 스탈린이 실시한 '획기적인 조치'의 목적은 (1) 자신의 목적을 위해 국가의 거의 모든 천연자원과 유형 자본 스톡(즉, 물적 자본)을 몰수한 다음, (2) 이러한 몰수 자원들을 사용하여 (소비재가 아니라) '자본재(물적 자본)를 훨씬 더 집약적으로 사용하는 생산물과 스탈린이 원하는 산출물'을 혼합적으로 생산하는 데 있었다. 스탈린의 이러한 목적은 아래와 같이 '놀라운 결과'를 가져다주었다.

스탈린은 (1) 소비재 생산에 국가의 자원을 얼마나 많이 사용할지를 시장이 아니라 자신이 결정하였고, (2) 그 비율(즉, 소비재 생산 비율)을 대부분의 다른 국가들보다 '훨씬 작게' 유지하였다. 이렇게 함으로써 스탈린은 (1) 구소련이 대부분의 다른 국가들보다 '매우 높은 자본축적률'을 유지하도록 할 수 있었을 뿐만 아니라 (2) 자신의 '연간 세금 수입'을 '지대와 이자 및 이윤의 합계'(즉, 비노동 소득의 합계)와 거의 같은 금액으로 증가시킬 수 있었다. 이러한 결과를 비유적으로 말하면, 스탈린은 이른바 심지어 '거위를 죽인(즉, 몰수한) 후에도 그 어느 때보다 더 많은 황금알(즉, 세금 수입)'을 계속 얻을 수 있었다.[6] 정주도적질(stationary banditry)의 오랜 역사에서 볼 때 스탈린 이외에 이전에 그 어떤 독재자도 이러한 일을 해내지 못한 것으로 보인다.

---

5 [역주] '획기적'(劃期的)이란 "지금까지와는 전혀 다른 시대를 열 만큼 뚜렷이 구분되는 것"을 말한다.

6 농업과 기타 생산자산들의 '집단화' 직후에 매우 단기적으로 분명히 '소화불량'(indigestion; 즉, '부적응')과 혼란의 시기가 있었으며, 그 기간 동안 생산량이 크게 감소하였을 것이다. 그러나 스탈린 통치의 나머지 대부분 기간 동안 '스탈린이 신경을 쓴 생산량'은 스탈린이 구소련에 '스탈린화(化)'를 실시하기 전보다 훨씬 더 많았다.

3. 스탈린의 두 번째 획기적 조치: 세금은 어떻게 '일하려는 인센티브'를 높일 수 있는가?(세금이 '근로 인센티브'를 높이는 방법)

무의식적이든 우연적이든 스탈린과 그의 공범자들은 '세금 징수'에서 두 번째 '획기적 조치'을 찾아냈다. 스탈린이 사용한 재원(財源)의 대부분은 '암묵적 과세'(implicit taxation; '암묵적 세금 부과')라는 '특별한 시스템'을 통해 마련되었다. 그러한 시스템은 '개인들에게 명시적으로 세금을 부과하지 않고(즉, '암묵적'으로 세금을 부과하고) 국유기업들의 모든 이익을 빼앗아 오는 방식'을 말한다.

스탈린은 구소련 경제를 담당한 부하들에게 (1) '임금과 급여를 매우 낮게 책정'하고, (2) (이러한 '최소 급여율'에 비해) '대부분의 소비재 가격을 상대적으로 높게 책정'하도록 하였다. 이 주제에 대한 로널드 맥키넌(Ronald McKinnon)의 중요한 연구에서 설명하고 있듯이,[7] 구소련형 국가들의 주요 세수 원천은 산업 국유기업들의 이윤(利潤)이었다. 즉, 중앙계획자들이 책정한 가격하에서 주로 이러한 국유기업들이 벌어들인 이윤에 대해 부과되는 세금인 '매출세'(賣出稅, turnover tax)가 세수의 주요 원천이었다. 따라서 스탈린은 (1) '국유기업들이 벌어들인 모든 이윤'(앞의 절에서 알 수 있듯이 기본적으로 국가 내 천연자원에 대한 지대와 자본에 대한 이자나 수익 등을 모두 포함함)을 '자신의 것'이라고 주장하고, 이를 공산당 정권에 귀속시켰을 뿐만 아니라, (2) 중앙계획자들이 임금률은 매우 낮게 책정하고, 소비자 가격은 매우 높게 책정하게 함으로써 국유기업들의

---

7 Ronald I. McKinnon(1992), "Taxation, Money, and Credit in a Liberalizing Socialist Economy," in Christopher Clague and Gordon Rausser, eds., *The Emergence of Market Economies in Eastern Europe*, Cambridge, M.A. and Oxford: Basil Blackwell, pp. 109~127.

이윤을 매우 높게 만들도록 하였다. 그러나 이러한 조치는 구소련 말기에는 시행되지 못하였다. (본 절에서는 스탈린이 실시한 이러한 시스템을 먼저 살펴보고, 다음으로 나중에 시간이 지나면서 이 시스템이 어떻게 변질되었는지를 살펴보고자 한다.)

임금과 급여가 매우 낮게 책정되었을 때 사람들은 많은 여가를 누릴 수 없었다. 또한, 생계유지를 위해 이전에 일한 적이 없는 수많은 여성을 포함하여 모든 사람이 노동력(labor force)에 참가해야만 하였다. 스탈린의 생각을 명확히 하고 스탈린이 고안한 시스템(즉, 획기적 조치)의 논리적 본질을 가능한 한 간단하게 이해하기 위해, 우선 '기본 임금(급여)률(base rates of pay)이 생계 수준(subsistence level) 이하로 책정'되었다고 생각해 보자. 물론 이런 생각이 스탈린 시스템의 전부였다면 (1) 노동력은 살아남지 못하였을 것이고, (2) 국가의 생산량은 감소하였을 것이며, (3) 스탈린의 세금 징수액도 감소하였을 것이다.

그러나 이러한 '암묵적인 과세 시스템'의 두 번째 특징을 고려해 보자. (1) 추가 노동, 초과 노동, 기준 노동량(이를 구소련에서는 '노르마'(norm)라고 부름) 이상의 노동 등, 즉 '보너스'(bonus) 노동과 (2) 그에 따른 생산량에 대해서는 암묵적인 과세가 거의 또는 전혀 부과되지 않았다는 점이다. 이를 위해 스탈린은 '누진적 성과급제'(progressive piece rates)[8]를 사용(채택)하였다. 즉, 어떤 개인이 생산한 양에 따라 단위당 지급액을 늘리는 '성과급'을 사용하였다. 시장경제를 채택한 민주주의 국가들에서도 '일한 분량대로 지급받는 방식'(piece work; '성과급제')이 있지만, 일반적으로 '누진적 성과급'은 적용되지 않는다. 예를 들어, 과일을 따거나 보험상품을 판매하는 경우, 수확한 부셸(양)이나 판매한 보험상품의 수에 따라 임금

8 [역주] '성과급'(成果給)이란 "일의 성과를 기준으로 하여 지급되는 임금"을 말한다.

(급여)을 받을 수 있다. 그러나 수확량이나 판매량이 많을수록 '단위당 누진적으로' 더 높은 임금을 지급받지는 않는다. 왜 그런가? 누진적 성과급제는 분명히 일반적인 고용주와 일반적인 종업원이 맺을 수 있는 '효율적인 계약'이 아니기 때문이다.[9]

이처럼 스탈린은 '보너스, 누진적 성과급, 스타하노프 노동자들(Stakhanovites; 스타하노프 운동[10]에 의하여 상금을 받은 노동자들)에 대한 상금, 기타 특별히 생산성이 높은 노동자들에 대한 특별 수당' 등을 결합하여 실시하였다. 스탈린은 이러한 시스템을 통해 (1) 노동자들이 생산한 한계 생산량이나 초과 노동생산량의 많은 부분에 대해 충분한 대가(보상)를 지급하였지만, (2) 동시에 그들의 '한계 이하의 노동'(inframarginal work)에 대해서는 암묵적으로 매우 높은 세금을 부과하였다. 따라서 스탈린이 (1) 정상적인 노동량에 대해서는 사실상 '몰수적인 세율'을 적용하고, (2) 추가

---

9 그러나 '시장경제'에서도 성과급에서 누진성이 발생하는 특수한 경우들이 존재한다. 예를 들어, 시장경제에서 (1) 각 종업원의 '고정비용'이나 (2) 고용주들이 임시직 종업원들을 고용할 때 드는 '거래비용들'로 인해 때때로 다양한 '누진적 성과급'이 발생하는 경우가 있기 때문이다. 그러나 이러한 고려 사항은 현재 논의와 큰 관련이 없다.

10 [역주] '스타하노프 운동'(Stakhanovite movement)이란 "구소련에서 노동 생산성을 향상하기 위해 개인의 업적을 평가하고 보상하는 제도"(즉, 구소련의 능률보상 제도)를 말한다. 1935년 우크라이나의 탄광 노동자 알렉세이 스타하노프(A. G. Stakhanov)가 새로운 채탄 기술을 도입하여 기준 노동량(노르마)의 14.5배에 달하는 석탄을 채굴한 것이 계기가 되어 시작되었다. 그의 성과는 당기관지 '프라우다'를 통해 러시아 전역에 알려졌으며, 그해 말 미국 '타임'지 표지 기사로도 소개되었다. 스타하노프는 스탈린 체제의 '새로운 사회주의 인간형'으로 떠오르며 막대한 포상과 지위를 누렸다. 그러나 그의 성과가 터무니없이 부풀려졌다는 비판도 있으며, 이 운동으로 인해 구소련 노동자들은 '목표량 확대와 초과 달성'이라는 가옥한 작업 환경에 내몰려야 하였다. '스타하노프 운동'은 사회주의 경제 시스템의 우수성을 홍보하기 위해 국가 주도로 추진된 강제 동원 운동이기도 하였다. 공산주의 구소련에서는 1935년 이 운동을 대대적으로 펼쳤다. 중국에서도 '스타하노프 운동'을 본보기로 삼아 1958년부터 마오쩌둥(모택동)이 주도한 주민을 강제 동원하는 농공업 대(大)증산 운동인 '대약진 운동'(Great Leap Forward)을 1962년까지 대대적으로 전개하였다. 북한의 김일성 일당도 러시아 '스타하노프 운동'과 마오쩌둥의 '대약진 운동' 등 공산주의 독재체제에 주민을 강제로 동원하여 옭아맨 사회개발 운동을 그대로 베껴 1958년부터 '천리마 운동'(千里馬運動)을 전개하였다.

소득이나 보너스 소득에 대해서는 거의 또는 전혀 과세하지 않음으로써 '과세로 인해 노동하려는 인센티브(incentive to work; 노동 유인)가 증가되는 효과'를 가져왔다.

1) 소득효과가 크고 대체효과가 작을수록 노동하려는 인센티브가 커지는 이유

〈그림 7-1〉에서 여가는 수평축을 따라 측정(표시)되고, 소비는 수직축을 따라 측정(표시)된다. 논의의 단순화를 위해 세금은 (1) 선형세(linear tax) 또는 일률세(一律稅, flat tax)가 부과되고, (2) 이러한 세금의 세율은 전통적인 독재이론에 근거하여 '세수를 극대화하는 세율'에서 결정되었다고 가정해 보자. 또한, (3) 해당 노동자는 '최저 생계 수준'(즉, 생존 수준)에 머물러 있다고 가정해 보자. 해당 개인(노동자)의 총생산량은 〈그림 7-1〉에서 '세금 부과 이전의 임금곡선'에 의해 주어진다. 해당 개인(노동자)은 자신이 생산한 생산량에 대해 총가치(즉, 세금 부과 이전의 임금곡선)를 받는 대신에 〈그림 7-1〉에 표시되었듯이 세수를 극대화하는 세금을 납부한 후 '훨씬 낮은 임금'을 받게 된다. 이제 이 경우 해당 개인(노동자)은 점 G에서 OL_F만큼의 여가량을 선택하고, OA만큼의 화폐소득(임금)을 얻는다. 이때 독재자는 자신의 세금 수입으로 AB(=GH)만큼을 얻는다.

스탈린은 이 간단하고 단순한 '일반적인 독재적 최적 상태'(즉, 점 G)에서 어떻게 개선을 이루었는가? 스탈린은 해당 개인(노동자)의 임금이나 급여를 매우 낮은 수준에서 책정하고, 일반 노동일(勞動日) 동안 그 개인이 생산한 생산량에 대한 가치의 대부분을 '암묵적 과세'로 징수해 갔다. 이것이 어떻게 가능하였는가? 스탈린은 임금(급여)을 너무 낮게 책정하였기 때

그림 7-1 일괄세 부과를 통한 독재자의 세수 극대화

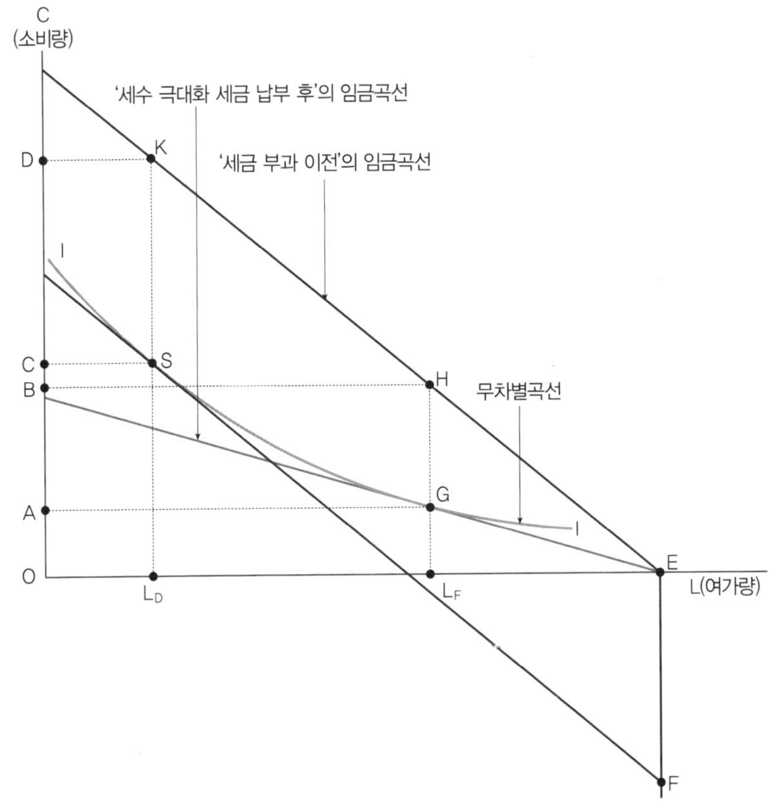

주: 1) CD > AB(= GH)이고, 2) OA = 최저 생계 수준
3) CD = KS = EF = 일괄세, 4) G = '일반적인' 독재적 최적점
5) S = '스탈린'의 과세 방식에서의 최적점
6) AB = GH = 세수 극대화 세율을 부과하는 '일반적인 독재적 과세'에서 독재자가 얻는 수입
7) CD = KS = 스탈린의 과세 방식에서 얻는 수입

문에 국유기업들(특히, 산업 국유기업들)의 이윤을 훨씬 높게 유지할 수 있었고, 그러한 이윤을 '암묵적 과세'로 모두 가져갔다.

극단적인 경우에 이 개인(노동자)은 CD=EF만큼의 일괄세(lump- sum tax)[11]를 내야 하지만, 한계소득(marginal income)에 대해서는 세금이 부과

되지 않는다. 그 결과 이 개인은 당연히 여가를 덜 누리게 될 것이다. 왜 그런가? 이 개인은 (1) 높은 세율 때문에 여가를 많이 누릴 수 없고, (2) 한계소득에 대해서는 세금이 부과되지 않기 때문에 추가 노동시간들에 대해 더 많은 보상을 받는다. 스탈린의 이러한 과세 방식하에서(즉, 점 S에서) 이 개인은 OL_D만큼의 여가(즉, 훨씬 더 적은 여가량)를 누릴 것이고, 그 결과 국가의 생산량은 훨씬 더 증가할 것이다. 이 경우, 국가는 CD만큼의 생산량을 얻는다. '스탈린의 과세 방식'에서 얻은 이러한 생산량(즉, CD)은 세수 극대화 세율을 부과하는 '일반적인 독재적 과세'에서 얻었던 생산량(즉, AB=GH)보다 훨씬 더 크다: 즉, CD＞AB. 이때 해당 개인(노동자)은 무차별곡선 I에서 '이전과 동일한 수준의 효용'(그리고 더 많은 소비량)을 얻지만, 독재자는 훨씬 더 많은 수입(세수)을 얻는다. 즉, 정상 형태의 무차별곡선(즉, '등(等)효용곡선') I에서 CD는 반드시 AB보다 더 크다.

또한, 〈그림 7-1〉에서 OA가 최저 생계 수준이라고 가정해 보자. 이제 '한계 이하(inframarginal) 세율을 더 높게' 부과하고, '한계(marginal)세율을 더 낮게'(또는 0으로) 부과하는 '스탈린의 과세 시스템'을 사용한다면 스탈린은 CD보다 훨씬 더 많은 세금(세수)을 거둘 수 있다. 극단적인 경우로 스탈린 정권이 (1) 해당 개인(노동자)의 생산 잠재력을 정확히 알고 있고, (2) 이 노동자가 최저 생계비로 얼마나 필요한지도 잘 알고 있다고 가정해 보자. 이 경우 스탈린 정권은 (1) 이 노동자가 '최저 생계 수준 이상으로 생산한 모든 것을 가져가는' 일괄세를 부과할 수 있지만, (2) 다른 한편으로 이 노동자가 일률세를 내거나 전혀 내지 않았을 때보다 '훨씬 더 많은 노동량'을 공급하도록 일률세를 부과할 수도 있다. 물론 실제 결과는 이렇

11 [역주] '일괄세'란 "인두세처럼 소득 여하에 관계없이 일정액을 일괄해서 과세하는 경우"를 말한다.

게 극단적이지는 않을 것이다. 이제 다음 두 항에서는 좀 더 현실적인 사례들을 살펴보고자 한다.

2) 능력의 차이가 존재하는 경우의 세금 징수 극대화

어떤 독재자가 '생산성이 다른 개인들에게 서로 다른 세금체계(tax schedules; 소득세율표)'를 적용한다면 그 독재자는 '모든 사람에게 동일한 과세등급(tax brackets)'을 적용하는 경우보다 훨씬 더 많은 세수를 징수할 수 있다. 일반적인 현대 민주주의 국가들에서는 고소득층이 저소득층보다 더 높은 세율이나 과세 등급을 적용받지만, 모든 사람은 동일한 세법이나 세금체계를 적용받는다.

모든 사람이 '동일한 세금체계'를 적용받을 때, (1) 사람들에게 그들의 '한계노동시간'보다 '처음 노동시간들'에 더 많은 세금을 부과하거나, (2) 사람들에게 '매우 높은 세율'을 부과하는 것은 불가능할 것이다. 그러나 만약 하루의 노동시간에서 처음 4시간에 대해 세금을 많이 부과하고, 그다음 2시간에 대해서는 적게 부과하며, 그 이후의 노동시간들에 대해서는 세금을 전혀 부과하지 않는다면, 분명히 사람들은 '훨씬 더 많이 일하려는 인센티브'가 생길 것이다. 왜 그런가? 우선, (1) 사람들의 처음 몇 시간의 노동에 대해 세금이 많이 부과되면 그들의 소득이 감소할 것이고, (2) 세금 부과로 인한 이러한 '소득효과'(income effect; [역주] 즉, 소득 감소 효과)는 사람들에게 '더 많이 일하게' 할 것이다. 이 경우 사람들은 '일하려는 인센티브'가 더 커질 것이다. 반면에, 사람들의 마지막 노동시간들에 세금이 부과되지 않는다면 추가 노동에 대한 세후(稅後; 세금 부과 후) 보상이 더 커질 것이다. 이 경우에 '대체효과'(substitution effect; [역주] 즉, 노동 증가 효과)가 더 커서 사람들은 '더 많이 일하려' 할 것이다. 이 경우에도 사람들은

'일하려는 인센티브'가 더 커질 것이다. 그 결과 경제적 효율성이 증가할 것이다. 따라서 이러한 의미에서 본다면 서구 민주주의 국가들이 (1) 사람들의 처음 노동시간들에 대해 더 많은 세금을 부과하지만, (2) 마지막 노동시간들이나 한계(추가)노동시간들에 대해서는 세금을 부과하지 않는다면 이들 국가가 더 효율적이고 생산적일 것이다.

그러나 모든 사람에게 '동일한 세금체계'가 적용된다면 이러한 차별적인 방식은 현실적으로 불가능하다. 예를 들어, 미국이 다음과 같은 세금체계를 적용한다고 가정해 보자. 즉, (1) 어떤 사람이 1년에 버는 처음 5,000달러에 대해서는 99%의 세금을 부과하고, 그 사람이 버는 그다음 5,000달러에 대해서는 98%의 세율을 부과하고, 세 번째 5,000달러에 대해서는 97%의 세율을 부과하는 식으로 세금을 부과하고, (2) 각 개인이 버는 일정 수준 이상(예를 들어, 5만 달러)의 소득에 대해서는 0%의 세율을 부과하기로 결정하였다고 가정해 보자. 이 방식은 분명히 일반적인 누진제와 반대되며, 고소득층보다 저소득층에 훨씬 더 높은 세율로 '역진적'[12]으로 세금을 부과하고 있다. 따라서 이 방식은 생산성이 가장 낮은 사람들이 생존을 위한 충분한 소득조차 갖지 못하는 상황을 초래할 수 있다. 이 경우 생산성과 효율성을 높이기 위해 (1) 사람들의 '처음 노동시간들'(또는 더 일반적으로 그들의 '한계 이하의 소득'; 예를 들어, 5만 달러 이하)에 대해 더 많은 세금을 부과하고, (2) 사람들의 '한계소득'(예를 들어, 5만 달러)에 대해서는 세금을 부과하지 않는 정책을 고안할 수 있다. 이러한 정책은 (1) 도덕적으로 혐오스러울 뿐만 아니라, (2) 모든 사람에게 동일한 세법이 적용될 때에는 현실적으로 불가능하다.

12 [역주] '역진세'(逆進稅)는 "과세 물건의 수량이 증가함에 따라 세율이 낮아지는 조세"를 말하고, '누진세'(累進稅)는 "과세 물건의 수량 또는 값이 증가함에 따라 점점 높은 세율을 부과하는 조세"를 말한다. 누진세로 법인세, 상속세, 소득세 등이 있다.

그러나 이러한 경우에 '영리한 독재자'가 쓸 수 있는 한 가지 방법이 있다. 즉, (1) 영리한 독재자는 '더 유능한 사람들'(즉, 생산 잠재력이 높은 사람들)이 최저 생계 필요 이상으로 생산한 더 많은 잉여생산물의 대부분 빼앗아 오거나, 동시에 (2) 생산 잠재력이 낮은 사람들(즉, '덜 유능한 사람들')이 최저 생계 필요 이상으로 생산한 잉여생산물의 전부 또는 대부분을 빼앗아 올 수 있는 방법이 있다. 아무튼 여러 궁리 끝에 스탈린과 그의 참모들은 이 방법을 생각해 냈으며, 더욱이 권력에 굶주린 무자비한 스탈린은 이를 실행에 옮겼다. 이 방법은 (1) 영리한 독재자가 사회 내 각 직업과 능력 수준에 대한 '기본(또는 한계 이하) 임금이나 급여'를 책정하여, (2) 독재자의 목적을 실현하기 위해 '각 직업과 능력 수준에 있는 사람들로부터 최대한의 소득'을 징수하려는 데 그 목적이 있다.

이 방법을 실현하는 데 필요한 사항은 다음 두 종류의 직업에 종사하는 사람들에 대한 '기본(또는 한계 이하) 임금'을 거의 같은 수준으로 책정하기만 하면 된다. 즉, '더 많은 능력이 필요한 직종에 종사하는 사람들의 기본(또는 한계 이하) 임금'을 '미숙련 노동자들의 기본(또는 한계 이하) 임금'과 거의 같은 수준으로 책정하기만 하면 된다. 생산성이 높은 직종에서 일하는 '더 많은 능력을 가진 사람들'(즉, 더 유능한 사람들)에게 '훨씬 더 높은 암묵적 세율(implicit tax rates)'이 부과된다. 이때 '더 많은 능력을 가진 사람들'(즉, 더 유능한 사람들)이 '더 많은 능력이 필요한 직종'을 받아들이도록 인센티브를 제공하기 위해 '아주 작은 사례금'만 있으면 된다. 왜 그런가? "한계소득이나 '보너스' 소득에 대해 세금을 거의 또는 전혀 부과하지 않는 스탈린 시스템"하에서 '생산성이 높은 사람들'이 추가 노동을 통해 생산한 더 많은 생산량(소득)의 대부분을 그들이 가져올 수 있기 때문이다.

3) 그림에 의한 설명

〈그림 7-2〉는 먼저, '서로 다른 수준의 능력을 요구하는 직종'에서 일하는 두 개인(즉, 관리자와 노동자)에 대해 정부가 말 그대로 '일괄세'를 부과하는 시스템을 보여 준다. 여기서도 OA는 각 개인이 최저 생계(subsistence)를 유지하는 데 필요한 소비 수준을 나타낸다. 다음으로, (1) '능력이 적은 개인'(즉, '미숙련 노동자')의 총생산량은 선 CF로 나타내고, (2) '능력이 많은 개인'(즉, '관리자')의 총생산량은 선 EF로 표시한다. 이제 독재자는 (1) 능력이 상이한 각 직업의 '임금률'을 '생산성 수준'보다 훨씬 낮게 책정하지만, (2) 한계임금에 대해서는 사실상 세금을 부과하지 않음으로써 대략 일괄세 또는 인두세(head tax) 부과 효과를 달성할 수 있다. 독재자는 '더 힘들고 생산적인 직업에서의 기본(또는 한계 이하) 임금'에 대해 '덜 힘든 직업에서의 기본 임금'보다 더 많은 세금을 부과함으로써—즉, '두 직업에서의 기본(또는 한계 이하) 임금의 차이'를 '두 유형의 노동(직업)에서의 생산성 차이'보다 훨씬 낮게 만들어서—'더 능력 있는 개인'(즉, '더 힘들고 생산적인 직업에서 일하는 개인'; 즉, '관리자')이 최저 생계 필요 이상으로 생산한 더 많은 잉여생산물의 대부분 빼앗아 올 수 있다.

앞에서 '서로 다른 능력'을 요구하는 직종에서 일하는 두 개인(즉, 관리자와 노동자)이 있다고 가정하였다. 이제 이들에 대해 '일괄세'를 부과해 보기로 하자. 관리자에 대한 일괄세는 DE=FH이고, 노동자에 대한 일괄세는 BC=FG이다. 관리자와 노동자가 동일한 선호체계(preference ordering)를 가지고 있다고 가정하면, 관리자는 필연적으로 최저 생계 수준에서 노동자보다 '훨씬 더 적은 여가량'을 선택하는 것이 자신의 이익에 부합한다는 사실을 알게 된다. ([역주] 〈그림 7-2〉에서 L_w는 일괄세 부과 시 노동자(w)의 여가량이고, L_m은 일괄세 부과 시 관리자(m)의 여가량이다. 따라

그림 7-2 능력이 다른 두 개인에 대한 일괄세 부과 효과

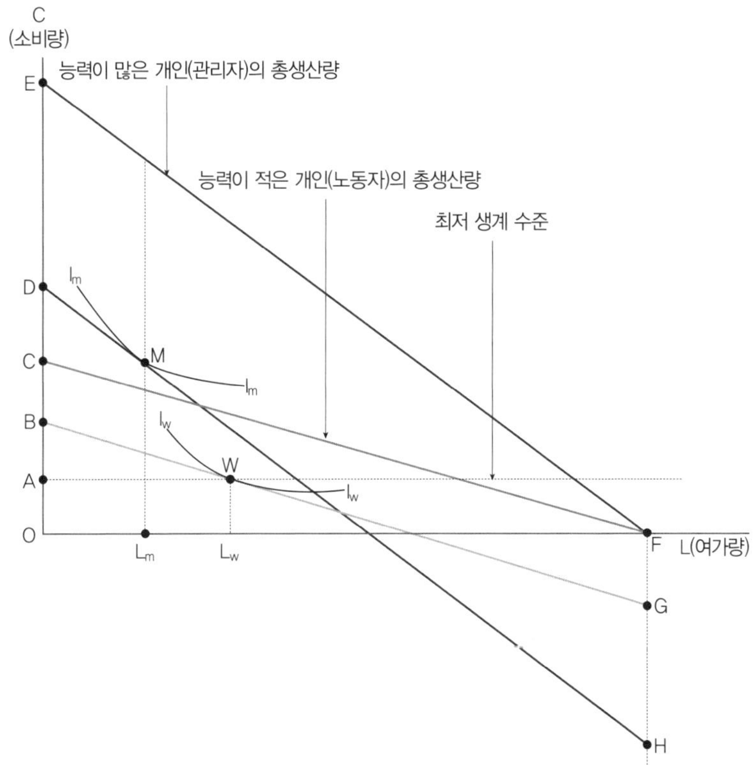

주: 1) OA = 최저 생계 수준
2) BC = FG = 노동자에 대한 일괄세
3) DE = FH = 관리자에 대한 일괄세
4) L_w = 일괄세 부과 시 노동자(w)의 여가량
5) L_m = 일괄세 부과 시 관리자(m)의 여가량
6) I_w = 노동자(w)의 무차별곡선
7) I_m = 관리자(m)의 무차별곡선

서 일괄세 부과 시 관리자의 여가량이 더 작다: $L_m < L_w$.) 독재자가 '더 유능한 개인'(즉, '능력이 많은 개인'; 즉, 관리자)이 자신의 소비량(즉, 최저 생계 수준) 이상으로 생산한 잉여생산물의 전부를 빼앗아 오지 못하게 가로막는 유일한 장애물은 공산당 정권이 더 유능한 개인(관리자)의 정확

한 능력이나 잠재적 생산성 수준에 대해 '잘 알지 못한다'는 점이다. 즉, 공산당 정권은 더 유능한 개인(관리자)의 정확한 능력이나 잠재적 생산성 수준에 대해 불완전한 지식(정보)을 가지고 있을 것이다. 그러한 정보의 불완전성으로 인해 독재자는 '더 유능한 개인'(관리자)이 자신의 소비량(즉, 최저 생계 수준) 이상으로 생산한 잉여생산물의 전부를 빼앗아 오지 못하게 된다. 그러나 개인의 능력이나 잠재적 생산성 수준에 대한 지식(정보)이 향상되면, 독재자는 '더 유능한 관리자'가 생산한 최저 생계 수준 이상으로 생산한 잉여생산물을 더 많이 빼앗아 올 수 있다.

실제로 스탈린 정권은 (1) 일괄세도 부과하지 않았고, (2) 상이한 각 개인의 잠재적 생산성에 대한 대략적인 정보(즉, 불완전한 정보)만 가지고 있었다. 그러나 스탈린 정권은 '어떤 직종에서 더 높은 능력이 필요한지'는 알고 있었다. 그래서 스탈린 정권은 두 유형의 개인에 대해 매우 낮은 기본 임금(basic wage)을 바탕으로 '이부(二部)임금'(two-part wage)을 적용하였다. 즉, 기본 임금을 매우 낮게 정한 후 '미숙련 노동자'에 비해 '더 높은 능력을 요구하는 직업'(즉, 관리자)의 기본 임금을 약간만 더 높게(즉, 차별적으로) 책정하였다. 또한, '높은 숙련이 필요한 직업'(즉, 관리자)과 '낮은 숙련을 요구하는 직업'(즉, 노동자) 모두에서 '한계소득'에 대해서는 세금을 거의 또는 전혀 부과하지 않았다. 따라서 스탈린 정권은 (1) 가장 숙련도가 낮은 노동에 대한 임금을 너무 낮게 책정하였기 때문에 (2) 비록 한계소득에 대한 세금이 부과되지 않더라도 이러한 숙련도가 낮은 노동자들은 대략 최저 생계 수준의 소득만 벌 수 있었고, 그들의 나머지 생산량(소득)은 모두 스탈린 정권이 빼앗아 갔다. '생산성이 낮은 노동자'의 이러한 상황은 〈그림 7-3〉에 표현되어 있다.

또한, 〈그림 7-3〉에서 보여 주듯이 스탈린 정권은 '더 높은 능력이 필요하고 생산성이 더 높은 직종'(즉, 관리자)의 경우, (1) 기본 임금을 미숙

그림 7-3 차별적인 이부임금

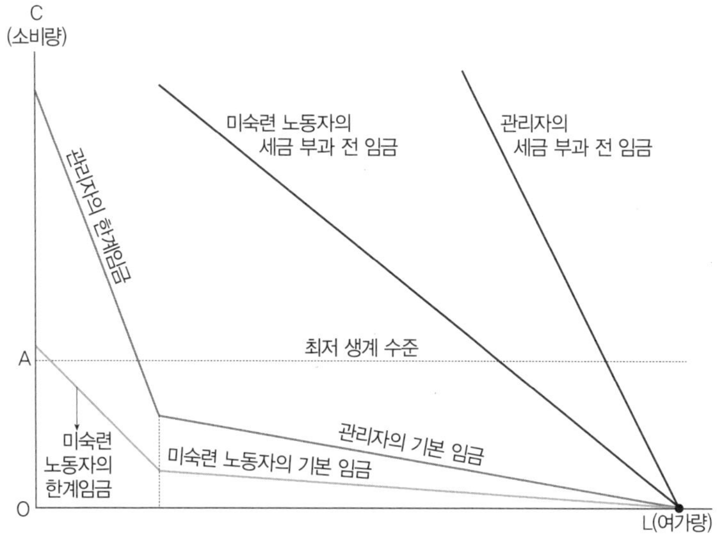

련 노동자보다 약간만 더 높게 채정하였으나 (2) 더 유능한(즉, 더 높은 능력을 가진) 개인(즉, 관리자)이 자신의 한계소득(한계임금)이나 보너스 소득의 전부 또는 거의 전부를 그 자신이 갖도록 하였다. '생산성이 더 높은 개인'(즉, 관리자)의 이러한 상황도 〈그림 7-3〉에 표현되어 있다. 스탈린 정권이 '더 유능한 개인'(즉, 관리자)이 최저 생계 수준 이상으로 생산한 더 많은 잉여생산물의 '대부분'을 빼앗아 오지만, 그가 생산한 잉여생산물의 '전부'를 빼앗아 올 수는 없다. 왜 그런가? '더 유능한 사람들'(즉, 관리자들)이 (1) '생산성이 더 높은 직종들'을 택하고, (2) 그러한 직종들에서 '더 열심히 일하도록' 하려는 인센티브를 제공해 주어야 하기 때문이다. 그러한 인센티브를 제공하려면 스탈린 정권은 더 유능한 사람들이 자신의 한계생산물(즉, 잉여생산물)의 전부 또는 대부분을 그들이 가져가도록 해 주어야만 한다. 이 경우 더 유능한 사람들이 가져가는 한계생산물(즉, 잉여생산

물)이 너무 높아서 결국 그들은 자신의 최저 생계 수준보다 더 많은 소비를 하게 될 것이다.

4) 각자의 능력에 따라, 각자의 지배자에 따라[13]

스탈린의 구소련에서 직종별로 '기본 임금(기본급[14])이나 상여금 지급 이전의 급여'의 차이가 적은 것은 때때로 '평등주의 이념'(egalitarian ideology) 때문이라고 알려져 왔다. 그러나 실제로 스탈린은 '생산 인센티브를 극대화'하기 위해 평등주의 이념을 채택하지 않았다. 스탈린은 이 점을 명시적으로 강조하였다. 스탈린은 어떻게 생산 인센티브를 극대화하였는가? 스탈린은 '가장 중요하고 힘든 직업에 종사하는 사람들'의 '추가 노력'을 이끌어내기 위해 (1) 그들의 각종 '한계소득'—예를 들면, 각종 상여금, 주택 할당, 직장에서의 희소 소비재 분배, 스타하노프 노동자들에 대한 상금 등—에 대한 세금을 '매우 낮게' 부과하였으며, (2) 모든 '한계 이하 소득'을 매우 낮게 유지(책정)하여 사람들이 상대적으로 '더 적은 여가'를 선택하도록 하였다. 그러나 만약 '평등주의 윤리(이념)'가 스탈린 체제를 주도하였다면 (1) 독재자의 목적을 실현하기 위한 '암묵적인 세금들'이 그렇게 많지 않았을 것이고, (2) '누진 성과급'(progressive piece rate)이나 '한계소득을 특히 불평등하게 만드는 다른 장치들'도 없었을 것이다. 그러나 스탈

13 [역주] 사회주의의 슬로건 중 하나는 마르크스(Karl Marx)에 의해 널리 알려진 "각자 능력에 따라, 각자 기여에 따라"(From each according to his ability, to each according to his contribution)이다. 또한, "각자의 수단에 따라, 각자의 필요에 따라"(from each according to his means, to each according to his need)라는 슬로건도 있다. 여기서 저자는 이 표현을 변형하였다.

14 [역주] '기본급'(基本給)이란 "임금의 기본이 되는 급료"로 여러 가지 수당, 상여금 등을 제외한 것을 말한다.

린은 평등주의 이념을 채택하지 않았다.

스탈린은 "생산 인센티브를 개선하기 위해 '임금에 불평등'이 있어야 한다"라고 명시적으로 말하였고, 실제로 그러한 '임금 불평등'이 존재하였다. 앞에서 살펴보았듯이 한계세율(marginal tax rates)이 0(영)이거나 매우 낮게 부과되었으므로, 스탈린이 한 일은 직종별 '한계 이하의 임금률에 작은 차이만' 두면 되었다. '더 유능한 개인'이 '더 하찮은 직종'에 있을 때보다 '생산성이 더 높은 직종'에 있을 때 상여금과 다른 형태의 한계임금을 훨씬 더 많이 벌 수 있기 때문이다. 더 유능한 개인은 임금과 급여가 검소한(최저) 생계 수준의 소비만 보장하는 상황에서 '더 힘든 직업'(즉, '생산성이 더 높은 직업')에서 버는 '더 높은 한계소득'이 더욱 매력적일 것이다. 또한, '생산성이 더 높은 직종'에서 '더 유능한 사람'은 '덜 유능한 사람'보다 '더 열심히 일하려는 인센티브'를 가질 것이다. 왜 그런가? '생산성이 더 높은 직종'에서 버는 한계소득에 대한 세금이 낮으면 '더 유능한 사람'은 자신의 '한계노동시간들에 대한 세금 부과 후 보상'을 더 많이 받을 수 있기 때문이다.

따라서 '가장 많은(최대) 세수를 징수하는 과세체계'는 다음 두 가지 조건을 충족시킨다. 첫째, '생산성이 더 높은 사람들'에게는 '생산성이 더 낮은 사람들'에게 적용되는 세금체계와 다른 '암묵적 세금체계'가 적용되어야 한다. 즉, 세수를 최대로 징수하기 위해서는 '생산성이 더 높은 사람들'과 '생산성이 더 낮은 사람들' 간에 '상이한 암묵적 세금체계'가 적용되어야 한다. 둘째, 첫 번째 조건이 충족되면 '한계 이하 소득'에 '한계소득'보다 '더 높은 세금'(심지어 매우 높은 세율로)을 부과할 수 있다. (반면에 우리가 잘 알고 있는 '서구의 누진소득세'(progressive income tax)는 이러한 두 조건을 전혀 충족시키지 못한다.) 따라서 구소련이 '소득 불평등'을 이유로 시장 민주주의를 강하게 비판하였으면서도 서구의 '누진소득세'를 명시적으로 거론하거나 활용하지 않은 것은 결코 우연이 아니다. 그러나 실제로 구소련의 소득세 최고 세율은 오랫동안 13%에 불과하였다.

구소련에서 국유기업들의 관리자들과 노동자들이 '독재자가 거두어들인 암묵적인 세금 수입'을 한 푼도 가져가지 못하도록 하기 위해 '국유기업 간 결제(決濟)'는 국영은행 시스템을 통해 이루어져야만 하였다. 그 결과 국유기업들은 일반적으로 일정액의 소액 현금 이상을 보유할 수 없었다. 또한, 노동자들의 임금과 같은 '현금 지급'은 국유기업들이 아닌 '국영은행들'에서 지급하였다. 게다가 은행 계좌를 통한 국유기업들의 지출은 중앙계획 관료들에 의해 제약을 받았다. (이러한 시스템은 구소련형 국가들이 노후화되고 쇠퇴하면서 바뀌게 되었다. 이 문제는 다음 장에서 다루고자 한다.)

우리는 이제까지 다음과 같은 '역설'(paradox)을 설명하였다. (1) 스탈린 정권과 체제에서 소득 불평등의 정도는 제한적이었고(크지 않았고), (2) 세금으로 징수된 소득의 비중은 매우 높았다. 그러나 (3) 높은 세율과 제한된 소득 불평등의 정도에도 불구하고 스탈린 체제에서 '노동하려는 인센티브'가 예상보다 더 컸었다! 이는 하나의 역설이다. 왜 이런 역설이 나타났는가? 이러한 역설은 (1) 매우 평등주의적인 '한계 이하 급여율'과 (2) 낮은 세금이 부과되거나 비과세되는 '한계소득'에서 비롯되었다. 이 두 가지 조건은 바로 '세금 징수를 극대화하는 조건'이다. 즉, 스탈린 체제에서 '한계 이하의 급여(임금)율'은 매우 평등하였고, '한계소득'에 대해서는 낮은 세금을 부과하거나 전혀 세금을 부과하지 않았다. 이는 세금 징수를 극대화하기 위한 스탈린의 독특한 방식이었다. 이러한 스탈린 시스템 때문에 구소련에서 '노동하려는 인센티브'는 예상보다 더 컸음을 알 수 있다. 이러한 결과를 옛 속담(즉, '각자의 능력에 따라, 각자의 기여에 따라')을 변형하면, '각자의 능력에 따라, 각자의 지배자에 따라'(from each according to his ability, each according to the man in charge)라고 표현할 수 있다. ([역주] 이 말은 '사람들은 각자의 능력에 따라 일하고, 지배자(스탈린)는 그에 따라 세금을 빼앗아 온다'라는 것을 의미한다.)

스탈린 시대 구소련에서 '개인 소비에 사용된 소득 비중'은 거의 모든 비(非)공산주의 국가들에서보다 더 낮았으며, 이러한 결과는 바로 여기서 내 이론이 예측하는 바와 정확히 일치한다. 이는 '스탈린이 역사상 자신의 세수 극대화 방식을 통해 다른 어떤 정부보다 국가 생산량의 더 많은 비중을 자신의 목적 달성을 위해 빼앗아 갔다'라는 사실을 의미한다.

5) 스탈린의 농업 부문에서의 착취

이제까지 살펴본 구소련에서 스탈린의 '획기적인(innovative) 세금 징수 시스템'의 기원은 농업 부문에서 가장 극명하게 드러났다. 구소련에서 1917년에 볼셰비키들이 정권을 장악하였을 당시 구소련은 주로 '농업국가'였다. 구소련의 국민소득의 대부분은 농업 부문에서 나왔다. 특히 '대규모 농장들을 소유한 사람들'인 '쿨라크'[15](kulak; [역주] 제정(帝政) 러시아

15 [역주] '쿨라크'란 "비교적 큰 농장과 많은 가축을 소유하고, 노동자를 고용하거나 토지를 빌려줄 수 있는 재정적인 능력을 갖고 있던 구소련의 '부농층'"을 말한다. 1917년 러시아 혁명 이전에는 농촌의 유지들이었다. 이들은 대개 담보를 잡고 돈을 빌려주었으며, 부락의 사회적·행정적인 일에서 중요한 역할을 하였다. 전시 공산주의 기간(1918~1921년)에 소비에트 정권은 부락의 행정을 담당하고, 부농의 곡물 징발을 담당하는 빈농(貧農)위원회를 조직하여 쿨라크의 지위를 격하시켰다. 그러나 1921년 '신경제정책'이 실시되면서 쿨라크의 지위는 다시 높아졌다. 소비에트 정권은 이들을 자본가로 단정하고 사회주의의 적으로 치부하였지만, 농민들이 농업 생산성을 증대시켜 부유해질 수 있도록 여러 가지 장려금을 제공하였다. 성공한 농민은 쿨라크(4% 미만)가 되어 이들이 전통적으로 농촌에서 맡고 있던 역할을 수행하였으며, 부락에 관련된 문제로 인해 때로 소비에트 정권과 대립하기도 하였다. 1927년 소비에트 정권은 쿨라크에 대한 세금을 올리고 이들의 토지임차권을 제한하는 농업정책을 단행하였다. 1929년에는 급속한 '농업집산화 운동'이 대대적으로 전개되었다. 쿨라크는 농민들이 소규모 농장을 포기하고 거대 협동농

의 부농(富農), 또는 농촌의 자본가층)들이 생산하였다. 따라서 볼셰비키들이 농촌지역들에서 생산된 대부분의 생산물을 손에 넣지 못하면 구소련 국민소득의 상당 부분을 자신들의 목적 달성을 위해 사용할 수 없게 되었다. 이는 볼셰비키들에게 큰 문제가 아닐 수 없었다. 무엇보다도 볼셰비키들은 주로 도시들에 사는 간부들을 먹여 살리기 위해서는 '잉여곡물'이 절실히 필요하였다. 또한, 볼셰비키들은 (1) 도시들에서 공장들을 운영하고, (2) 철강과 무기들을 생산하기 위해 더 많은 사람이 필요하였고, 또한 (3) 정권의 과업을 수행하기 위해 군대와 정부 관료조직에 더 많은 사람이 필요하였다. 따라서 당시 구소련은 이들을 부양하기 위해 더 많은 식량이 필요하였고, 오로지 농민들과 쿨라크들로부터 식량을 구할 수밖에 없었다.

볼셰비키들은 중공업을 건설하고 무기들을 생산하는 데 필요한 자원을 확보하고, 당 간부들과 군대에 식량을 공급하기 위해, 먼저 (1) 식량 생산자들에게 '낮은 가격'을 제시하였으며, 이로써 (2) 농민들과 쿨라크들에게 '암묵적으로 높은 세금'을 부과하였다. 이에 대한 농민들의 반응은 (1) 식량 생산량을 줄이거나, (2) 자신이 생산한 식량을 팔지 않고 집에서 더 많이 소비하거나, (3) 은밀히 또는 불법적으로 식량을 판매하는 것이었다. 이 경우 볼셰비키들이 필요한 식량을 확보할 수 있었던 '유일한 방법'은 농민들에게 '식량을 더 많이 생산하려는 인센티브'를 주기에 충분한 돈(보상)을 지급하는 것이었다. 그러나 그렇게 하면 볼셰비키 정권이 산업화, 군대, 정치 및 선전 사업들에 투입하고자 하였던 사회적 잉여금의 상당 부분을 삭감하거나 궁극적으로 소진(消盡)시킬 것이다. 따라서 볼셰비키들

장에 합류하도록 강요하는 이러한 정책에 대해 완강히 반대하였다. 1929년 말에는 '계급으로서의 쿨라크 청산'을 목표로 대대적인 운동이 시작되었다. 전체 75%의 농장이 집단화된 1934년까지 대부분의 쿨라크는 집산화 정책에 반대하는 수백 만 명의 농민들과 함께 소련의 변경지방으로 강제 이주당하거나 체포되었으며, 토지와 재산을 몰수당하였다 [출처: 다음백과].

은 당시 구소련 경제의 핵심 부분이었던 '농업 부문'에서 더 많은 세금잉여(taxable surplus)를 거두기 위한 '징수 시스템'(collection system)을 고안해야만 하였다.

스탈린이 자신의 권력을 공고히하기 전에 일부 더욱 '급진적인'(radical) 볼셰비키들은 구소련에 '사회주의적 원시 축적'(primitive socialist accumulation)[16]이 필요하다고 주장하였다. '사회주의적 원시 축적'은 마르크스의 '자본주의적 원시 축적'(primitive capitalist accumulation)에 대한 사회주의적 유사 개념이었다. 즉, '마르크스는 자본가들의 초기(원시) 자본축적을 초기 강탈과 횡재에 기인한다'고 생각하였다. 일부 볼셰비키들은 '마르크스 경제이론'에서 유추하여 '사회주의 산업화에 필요한 초기 자본'을 농민들과 쿨라크들로부터 빼앗아 오는 방법 외에는 대안이 없다고 주장하였다. 스탈린은 처음에는 그러한 강탈(수탈)에 반대하는 '온건파(moderate) 볼셰비키들'과 동맹을 맺었지만, 자신의 권력을 공고히 하자마자 결국 이러한 '급진적인 프로그램'(즉, 강탈 방식)을 채택하였다.

그런 다음 스탈린은 (1) 국가의 농지, 가축, 기계 등을 몰수하였으며, (2) 곡물이나 가축을 숨긴 농민들에게 매우 가혹한 형벌들을 가하였다. 특

16 [역주] '사회주의적 원시 축적'이란 "사회주의적 생산을 시작하기 위해서는 소규모 생산자들의 착취를 통한 자본축적이 필요하다"는 것을 말한다. 그리고 '원시 축적'이란 "자본주의에 앞서서 자본이 축적된 역사적인 과정"을 말한다. 마르크스는 『자본론』에서 어떻게 자본주의 사회관계 아래서만 생산될 수 있는 잉여가치가 그 이전에 형성되는가를 묻는다. 마르크스의 대답은 영국에서의 원시적 축적의 과정은 농민들의 농지의 강제적 수용이며, 그것이 농업 자본가를 위해 토지와 노동력을 사용하여 자본주의적 이득을 얻게 할 수 있었다. 그것은 생산자로부터 생산수단의 분리라는 자본주의 출현을 위한 중요한 조건의 하나를 형성하였다. 마르크스의 분석에서는 이차적인 요인이었지만, 일부 마르크스주의자들에 의해 강력하게 강조된 것이 바로 '원시 축적 과정'으로서의 식민지의 역할이다. 마르크스는 부(富)가 비자본가적 수단을 통해 추출되고 유럽으로 이전되는 식민지 약탈자에 의해 원시 축적이 식민주의의 역할을 한다고 보았다. 그러나 자본으로 변화되기 위해서는 유럽에서 자본주의 사회관계가 필요하였기 때문에 식민지적 역할은 부차적인 것으로 파악되었다.

히 스탈린은 저항할 이유가 가장 컸던 쿨라크들을 매우 가혹하게 다루었다. 또한, (2) 각 집단농장(collective farm; [역주] 구소련에는 이를 '콜호즈'(kolkhoz)라 불렀음)에 배정된 사람들은 일정량의 곡물이나 기타 식량을 국가에 바칠 책임이 있었다. 스탈린은 (3) 일반적으로 '암묵적인 세금들'을 회피할 수 없도록 '감시를 쉽게 하기 위한 시스템'도 만들었다. 집단농장들과 공산당 단위(unit)[17] 조직들에 트랙터 서비스를 제공하는 별도의 조직들을 설립하여, 집단농장들이 암묵적인 세금을 회피하지 못하도록 하였다. 따라서 스탈린의 이러한 시스템은 (1) 사람들이 국가에 바쳐야 하는 수량이나 금액을 더 쉽게 결정하고, (2) 그들에게 최대한 많은 세금을 부과하도록 설계되었다.

이러한 사실들로부터 나는 구소련에서 '집단농장'은 '이념적으로 필요했던 공산주의 조직'이 아니라 주로 '세금 징수(tax collection)의 수단'이었다고 주장하는 바이다. 이념적으로 선호되는 조직체계는 '집단농장'이 아니라 '국영(國營)농장'(state farm)이었다. 국영농장에서는 노동자들에게 임금을 지급하였고, 농장 산출물에 대한 잔여 청구권(residual claimant; 즉, 농장의 잉여산출물)은 국가가 차지하였다. 그러나 국영농장들에서는 산출물의 대부분이 노동자들에게 지급되는 임금으로 사용되었기 때문에 국영농장들은 공산당 정권에 많은 잉여산출물을 제공해 주지 못하였다. 이러한 이유로 스탈린은 '집단농장들'을 선택하고, 집단농장의 구성원들에게 자신이 요구한 수량인 이론적 및 '생물학적 생산량'을 공급할(바칠) 책임을 부여하였다. 그러나 집단농장들은 그 구성원들에게 국영농장 수준의 임금을 지급하는 데 필요한 재원을 보유할 수 없었다. 따라서 이 문단의 서두에서 내가 주장하였듯이 '국영농장들'과 달리 '집단농장들'은 말 그대로 '집단

17 [역주] '단위'(單位)란 "조직 따위를 구성하는 기본적인 한 덩어리"를 말한다.

적 조직'(collectivist governance)이 아니라 "세금 '징수'(collection)를 위한 조직"으로 보인다.

농민들은 집단농장에 광범위한 노동력을 제공하고 남은 '여가시간'을 자신에게 할당된 작은 사유지들에서 일하는 데 사용할 수 있었다. 본 장의 내 이론이 예측하듯이 이러한 사유지들에서 생기는 소득에 대해서는 일반적으로 세금이 부과되지 않았다.

스탈린의 관점에서 볼 때 집단농장을 통한 '식량 수집(收集) 시스템'(food collection system; 식량 조달 시스템)은 효과가 있었다. 제1차 세계대전(1914~1918년) 동안 황제국가(Tsarist state; 제정 러시아 시대의 황제)는 때로는 강제적인 조치나 방법으로 식량을 수집(징발)하였지만, 도시 주민들에게 충분한 식량을 공급해 주지 못해 그 지배를 유지할 수 없었다. 특히 러시아의 '2월 혁명'(February Revolution; 1917년 2월에 일어난 러시아 혁명)은 빵 부족에 대한 항의로 시작되었다. 반면에, 제2차 세계대전(1939~1945년) 동안은 달랐다:

> 제2차 세계대전 중 구소련 정권은 잘 발달된 식량 조달 시스템을 갖추고 마음대로 사용할 수 있었다. … 집단농장 인구의 1인당 식량 생산량이 재앙을 초래할 정도로 감소하였지만, 구소련 정권이 빼앗아간 총(總) 육류 및 곡물 생산량의 비중은 오히려 증가하였다. 그 결과 집단농장의 농민들은 제2차 세계대전 이전보다 더 적어진 총생산량에서 줄어든 몫만 받게 되었다. 또한, 제2차 세계대전 이전에도 집단농장 인구에 대한 구소련의 처우는 가혹하고 독단적이었다. … 군대식 식량 조달 운동(시스템)은 제2차 세계대전 기간에도 집단농장에서 생산한 식량에 대한 몰수가 더욱 독단적으로 이루어졌음을 의미하였다.[18]

---

18 Peter Gatrell and Mark Harrison(1993), "The Russian and Soviet Economies in Two World Wars: A Comparative View," *Economic History Review*, 46, p. 444.

이제까지의 설명을 요약하면, 스탈린은 잔인하고 교활한 '혁신적(획기적) 조치들'을 통해 다음 네 가지 목표를 달성할 수 있었다:

1. 스탈린은 기본적으로 국가의 모든 물적(유형) 자본 스톡, 토지 및 기타 천연자원 등을 '몰수'하였으며, 그 결과 매년 몰수한 모든 자산으로부터 발생하는 수익을 자신의 세금 징수액에 추가하였다.
2. 스탈린은 일반적으로 국가의 모든 자산을 몰수함으로써 발생하는 '투자 붕괴의 위험'을 '소비와 투자 수준의 직접 통제'를 통해 피할 수 있었고, 이를 통해 구소련은 다른 국가들보다 '훨씬 더 높은 저축률과 투자율'을 기록하였다.
3. 스탈린은 '노동소득에 대한 세금'을 이전의 세금 징수 방식(즉, 일반적인 독재자의 세금 징수 방식)에 따라 부과하였던 '세수 극대화 세율'보다 '훨씬 더 높게' 부과하였다. 이는 부분적으로 '조세가격 차별화'(tax-price discrimination)를 도입함으로써 가능하였다. 조세가격 차별화란 '상대적으로 생산성이 더 높은 개인들'이 생산한 생산물에 대해 더 많은 세금을 부과하는 시스템이다.
4. 스탈린은 '평균세율에 대한 한계세율의 비율'을 낮추었으며, 이를 통해 (1) '세금으로 납부되는 노동소득의 비중'뿐만 아니라 (2) '소득효과'와 '대체효과'를 통해 '노동 공급량'도 증가시켰다. 여기서 (1) '소득효과'는 사람들이 가정 내에서 여가와 집에서의 생산량을 줄였고, 더구나 거의 모든 여성이 집 밖에서 일하게 됨으로써 노동량을 '증가'시켰음을 말하고, (2) '대체효과'는 한계(추가)노력에 대한 보상을 증가시킴으로써 노동량을 '증가'시켰음을 의미한다.

스탈린의 이러한 혁신적 시스템이 완성되었을 무렵, 구소련은 역사상 다른 어떤 국가보다 권력 지도부의 목적을 달성하기 위한 더 많은 자금을 보유하게 되었다.

6) 연막[19]으로서의 이데올로기

스탈린은 종종 '마르크스주의 종교의 교황'으로 여겨졌지만, 사실 스탈린은 '신실한 이데올로기 신봉자'는 아니었다. 이데올로기(ideology; 이념)는 분명히 마르크스주의에 대한 스탈린의 지지를 설명하는 데 어느 정도 중요한 역할을 하였다. 그러나 여기서 나의 가설은 "스탈린이 이전에 '마르크스주의'(Marxism)[20]라고 불렀던 이념에 맹목적이지 않았고, 심지어 충실하지도 않았다"라는 점이다. 만약 스탈린이 헌신적인 '이데올로기 신봉자'였다면 (1) 볼셰비키 혁명의 초기 지도자로서 자신과 함께 혁명에 참여하였던 사람들을 모두 죽이지 않았을 것이고, (2) 마르크스주의 원칙들을 대담하게 지키려 하였던 볼셰비키들을 숙청하지도 않았을 것이고, (3) 나치-소련 협정(Nazi-Soviet Pact; [역주] 1939년에 폴란드 국경을 나치 독일과 스탈린 소련이 분할한 협정)을 맺지도 않았을 것이다. 또한, 스탈린은 마르크스가 예측하고 옹호하였던 '국가의 쇠퇴'를 가져오는 데 아무 일도 하지 않았다.

그러나 스탈린은 (1) 구소련 군대의 규모와 힘, 그리고 (2) 구소련에 필요한 산업 및 과학 기반을 증가시키는 데 '많은 일'을 하였다. 스탈린주의 체제의 이러한 주요 성과들은 마르크스의 저서나 다소 '시장 지향적인 신경제정책'(NEP) 채택 시기에 레닌이 실시한 사례 등에서도 찾아볼 수 없

19 [역주] '연막'(煙幕)이란 "어떤 사실을 숨기기 위해 하는 행동이나 말"을 말한다.
20 [역주] '마르크스주의'란 '마르크스와 엥겔스가 제창한 혁명적 사회주의 이론'으로서 "생산수단의 사회화에 따른 무계급 사회의 실현"을 말한다.

었다. 그러나 스탈린주의 체제가 보여 준 주요 성과들은 "스탈린이 무엇보다도 '세금 징수 증가'를 통해 강력한 권력을 갖고자 하였다"라는 나의 가설과 일치한다.

7) 검증: 소득 대비 권력 비율(소득에서 권력이 차지하는 비율)

앞에서 언급한 '내 이론'은 '구소련형 국가들의 역사'와 일치한다. 또한, 내 이론은 '구소련형 경제조직(체제)이 이데올로기 때문'이라는 주장과는 달리 '진정한 설명력을 가진 분석'을 제시해 준다. 그러나 다른 '여러 이론'이 역사적 사실과 일치하거나 의미가 있을 수 있다. 따라서 우리는 여기서 제시한 내 이론이 '어떤 함의들을 갖는지'에 대해 추가적 검증을 해보아야 한다.

만약 내 이론이 사실이라면, (1) 군사력이나 지정학적[21] 힘과 (2) 정치 지도자들의 지위와 위신을 높이는 사업들에 대한 지출이 국민의 생활 수준에 비해 다른 국가들, 심지어 다른 독재국가들보다 더 크거나 많았어야만 할 것이다. 역사적 기록을 조금만 살펴보아도 우리는 이러한 점이 사실임을 쉽게 알 수 있다. 즉, 스탈린이 지배한 구소련은 다른 독재국가들보다 힘이 셌고 지출이 많았다.

교훈적인 측면에서 '공산주의 국가들'과 비교해 볼 수 있는 '비공산주의 독재국가들'이 역사적으로 많이 있었다. 예를 들어, 제2차 세계대전 이후 특히 라틴 아메리카와 아프리카 지역에 '공산주의가 아닌'(즉, 비공산

21 [역주] '지정학'(地政學)이란 "정치 현상과 지리 조건과의 관계를 연구하는 학문"을 말한다.

주의) 독재국가들이 많이 존재하였다. 그러나 이들 비공산주의 독재국가들 중 어떤 국가도 구소련이나 중공(中共, Communist China; '중화인민공화국'의 속칭)만큼 강력하였거나 영향력이 크지 않았다. 물론 대부분의 다른 비공산주의 독재국가들은 구소련이나 중공처럼 넓은 영토나 엄청난 인구를 지배하지 못하였다. 그러나 이러한 사실만으로는 많은 경우에 '비공산주의 독재국가들'이 왜 그렇게 강력하지 못하였는지를 설명하기에는 충분하지 않다.

제정 러시아는 지구상에서 가장 큰 나라였지만, 크림 전쟁(Crimean War; [역주] 1853~1856년, 영국·프랑스·터키·사르디니아 연합국 대 러시아 간의 전쟁)에서 승리하지 못하였다. 또한, 제정 러시아는 1904~1905년에 당시 유일한 반(半)근대적인 섬나라였던 일본도 물리칠 수 없었다. 마찬가지로 장제스(蔣介石; [역주] 1887~1975년, 중국의 군인 및 정치가였으며 중화민국 총통(1950~1975년)을 지냈음)가 지배하였던 중국도 세계 최대의 인구를 보유하였지만, 군사적으로 강력하지 못하였다.

다음으로, 제1차 세계대전 시 '제정 러시아'와 '스탈린의 구소련'을 비교해 보자. 제1차 세계대전에서 제정 러시아의 거대한 제국은 독일에게만 '패배'하였다.[22] 당시 독일군은 전쟁 초기부터 프랑스와 영국에 맞서 제2전선(Second Front; 독일군 점령하의 유럽 상륙작전)에서 싸우느라 바빴고, 대개 러시아를 상대로는 병력의 일부만 사용하였다. 그럼에도 불구하고 제정 러시아는 독일군에게 패배하였다. 반면에 제2차 세계대전에서 독일은 대부분의 전투 병력을 구소련 전선에 투입하였지만, '스탈린의 구소

22 당시 '오스트리아-헝가리 제국'의 군대도 독일 편에서 '제정 러시아'에 대항하여 사용(투입)되었다. 그러나 '오스트리아-헝가리 제국'의 군대는 종종 제1차 세계대전에서 다른 어떤 참전국의 군대보다도 더 빈약하였다고 여겨진다. 그로 인해 '오스트리아-헝가리 제국'의 군대는 제정 러시아를 물리치는 데 그다지 큰 역할을 하지 못하였다.

련'이 나치 독일을 상대로 '승리'를 거두었다. 당시 독일은 1944년 6월 노르망디(Normandy; 영국 해협에 면한 프랑스 서북의 지방) 상륙작전 때까지 '제2전선'이 존재하지 않을 정도로 많은 전투 병력을 구소련 전선(戰線)에 투입하였지만, 스탈린의 구소련에 패배하였다. 제2차 세계대전에서 독일의 지상 및 공중 군수품 생산량은 제1차 세계대전 때보다 2.6배 많았다. 그러나 제2차 세계대전에서 구소련의 군수품 생산량은 제1차 세계대전 당시 러시아 제국(즉, 제정 러시아)의 군수품 생산량보다 24.5배나 많았다.[23]

제1차 세계대전에서 '제정 러시아'와 제2차 세계대전에서 '구소련'의 여러 독재정권들의 운명에 대해 어떤 해석을 내놓든, 제2차 세계대전 이후 구소련이 이전의 제정 러시아의 독재정권이 결코 이룩하지 못한 '초강대국(superpower)의 지위'를 보편적으로 획득하였다는 사실은 분명하다. 또한, 이전의 제정 러시아는 '구소련의 우주비행 개시'[24]에 필적할 만한 빛나는 대성공을 결코 이룩하지 못하였다.

마지막으로, 스탈린주의 체제를 '중국, 베트남, 북한'에 적용해 보면 스탈린 체제가 다시 한번 이들 '공산주의 독재국가들'을 '다른 제3세계 독재국가들'과 비교할 수 없을 정도로 군사적 및 정치적으로 강력하게 만들었다는 사실을 알 수 있다. 먼저, '공산주의' 중국(즉, 중공)은 중국의 이

23 Gatrell and Harrison(1993), 표 9 및 pp. 425~452를 참조하기 바란다. 가트렐과 해리슨(Gatrell and Harrison)은 다음과 같이 지적하였다: "제1차 세계대전에서 … 독일이 서부 전선에서 분리하지 못하였기 때문에 독일이 의도하였던 '제정 러시아'에 대한 '신속한' 승리를 거두지 못하였다. 그럼에도 불구하고 독일 군사력의 극히 일부만으로도 결국 제정 러시아를 패배시키고 붕괴시킬 수 있었다. 그러나 제2차 세계대전에서 … '구소련'의 군사 동원 규모는 연합군의 압도적인 경제적 우위와 결합하여 당시 군사 강국인 독일을 완전히 파괴하기에 충분하였다. … 당시 구소련은 … 자국 경제의 규모와 발전 수준에 비해 불균형적으로 커다란 기여를 하였다"(p. 438).

24 [역주] '유리 가가린'(Yuri A. Gagarin)은 구소련의 우주비행사로 1961년 4월 12일에 '보스토크(Vostok) 1호'를 타고 1시간 29분 만에 지구의 상공을 일주해 인류 최초의 우주비행에 성공하였다.

전 독재정권들에 비해 군사적으로 매우 강하였다. 중공은 북한과 함께 '한국 전쟁'(Korean War; 1950~1953년)에서 미국과 그 동맹국들과 무승부를 거둘 수 있었다. 또한, '공산주의' 북베트남도 '베트남 전쟁'(Vietnam War; 1954~1975년)에서 미국이 결국 자국의 목표를 포기하게 한 위업을 달성하였다. 부분적인 이유로 미국이 베트남 전쟁과 한국 전쟁에 전념하지 않았으며, 핵무기 사용을 억제하였다는 등의 이야기가 있다. 그러나 중공, 북한, 북베트남의 '공산주의 정권들'의 군사적 및 지정학적 중요성을 (1) 이들 국가에서 이전의 정권들과 (2) 생활 수준이 비슷하게 비참한 다른 제3세계 독재국가들과 비교해 보면, 이제까지 설명한 내 이론이 확실히 뒷받침됨을 알 수 있다. 즉, 중공, 북한, 북베트남의 '공산주의 정권들'에서 "공산주의 체제가 '자원 동원'(resource mobilization)[25]이나 '세금 징수' 면에서 전례 없이 효과적인 시스템이었다"라고 주장한 내 이론과 확실히 일치한다.

8) 스탈린주의 체제의 비효율성과 쇠퇴

위에서 살펴보았듯이 스탈린주의 체제가 가진 장점과 성과를 인정하더라도, 우리는 스탈린의 구소련 체제가 그 전성기였을 때에도 '비효율적'이었다는 잘 알려진 사실을 잊지 말아야 한다. 스탈린의 구소련 체제가 왜 비효율적이었는가? 구소련 체제는 엄청난 양의 자원을 동원하였지만, 이러한 자원을 잘 활용하지 못하였기 때문이다. 또한, 스탈린의 몰수정책은 '효율적인 경제에 필요한 많은 시장'을 없앴기 때문이다. 스탈린은 (1) 시장경제였다면 지대, 임대료나 이자, 이윤이었을 모든 이익을 빼앗기 위해

25 [역주] '동원'(動員)이란 "(1) 전쟁, 비상사태 등에 대처할 수 있게 군대의 평시 편제를 전시 편제로 옮기는 것, (2) 전시에 나라 안의 인적·물적 자원을 정부의 관리 아래 집중시키는 것, (3) 어떤 목적을 달성하기 위해 사람이나 물건을 한데 모으는 것"을 말한다.

구소련의 토지, 자본, 기타 천연자원들을 몰수하여, (2) 이러한 자산들에 대한 민간 자산 및 임대 시장들을 없애 버렸다. 스탈린은 사적으로 소유된 기업들을 없앰으로써 민간 기업가들이 혁신 활동으로 얻을 수 있는 사회적 이익을 제거하였다. 스탈린은 노동자들의 노동소득에서 더 많은 비중을 빼앗아 오기 위해 임금 및 급여 수준을 시장이 아니라 공산당 중앙이 책정하거나 행정적으로 차별화함으로써 노동시장도 왜곡시켰다(그러나 세금이 주로 '한계 이하 소득'에 부과되었기 때문에 노동시장은 예상보다 훨씬 덜 왜곡되었다). 이처럼 스탈린이 자원 동원이나 세금 징수 시스템에 필요한 '시장들을 없애고 왜곡시킨' 결과로 구소련형 국가들의 총요소생산성(TFP; [역주] 노동, 자본, 토지 등 다양한 생산요소의 효율성을 나타내는 수치)은 비슷한 발전 수준을 가진 시장경제 국가들에 비해 낮았고, 또한 성장 속도도 느렸다.

초기에 구소련형 국가들은 총요소생산성의 느린 성장에도 불구하고 '급속한 경제성장'을 이룰 수 있었다. 이는 초기에 구소련형 국가들에서 저축률과 투자율이 매우 높았기 때문이다. 이는 앞에서 주장하였듯이 '매우 높은 저축률과 투자율'은 공산당 정권이 국가의 총생산량에서 매우 높은 비중을 빼앗아 왔기 때문이다. 제2차 세계대전(1939~1945년) 이후 약 20년 동안 '스탈린의 혁신적 조치들'과 '정복으로 성장한 공산주의 국가들'은 '매우 높은 저축률과 투자율'을 통해 그들의 '비효율성을 보완'할 수 있었다.

우리는 이미 시간이 지남에 따라 구소련형 국가들이 '정체'되기 시작하였다는 사실을 잘 알고 있다. 구소련형 국가들이 높은 저축률과 투자율을 유지하였지만, 시간이 지날수록 서구 수준을 따라잡기에는 아직 갈 길이 멀었음에도 불구하고[26] 적당한 생산성 증가율조차 이루지 못하였다.[27] 결국, 구소련형 국가들은 심각하게 '경화'(sclerotic)되었고, 더욱 시간이 지나면서 마침내 '멸망'에 이르렀다.

마지막으로, 나는 한 가지 중요한 질문을 제기하고자 한다. 즉, 스탈린에게 그토록 유용하였던 공산주의 시스템(즉, 스탈린을 세계에서 가장 강력한 인물로 만들어 준 시스템)이 어떻게 '경화'되어 장기적으로 살아남거나 유지되지 못하였는가? 이 질문은 스탈린 자신이 걱정해야 할 문제가 아니었다. 케인즈의 말[28]을 빌리자면 '장기적으로 스탈린은 죽었기' 때문이다. 그러나 이 질문은 구소련형 국가들이 '점차 악화되어, 결국 붕괴된 이유'를 알기 위해서는 반드시 답해야 할 문제이다. 또한, (1) '공산주의'에서 '민주주의와 시장경제'로의 전환(이행)이 왜 그렇게 어려웠는지, 또는 (2) '탈공산주의 국가'가 어떻게 그러한 전환(이행)을 극복하고, 서구 수준의 번영을 이룰 수 있는지를 이해하려면 반드시 이 질문에 답해야 할 것이다. 이에 관해서는 다음 장에서 자세히 다루고자 한다.

---

26 William Easterly and Stanley Fischer(1994), "The Soviet Economic Decline: Historical and Republican Data," National Bureau of Economic Research, Working Paper Series No. 4735.

27 Peter Murrell and Mancur Olson(1991), "The Devolution of Centrally Planned Economies," *Journal of Comparative Economics*, 15, pp. 239~265.

28 [역주] "In the long run, we are all dead."

제8장

공산주의의 진화와 그 유산

1. 일관된 계획을 수립하는 데 필요한 정보 획득
2. 관료적 경쟁: 관료들 간의 경쟁
3. 공산주의 사회에서의 은밀한 담합(공모)
4. 담합의 증거: 연성예산제약과 정치적 경영력
5. 법 집행과 부패

구소련형 사회(국가)들에서 '시장의 역할'은 우리가 흔히 생각하는 것보다 '훨씬 컸다'라고 할 수 있다.[1] 그러나 '스탈린주의[2] 체제'(Stalinist system)는 분명 체제 자체의 '명령과 통제 시스템'(command and control system)을 통해 엄청난 양의 문제들을 처리해야만 하였다. 또한, 스탈린주의 체제는 수많은 문제를 처리하기 위해 '방대한 노멘클라투라(nomenklatura)[3] 집단과 하급 관리자들'에게 의존해야만 하였다. 스탈린주의 체제가 '관료제'를 통해 수백만 건의 결정들을 내려야 하였다는 점(다른 사회(국가)들에서는 주로 '시장'에 의해 결정됨)을 고려할 때, '구소련형 경제(Soviet-type economy)의 지도부'가 어떻게 '희미하게나마 합리적인 자원 배분'을 달성할 수 있었는가? 스탈린주의 체제가 (1) 소비자들의 요구에 민감하지 못하고, (2) 비효율성이 크다는 사실은 너무나 잘 알려져 있으므로 여기서 더 이상 논의할 필요가 없을 것이다. 그러나 스탈린주의 체제가 어떻게 '초강대국'(superpower)을 건설하고 유지할 수 있을 만큼 잘 작동할 수 있었는가?

나는 앞에서 구소련 독재자(스탈린)가 자신의 지배영역에서 가지는 '포괄적인 이익심'(encompassing interests)이 독재자에게 총조세징수(총세수)를 늘리기 위해 자신의 지배영역을 최대한 생산적이게 하려는 강력한 인센티브를 '어떻게 제공하였는지'에 대해 자세히 설명한 바 있다. 즉, 구소련 독재자는 자신의 지배영역에 '포괄적인 이익심'을 가짐으로써 자신의 총조세징수를 늘리기 위해 지배영역의 생산량이나 소득을 최대한 증가시키려는

1 공산주의 사회에서 '하나의 관료체제'가 방대한 경제에서 생산된 수많은 재화와 서비스 모두에 관해 결정을 내리는 것은 불가능할 것이다. 이러한 이유로 실제로 수많은 결정은 관료체제가 아니라 (1) 국유기업들 간의 협상과 계약들, 그리고 (2) 다양한 합법적 및 비공식적 시장들과 암시장들을 통해 이루어진다.

2 [역주] 스탈린(Joseph V. Stalin)은 구소련 정치 지도자(1879~1953년)이다. '스탈린주의'(Stalinism)는 "'중앙집권화, 전체주의, 공산주의 추구'를 바탕으로 스탈린이 채택한 이념과 정책"을 말한다.

3 [역주] '노멘클라투라'란 "구소련 등에서 공산당의 승인으로 임명된 지위 일람표"를 말한다.

강력한 인센티브를 갖게 되었다. 그러나 독재자가 자신의 이러한 인센티브를 관료조직을 통해 '어떻게 달성하였는지'에 대해서는 설명하지 않았다. 따라서 독재자가 자신의 '관료조직'으로부터 '일관된(체계적인) 자원 배분'을 하는 데 필요한 (1) 정보를 어떻게 획득하고, (2) 계획을 어떻게 수립하고, (3) 결정을 어떻게 실행할 수 있었는지를 설명해야만 한다. 따라서 우리는 '스탈린주의 체제가 어떻게 작동할 수 있었는가?'라는 '진정한 지적 도전'을 계속 시도해 보아야만 한다.

경제학자들, 운영효율성 연구자들,[4] 시스템 분석가들[5]은 오랫동안 '완전 효율적인 계획경제(efficient planned economy)를 운영하는 데 무엇이 필요한지'에 대해 이론적으로 연구하고 이해해 왔다. 공산주의 사회(국가)들에서 '효율적인 계획경제'는 어떻게 운영되어 왔는가? 우선, 어떤 공산주의 사회(국가)의 지도자는 (1) 기업 관리자들과 다른 부하직원들이 각 기업 및 모든 기업의 투입-산출 가능성 또는 생산함수를 추정하도록 지시하고, 또한 (2) 그 지도자의 목적함수나 목표들을 매우 상세하게 설명하도록 지시해야 할 것이다. 그러면 원칙적으로 경제 계획자들(economic planners)은 자신의 지도자를 위해 '최적의 자원 배분'을 계산할 수 있을 것이다. 다음으로, 공산주의 지도자는 관리자들과 부하직원들에게 '계획되고 계산된 자원 배분'을 실행하도록 지시할 것이다. 그러나 주위의 상황들과 기술들이 끊임없이 변화하기 때문에 자원 배분의 최적화 작업을 위해서는 전체 프로세스를 지속적으로 다시 수행해야 할 것이다.

오랫동안 인식되어 온 바와 같이 '공산주의 체제에서 관료제(bureaucracy)'

---

4 [역주] '운영연구'(operations research, OR)란 "수학적 분석 방법을 이용한 경영관리, 군사작전, 정책 등의 효과적 실행 방법을 분석 및 연구하는 것," 또는 "경영 효율성을 높이기 위한 연구"를 말한다.

5 [역주] '시스템 분석'(system analysis)이란 "능률 및 정확도를 높이는 과학적 및 수학적 분석"을 말한다.

는 최적 자원 배분을 계산하거나, 이를 실행하는 데 필요한 모든 정보를 얻거나 처리(조사 및 분석)할 수 없다. 물론 '암묵적인 과세'(implicit taxation)를 통해 동원한(조달한) 자원의 양을 고려해 볼 때 공산주의 국가들에서 필요한 것은 '최적화'가 아니라 '최소 수준의 효율성'(minimum efficiency; '최소한의 효율성')이었다.

1. 일관된 계획을 수립하는 데 필요한 정보 획득

구소련형 경제가 사회적으로 '견딜 수 있는(최소한의) 자원 배분'을 달성하려면(또한, 실제로 그러한 자원 배분이 제대로 작동하려면) 관료제는 엄청난 양의 정보를 '중앙집중화하여 활용'해야만 할 것이다. 그러나 시장경제 체제에서는 단지 어떤 기업이 각 투입물(input)의 조합에서 얻을 수 있는 산출물(output)의 양을 알기만 하면 된다. 즉, 각 기업이 (1) 자신의 생산함수에 대한 이러한 정보를 가지고 있고, (2) 자신의 산출물과 투입물의 가격들을 알고 있다면, 시장경제가 완전경쟁 상태에 있을 경우 '최적의 자원 배분'을 달성할 수 있을 것이다. 반면에 구소련형 경제체제에서는 중앙계획자들(central planners)은 많은 명시적 및 암묵적 시장들 이외에도 '모든 기업의 생산함수'를 알아야만 한다. 즉, 중앙계획자들은 '효율적인 계획'(efficient plan)을 수립하기 위해 (1) 이러한 정보들(즉, 명시적 및 암묵적 시장들과 모든 기업의 생산함수 등에 대한 정보)을 파악하고, 또 활용해야 할 뿐만 아니라, (2) '지도자의 우선순위들'에 대한 매우 자세한 지식에 대해서도 알고 있어야만 한다.

실행 모니터링(감시)과 실제 상황의 경험을 통해 얻은 정보들은 생산 공정들의 최전선에서만 분명하게 드러나기 마련이다. 이렇게 입수된 정보들은 여러 층의 관료조직을 거쳐 상층부에 전달되어야 한다. 또한, 이러한 정보들을 바탕으로 작성된 명령들도 모든 관료계층을 거쳐 아래(하층부)로 전달되어야 한다. 농업이나 소매유통과 같이 경제 활동이 넓은 공간에서 이루어지는 경우, 정보의 전달과 경제 활동의 모니터링(감시)은 공간적 거리로 인해(또는 거리가 멀어질수록) 더욱 어려워진다. 또한, '정보 손실'은 관료조직의 규모에 따라 불균형적으로 증가한다. 이는 '관료제 계층구조'(bureaucratic hierarchy)의 각 계층에서 발생한 실수나 오류들이 일반적으로 모든 후속 계층들로 전달되기 때문이다.

고든 털록(Gordon Tullock), 올리버 윌리엄슨(Oliver Williamson) 등이 설명하였듯이, '대규모 관료조직의 정보 문제'는 어린이들의 전화 게임(telephone game; [역주] 귀로하는 메시지 전달 게임)과 유사하다. '어린이들의 전화 게임'에서 어느 한 어린이(첫 번째 어린이)가 다른 어린이(두 번째 어린이)에게 귓전에 입을 대고 어떤 메시지를 속삭이면, 이를 전달받은 어린이(두 번째 어린이)는 다시 다음 어린이(세 번째 어린이)에게 그 메시지를 전달하고, 그 어린이(세 번째 어린이)가 다시 다음 어린이(네 번째 어린이)에게 그 메시지를 전달하는 게임을 계속함으로써 최초의 메시지가 점점 왜곡된다. '대규모 관료조직'에서도 관련된 모든 사람이 '최선의 노력'을 다하더라도 '전달되는 과정'에서 '상당한 정보의 손실과 왜곡'이 발생할 수밖에 없을 것이다.

그러나 몇 가지 '근본적인 이유'로 인해 일반적으로 '대규모 관료조직' 내에서 모든 관련 당사자들은 '최선의 노력'을 다하지 '않을' 것이다. 왜 그런가? 만약 어떤 상급자(상사)가 어느 한 관리자의 실수나 무능을 알게 되면 그 관리자는 승진이나 보너스를 받을 기회가 줄어들 것이다. 따라서 부하직원(하급자)들은 자신의 '실적 부진이나 미달을 숨기려는 인센티브'를 갖게 될 것이다. 또한, 부하직원(하급자)들은 자신이 직면한 '애로사

향이나 어려움을 과장하려는 인센티브'와 '잠재적 생산량을 과소평가하려는 인센티브'를 갖게 된다. 이처럼 '정보를 왜곡하려는 인센티브'는 계층구조의 모든 수준(계층)에서 누적된다. 따라서 이러한 현상은 관료제의 규모에 따라 비선형적으로 증가하며, 중앙계획경제(centrally planned economy)에서는 매우 심각할 수밖에 없다. 우리가 이러한 문제들에 대해 더 많이(깊이) 생각해 볼수록 여기에는 반드시 '상쇄 요인'(countervailing factor)이 있을 것이라는 사실을 분명히 알 수 있다. 만약 상쇄 요인이 없었다면 중앙계획경제는 전혀 작동할 수 없었을 것이기 때문이다. 중앙계획경제가 잘 작동하기 위한 상쇄 요인은 무엇인가?

2. 관료적 경쟁: 관료들 간의 경쟁

'관료들 간의 경쟁'이나 '관리들과 노동자들 간의 경쟁'이 바로 그러한 '상쇄 요인'이다. 구소련형 사회(국가)에서 지도자(독재자)는 무엇보다는 '생산'(즉, 생산량 증대)에 대해 강한 인센티브를 갖고 있었다. 이러한 인센티브는 '관료적 허위진술과 태만에 대한 제약' 때문에 때때로 (오히려) '실제 성과'로 변질(둔갑)될 수 있다. 각 관료는 동일한 '연쇄'(連鎖) 또는 '일련'의 생산 활동들에서 '다른 관료들'에 의해 제약을 받을 수 있다. 여기서 '다른 관료들'이란 (1) 어느 한 특정 관리자가 관리하는 생산 활동(예, 곡물 생산)에서 생산된 산출물(예, 밀가루)을 사용하거나, (2) 이 생산 활동(예, 곡물 생산)에 사용되는 투입물(예, 밀)을 공급하는 활동들을 관리하는 사람들을 말한다. 나는 동일한 생산 연쇄 활동에 참여하는 그러한 관리자들과 노동자들을 "'직렬'(直列)관료들"(serial bureaucrats)이라고 부른다. 또한, 각 관료는 "'병렬'(竝列)관리자들과 노동자들"에 의해 감시받을 수도 있다. 나는 이러한 병렬관리자들과 노동자들을 "'병렬'관료들"(parallel bureaucrats)이라고 부른다. '병렬관료들'은 시장경제에서는 '경쟁자들'에 해당된다.

1) 직렬관계

첫째로 다음과 같이 '직렬관계들'(serial relationships)의 경우를 고려해 보자. 어떤 상사(상급자)가 그의 각 부하직원(하급자)이 예를 들어 '약간의 형편없는 지푸라기'로 '훌륭한 벽돌들'을 많이 만들었다고 생각한다면 각 부하직원은 더 나은 결과를 얻을 수 있을 것이다. 왜 그런가? 어떤 상사는 여러 부하직원들의 투입물과 산출물을 '각 부하직원이 자신의 투입물과 산출물을 직접 관찰하는 것'만큼 면밀히 관찰할 수 없을 것이다. 또한, 그 상사보다 더 높은 상사는 각 부하직원의 투입물과 산출물을 관찰할 기회가 훨씬 더 적을 것이다. 따라서 이러한 직렬관계들에서 어느 한 부하직원은 종종 자신의 성과(실적)를 실제보다 더 좋게 보이게 만들 수 있다.

그러나 이러한 정보 문제는 다음 이유로 어느 정도 줄일 수 있다. 왜 그런가? 어느 한 특정 관리자의 활동과 '직렬관계에 있는 활동들'의 관리자들은 감독계층이 종종 수행할 수 없는 '적절한 관찰(감시)을 할 수 있는 위치'에 있기 때문이다. 또한, 어느 한 특정 관리자와 직렬로 연결된 관리자들은 "그 특정 관리자의 인센티브를 '상쇄시킬 수' 있는 인센티브"를 갖고 있다. 예를 들어, 어떤 건설사업의 관리자는 벽돌들이 양적으로 너무 적거나, 질적으로 너무 부실하거나, 시간적으로 너무 늦게 왔는지 등에 대해 알아야만 한다. 또한, 그 관리자는 일반적으로 그러한 결함들을 자신의 상사들에게 과장하지는 않더라도 제대로 '보고할 인센티브'([역주] 이는 '상쇄 요인'에 해당됨)를 가진다. 만약 벽돌 제조 관리자가 필요한 짚을 받지 못하였다고 거짓으로 주장하는 경우, 해당 짚을 공급하는 업체는 당연히 이를 '시정

(是正)하는 정보'를 갖고 있을 것이며, 그러한 시정 정보를 상사들에게 '제공할 인센티브'([역주] 이는 '상쇄 요인'에 해당됨)를 갖는다.

어떤 '직렬관계'에서 부하직원들로부터 '공산주의 지도자가 정보를 얻는 과정'을 보여 주는 소름 끼치는 한 사례가 있다. 이 사례는 책과 영화로 제작된 적이 있는『이너서클』(*The Inner Circle*)[6]에서 찾아볼 수 있다. 이 책과 영화는 스탈린의 영화 영사기사의 실제 삶을 바탕으로 한 것으로 알려져 있다. 스탈린이 어떤 영화를 보고 있을 때 영사기가 고장이 났다. 이때 스탈린은 영사기사에게 왜 고장이 났는지에 대해 이유를 묻자, 그 영사기사로부터 '소련제 영사기'가 '독일제 영사기'(소련제 영사기의 모델이 됨)와 다른 점들에서는 거의 비슷하지만, 단지 스프링이 부족해서 고장이 났다는 사실을 알게 된다. 이에 스탈린은 '소련의 업적을 담은 영화들'로 소련 대중에게 다가갈 필요가 있다고 지적하고, 그 책임을 물어 영사기 같은 물품들을 만드는 담당 고위관리를 숙청하였다. 지금까지의 논의로부터 얻을 수 있는 일반적인 요점은 다음과 같다. 즉, "직렬관계에서 활동하는 각 관료가 '다른 관료들이 관리하는 조직의 성과'에 대해 얻은 정보를 통해 구소련형 사회의 지도자는 자신이 이용할 수 있는 정보의 양과 질을 크게 향상시켰을 것이다"라는 점이다. ([역주] 다시 말하면, 직렬관계에서 (1) 각 관료는 '다른 관료들이 관리하는 조직의 성과'에 대한 정보를 얻으려고 노력(경쟁)할 것이며, (2) 관료들 간의 이러한 경쟁을 통해 구소련형 사회의 지도자는 자신이 입수 및 이용할 수 있는 정보의 양과 질을 크게 향상시킬 수 있었다.) 따라서 이러한 사실은 '구소련형 사회들이 왜 과거에 그처럼 경이적인 성과를 낼 수 있었는지'를 설명하는 데 도움이 된다.[7]

---

6 [역주] '이너서클'(inner circle)은 대개 "권력의 중심부 또는 핵심층"을 말한다.

7 가격이 너무 낮아서 시장을 청소(clear)하지 못할 때(즉, 공급이 부족할 때)—이러한 경우는 종종 나타남—'수령(receiving) 국유기업'은 '공급(providing) 국유기업'의 선택들에 더 많이

흥미롭게도 구소련은 기업들이 서로에게 공급하는 상품과 서비스의 품질과 적시성(適時性)에 대한 '기업 간의 분쟁들'을 판결하기 위해 부분적으로 '공정한 중재인들이나 판사들로 구성된 정교한 시스템'을 만들어 활용하였다. 이러한 중재인들의 결정들과 보고들은 중앙당국이 더 나은 정보들을 얻는 데 분명히 도움이 되었을 것이다. 예를 들면, 1968년부터 1980년까지 구소련에서 '고스알비트라즈[8] 기관들'(Gosarbitrazh agencies; [역주] '국가 중재재판소')은 매년 약 65만~70만 건의 분쟁들을 처리한 것으로 추정된다.[9]

본 절에서 내가 제시한 이론이 예측해 주듯이 구소련형 사회(국가)들에서 '제품의 품질 문제들'은 '소비재들'(consumer goods)에서 가장 악명 높았다. 왜 그런가? 이는 부분적으로는 앞에서 언급한 나의 주장으로 설명할 수 있다. 즉, 앞에서 나는 "공산당 지도부가 '전체 인민을 위한 소비재 생산'에서 '지도부 자신의 목적을 충족'시키는 데 자원들을 이전함으로써 이익을 얻는다"라고 주장하였다. 이는 '품질이 낮은 소비재'를 생산하는 데 더 적은 자원들이 필요하기 때문이다. 그러나 구소련형 국가들에서 생산된 일부 소비재들은 품질이 너무 나빴다. 만약 품질이 더 좋은 소비재를 생산하

의존하게 될 것이다. 이 경우 해당 수령기업은 공급업체(공급 국유기업)의 단점(즉, 공급부족)을 신고하려는 인센티브가 감소할 것이다. 이 점을 지적해 준 피터 머렐(Peter Murrell) 교수에게 감사를 드린다.

8 [역주] 구소련에서 '중재재판 시스템'은 계획경제의 붕괴로 야기된 분쟁 해결과 보호 및 시장거래의 합법화라는 새로운 요구를 충족시키기 위해 창설된 것이 '아니다'. 이것은 계획경제 운영의 일부였던 '고스알비트라즈(Gosarbitrazh) 시스템'의 직접적 계승자이다. 구소련에서 중재재판소는 국가, 자치단체, 협동조합, 기업 및 기타 조직들 간의 재산권과 관련된 분쟁을 해결하는 국가기관이었다. 고스알비트라즈는 엄청난 소송건을 해결하였다. 1938년까지 33만 건이 제소(提訴)되었고, 1980년대에는 연평균 80만 건이 소련 전역에서 제소되었다. 1990년 러시아에서만 358,191건, 1991년 상반기에 190,220건이 여기서 판결이 났다.

9 Heidi Kroll(1988), "The Role of Contracts in the Soviet Economy," *Soviet Studies*, 40, pp. 349~366. 크롤(Kroll)은 이 논문에서 사전 계약분쟁과 계약분쟁의 중재에 대한 유익한 분석도 다루고 있다. 또한, 소련의 중재 및 법원에 대한 흥미로운 설명은 다음 책을 참조하기 바란다: Harold Berman(1963), *Justice in the USSR: An Interpretation of Soviet Law*, Cambridge, MA: Harvard University Press.

였었다면 공산당 지도부와 소비자들 모두에게 더 좋았을(즉, 더 나은 삶을 살 수 있었을) 것이다. 더욱이 일부 소비재들은 품질이 매우 열악해서 때로는 판매할 수 없을 정도였다.

'개별 소비자들'은 특성상 '국유기업의 관리자들'과 다르다는 점에 유의할 필요가 있다. 즉, 개별 소비자들은 품질 결함을 담당하고 있는 국유기업의 관리자보다 상위계층이나 부서들에 접근하여 영향을 미칠 수 없다는 점이다. 반면에 어떤 공장 관리자는 고위관료들에게 접근하여, 공급업체가 생산에 필요한 최소한의 투입물을 공급해 주지 않으면 자신이 관리하는 공장의 임무를 완수하는 것이 불가능하다고 설득할 수 있다. 그러나 개별 소비자에게는 공장 관리자와 같은 그러한 기회가 없었으며, 또한 소비자들은 '집단적 불만'(collective complaints)을 제기할 수 있는 조직이나 단체도 없었다. 따라서 '소비자들에게 상품을 공급하는 기업의 관리자들'은 '다른 국유기업들을 위해 상품과 서비스를 생산하는 기업의 관리자들'보다 '조잡하고 불량한 품질을 숨기는 데 더 유리한 위치'에 있었다. 예를 들면, 구소련 군수산업복합체(military industrial complex; 군산복합체(軍産複合體))는 때로는 자체 경영진과 직원들을 위해 소비재를 생산하기도 하였다. 흥미롭게도, 구소련 군수산업복합체는 일반 소비재 부문보다 소비재 생산 품질이 더 좋다는 평판을 얻기도 하였다.

2) 병렬관계

두 번째로 '병렬관리자들'(parallel managers)을 고려해 보기로 하자. '병렬관료들'이란 시장경제에서는 '경쟁기업들'(competitive firms)이라고 불리는 기업들이나 활동들을 관리하는 관료들을 말한다. 병렬관료들은 (1) '어떤 특정 관리자의 잘못된 보고를 제한'할 수 있고, 또한 (2) '어떤 특정 관리자가 더 생산적으로 일하도록(즉, 생산성을 높일 수 있도록) 하는 인센티브를 제공'해 줄 수 있다. 우선, (1) 병렬관리자가 아닌 어떤 관리자가 자신에게 배분된(할당된) 투입물들로 생산할 수 있는 산출물을 '과소보고'하거나, (2) 그가 생산할 수 있는 양보다 훨씬 더 적게 생산(즉, '과소생산')한다고 가정해 보자. 그러면 이 관리자와 비슷한 양의 투입물과 유사한 책임을 부여받은 '병렬관리자들'은 더 나은 결과(즉, 더 많은 양)를 약속하거나 실제로 생산함으로써 상사들에게 좋은 인상을 줄 수 있는 기회를 갖게 될 것이다. 즉, 병렬관리자들은 서로 '경쟁할 인센티브'를 가질 것이다. 따라서 병렬관리자(관료)들 간에 '관료적 경쟁'(bureaucratic competition)이 있을 때, 각 관리자(관료)는 (1) 자신에게 할당된(배분된) 자원들로 생산할 수 있는 잠재적 생산량을 '과소보고'하거나, (2) 자신에게 실제로 할당된 자원들을 사용하여 '과소생산'하지 않도록 매우 주의해야만 한다. 따라서 어떤 영리한 상사(상급자)는 '부하직원들 간의 경쟁'을 통해 (1) 그들의 더 세밀한 지식을 활용할 수 있고, (2) 잠재적 생산량과 생산성 증대에 대한 더 나은 추정치를 도출해 낼 수 있다.[10]

병렬관리자들처럼 관료(관리자)들이 서로 담합(공모)하지 않고 '경쟁'한다는 데 의문의 여지가 없다면, 계획경제 체제하에서 일반적인 사적 재화들을 생산하는 활동에서 계층구조상 최상위에 있는 관료(관리자)들은 '특별한 종류의 경쟁시장'을 만들어 낼 수도 있다. 최상위 관료(관리자)들은 어떻게 경쟁시장을 만들 수 있는가? 우선, 특정 산업을 담당하는 장관

10 '국유기업들에 파견된 독립적인 공산당 대표들'은 '국유기업들의 공식 관리자들'과 구별되었다. 특히 파견된 공산당 대표들은 (1) '정기적인 관료적 경쟁'을 강화하고, (2) 공산당 지도부가 이용할 수 있는 정보를 더욱 개선하는 역할을 하였다. 예를 들어, 어떤 공장에 파견된 공산당 대표들은 (1) 황제시대 중국의 사찰단이나 검열관 제도와 어느 정도 유사한 방식으로 운영되었으며, (2) 효과적인 관료적 경쟁을 통해 하급직원들이 잘못되거나 편향된 정보를 제출하려는 인센티브를 통제하였다.

이 부하직원들에게 '입찰서'(入札書)를 제출하도록 요청할 수 있다.[11] 입찰서는 '주어진 양의 자원(투입물)으로 얼마나 많은 산출물을 생산할 수 있을지'에 대한 약속을 말한다. 본질적으로 부하직원들에게 '자원(투입물)과 산출량에 대한 예측'을 요청하는 것은 일종의 '경매시장'(auction market)을 만들어 내는 것과 같다. 다음으로, 입찰서를 바탕으로 최상위의 관료(즉, 부처 장관)는 최대 산출물을 생산해 내기 위하여 자신의 부처가 가진 가용 투입물을 입찰자들에게 할당해 줄 것이다. 최상위 관료(장관)가 하듯이, 계층구조상 부하직원들도 그 아래 부하직원들에게 동일한 전략을 사용할 수 있으며, 계속해서 이런 식으로 진행할 수 있다. 따라서 경쟁시장의 많은 효율성 증진 특성들이 계획경제 내에서도 복제될 수 있다. 물론 다양한 입찰들이 지닌 신뢰성을 판단하는 문제와 기타 복잡한 문제들이 발생하기 때문에 계획경제에서 이러한 입찰 시스템은 매우 불완전하게 작동할 것이다.

그럼에도 불구하고 (1) 계층적인 관료제가 측정할 수 있고, 심지어 판매할 수 있는 '시장성 있는 재화'(marketable goods; 시판(市販) 가능한 재화)를 생산하고 있고, (2) 부하직원들이 서로 '경쟁'하고 있다는 것이 의심의 여지가 없을 때, '부하직원들 간의 경쟁'은 (1) 일종의 '시장'([역주] 즉, '비공식 시장')을 만들어 내고, (2) 더욱이 시장 내에서 약간의 '효율성 증대'도 발생한다. 그러나 정부가 측정할 수 있는 '시장성 있는 재화'가 아니라 '잘 측정할 수 없는 공공재들(public goods)'—예를 들어, 국방, 공중보건 조치, 기초과학 연구 등—을 생산할 경우, 일반적으로 다른 관리자들이나 부서들이 생산하는 산출물의 양을 비교할 수 '없을' 것이다. 따라서 이 경우에는 방금 언급한 일종의 '비공식 시장'(informal market)조차도 작동할 수 없을 것이다. 그러나 구소련형 계획경제에서처럼 계층적 생산 시스템의 대

11 이 점을 나에게 친절히 알려준 로랑 마틴(Laurent Martin) 박사에게 감사를 드린다.

부분이 측정할 수 있고, 판매할 수 있는 '시장성 있는 재화'를 생산할 때에는 일종의 '시장'(즉, '비공식 시장')을 형성하고, 효율성 증진에도 기여하였다. 그러면 계층구조(즉, 계층적 생산 시스템) 내 모든 계층에서 일어나는 '관료(관리자)들 간의 경쟁'이 (1) '비공식적인 유형의 경매시장'(informal auction market)을 만들어 낼 수 있었을 뿐만 아니라, (2) 계층적으로 조직된 생산 활동에 '약간의 효율성'도 가져다줄 수 있었다.

3. 공산주의 사회에서의 은밀한 담합(공모)[12]

앞에서 내가 제시한 주장은 (1) '부하직원들 간의 담합'(collusion; 공모)이 '관료적 경쟁'을 제한하지 '않을' 뿐만 아니라, (2) 중앙당국에서 사용하거나 행사할 수 있는 정보나 권한을 감소시키지 '않는다'라는 가정을 전제로 하고 있다. 구소련형 경제의 초기 기간(또는 대규모 숙청 이후 기간이나 중국의 마오쩌둥(모택동)이 선동한 문화혁명 이후 기간, 또는 한 사회에서 총체적 대개혁 이후 기간 등)의 경우에 이 가정은 '상당히 현실적인 가정'이다. 그러나 본서의 앞부분에서 언급하였듯이 사회적으로 '안정적인 환경'에서는 담합(공모)과 기타 유형의 집단행동이 '시간이 지남에 따라' 증가하거나 집적(集積)된다.

담합(공모)은 어디에서 일어나는가? 먼저, 이러한 담합(공모)은 노멘클라투라[13]와 다른 고위관료들 사이에서 나타날 것이다. 구소련의 관료

12 [역주] '담합'(談合)은 "서로 의논해서 합의하는 것"을 말하고, '공모'(共謀)는 "두 사람 이상이 불법적인 행위를 벌이기로 합의하는 것"을 의미한다.

13 [역주] 구소련 시절 소련공산당의 당원으로서 당이나 국가의 의사결정을 총괄하는 직책에 있었던 사람들로 종종 '공산귀족'이라고도 불렸다. 러시아어로는 '전문 용어집' 또는 '명품집' 등을 의미하지만, 사회주의 국가에서는 '각급 당기관의 권한을 정밀하게 규정

(관리자)들이 (1) 직렬적(serial)으로 연결되어 있든, (2) 병렬적(parallel)으로 연결되어 있든, 이들은 일반적으로 '소규모 집단'을 결성할 것이다. 먼저, (1) 특정 국유기업에 주요 투입물들을 공급하는 기업들과 (2) 그들이 생산한 산출물의 주요 사용자들인 기업들은 종종 그 수가 적기 때문에 직렬연결(serial linkage)에 속한 관리자(관료)들은 '소수'에 불과하다. 다음으로, 병렬연결(parallel linkage)에 속한 기업들이나 활동들의 경우에도 그 수가 '소수'이다. 병렬연결에 속한 기업들의 수는 대체로 시장경제에서 '과점산업'(oligopolistic industry)에 속한 기업들의 수와 비슷하다. 이는 사실인가? 실제로 구소련 경제에서 공산주의자들은 비정상적으로 큰 공장들과 기업들을 선호하였기 때문에 병렬연결에서는 때때로 '관리자들의 수'가 훨씬 더 적었다. (그러나 특정 국유기업에서 '경쟁적인' 작업을 수행함으로써 병렬로 연결된 '노동자들의 수'는 때때로 상당히 더 많았다!)

직렬적 연결이든, 병렬적 연결이든 대부분의 연결(담합)에 관여하는 관리자들의 수가 '적기'(즉, '소규모 집단'이기) 때문에 관리자들은 대규모 집단들인 경우보다 '훨씬 더 짧은 시간' 내에 집단을 결성할 수 있다. 그러나 공산주의 사회에서 독립적인 조직, 특히 '최고 지도자의 통제력을 약화시키는 조직'에 대해 가해지는 여러 제약으로 인해 담합(공모)은 '눈에 띄지 않고(inconspicuous), 비공식적이며(informal), 비밀리'에—즉, 은밀하게—이루어져야만 한다. 또한, 담합(공모)은 (1) '은밀하게' 이루어지

한 리스트'를 의미하는 용어로 사용되었다. 나아가 이 용어는 '공산당의 소수 엘리트 전체'를 가리키는 말이 되었으며, 이들은 사회주의 국가의 지배권을 독점하고 특권 관료로서 사회에 군림하였다. 계급이 없어야 할 사회주의 사회에서 이들은 당과 국가의 고급관료로서 권력과 자본을 독점해 실질적인 지배계급을 형성하였다. 노멘클라투라가 형성되는 현상은 공산주의 국가뿐만 아니라, 경제개발을 목표로 개발 이데올로기를 추진하는 나라에서도 나타난다. 독재체제가 정치적인 경쟁과 사회적인 비판을 일체 용인하지 않은 채 일부 관료집단과 소수 기업가 그룹을 내세워 국가의 경제발전을 이끌면, 이들은 자연스럽게 그 사회의 '노멘클라투라'로 성장하게 된다.

고, (2) '상당한 기간이 지난 후'에야 비로소 명시적으로 드러날 수 있다. 다시 말하면, 은밀한 담합(공모)이 이루어지고 '상당한 기간이 지난 후'에야—즉, 어느 한 집단이 그 자체로(독립적으로) 정치 세력이 될 정도로 내부적으로 상당한 영향력을 확보한 후에야—비로소 담합조직(combination)은 '명시적으로' 드러날 수 있다. 담합(공모)이 '은밀하게' 진행되어야 할 필요성 때문에 집단행동은 '은밀하게 진행되지 않을 때'보다 '훨씬 더 느리게' 일어난다. 당연히 정말 많은 수의 사람들이 '비밀리에' 집단을 조직할 수 '없기' 때문에 공산주의 국가들에서는 최고 지도자나 지도부의 통제력을 약화시킬 수 있는 '대규모 집단들'(예를 들면, 독립 노동조합들)은 실제로 나타나지 않았다.

따라서 어느 한 구소련형 사회에서 '시간이 지날수록' 많은 집단—특히 '특정 산업들 내에서 고위관리자들과 기업관리자들로 구성된 소규모 집단들'—이 '비공식적이고 은밀하게' 집단을 조직(결성)할 수 있는 기회들이 생겨났다. 또한, '시간이 더욱 지날수록' 특정 산업들 내에서 고위관리자들뿐만 아니라 (1) '부하직원들'과 (2) '부하직원들의 부하직원들'도 집단(즉, '소규모 집단들')을 조직(결성)할 수 있었다. 이처럼 '시간이 지나면' 이러한 '소규모 집단의 은밀한 담합(공모)'은 산업들뿐만 아니라, '공장들, 광산들, 집단농장들, 소매점들에서 일하는 고참 노동자들로 구성된 집단들'로까지 확대되었다. 궁극적으로 시간이 지나면 '기업협회와 산업협회들'도 중앙당국(지도부)이나 사회 전체의 이익에 봉사하기보다 '자신의 관리자들과 구성원들의 이익'을 위해 봉사하는 조합들(combinations)이나 내부 로비단체들(insider lobby groups)로 변모할 수 있었다. 따라서 이러한 단계(즉, 조합들이나 내부자 로비단체들)에 이르면 너무 많은 권한이 이양(위임)되어 그러한 조합들이나 로비단체들은 때때로 자신의 권한을 은밀하게 행사하는 게 아니라 어느 정도 '공개적으로' 사용할 수 있을 것이다. 이제 다음 두 질문을 제기하고 대답해 볼 차례이다. 첫째, 구소련형 사회에서 관리자(관료)들은 '은밀한 집단행동'(즉, 은밀한 담합 활동)을 통해 '어떻게' 이익을 얻을 수 있는가? 둘째, 구소련형 사회에서 관리자들의 담합(집단행동)으로 인해 '누가' 손해를 보는가?

1) 직렬연결에서의 담합(공모)으로 얻는 이익

먼저, '직렬연결에 속한(즉, 직렬로 연결된) 관리자들'의 경우 담합으로 얻는 이익(즉, '담합이익')은 적어도 꽤 오랫동안 특별히 '크지 않았다'. 관리자들의 지도부는 '자신이 원하는 최종 성과'를 얻고 있는지를 알아보기 위해 부하직원들을 관찰하거나 감시하였다. 관리자들이 원하는 최종 성과를 달성하는 데 책임이 있는 부하직원들은 자신의 성과 부실을 '공급업체들의 탓'으로 돌릴 인센티브를 가지고 있다. 그러나 부하직원들은 공급업체들, 하청업체들 등의 이익으로 인해 성과 부실의 책임을 공급업체들에 돌릴 수 있는 능력이 제한되어 있었다. 따라서 특히 군산복합체의 경우, 관리자들은 직렬관계에 있는 '부하직원들의 정보(즉, 성과 관찰 및 감시)'를 통해 지속적으로 '약간의 이익'을 얻을 수 있었다.

그럼에도 불구하고, 적어도 최종 성과가 관리자들의 지도부에 의해 관찰(감시)될 가능성이 '낮은' 분야(예를 들면, 일반 인민들을 위한 소비재의 경우)에서는 '관리자들 간의 은밀한 협력(covert cooperation)'이 상황을 더욱 악화시켰다. 예를 들어, 일반 소비자들을 위한 소매 기업들과 의료 서비스 공급자들은 관리자들에 의해 거의 관찰(감시)되지 않았기 때문에 '즉시 이익'을 얻을 수 있었다. 그러나 그러한 분야의 공급자들은 잘 관찰(감시)되지 않는 부문의 공급자들과의 담합(공모)을 통해서만 그러한 이익을 공유할 수 있었다. 또한, 담합이 '은밀하게' 이루어질 수 있는 경우에 소매 기업들과 공급업체들은 (1) 소비자들에게 '더 적은 상품들'을 공급하거나, (2) 절감된 비용을 자신들이 보유함으로써 이익을 얻을 수 있었다. 궁극적으로 소비자 소매 부문들에서 얻는 일부 이익은 '소비재 공급 증가에 반하는' (즉, '소비재 공급을 감소'시키는) 결과를 초래하였다. 이는 가격이 고정되어 있는 경우 '공급량이 감소하면' 소매업 직원들이 소비재를 유통하면서 받을 수 있는 호의(특혜)나 심지어 뇌물이 더 커질 수 있기 때문이다. 따라서 이러한 경우들에 '공급업체들과 상호이익이 되는 담합(공모)'이 이루어질 여지가 분명히 존재할 것이다.

또한, '시간이 지남에 따라' 직결관계(연결)에 있는 사람들과 심지어 최고 지도자가 우선시하는 분야에서 일하는 사람들도 다양한 형태의 '부당사용(misappropriation; 공금 유용, 횡령이나 착복 등)에 담합(공모)'함으로써 이익을 얻을 수 있다. 그러나 그러한 부당 사용으로 손해를 보는 사람은 공산주의 사회의 강력한 소유자, 즉 독재자나 공산당 정치국 위원들이었다. 일반적으로 '생산하는 기업'과 '산출물을 공급받는 기업'만이 서로 간의 공급량을 정확히 알고 있을 것이다. 만약 이 과정에서 관리자들이 담합(공모)하여 자기 몫을 조금 빼돌린다면(skim off) 지도부가 이를 감시하는 것은 거의 불가능하다. 따라서 이때 필요한 것은 '당사자들 간의 신뢰할 수 있는 담합'일 것이다. 관련 관리자들의 '고위직 부하직원들'이 궁극적으로 '무슨 일이 일어나고 있는지'(즉, 관리자들이 담합하고 있다는 사실)를 알아차릴 때까지 관리자들은 집단행동(즉, 담합)을 계속할 것이다. 즉, 관리자들은 자신의 부하직원들이 알기 전까지 담합(집단행동)을 통해 더 많은 것을 빼돌려서(유용해서) 공유할 것이다. 이러한 형태의 집단행동(담합)이 일상화될수록 집단행동(담합)의 위험성은 줄어들고, 참여자들은 더 많이 늘어날 것이다. 결국, 이러한 담합(집단행동)이 일반화되어 모든 기업이 참여하게 될 것이다. 그 결과, '부당 사용이나 유용'을 위한 집단행동(담합)으로 얻은

결실(수익)은 노동자들을 해당 산업으로 끌어들이는 데 사용될 것이다.[14]

2) 병렬연결에서의 담합으로 얻는 이익

다음으로, '병렬연결에서의 담합'으로 얻는 이익(즉, '담합이익')에 관해 살펴보기로 하자. 구소련형 사회(국가)들에서 '은밀한 집단행동'(discreet collective action)이 실제로 성공하는(이익을 얻는) 것은 관리자들이 '병렬적으로 연결'되어 있기 때문이다. 전체 산업의 생산 잠재력을 크게 증대시킬 수 있는 '지식과 기술의 발전'을 고려해 보자. 어떤 구소련형 국가의 통치자가 그러한 지식과 기술의 발전으로 인해 '얼마나 많은 추가 생산을 얻을 수 있는지'를 '안다면', 그 지도자는 그에 따라 생산 할당량을 증가시키고 필요한 자원을 재배분하여 '최대의 이익'을 거둘 수 있을 것이다. 그러나 그 국가의 지도자와 중앙계획자들은 각 기간에 모든 산업에 사용할 수 있는 지식과 기술 진보들을 완전히 알 수 '없을' 것이나. 그 결과 지도자와 중앙계획자들은 지식과 기술에 대한 정보를 알기 위해 해당 산업에서 일하는 '전문가들과 관리자들'에게 의존할 것이다. 이로 인해 중앙지도부는 해당 산업에서 지식과 기술의 발전이 가져다줄 생산 잠재력을 '과소평가'하게 될 것이다. 왜 그런가? 해당 산업 내 개별 기업의 관리자들과 산업 전체의 관리자는 중앙 지도부가 해당 산업의 '생산 잠재력을 과소평가하는 것'이 자신들의 '집단이익에 부합'할 것이기 때문이다.

또한, 해당 산업의 지도자들과 산업 내 기업의 관리자들이 중앙지도부

14 Clifford G. Gaddy(1991), "Pretending to Work and Pretending to Pay: A Hedonic Wage Approach to the Behavior of Soviet Workers and Managers," in *The Labor Market and the Second Economy in the Soviet Union*, Occasional Paper No. 24, Berkeley-Duke Occasional Papers on the Second Economy in the USSR, Duke University.

로부터 '추가 자원'을 얻어 내는 데 필요한 '추가 생산'이 실제로 얻을 수 있는 최대치(즉, 최대 생산량)가 아닌 한(사실상 이 최대치를 아는 사람은 그들뿐임) '더 많은 자원을 받는 것'이 그들의 집단이익에 부합할 것이다. 왜 그런가? 산업의 지도자들과 기업의 관리자들이 얻는 '더 많은 자원'은 부분적으로 지도자들과 관리자들의 '개인적인 목표'를 달성하는 데에도 사용될 수 있기 때문이다. 예를 들면, 해당 산업의 지도자들과 기업 관리자들은 추가로 얻어 낸 자원을 기업의 경영진이나 노동자들의 소득이나 여가를 보충하는 데 사용할 수 있다. 따라서 '병렬적으로 연결'되어 있는 어떤 산업 내 기업의 관리자들 간의 담합이 일반화되면, 그 산업 내 기업 관리자들은 개별적으로든 또는 그 산업의 지도자와 결탁해서든 추가로 할당된(배분된) 자원을 통해 생산할 수 있는 '추가 생산량에 대한 정보를 집단적으로 독점하려는(또는 중앙지도부에 알려 주지 않으려는) 인센티브'를 갖게 될 것이다. 기업의 관리자들이 추가 생산량에 대한 정보를 독점하려는 인센티브를 갖는 이유는 '상위 관리자들과 담합'하기 위해서이다.

3) 부하직원들의 담합을 통한 경쟁입찰[15]의 제거

어떤 산업 내에서 부하직원(하급자)들이 자원을 얻으려는 경쟁에서 (익명의 입찰자가 아닌) '자신의 상사들'에게 약속을 하거나 입찰을 하는 '비공식 시장'의 경우 효율성을 증대시키는 입찰 본래의 특성을 상실하게 된다. 부하직원들은 이익을 얻기 위해 다음과 같이 합의(즉, 집단행동)할 수 있다. 어떤 특정 산업에서 특정 직급에 있는 '부하직원들'이 공개적 또

15 [역주] '경쟁입찰'(競爭入札)이란 "여러 입찰자 가운데 가장 적당한 조건을 내세운 사람을 낙찰자로 정하는 입찰"을 말한다.

는 은밀하게 '집단행동'에 참여할 수 있다면, 그들은 이 집단적 힘을 이용하여 (1) '서로 간에 더 높은 입찰가를 제시하지 않기로 합의(담합)함'으로써 이익을 얻을 수 있다. 또한, 부하직원들은 생산을 위해 할당받은(배분받은) 자원에 대한 대가로 '더 적은 양을 생산할 것을 약속하고, 실제로 더 적은 양을 생산'하기로 집단적으로 합의할 수 있다. 그러면 '잉여자원'이 발생하게 된다. 그 결과 부하직원들은 잉여자원을 통제하고, 부분적으로 자신의 복지를 위해 사용함으로써 이익을 얻을 수 있다.

4. 담합의 증거: 연성예산제약[16]과 정치적 경영력

구소련형 국가에서 행해졌던 중앙지도부에서 기업 관리자들로의 '권한 이전'(devolution)을 통해 궁극적으로 어떤 기업의 수익이 (1) 공산당 정치국(Politburo; 구소련 공산당의 정치국 또는 중앙위원회)이 설정한 목표 달성에 대한 '자신의 기여도'나 (2) '자신의 판매 수익'이 아니라 '자신의 정치적 경영력'[17](political administrative power, PAP)에 의해 결정되는 지점에 도달하게 된다([역주] 이는 자본주의 시장경제에서와 확연히 다른 점이다). 이러한 결과는 과거 한동안 헝가리에서처럼 이례적인 사례에서 가장 극명하게 드러났다. 과거 헝가리에서는 '사회주의 가격체계'(socialist price system)

16 [역주] '연성예산제약'(soft budget constraint)이란 "예산제약이 느슨해서 지출이 예산을 쉽게 초과하는 현상"을 말한다. 헝가리 출신 경제학자 코르나이가 사회주의 경제의 비효율성과 몰락 원인을 설명하기 위해 제시한 개념이다. 코르나이가 말한 '연성예산제약'은 사회주의 기업의 경우 예산이 있기는 하나 적자를 보아도 망하지 않고 생존하므로 '고무줄 예산제약'이라는 뜻으로 거대기업이 움직이는 자본주의 체제에도 그대로 적용될 수 있다. 기업 지출과 비용이 정해진 예산을 넘었을 때 그 펑크난 부분을 정부가 '공적자금'이란 이름으로 지원해 주는 상황을 코르나이는 '연성예산제약'으로 이름 붙였다.

17 [역주] '경영력'이란 "기업이나 사업을 관리하고 운영하는 능력"을 말한다.

라는 개념이 공식적으로 인정받았다. 이 체계는 자본주의 시장 시스템을 모방하고, 개선하고자 하였다. '사회주의 가격체계' 이론에 따르면 어떤 국유기업(state enterprise)이 사용할 수 있는 자원은 (중앙지도부에서 일방적으로 할당받는 것이 아니라) '자신의 수입과 미래의 기대수입'(차입 및 자기자본[18] 조달을 포함하여)에 제한되어야 한다(이러한 관행은 '시장경제 시스템에서의 민간기업들'의 경우와 같다). 즉, 가격이 올바르다면 자신의 수입이 비용을 충당하지 못하는 국유기업(즉, 적자 기업)의 운영은 그 경제의 총생산량을 감소시키게 되는 결과를 초래할 것이다. 헝가리에서 '사회주의 가격체계'의 적용으로 어떤 일이 일어났는가?

헝가리의 저명 경제학자인 야노스 코르나이(Janos Kornai)가 지적하였듯이, 어떤 기업이 사용할 수 있는 자원이 그 기업의 '현재수입이나 미래수입과 거의 또는 전혀 관련이 없는 경우'가 종종 일어났다. 이는 '사회주의 가격체계' 이론과 상반되는 결과이다. 이론과 달리 '손실을 보는 기업들'도 '이익을 얻는 기업들'만큼이나 자원을 획득할 수 있었기 때문이다. 그 결과 '합리적 경제의 필수 요건'이 사라졌다. 합리적 경제의 필수 요건에 따르면 생산에 드는 비용을 충당하지 못하는 기업들과 활동들은 그 사회의 소득(총생산량)을 감소시키므로 이러한 곳에는 궁극적으로 자원 사용을 중단해야 한다. 코르나이는 이러한 불합리한 상황을 "연성예산제약"이라고 불렀다. 이 표현은 '공산주의 후기 단계에 대한 인식'과 아주 잘 맞아떨어져 경제학 문헌에서 유명해지게 되었다. 또한, '연성예산제약'은 '대규모 흑자를 내는 활동들이 사회적 합리성이 요구하는 것처럼 그렇게 확대되지 않는다'라는 점을 의미한다([역주] 시장경제에서는 대규모 흑자를 내는 활동들은

---

18 [역주] '자기자본'(自己資本)이란 "기업의 주주가 출자한 자본과 기업 내부에서 축적된 적립금, 준비금 등의 유보자본을 합한 자본"을 말한다.

더욱 확대되는 것이 사회적으로 합리적이다).

본 장의 논의에서 우리가 (1) '연성예산제약이 궁극적으로 어떻게 나타나는지'를 알아보고, (2) '연성예산제약이 경제 성과에 얼마나 치명적인지'를 상상해 보려면 다음과 같은 단순한 가정을 해 보는 것이 필요하다. 즉, 어떤 기업의 '정치적 경영력'이 (1) 그 기업의 운영 규모나 (2) 그 기업의 직원 수에 비례한다는 간단한 가정을 해 보자. 즉, 어떤 기업의 운영 규모가 크거나 직원 수가 많다면 그 기업의 '정치적 경영력'이 크다고 가정해 보자. 그러면 관련 부문(산업이나 부서,[19] 또는 더 나쁘게는 경제 전체)의 총수입이 기업의 성과와 관계없이 '그 기업의 규모 또는 고용(직원 수)에 비례하여'([역주] 즉, 정치적 경영력에 비례하여) 기업들에게 분배될 것이다. 그 결과 '어떤 활동이나 어떤 기업이 산출해 내는 가치(즉, 산출액)'와 '그 활동이나 기업이 받는 자원의 양' 사이에는 아무런 연관성이 '없게' 된다! 현실에서 '정치적 경영력의 이전'([역주] 또는 자원이나 총수입의 배분)은 실제로 기업의 규모나 고용(직원 수)에 정확히 비례하지는 않겠지만, 결국에는 그러한 비율로 이루어질 것이다(즉, 기업의 규모나 고용(직원 수)에 어느 정도 비례할 것이다). 따라서 방금 설명한 정치적 경영력의 이전은 궁극적으로 구소련형 경제의 특징인 '계획'(plan)에 남아 있는 '최소한의 합리성'마저도 잃게 한다. 따라서 정치적 경영력의 이전은 '완전히 비합리적'이다. 이는 독재자의 관점에서든, 국민의 관점에서든 마찬가지로 비합리적이다. 그 결과 경제는 점점 더 경화된다. 이러한 '경화 과정'(sclerotic process)이 매우 광범위하게 진행되면 연성예산제약으로 인한 사회적 손실은 필연적으로 막대할 것이다.

구소련형 사회(국가)들을 연구하는 전문가들은 공산주의 사회에서 일

19 [역주] '부서'(部署)란 "일정한 조직체 안에서 일의 성격에 따라 나누어진 부분"을 말한다.

어났던 '은밀한 집단행동'(covert collective action)에 기인하였을지도 모르는 '여러 유형의 행동'을 발견하였다. 우선, 제리 허프(Jerry Hough)와 멀 페인소드(Merle Fainsod)는 "피(被)규제자들이 규제자들을 지배하게 되는 낯익은 패턴이 '서구'뿐만 아니라 '구소련'에서도 나타나지 않았음"[20]을 의아하게 여겼다. 다음으로, 마이클 몬티아스(Michael Montias)[21]는 폴란드 사회에서 일어났던 '비슷한 과정'을 다음과 같이 묘사하였다. 이 과정은 1970년대 후반에 일어난 '폴란드 경제붕괴'를 초래하는 데 크게 기여하였다:

> 오늘날 '부처 수준에서의 로비'(ministerial lobbies; '부처 로비')라고 불리는 이 관행은 정부 부처의 지시를 받는 산하 기업들에게 더 많은 투자와 더 많은 수입(輸入)을 지속적으로 강요하였다. 심지어 투자나 수입의 증가가 국가 경제에 악영향을 미칠 것이라는 사실이 분명해진 후에도 오랫동안 그렇게 하였다.[22]

또한, 헝가리에서는 안드라스 나기(Andras Nagy)[23]와 에르제베트 살라이(Erzsebet Szalai)[24]도 대기업들의 집단행동이 정책 수립과 경제 성과에서 지배적이고 해로운 요인이 된 과정을 설명하였다.

---

20 Jerry Hough and Merle Fainsod(1979), *How the Soviet Union Is Governed*, Cambridge, MA: Harvard University Press, pp. 446~448.

21 Michael Montias(1982), "Poland: Roots of Economic Crisis," *ACES Bulletin*, 24, pp. 12~14.

22 [역주] 정부의 각 부처는 어느 정도 자율적으로 산하 기업들에 자원을 할당할 수 있었다. 사실상 각 부처 공무원들은 산하 기업들에 의해 '포획'된 것이나 다름없었다. 이로 인해 정부는 부처 수준에서 담합행위를 보다 눈에 띄게 하고, 이를 통제하기 위해 '단일 산업부'를 설립하였다. 몬티아스(1982)도 폴란드의 '부처 수준에서의 로비'가 부처들에게 종속된 기업에 자원을 몰아주는 데 매우 성공적으로 보았다. 그 결과 이러한 관행이 1970년대 말 폴란드의 경제붕괴에 중요한 역할을 한 것으로 여겨졌다.

23 Andras Nagy(1992), "Institutions and the Transition to a Market Economy," in Christopher Clague and Gordon Rausser, eds., *The Emergence of Market Economies in Eastern Europe*, Cambridge, M.A. and Oxford: Basil Blackwell, pp. 301~310.

24 Erzsebet Szalai(1991), "Integration of Special Interests into the Hungarian Economy," *Journal of Comparative Economics*, 15, pp. 284~303.

앞에서 언급한 '은밀한 집단행동'의 축적은 구소련형 사회(국가)의 생산성과 경제 성과에 해를 끼칠 것이다. 그러나 개별 담합체들, 기업들, 산업 협회들 각각이 사회를 (경화시키지 않고) 잘 돌아가게 하려는 데 상당한 인센티브(즉, '선의의 인센티브')를 가지고 있다면 '은밀한 집단행동'이 축적되어도 구소련형 사회(국가)의 생산성과 경제 성과에 그다지 해를 끼치지는 않을 것이다. 중앙에 있는 독재자나 정치국이 자신이 지배하는 '사회의 생산성'을 고려(중시)하는 '포괄적인 이익심'를 갖고 있지만, 개별 담합체들과 특별이익집단들(special interest groups)은 사회의 생산성에 대해 포괄적인 이익심을 갖지 않는다. 개별 담합체들과 특별이익집단들의 인센티브는 (1) 시장 민주주의 국가들에서 존재하는 '편협하게 조직된'(narrowly organized) 특별이익집단들의 인센티브만큼이나 상당히 비뚤어져(왜곡되어) 있으며, 또한 (2) (제1장에서 다룬) 개별 범죄자의 인센티브만큼이나 거의 비뚤어져 있다. 따라서 구소련형 사회들에서 개별 담합체들과 특별이익집단들은 '사회의 생산성을 고려하지 않는 매우 협소한 이익심(narrow interest)'을 갖게 되었다.

5. 법 집행과 부패

제6장에서 나는 '시장에 반(反)하는 정책들'(즉, '반시장적 정책들')이 '어떻게 사람들의 준법행위를 약화시키고, 공직자의 부패를 조장하는지'에 대해 논의하였다. 왜 그런가? '시장에 반하는 정책들'('반시장적 정책들')이 관련된 모든 당사자가 (1) 규칙들을 회피하고, (2) 당국에 규칙 회피 사실을 숨기고, (3) 관련 공무원들을 부패시키는 데 '공동이익을 갖는 상황'을 만들어 내기 때문이다. 우리는 (1) 구소련형 시스템들에서 유독 '높은 암묵적

세금(implicit tax) 징수율'이 시장에 대한 커다란 간섭을 의미하며, (2) 이것이 공산주의 사회에서 부패를 조장하였다는 사실을 잘 알고 있다. 그러나 구소련형 시스템들이 가진 이러한 '시장에 반하는 특성'은 공산주의 사회에서 '부패를 유발하는 경향'(corruption-inducing tendency)을 충분히 설명해주지 못한다. 우리가 이러한 부패유발 경향을 잘 이해하려면 앞에서 설명한 '정주도적'(stationary bandit)의 비유로 돌아갈 필요가 있다.

구소련형 시스템들이 가진 가장 두드러진 '부패유발(corruption-inducing) 특징'은 이러한 '암묵적 세금 징수 시스템'을 '전통적인 독재적 세금 강탈 유형'과 비교해 볼 때 더욱 분명해진다. 어떤 독재자는 자신이 지배하는 사회의 생산적 재산들과 생산을 백성들의 손에 맡기고, 자신은 '탈세를 방지'(공공재)해야 한다. 그러나 질서를 유지하는 일의 대부분은 백성들이 담당한다. 또한, 백성들은 자신의 재산을 보호하려 할 것이다. 이러한 경우에 어떤 전통적인 독재자는 (1) 백성들 간에 발생하는 강탈행위를 일정 범위 내에서 억제하고, (2) 공무원들의 뇌물 수수 행위를 제한할 수 있다.

반면에, 어떤 사회에서 어떤 독재자가 (1) 자신이 지배하는 영토 내에 있는 천연자원과 유형자본(tangible capital)[25]으로 벌어들인 지대, 이윤, 이자(임대료) 등을 모두(100%) 빼앗아 가고, 또한 (2) 노동에 대한 암묵적 세금을 극대화하기 위해 노동자들의 임금도 일부 가져간다면, 그 사회에서 사유 재산이나 사적으로 운영하는 생산은 거의 존재하지 않을 것이다. 일부 개인 물품들을 제외하고는 백성들이 순전히 자신의 이기심으로 보호하려는 재산은 거의 없게 된다. 또한, 모든 중요한 기업들의 고정자산과 재고품은 모두 독재자의 소유이며, 독재자만이 이러한 재산들을 보호하려

25 [역주] '유형자본'(有形資本)이란 "일정한 형태를 가지고 있는 자본"으로 화폐, 가옥, 토지, 기계 등을 말한다.

는 본능적인 인센티브를 갖는다. 암묵적 세금 징수를 극대화하기 위해서는 거의 모든 생산이 독재자와 그의 부하들의 통제와 감시하에 있어야만 한다. 따라서 독재자를 비롯한 모든 지배자는 부분적으로 '세금징수원'(tax collector)이다!

그러면 독재자는 어떤 사람이 감시할 수 있는 것보다 더 많은 재산을 가지며, 더 많은 세금을 징수할 수 있다. 이를 위해 (1) 감시할 사람들이 있어야 하고, (2) 감시자들을 감시하는 사람들도 있어야만 한다. 만약 (1) 독재자를 위해 가장 잘 감시하고 가장 많이 징수한 사람들은 상(賞)을 받고, (2) 재산을 잃고 가장 적게 징수한 사람들은 벌(罰)을 받는다면, 감시자들뿐만 아니라 징수자들 간에 '경쟁'이 생길 것이다, 이러한 경쟁은 모든 사람이 감시당하고, 모든 징수금이 독재자에게 전달되어야 한다는 것을 의미한다. 이는 감시자들과 징수자들이 서로를 감시하고, 서로에게서 징수한다는 것을 의미한다. 감시자들과 징수자들 모두가 정주도적(독재자)을 전복(顚覆)시키고, 그의 징수금을 자신들이 차지한다면 이익을 얻을 수 있다. 그러나 이러한 전복은 수백만 명의 사람들에게는 '집단재'(collective good)가 될 것이다. 따라서 어떤 개인도 이러한 집단재(즉, '독재자 전복')를 얻기 위해 각자가 취하는 행동으로 인한 값비싼 위험(비용)을 감수하려는 인센티브를 갖지 않을 것이다.

1) 도적(독재자)에 맞서 단결하기

그러나 '소규모 집단들' 내에서 독재자의 부하들은 결국 '서로에 대해 충분한 신뢰'가 형성되면 그들의 '공동이익'을 위해 안전하게 함께 공모하거나 협력할 수 있다. 왜 그런가? 독재자의 신하들은 도적(독재자)이 강탈한 수익금의 일부를 '빼돌리는 것'이 그들의 공동이익에 부합하기 때문이다. 생산물 전용[26]이나 국가 재산의 탈취,[27] 또는 양심적으로 일하지 않는 행위 등이 '소규모 공모집단'(conspiring group) 내에서 일어난다면 독재자는 그러한 행위를 전혀 감지하지 못할 것이다. 또한, 독재자가 자신의 눈으로 직접 관찰할 수 없는 경우에는 부하들의 보고를 통해서만 알 수 있을 것이다. 이러한 이유로 어떤 소규모 집단에 속한 각 개인(회원)은 '공모로 얻은 수익'의 상당 부분을 얻을 수 있을 것이다. 시간이 지남이 따라 점점 더 많은 소규모 집단들이 명시적으로나 암묵적으로 (1) 일을 덜 하고, (2) 자신이 통제하는 자원을 자신의 목적에 더 많이 할당(배분)하고, (3) 국가 재산을 자신들이 더 많이 가지기로 합의할 것이다.

그러나 어떤 소규모 집단이 집단 외부의 누군가에게 들키지 않고 독재자의 돈을 탈취할 수 있는 데에는 '한계'가 있다. 왜 그런가? 만약 '관리자들'이 너무 많이 탈취해 가면 그들의 '부하직원들'이 이를 눈치챌 수 있다. 또는, 'A부서의 직원들'이 너무 많이 탈취해 가면 'B부서의 직원들'이 이를 알 수 있다. 따라서 (1) 어떤 관리자(탈취자)와 그의 부하직원들(탈취를 아는 사람들), 또는 (2) A부서(탈취자)와 B부서(탈취를 아는 부서)가 탈취 사실을 서로 간에 비밀로 유지할 수 있을 정도로 충분한 신뢰가 쌓이면 그들은 공모할 인센티브가 생길 것이다. 즉, 그들은 자신이 생산하는 상품과 자신이 관리하는 자산을 독재자에게 빼앗기지 않고 자신들이 더 많이 보유하는 데 공모하거나 합의할 수 있을 것이다. 결국, 기업, 산업, 지역, 심지어 민족이나 언어 집단까지 암묵적으로 자신들이 더 많이 가질 수 있고, 또 더 많이 가져야 한다는 데 공모하거나 합의하게 된다. 그 결과 그들은 중앙도적(독재자)이 강탈해 간 것을 점점 더 많이 '되찾게' 된다.

---

26 [역주] '전용'(轉用)이란 "쓰려던 데가 아닌 다른 데로 돌려서 씀"을 말한다.
27 [역주] '탈취'(奪取)란 "빼앗아 가짐"을 말한다.

중앙지도부에는 감시자들을 감시하는 사람들로 구성되어 있다. 즉, 고위관리들, 당 간부들, 경찰들, 비밀경찰들, 기타 감시자들이 있다. 이들의 임무는 (1) 독재자의 재산이 조금도 도난당하지 않게 지키고, (2) 모든 기업, 산업, 생산지, 민족이나 언어 집단이 중앙지도부(독재자)를 위해 막대한 암묵적 세금을 징수하는 데 있다. 그러나 (1) 중앙지도부를 제외한 그 누구도 재산을 소유하고 있지 않다면, 그리고 (2) 중앙지도부를 제외한 그 누구도 암묵적 세금을 징수할 법적 권리가 없다면, 중앙지도부를 제외한 모든 사람은 이러한 중앙지도부의 관리들을 '수많은 공모에 가담하도록 유인할 인센티브'를 갖게 될 것이다. 왜 그런가? 이는 정주도둑(독재자)이 그들에게서 강탈해 간 금액(재산) 중 일부를 되찾아오기 위해서이다.

감시관리들이 중앙지도부에게 '자신들이 (1) 독재자의 재산을 잘 보호하고, (2) 암묵적 세금 징수를 늘리는 임무를 잘 수행하고 있다'라고 설득할 수 있다면, 이들은 상을 받을 것이다. 그러나 감시관리들이 생산물 전용이나 재산 강탈로 얻는 이익이 작더라도 그 이익은 승진으로 인한 추가 급여보다 더 클 것이다. 따라서 감시관리들에게 가장 좋은 결과는 (1) 먼저 승진하고, (2) 그다음에 경제의 더 넓은 부분에 걸쳐서 강탈한 암묵적 세금 징수와 국유 재산에서 더 많은 몫을 차지하는 것이다. 물론 중앙지도부는 이러한 행위를 방지하는 데 큰 관심(인센티브)을 가질 것이다. 그러나 중앙지도부는 하위관리들 외에는 '무슨 일이 일어나고 있는지에 대한 정보'를 얻을 수 있는 원천이 사실상 전무(全無)한 실정이다. 그러나 하위관리들 모두는 '독재자가 강탈한 수익금에서 최대한 많이 빼돌리려는 음모나 공모에 동참하는 데 관심'(인센티브)이 있다. 만약 아주 사소한 의혹에 대해서도 가장 가혹한 처벌이 내려진다면 공산주의 체제에 필수적인 '관료적 경쟁'이 다소 더 오래 유지될 수 있다. 따라서 구소련 사회에서 '스탈린식 숙청들'[28]은 (1) 우리가 생각하는 만큼 공산주의 체제에 해롭지 않으며, (2) 오히려 공산주의 체제를 더 잘 작동시킬 수도 있다. 그럼에도 불구하고 '장기적'으로는 점점 더 많은 기업들, 산업들, 지역들, 민족 또는 언어 집단들에서 발생하는 '은밀한 집단행동의 어려움'(불가능성)이 결국에는 극복될 것이다. 즉, '장기적'으로는 그러한 집단들에서도 '은밀한 집단행동'이 일어날 것이다.

구소련형 사회들이 시간이 지남에 따라 '쇠퇴'할 뿐만 아니라 '점점 더 부패'해질 수밖에 없는 현상은 하나의 '운동법칙'[29]이다.[30] 어떤 사람들은 "궁극적으로 물건을 구매하기는 불가능해지고, 훔치기는 쉬워진다"라고 말하였다. 점점 더 많은 공산주의 체제의 피해자들은 "국가 재산을 강탈해 오지 못하는 사람은 곧 자신의 가족을 강탈해야만 한다"라고 믿게 되었다. 그 결과 일부 사람들은 '무언가를 빼앗아 오는 것만이 옳다'라는 본능적이고 직관적인 생각을 하게 되었다.

---

28 [역주] '숙청'(肅淸)이란 "조직 내의 반대자들을 없애거나, 특히 독재국가 등에서 내부의 반대파를 제거하는 일"을 말한다.

29 [역주] '운동법칙'(運動法則)이란 원래 "뉴턴이 확립한 것으로 물체의 운동을 설명하는 세 가지의 기본 법칙"을 말한다. 제1법칙은 관성(慣性)의 법칙, 제2법칙은 가속도의 법칙, 제3법칙은 작용과 반작용의 법칙이다.

30 앞에서 언급한 논리를 고려할 때 구소련형 체제가 (1) 일반적으로 국유기업들이 국유은행 시스템을 통해 모든 결제를 하도록 요구하였으며, 또한 (2) 가능한 한 국유기업들이 화폐를 사용하거나 보유하지 못하도록 막으려 하였다는 사실에 의아하게 생각할 필요가 없을 것이다. 그로 인해 공산당 중심부의 착취나 강탈이 용이해졌고, 국유기업들이 이익을 차지하거나 보유하는 것이 더욱 어려워졌다. 공산주의 붕괴 이후 '사적(민간) 기업들'의 급속한 증가는 상당한 양의 화폐를 사용하는 국유기업들이 더 많아졌다는 것을 의미한다. 이러한 사적(민간) 기업들은 현금이 없는 국유기업들과는 달리 마피아 조직들에 의한 강탈의 대상이 되었다. 이러한 사실을 고려해 보면 공산주의 붕괴 이후 많은 국가에서 발생한 '마피아형 범죄의 증가'를 이해하는 데 도움이 될 것이다. 또한, 구(舊)질서(즉, 공산주의)의 붕괴에 따른 혼란과 무질서도 같은 방향(즉, 증가)으로 작용하였을 것이다. 언론의 자유가 등장하면서 범죄 보도가 크게 개선되었고, 범죄를 더욱 눈에 띄게 하였다. 따라서 공산주의 붕괴 이후 한편으로 (1) 범죄(마피아형 범죄)를 증가시키고, 다른 한편으로 (2) 범죄를 더욱 눈에 띄게 하는 여러 가지 요인들이 있음을 알 수 있다. 그러나 그러한 요인들은 타당할지 모르지만 내가 주장한 '좀 더 근본적인 사실'을 바꾸지는 못할 것이다. 내가 주장하였듯이 공직 부패와 범죄 만연 현상은 다름 아닌 스탈린이 고안한 '암묵적인 세금 징수'라는 특별한 시스템이 가져다준 자연스러운 유산이었다.

2) 협소한 이익심 대 포괄적인 이익심: '협소한 이익심'이 '포괄적인 이익심'을 대체한다

앞에서 설명하였듯이 어떤 정주도적(또는 독재자)은 자신이 점령한 지역에서 포로(백성)들이 일(생산)하도록 유인하는 데 필요한 최소한의 것만을 남기고 거의 모든 것을 빼앗아 간다. 이러한 정주도적(또는 독재자)은 점령한 사회의 생산량과 소득에 대해 '포괄적인 이익심'을 갖는다. 따라서 이 정주도적(독재자)은 자신이 지배하는 사회의 생산량과 소득을 증대시키고, 자신의 필요를 더 잘 충족시키는 데 필요한 업무들(예를 들면, 공공재 공급)을 수행한다. 반면에, 공모집단들, 기업의 로비단체들, 산업 협회들, 지역 협회들은 자신이 활동하는 사회의 생산물에서 얻는 것이 '너무 적기' 때문에 각 집단·단체·협회는 사회의 생산량과 소득에 대해 '협소한 이익심'만을 갖는다. 즉, 각 집단·단체·협회는 사회의 생산량과 소득을 증대시키거나 유지할 인센티브가 거의 없거나 전혀 없다. 따라서 공산주의가 퇴보하면서 마침내 붕괴할 수밖에 없었다.

이 장에서 전개한 논의를 이전의 장들에서 설명한 이론과 함께 고려해 보면 여러 가지 '추가적인 함의들'을 얻을 수 있으며, 특히 '체제전환기에 있는 사회(국가)들'에 대한 몇 가지 새로운 함의들을 추론해 볼 수 있다. 이러한 새로운 함의들은 '공산주의와 체제전환에 대한 전통적인 관점'으로부터 도출되는 함의들과는 본질적으로 다르다. 따라서 우리는 (1) 본 장에서 설명한 논의에 바탕을 둔 '예측들'과 기존의 견해로부터 도출되는 '함의들'을 (2) 실제로 나타난 '역사적 사실들'과 비교해 볼 수 있다. 이에 대해서는 다음 장인 제9장에서 자세히 살펴볼 예정이다.

제9장

체제전환국들에 주는 함의들

1. 인플레이션 만연의 퍼즐
2. 과세체계의 부패와 붕괴: 대규모 예산적자의 발생 원인
3. 내부 모순들
4. 남은 과제

적어도 '체제전환 과정'(transition process) 초기에 두 종류의 사람들이 있었다. 즉, 시장경제 체제로 전환하기 위해 (1) '급격한 충격요법(shock therapy)'[1]을 선호하였던 사람들과 (2) '점진적인 전환'(gradual transition)을 선호하였던 사람들이 있었다. 그러나 두 부류의 사람들 모두 '같은 용어'로 체제전환을 말하고 있었다. 즉, 체제전환은 '마르크스[2]-레닌주의[3](Marxist-Leninist) 이념이 지배하는 체제'에서 '자본주의-민주주의(capitalist-democratic) 이념이 지배하는 체제'로의 전환을 의미하였다. 양쪽 모두 구(舊)체제(즉, 공산주의 체제)는 '국가 소유'(state ownership)와 '공산당이 주도하는 경제계획(economic planning)'에 대한 믿음에 기반하고 있었다는 점에는 동의하였다. 반면에, 체제전환기에 있는 국가들이 수립하고 있는 체제는 서구 국가들처럼 '사적(민간) 소유'(private ownership)와 '민주적 정부를 통한 자유시장(free markets)'에 대한 믿음에 기반을 두고 있다는 점에 대해서도 동의하였다. 이제 구체제인 공산주의 체제가 붕괴하였으므로 '체제전환'은 주로 '국가 소유와 계획'을 '사적(민간) 소유와 관리(management)'로 대체하는 데 있음을 당연하게 받아들였다. 즉, 체제전환의 본질은 다름 아닌 '국유산업의 사유화(privatization)'[4]였다.

가장 논쟁적인 질문은 '국가 소유와 계획'에서 '사적(민간) 소유와 관리'로의 전환이 '얼마나 빨리 이루어져야 하는가'(즉, '사유화의 속도')였다. 우선, '충격요법론자들'은 '신속하고, 전면적인 사유화'를 원하였고, 반면에

1 [역주] '충격요법'(衝擊療法)이란 "환자에게 급격한 자극을 주어서 병을 치료하는 방법"을 말하며, '쇼크 요법'이라고도 불린다.
2 [역주] '마르크스주의'(Marx主義)란 마르크스와 엥겔스가 제창한 혁명적 사회주의 이론으로 "생산수단의 사회화에 따른 무산계급 사회의 실현을 꾀하는 것"을 말한다.
3 [역주] '레닌주의'(Lenin主義)란 마르크스의 사상에서 출발하여 그것을 더욱 발전시켰다고 하는 레닌의 사회주의 사상으로 "프롤레타리아 혁명 및 독재에 관한 이론과 전술을 주로 하는 이론"을 말한다.
4 [역주] '사유화'(私有化)란 "개인의 소유가 되거나 개인의 소유로 만드는 것"을 말한다.

'점진론자들'은 '완만하고, 정부가 계획하고, 순차적인(어떤 경우에는 단지 부분적인) 사유화'를 원하였다. 이러한 논쟁은 '은유(隱喩, metaphor)의 싸움'이다. 왜 그런가? '충격요법론자들'은 "두 번의 도약으로 깊게 갈라진 틈('구체제'에 해당)을 뛰어넘을 수('사유화'에 해당) 없다"([역주] 즉, '한 번의 도약으로 틈새를 뛰어넘어야 한다')라고 말하고, '점진론자들'은 "폐렴에 걸린 지 얼마 안된 어떤 환자('구체제'에 해당)에게 밖으로 나가 경쟁의 찬바람 속에서 마라톤을 뛰라고('사유화'에 해당) 해서는 안된다"라고 말한다.

다음 두 가지 문제에 대한 여러 지적(知的) 및 정치적 견해 차이가 있었다. 즉, (1) 국유재산의 '새로운 사적(민간) 소유자들'이 누구여야 하는지(또는 국유재산이 누구에게 귀속되어야 하는지; [역주] 이는 '소유권'에 관한 문제임), 그리고 (2) 국유재산의 매각 수입을 어떻게 분배해야 하는지([역주] 이는 '수익 분배'에 관한 문제임)에 대해 많은 지적 및 정치적 견해 차이가 있었다. 또한, 다음과 같은 여러 우려가 있었다. 즉, (1) 외국기업들이나 구체제(공산주의 체제) 출신의 고위 경영자들과 관리자들이 거대 국유기업들의 귀중한 자본을 부당하게 낮은 가격들로(또는 아무런 대가 지불 없이) 취득해서는 안된다(즉, '소유권 문제')는 우려뿐만 아니라, (2) 공산주의 국가들에서 높은 저축률로 인해 축적된 막대한 양의 자본을 공정하게 분배해야 한다(즉, '분배 문제')는 우려 등도 있었다.

국유재산의 '소유권'(ownership)[5]과 국유재산 매각에 따른 '수익 분배'(receivership)와 관련된 이러한 우려는 (1) 서구 전문가들 간의 논의뿐만 아니라, (2) 체제전환 국가들의 정치적 분열에도 중요하다. 예를 들어, 일부

5 [역주] '소유권'(所有權)이란 "법률적으로 어떤 물건을 지배할 수 있는 권리"를 말하며, 소유물을 자유로이 사용, 수익 및 처분할 수가 있다.

서구 경제학자들은 국유기업들을 그들의 직원들에게 넘기는 것은 공정하지 못하다고 주장하거나, 한때 크게 주장한 바 있다. 왜 그런가? 이는 자본을 많이 축적한 '자본집약적 산업들에 종사하는 노동자들'이 '노동집약적 산업들에 종사하는 노동자들'보다 더 많은 재산을 임의로 분배받을 수 있기 때문이다. 반면에 다른 경제학자들은 대규모 사유화(민영화)를 위한 다양한 계획들을 고안해 왔다. 앞에서 말하였듯이 구소련형 체제에서 투자율이 매우 높았고, 그로 인해 막대한 양의 자본이 축적되었다는 점은 잘 알려진 사실이다. 그 결과 재산(자본) 분배에 막대한 금액이 걸려 있다는 점은 일반적으로 당연한 일로 여겨졌으며, 한때 당연한 일이었다. 이러한 재산이나 자본 분배는 누가 담당하였는가? 예를 들어, 독일의 경우 이를 위해 '독일신탁공사'(Truehandanstalt, THA)[6]가 설립되었다. 독일신탁공사는 (1) 독일민주공화국[7](즉, 동독)의 축적된 자본을 관리하고, 매각 또는 운용할 뿐만 아니라, (2) 이러한 자산(자본)의 매각 및 관리에서 얻은 수입을 동독 국민을 위해 보관하기 위해 설립되었다.

따라서 충격요법론자들과 점진론자들 모두 (1) '체제전환'을 '하나의 이념이 지배하는 체제'(즉, '국가 소유와 계획')가 '다른 이념이 지배하는 체제'(즉, '사적 소유와 관리')로 대체되는 것으로 간주하고, (2) '국유(국영)기업들의 사유화(민영화)'를 그 체제전환 과정의 본질로 간주하였다. 다음으로, 논쟁의 핵심은 기존 국영기업들을 '얼마나 빨리' '국가경영'(state management; 국영(國營))에서 '민영화(privatization)를 통해 사적 경영'(private management; 사영(私營))으로 전환해야 하는가이다. 이러한 '전

6 [역주] '독일신탁공사'는 '독일신탁관리청'이라고도 불리며, 동독(독일민주공화국) 말기에 동독 국유기업들(Volkseigene Betriebe, VEBs)의 민영화를 관장하였던 기관이었다.
7 [역주] '독일민주공화국'은 동독(East Germany)의 공식 명칭으로서 1990년 10월 3일 서독에 통합되어 소멸되었다.

통적인 생각'에는 분명히 어느 정도 진실이 내포되어 있으며, '사유화(민영화)가 얼마나 빨리 이루어져야 하는지'에 대한 질문은 매우 중요하다. 그러나 이러한 논의가 상당 부분 '은유들'을 통해 이루어지고 있다는 점이 문제이다. 은유들은 세부적인 선택을 하는데 유용한 지침이 될 수 없기 때문이다. 또한, 이미 잘 알려진 관점들도 '체제전환 국가들에서 일어나고 있는 몇 가지 가장 중요한 일들'에 대해 우리를 당혹스럽게 한다.

1. 인플레이션 만연의 퍼즐

공산주의 체제의 마지막 몇 년 동안, 특히 체제전환기 동안에 '인플레이션이 만연'하였다. 마르크스-레닌주의 이념이나 자유민주주의 이념 모두 '높은 인플레이션율'을 옹호하거나 심지어 묵인하지 않았다. '급속한 사유화(민영화)나 완만한 사유화(민영화)가 인플레이션을 유발할 수 있다'라고 주장하는 경제이론은 존재하지 않는다. 기업들이 '사적 통제'하에 있든, '공적 통제'하에 있든 높은 인플레이션율은 큰 문제이다. 그렇다면 왜 대부분의 체제전환기와 때로는 그 직전 몇 년(예를 들면, 구소련 미하일 고르바초프[8](Mikhail Gorbachev, 1931~2022년) 통치 기간)에 급격한 인플레이션이 일어났는가? '체제전환에 대한 잘 알려진 관점'뿐만 아니라 (2) 체제전환을 어떻게 다루어야 하는지에 대한 주요 논쟁도 '많은 탈공산주의 국가들에서 발생하는 급격한 인플레이션'을 예상하거나 설명하는 데 아무런 도움이 되지 못한다.

8 [역주] '미하일 고르바초프'는 구소련의 정치가로 공산당 서기장과 초대 대통령(1990~1991년)을 역임하였다.

거시경제학의 모든 학파는 한 국가의 국내총생산(GDP)의 상당 부분에 해당하는 정부 예산적자가 존재할 때(그리고 이러한 예산적자가 화폐를 새로 발행해서 충당할 때) 인플레이션이 발생한다는 데 동의한다. 실제로 모든 연구자와 전문가는 체제전환 국가들의 대부분이 대규모 정부 예산적자를 가지고 있으며, 그러한 예산적자를 신규 화폐 발행으로 보전[9]하고 있다는 데 동의한다. 그러나 신구 이념 모두 대규모 예산적자를 정당화하지 못하거나, 사람들이 그러한 예산적자의 발생 이유를 예상하거나 설명하는 데 아무런 도움이 되지 못한다. 또한, '사유화(민영화)'나 '사유화(민영화)의 부재' 모두 대규모 예산적자를 제대로 설명할 수 없다. 그렇다면 왜 많은 체제전환 국가들이 '막대한 규모의 화폐화된(monetized) 예산적자'([역주] 즉, 막대한 재정적자를 신규 화폐 발행으로(즉, '화폐화된') 보전함)를 통해 '인플레이션의 저주'를 자초하려 하는가? 체제전환 국가들에서 발생하였던 이러한 현상은 하나의 퍼즐이다.

2. 과세체계의 부패와 붕괴: 대규모 예산적자의 발생 원인

과연 '막대한 예산적자'는 어떻게 발생하는가? 막대한 예산적자는 바로 '과세체계의 경화적 침식(sclerotic erosion)'에서 예상(즉, 발생한다고 생각)할 수 있는 현상이다. 다소 놀랍게도 구소련형 국가들의 경우에 '소득세나 기타 개인들에 대한 명시적인 세금들(explicit taxes)이 거의 없었다'라는 사실을 알 수 있다. 그 대신 구소련형 국가들에서는 '임금과 가격'을 '국유산

9 [역주] '보전'(補塡)이란 "부족이나 결손을 메워 보충하는 것"을 말한다.

업에 종사하는 기업들에서 대규모 이익이 나게 하는 수준들'에서 책정함으로써 얻은 '암묵적 과세율'(rate of implicit taxation)이 매우 높았다. 독재자들은 이러한 이익을 자신의 것이라고 주장하며 빼앗아 갔다.

시간이 지남에 따라 국유기업 관리자들과 관료들, 심지어 노동자들이 가담하여 담합체(조합)를 결성하여 '은밀하게' 국유기업들에 대한 통제권을 공유하게 되었으며(그리고 마침내 주요 통제권을 갖게 되었고), 그 결과 국유기업들은 '황금알을 낳는 거위'처럼 '세금 수입의 주요 원천'이 되었다. 그러나 이러한 세금 수입(즉, 세수)은 시간이 지남에 따라 감소하였다. 공산주의 체제 중심부의 수입의 원천이었던 세금 수입은 이제 '비용'으로 바뀌었다. 왜 그런가? (1) 국유기업과 그 경영진 및 노동자들과 공급업체들이 세금 수입을 중심부에 바치지 않고 자신들이 보관하거나, (2) 세금 수입이 단순히 비효율적으로 낭비되거나, (3) 때로는 말 그대로 세금 수입을 도난당하였기 때문이다([역주] 이러한 요인들은 경화적 침식에 해당됨). 또한, 공산주의 권력 중심부가 점점 더 가난해지고 약해지면서 그들은 '여론'까지 걱정해야 하였으며, 이로 인해 어려운 시기에도 소비, 연금, 사회복지사업 등을 제한하기가 더 어려워졌다. 이러한 이유로 공산주의 체제에서 대규모 예산적자가 발생하게 되었다.

공산주의 체제 말기에 많은 구소련형 국가들은 자금 부족으로 '해외차입'이 필요하다는 사실을 알았다. 그러나 그들 국가의 '상환 능력'이 너무 제한적이어서 일부 구소련형 국가들은 (1) 자신의 차입 능력이 곧 한계에 도달하거나, (2) 심지어 자신의 대출을 상환하지 못하는 상태(즉, 채무불이행 상태)에 이르렀다. 특히 고르바초프 시대에 공산주의 체제(또는 공산당)의 중심부는 신규 화폐를 대량으로 발행하지 않고서는 채무를 상환할 수 없었고, 마침내 구소련 체제의 마지막 날들에 이르러서는 사실상 구소련 정부에 남겨진 자금이 한 푼도 없었을 정도였다. 공산주의 정권의 전성기였던 스탈린(Joseph V. Stalin; 구소련 정치 지도자, 1879~1953년) 시대에는 국가 총생산량의 매우 큰 비중을 국가가 가져갔지만, 공산주의 정권의 말기(예를 들면, 고르바초프 시대)에는 정부가 제공해야 할 기본 서비스를 공급하기 위한 재원조차 마련할 수 없을 정도로 몰락하였다. 따라서 나는 '공산주의 체제 붕괴의 가장 중요한 한 가지 원인은 바로 공산주의 정부들이 파산하였기 때문'이라고 생각한다.

공산주의 체제가 붕괴되고 민주화(民主化)가 진행되면서 새로운 체제의 중심부(지도부)는 자신의 권력을 이전보다 훨씬 더 많이 잃게 되었다. 민주주의 체제 도입으로 '대규모 국유기업의 경영자들과 노동자들'은 집단행동을 하기 위해 집단을 결성하였으며, 이들은 더 이상 '은밀하게' 활동할 필요가 없었다. 공산주의 체제가 무너지고 민주화된 '새로운 사회들'에서 등장한 가장 강력한 로비단체들과 카르텔들은 당연히 이전처럼 '새로운 체제의 중심부(지도부)'를 위한 '세금징수자'(tax collector)로 행동하려 하지 않았다. 오히려 로비단체들과 카르텔들은 각종 '보조금들'(subsidies)을 받기를 원하였고, 실제로 보조금들을 받았다. 따라서 세금 수입의 주요 원천(즉, 국유기업)은 사라지고, 강력한 새로운 '보조금 청구권자들'(subsidy claimants)로 대체되었다. 그러면 이들 국가에서 그들에게 보조금을 지급하기 위한 재원은 어떻게 마련하였는가? 세금징수자들이 사라지고 조세 시스템이 붕괴된 상황에서 보조금들은 주로 은행 시스템에서 발행한 '신규화폐'로 충당해야만 하였다. 그 결과, 그리고 당연히 그래야만 하였겠지만, 대부분의 구공산주의 체제 국가들에서 인플레이션율이 '훨씬 더 높아지게' 되었다.

1) 내부자들이 원하지 않는 한 대규모 사유화(민영화)는 없다

만일 '사적 경영(즉, 사영)과 시장 인센티브'가 '국가경영(즉, 국영)과 경제계획'보다 기업들을 훨씬 더 생산적으로 만든다면, 어떤 국유기업의 관리자들이나 노동자들(즉, 해당 국유기업의 수익에 대한 청구권을 가진 사람들)은 일반적으로 해당 기업의 '신속한 사유화(민영화)'를 원해야만 할 것이다. 해당 국유기업의 생산성이 높아지면 일반적으로 더 큰 이익이 발생하여, 관리자들이나 노동자들은 더 많은 보상을 받을 수 있기 때문이다. 실제로 일부 대규모 국유기업들에서 경영자들과 노동자들은 '신속한 사유화(민영화)'를 원하였다.

그러나 많은 대규모 국유기업들에서는 (당연히 찬성해야 할) '사유화(민영화)'와 (일반적으로) '경제개혁'에 대한 놀랍고 종종 격렬한 '반대'가 있었다. 또한, 대규모 사유화(민영화)가 이루어지더라도 대개는 국유기업들을 (1) 내부자들(insiders)과 (특히) 기존 경영자들에게 이전하고, (2) 이전의 관리자들에게 권력을 그대로 넘겨주는 사유화(민영화)에 불과하였다. 이러한 사유화(민영화)는 과거 러시아에서 일어났다. 많은 구공산주의 국가들에서 대규모 국유기업이 사유화(민영화)되어도 '아무것도 변하지 않는다'라는 진부한 주장은 다소 과장된 것이지만, 여기에는 하나의 '근본적인 현실'이 내포되어 있다. 즉, 공산주의 체제 말기에 대규모 국유기업들이 '정치적으로 너무 강력해서' 공산주의 중심부(지도부)가 통제할 수 없을 정도였고, 그로 인해 대규모 국유기업들은 막강한 권력을 가지고 있었다. 그 결과 많은 구공산주의 국가들에서 사유화(민영화)가 이루어지더라도 국유기업의 경영자들이 원하는 변화가 아니라면 '거의 아무것도 변하지 않는 사유화(민영화)'에 불과하다.

이러한 '거의 아무것도 변하지 않는' 사유화(민영화)의 실제 사례가 있었는가? 예를 들면, 러시아에서 많은 대규모 국유기업들이 주로 경제개혁에 '반대하는' 러시아 시민연합(Civic Union)과 결합(연대)하여 로비 활동을 벌였다. 대규모 사유화(민영화)가 실제로 이루어졌을 때 그 사유화(민영화)는 '사유화(민영화)된 국유기업들의 소유권 대부분을 그들의 기존 경영자들과 노동자들에게 넘기는 조건'으로만 이루어진 것이었다. 또한, 구공산주의 국가들에서 대규모 국유기업들에 고용된 노동자들은 일반적으로 '가장 보수적인'[10] 사람들이었다. 사유화(민영화)에 대한 이러한 반대는 종종 이념적 근거로 설명되곤 하며, 또한 이념은 아마도 사유화(민영화)와 관련이 있는 것으로 추정된다. 그러나 이러한 반대에 다음과 같은 퍼즐이 존재한다. 즉, 사적 경영과 시장 인센티브가 어떤 대규모 국유기업과 관련된 사람들을 '더 잘 살게' 할 수 있음에도 왜 그들은 그러한 사유화(민영화)에 주도적으로 반대하는가?

많은 경우에 '신성한 시장 지향적(market-oriented) 경제개혁들'은 실제로 대규모 국유기업들과 관련된 사람들을 적어도 짧은 시간 동안에는 더 잘 살게 해 주지 '않을' 것이다. 이는 그들이 짧은 시간 동안에는 경제개혁들에 대해 신뢰할 수 없기 때문이다. 제8장에서 설명한 '경화 과정'(sclerotic process)을 떠올려 보면 우리는 '그 이유'를 바로 알 수 있다. 구소련형 국가들의 '초기 스탈린주의 단계'에서는 생산성 증대를 위한 대부분의 '투자 기반'이 어느 정도 마련되어 있었다(이는 주로 독재자가 자신이 지배하는 사회에 '포괄적인 이익심'을 가지고 있었기 때문이었다). 그러나 공산주의 체제가 붕괴하기 직전의 '경화기' 동안에는 그러한 투자 기반이 사라졌다. 이

10 [역주] '보수주의'(保守主義)란 "현상 유지나 전통의 옹호 또는 점진적 개혁을 받아들이는 경향"을 말한다.

노쇠한 경화기 단계에서 생산조직과 투자 배분은 (1) 일반적으로 고려되는 '상대적 생산성'뿐만 아니라 (2) 집단행동을 하기 위한 여러 국유기업과 집단들의 '내부 정치적 및 관료적 힘'에 크게 의존하였다. 따라서 이러한 '경화증'(sclerosis)으로 인한 '연성예산제약'(soft budget constraint)으로 인해 투자는 가장 생산적인 용도에 사용될 수 없었다.

2) 공산주의 체제의 잔해

공산주의 체제에서는 심지어 어떤 국유기업 내에서의 활동 범위(scope)와 그 규모(scale)조차도 엄청나게 '비합리적'으로 변하였다. 예를 들어, 폴란드의 경우 폴란드에서 가장 큰 '돼지농장'이 놀랍게도 어떤 '국유 철강생산 기업'의 일부였다. 이와 같이 공산주의 세계에서 국유기업들은 시장경제 체제에서는 거의 결합하지 않는 활동들을 비합리적으로 결합하였다. 또한, 구소련형 국가들에서 국유기업들과 공장들은 서구 경제에서 시장 테스트(market test)를 통과한 대부분의 기업들과 공장들보다 체계적(systematic)으로 훨씬 더 컸다. 왜 그런가? 주된 이유는 물가와 임금, 그리고 주요 투입물들의 많은 배분이 시장이 아니라 '공산주의 정권'에 의해 결정되므로 국유기업들은 자신이 필요로 하는 물건들을 구매할 수 없었기 때문이다. 따라서 (1) 어떤 '철강공장'은 자신의 노동자들에게 고기를 공급하기 위해 비합리적이지만 '돼지농장'을 설립하거나, (2) 어떤 '건설회사'는 자신의 경영진과 노동자들을 위한 '주택'을 건설하였다. 실제로 구소련형 국가들이 쇠퇴하던 시기에 대규모 국유기업들은 대체로 (1) 적절한 제품 범위나 (2) 효율적인 규모를 갖추지 못하였다. 한마디로, 공산주의 체제에서는 대부분의 국유기업들에서 '기업'이라는 개념 자체(예를 들면, 무엇을 생산하고 어떻게 생산하는지)와 기업 간 분업 자체가 근본적으로 '잘못되어' 있었다.

이러한 대부분의 국유기업들에 대한 투자들은 (1) 대개 '쓸모없는 기술들'을 갖추고 있었고, (2) 대체로 '잘못된 방향'으로 이루어졌다. 반면에 가장 번영하는 시장경제들의 경우 대부분의 기계와 장비들은 5년 이내에 교체되거나 폐기된다. 따라서 구소련형 국가들에서 1989년이나 1991년 이전에 이루어진 투자들의 대부분은 구식 기술로 인해 '비경제적'이었을 것이다. 비록 그때의 투자가 목표하는 곳에 완벽하게 겨냥되고, 투자처가 최신 서방 제조품이었다고 해도 비경제적이었을 것이다. 투자들이 (1) 구식 기술들로 이루어지고, (2) 사회적으로 비합리적인 메커니즘에 따라 할당되는 경우, 투자 가치(특히 몇 년 후의 투자 가치)는 수익성이 아니라 '고철(古鐵; [역주] 즉, 구식 기계나 기술)에 대한 수요'에 의해 결정될 것이다. 따라서 구소련형 국가들에서 이루어진 투자의 대부분은 거의 가치가 없었다.

조지 애컬로프(George Akerlof; 미국의 경제학자로 2001년 노벨경제학상 수상자임)와 동료 연구자들이 동독에 관해 수행한 유명한 연구 결과에 따르면, '최근 동독에서 자원 배분의 비합리성이 얼마나 컸는지'를 분명히 알 수 있다. 이들은 아주 특별한 데이터를 사용하여 (1) '동독의 거대 복합기업들(conglomerates)이 수출한 다양한 제품들의 가치'를 파악하였을 뿐만 아니라, (2) '이러한 수출품들의 생산에 사용된 투입물들의 가치'를 서구 통화(즉, 달러)로 계산하였다. 그 결과, 그들은 동독 노동자들의 8%만이 (국제시장 가치로 표현한) '제품 가격에 수출품 생산에 드는 가변(변동)비용까지 포함된 제품들'(즉, 효율적으로 생산된 제품들)을 생산하고 있었다는 놀랄 만한 사실을 발견하였다[11]([역주] 바꾸어 말하면, 동독 노동자들의 92%

11 George Akerlof, Andrew Rose, Janet Yellin, and Helga Hessenius(1991), "East Germany in from the Cold: The Economic Aftermath of Currency Union," *Brookings Papers on Economic Activity*, 1, pp. 1~87. 다만 나는 이 논문의 저자들이 그들의 연구 결과를 통해 도출한 정책적 결론들이 본서에서 제시한 내 주장에서 유도되는 정책적 결론들과는 '매우 다르다'라는 점을 강조하고자 한다.

정도가 비효율적으로 제품을 생산하고 있었다). 공산주의 국가들 중 가장 번영하였던 동독에서 노동자 12명 중 1명만(즉, 8.3%만)이 생존(지속) 가능하고 사회적으로 효율적인 생산에 종사하였다면 다른 구소련형 국가들에서는 상황이 훨씬 더 나빴을 것이다.

따라서 '현재의 자원의 합리적 배분'은 '공산주의 체제 붕괴 직전의 자원 배분'과 거의 공통점이 없을 것이다. 예를 들면, 경제개발을 연구하는 저명 경제학자인 앤 크루거(Anne Krueger)는 '1970년대에 한국의 생산요소들 중 80~90%가 1960년대와는 다른 용도로 사용되었다'라고 실증적으로 추정하였다.[12] '공산주의 체제가 시장경제로 대체'된 것은 곧 한국이 '저개발국에서 신흥공업국으로 변화'한 것과 비슷하다.

또한, 심지어 잘 운영된다고 여겨지는 어떤 구소련형 국유기업들에서 운영되는 노동조직과 근무 습관을 볼 때 이들도 '비경제적'이었다. 체제전환 국가들에서 운영되는 많은 다국적 기업들과 신생 기업들은 놀랍게도 '해당 산업에서 일한 경험이 있는 현지인들'을 채용하기를 거부하였다! 나는 워싱턴 포스트지(紙)에서 구소련에서 운영하는 어떤 오스트리아 호텔 체인이 '구소련 호텔업계에서 일한 경험이 있는 현지 노동자들'을 채용하기를 거부하였다는 기사를 읽은 적이 있다. 나는 이 이야기가 독특하긴 하지만, 매우 교훈적이라고 생각하여 다른 사람들에게 전달하였는데, 그들로부터 구소련에서 운영하는 다른 서방 호텔 체인들에서도 비슷한 정책들이 시행되고 있다는 소식을 듣게 되었다. 또한, 여러 여성 의류매장을 운영하며 성공한 어떤 폴란드 사업가가 '폴란드 국유 패션산업에서 일하였던 사람들'을 채용하기를 거부하였다는 보도와 러시아 민간 항공사를 성공적

---

12 Anne O. Krueger(1992), "Institutions for the New Private Sector," in Christopher Clague and Gordon Rausser, eds., *The Emergence of Market Economies in Eastern Europe*, Cambridge, MA and Oxford: Basil Blackwell, pp. 219~223.

으로 설립한 어떤 기업가가 '아에로플로트(Aeroflot; 구소련의 국영 항공회사)에서 일하였던 사람들'을 자사의 객실 승무원으로 고용하지 않겠다는 보도 등도 접하게 되었다.[13]

많은 대규모 국유기업들에서 일하는 경영진과 노동자들이 왜 사유화(민영화)나 기타 경제개혁들을 반대하는가? 이들이 사유화(민영화)나 기타 경제개혁들을 '원하지 않는' 데에는 한 가지 분명한 이유가 있다. 그것은 다름 아닌 '구소련형 경화증'이 너무 심해져서 그들이 일하는 국유기업들이 (1) 경쟁시장에서 생존할 수 없고, (2) 합리적인 경제에서 유지되지 못할 것이기 때문이다.

3) 사유화(민영화)에 관한 논쟁에서의 오해들

앞에서 주장하였듯이 스탈린주의(Stalinism)[14]는 '어떤 유형의 경제조직(예, 공산주의, 스탈린주의, 자본주의 등)이 사회에 가장 도움이 되는지'에 대한 이념(ideology)이 아니라 단지 '암묵적인 세금 징수(implicit tax collection) 시스템'이었다. 이와 마찬가지로 '사유화(민영화)의 속도'(speed of privatization)에 대한 논쟁([역주] 즉, '급속한 사유화'냐 '완만한 사유화'냐에 대한 논쟁)도 '더 깊이 내재된 실제적인 문제'보다는 '표면적인 문제'

---

13 *New York Times*, June 20, 1993, p. F7; *The Economist*, August 14, 1993, p. 71.

14 [역주] 1920년대에 스탈린은 사회주의적 혁명 열기와 러시아 민족주의에 호소하면서 전례 없는 규모로 산업과 농업의 발전을 추진해 새로운 사회경제적 계층을 창출하였다. 1930년대 후반 스탈린은 잠재적인 정적들을 대거 숙청하는 과정에서 약 700만~1,500만 명 이상의 사람들을 강제수용소로 보냈다. 이후 공식적 선전에서 스탈린은 차르 시대의 이반이나 표트르와 더불어 러시아 역사의 영웅으로 기록되었다. 예술·과학·교육·학문과 심지어 역사 서술에서조차 스탈린의 말은 절대적 진리가 되었다. 1989년 소련의 역사학자 로이 메드베데프는 약 2,000만 명 정도의 사람들이 노동수용소, 강제 집단화, 숙청 등의 결과로 사망했다고 추정하였다. 이와 더불어 또 다른 2,000만 명의 사람들이 투옥, 추방, 이주 등의 희생자가 되었다.

에 더 초점을 맞추고 있었다. 또한, '더 근본적인 문제'는 '특정 자산(국유기업)을 공적으로 경영해야 할지, 또는 사적으로 경영해야 할지의 여부'(즉, '표면적인 문제')가 아니다. 왜냐하면 국유기업들의 개혁(즉, 사유화)에 반대하는 대부분의 사람들이 '수익성 있는 사적 기업들'에서 일하기를 좋아하며, 실제로 그들 중 일부는 그러한 전환(즉, 사적 기업에서 일하기)을 단행하였기 때문이다. 그러면 '더 깊이 내재된 실제 문제'는 무엇인가?

'더 깊은 실제 문제'는 (1) "'사회적으로 생산적인 새로운(사유화된)' 기업들에 종사하는 사람들"(즉, '경제적 효율성'의 이익)과 (2) "역사의 우연으로 국가가 제공하는 '보조금으로만 생존할 수 있는' 많은 국유기업에 남겨진 사람들"(즉, '보조금 수혜자들'의 이익) 간의 이익상충(conflict of interest)에서 발생한다. 그러나 '경제적 효율성과 보조금 수혜자의 이익' 모두에서 가장 중요한 사항은 '사적 또는 공적 지위'(즉, 사유냐 국유)가 아니라 바로 '보조금'이다. 사실상 많은 경우(대부분은 아니지만)에 중요한 것은 '사유화(민영화)의 속도'(즉, 사유화가 빠르냐, 또는 느리냐)가 아니라 '청산[15]의 속도'(speed of liquidation)이다.

그러나 사유화(민영화)와 청산 사이에 직접적이지는 않지만 '간접적인 연관성'이 있을 수 있다. 즉, (1) 각종 보조금은 시장경제에서보다 '계획경제'에서 '덜 눈에 띄고', (2) 사적 소유주들은 보조금을 받지 않는 한 자신에게 '손실만 가져오는 활동'을 계속하지 않을 것이다. 그러나 '개방적 경쟁시장'과 같은 '합리적인 계획경제'(rational planned economy)에서는 공산주의 체제의 마지막 경화기 동안 유지되었던 많은 국유기업은 더 이상 지속되지 않을 것이다. 따라서 사적 경영이냐 또는 공적 경영이냐의 문제는 결코 문

15 [역주] '청산'(淸算)이란 "회사나 조합 등의 법인이 해산할 때에 뒤처리로서 재산관계 일체를 정리하는 일"을 말한다.

제의 핵심이 아니다. 그 핵심에는 '보조금 기생적[16](subsidy parasitic) 부문'과 '생산적 부문' 간의 이익상충이 내재되어 있다.

3. 내부 모순들

안타깝게도 체제전환 국가들의 경우에 '집단행동을 하기 위해 집단을 결성한 기업들'은 주로 대부분 '비경제적인' 대규모 국유(또는 최근에 사유화된) 기업들이었다. 제2차 세계대전에서 패전한 '전체주의(totalitarian)[17] 국가들'은 집단행동을 하기 위한 조직이나 집단들이 패전으로 붕괴되거나 남아 있는 것이 거의 없었다. 그러나 '공산주의 체제의 통치를 받았던 국가들'(즉, 체제전환 국가들)은 전체주의 국가들과 비교할 수 없을 정도로 더 심각한 형태의 '영국병'(British disease)[18]이나 경화증(硬化症)에 시달리게 되었다. 왜 그런가? 이들 체제전환 국가들은 정부가 설립하고 종종 여전히 공적 자금을 지원받는 상당수의 '내부자 로비단체들'(insider lobbies)

16 [역주] '기생'(寄生)이란 (1) "다른 생물의 체표(體表)나 체내에 붙어 영양을 섭취하며 생활하는 일," 또는 (2) "스스로 생활하지 않고 남에게 의지하여 생활함"을 말한다.

17 [역주] '전체주의'(全體主義)란 "개인의 모든 활동은 전체, 즉 민족·국가의 존립·발전을 위해 바쳐져야 한다는 이념 아래 국민의 자유를 억압하는 사상"으로서 파시즘이나 나치즘 등을 말한다.

18 [역주] '영국병'(英國病)이란 "영국인들의 무기력, 느린 동작, 방임적인 태도 등을 이르는 말"이다. 제2차 세계대전 후 과중한 세금을 거두어 고도의 복지정책을 펼치고, 노동조합의 기득권 확대로 부(富)나 특권에 대한 의식이 희박해진 데 원인이 있다. 즉, 세계 최고의 복지 제도를 유지하는 과정에서 근로자들은 나태해지고, 기업들은 무거운 세금 부담에 신음하였던 병이다. 1960~1970년대 영국 경제의 몰락을 가져온 '영국병'은 1941년 영국의 경제학자 윌리엄 베버리지가 작성한 『베버리지 보고서』에서 시작되었다. 영국병은 보수당 출신의 마거릿 대처 전 총리가 1979년 집권한 뒤 고강도의 개혁을 추진하고 나서야 고쳐질 수 있었다. 대처 전 총리는 재정지출 삭감, 공기업 민영화, 규제 완화와 경쟁 촉진 등을 내세웠고, 1983년 영국 성장률은 3%대를 회복하였다.

을 물려받았다. 이러한 내부자 로비단체들은 주로 비경제적인 '대규모 국유기업들'이었다(그러나 '소규모' 국유기업들은 대개 로비력이나 카르텔력을 갖지 못하였다).

체제전환 국가들의 경우에 심각한 문제는 경영 방식이 사적 경영이든 공적 경영이든 '비경제적인' 대규모 국유기업들이 차지하는 비율에서 비롯된다. 그러나 개방적인 시장경제에서 '경쟁적인' 대규모 국유기업들에서 일하는 관리자들과 노동자들은 사유화(민영화)에 반대할 이유가 없다. 또한, 경쟁적인 대규모 국유기업들의 관리자들과 노동자들은 자신들의 이익을 위한 집단행동에 자신들이 가진 힘을 최대한 사용할 것이지만, 이러한 힘은 사회적으로 큰 피해를 주지는 않을 것이다. 문제는 구공산주의 체제 국가들에서 '경제적 효율성에 본질적으로 부합하지 않는 이익심'을 가지고 집단행동을 하려는 집단들의 수가 침울할 정도로 많았다는 점이다. 아이러니하게도 이러한 현상을 적절하게 표현하는 "내부 모순"(internal contradiction)이라는 말을 만들어 낸 사람이 바로 칼 마르크스(Karl Marx)였다. 즉, "공산주의 체제에서 민주주의 체제로 전환하는 국가들에서 (1) '비경제적인 대규모 국유기업들'이 집단행동을 하기 위한 힘이 불균형적으로 컸으며, (2) 이로 인해 '내부 모순'이 발생하였다". 이는 위에서 언급하였듯이 체제전환 국가들이 시장경제(민주주의) 체제로 전환하면서 상당수의 '내부자 로비단체들'을 와해시키지 못하고 그대로 물려받았기 때문이다. 따라서 구공산주의 국가들이 '체제전환'에는 성공하였지만, 비경제적인 대규모 국유기업들이 집단행동을 할 수 있는 커다란 힘을 가지게 됨으로써 '내부 모순'이라는 문제에 직면하게 되었다. 그렇다면 어떠한 내부 모순들이 있는가?

1) 예외가 있다는 것은 곧 규칙이 있다는 증거이다[19]

앞에서 언급한 나의 '주장'을 뒷받침하는 다양한 유형의 증거가 많음에도 불구하고, '유독 여러 공산주의 국가들에서 이 주장을 검증한 사례가 없다'라는 점에 대해서는 약간의 의구심이 생길 수 있다. 나는 내가 쓴 『국가의 흥망성쇠』(1982)에서 '시장경제 체제'를 채택한 여러 국가들(심지어 미국의 여러 주(州)들)의 경험을 비교해 볼 수 있었다. 영국은 서독 및 일본과 거의 동일한 시스템을 가지고 있었고, 미국의 '오래된' 북동부 지역(주)들은 '새로운(신생)' 서부 및 남부 지역(주)들과 거의 동일한 시스템을 가지고 있었다. 따라서 두 부류의 국가와 두 부류의 미국 주들에서 각각 (1) 집단행동을 하기 위한 집단 규모의 차이([역주] 즉, '협소한 이익심을 가진 집단'과 '포괄적인 이익심을 가진 집단'의 존재 여부)와 (2) 경제 성과 간의 관계를 더 쉽게 파악할 수 있었다. 그러면 '공산주의 국가들' 사이에서도 시장경제 체제에서와 비슷한 경험의 차이가 존재하였는가?

실제로 '공산주의 국가들' 사이에서도 시장경제 체제에서와 '비슷한 경험의 차이'가 있었다는 점이 밝혀졌다! 우선, 우리는 (앞에서 언급하였듯이) 특히 "노멘클라투라(nomenklatura)[20] 수준(유형)의 '소규모 집단들'이 시

---

19 [역주] "The exception that proves the rule." 이 말은 '일반적인 사실을 입증하는 예외'라는 뜻이다. 즉, '어떤 예외가 있다는 것은 그 이외에는 모두 일반적임을 나타낸다'라는 뜻이다.

20 [역주] '노멘클라투라'란 러시아어로 '전문 용어집' 또는 '명품집' 등을 의미하는 말인데, 이것이 '사회주의 국가의 각급 당기관의 권한을 정밀하게 규정한 리스트'를 가리키는 뜻으로 사용되었다. 이 용어는 나아가 '공산당의 소수 엘리트 전체'를 가리키는 말이 되었는데, 그들은 사회주의 국가의 지배권을 독점하고 특권 관료로서 사회에 군림하였다. 이들은 당과 국가의 고급관료로서 계급이 없어야 할 사회주의 사회에서 권력과 자본을 독점해 실질적인 지배계급을 형성하였다. 노멘클라투라가 형성되는 현상은 공산주의 국가뿐 아니라 경제개발을 목표로 개발 이데올로기를 추진하는 나라에서도 나타난다. 독재체제가 정치적인 경쟁과 사회적인 비판을 일체 용인하지 않은 채 일부 관료집단과 소수 기업

간이 흐르면서 공산주의 독재체제에서도 은밀한 집단행동을 할 수 있다" 라는 사실을 상기해야 한다. 왜 그런가? 이러한 소규모 집단들 각각은 독재자가 가지는 '포괄적인 이익심'과는 대조적으로 '협소한 이익심'을 가지고 있다. 따라서 소규모 집단들은 (1) '경제적 효율성을 약화'시키고, (2) '경쟁을 증가시킬 시장 지향적 개혁들(market-oriented reforms)에 저항(반대)'하려는 인센티브를 가질 것이다. 얀 비니에츠키(Jan Winiecki)가 보여주었듯이,[21] 이러한 저항(반대)으로 인해 유럽의 모든 구소련형 국가들에서 효율적인 시장지향적 개혁들이 채택되거나 성사되지 못하게 되었다. 그 결과 '노멘클라투라 유형의 소규모 집단들'은 시간이 지날수록 더욱 견고해졌고, 공개경쟁을 하게 함으로써 자신들의 담합이익을 줄일 수 있는 개혁조치들을 차단할 수 있었다.

놀랍게도 어느 한 공산주의 국가에서는 집단행동을 하기 위한 담합집단들을 '파괴하는 데' 성공하였다. 이러한 파괴는 독일과 일본에서 이루어졌던 조직이나 집단 파괴와 유사하였다. 그 국가는 바로 문화대혁명[22](Cultural Revolution; 1966~1976년) 당시의 중국이다. 마오쩌둥[23](모택동, Mao Tse-tung 또는 Mao Zedong, 1893~1976년)은 어떤 이유에서

가 그룹을 내세워 국가의 경제발전을 이끌면 이들은 자연스럽게 그 사회의 '노멘클라투라'로 성장하게 된다.

21 Jan Winiecki(1990), "Why Economic Reforms Fail in the Soviet System: A Property Rights-based Approach," *Economic Inquiry*, 28(2), pp. 195~221.

22 [역주] '문화대혁명'은 1966년 5월부터 1976년 10월까지 마오쩌둥이 주도한 '극좌 사회주의 운동'으로서 계급 투쟁을 강조하는 대중운동을 통해 공산당 내부의 반대파들을 제거하고 권력 재탈환을 기도한 일종의 권력 투쟁이다. 공식 명칭은 '프롤레타리아계급 문화대혁명'이며, 약칭 '문혁'이라 한다. 대약진 운동에 실패한 마오쩌둥은 권력 회복을 목적으로 문화대혁명을 일으켰다. 뿌리 깊게 존재하던 류사오치, 덩샤오핑파의 영향을 제거하고, 낡은 사상, 문화, 풍속, 관습을 척결하는 것을 목표로 하였다. 이에 린뱌오는 홍위병을 선동하여 마오쩌둥주의자가 아닌 지도자들을 감금하고 죽이기까지 하였다. 문화대혁명은 교육의 마비, 역사적인 유적과 유산의 파괴, 전통문화의 위상 악화, 종교 탄압과 함께 34,800명의 희생자를 발생시켰다.

인지 자신의 고위급 및 중간급 부하들, 즉 이른바 '붉은 고급 관료들'(red mandarins)에 대한 혁명을 시작하였다. 마오쩌둥은 중국 경제의 근간이 되는 자본가들과 기업 경영자들 및 관리자들을 몰살시켰다. 오직 군대만 살아남았다. 이러한 혁명의 즉각적인 결과는 극도의 불안정과 행정적 혼란이었다. 문화대혁명 기간 동안 중국 경제의 단기적 경제 성과는 다른 공산주의 국가들보다 훨씬 더 나빴다. 그러나 장기적인 결과는 마오쩌둥이 사망한 후에 '견고하게 자리 잡은 경영자와 관리자 집단들'이 거의 없었다는 점이다. 이는 위에서 살펴보았듯이 체제전환 후의 구소련이나 유럽 공산주의 국가들의 경우와는 '다른' 점이다.

따라서 마오쩌둥이 사망한 직후에 덩샤오핑(등소평, Deng Xiaoping; 중국 공산당 지도자, 1904~1997년)과 다른 실용주의자들이 마오의 미망인인 장칭(마오쩌둥 부인으로 4인방의 중심 인물)과 '4인방'[24](gang of four; 중국 문화대혁명을 주도한 과격파)의 나머지를 물리쳤을 때, 중국에는 구소련에서와 달리 '내부자 로비 활동'으로 '덩샤오핑의 시장 지향적 개혁들을 약화'시킬 수 있는 산업들, 기업들 또는 관리자 집단들이 거의 없었다. 마오쩌둥이 이들을 몰살하였기 때문이다. 더욱이 당시 중국의 거의 모든 사람들이 사회적 불안정과 혼란의 종식을 반겼기 때문에 덩샤오핑은 아마 이로부터도 도움을 받았을 것이다. 따라서 중국의 경우 '문화대혁명'으로 인해 '내부자 로비집단들의 현상유지를 선호하는([역주] 즉, 시장 지향적 개혁들을 반대하는) 고착화된 협소한 이익심'이 파괴되었기 때문에 새로운 '실용주의 독재자'인 덩샤오핑은 '포괄적인 이익심'으로 중국을 지배

---

23 [역주] '마오쩌둥'은 중국의 정치가 겸 공산당 지도자로 중화인민공화국 중앙인민정부 주석, 국가 주석, 중국 공산당 주석 등을 지냈다.

24 [역주] '사인방'(四人幇)은 장칭(江靑; 마오쩌둥의 부인), 왕훙원(王洪文), 장춘차오(張春橋), 야오원위안(姚文元)을 말한다.

할 수 있었다.

그 결과 덩샤오핑은 구소련의 개혁가인 고르바초프와 기타 유럽 공산주의 국가의 개혁가들이 할 수 없었던 일을 성공적으로 수행할 수 있었다. 즉, 덩샤오핑은 '은밀한 집단행동'과 기타 '내부자 로비 활동'을 하는 수많은 파벌을 이길 수 있었다. 또한, 당시 빈곤하였던 중국 경제에서 가장 중요하고 큰 비중을 차지하였던 농업은 즉시 '개인이 책임지는 시장체제'로 전환되었다. 다른 시장 지향적 개혁조치들도 뒤따랐다. 그 결과 우리가 주지하듯이 중국에서 급속한 경제성장이 이루어졌다. 즉, 중국의 총생산량은 종종 매년 10% 또는 그 이상으로 증가하였다. 문화대혁명을 겪은 '중국'과 '문화혁명을 겪지 않은 유럽 공산주의 국가들' 간의 이러한 차이는 위에서 설명한 내 주장과 정확히 일치한다.

2) 포스트파시즘과 포스트공산주의 간의 비교

우선, (1) 제2차 세계대전(1939~1945년) 후 독일과 일본이 독립된 민주주의 정부들을 수립한 직후의 몇 년 동안과 (2) 동유럽에서 민주주의 정부 또는 새로운 정부들이 구공산주의 정권들을 대체한(즉, 체제를 전환한) 이후의 몇 년 동안을 비교해 보기로 하자. 나는 일부 구공산주의 국가들이 체제전환 후 몇 년 동안 '인상적인 경제 성과'를 이룩하였다고 해서 놀라지 않을 것이다. 그러나 그들 국가에서 경제 기적(economic miracles)은 급속하게 이루어진 것이 아니라 '느리게' 이루어졌다는 점은 분명하다. '서독과 일본의 국민들'은 자신의 경제적 성공에 놀라움을 금치 못하였지만, '대부분의 포스트공산주의(즉, 탈공산주의) 국가들의 국민들'은 체제전환 후에 얻은 자유의 열매(fruit of freedom)에 크게 실망하였다. 왜 그런가? 구소련형 국가들의 경제는 근본적으로 '매우 비효율적'이어서 자국 경제를 '크게 향상'시키는 것은 쉬운 일이었지만, 일부 구소련형 국가들은 공산주의 체제 하에서 달성한 생산량 수준을 유지하는 것조차 어렵다는 것을 알게 되었다. 이러한 현상이 분명 하나의 '과도기적 문제'(transitional problem; 과도기상에서 발생하는 문제)이지만, 구공산주의 체제 국가들의 국민들은 (1) 체제전환이 왜 이렇게 고통스러운지, 그리고 (2) 체제전환이 왜 그렇게 오래 걸리는지에 대해 궁금해할 권리가 분명히 있다.

'포스트파시즘과 포스트공산주의 경험 간의 비교'를 통해 얻을 수 있는 가장 좋은 통찰은 두 체제가 가진 '매우 다른 정치적 경험'을 살펴봄으로써 얻을 수 있다. 서독과 일본에는 '아주 소규모의 소수파들'이 있었으며, 이들은 주로 극우(極右)주의자들(cranks)과 스킨헤드(skinhead; [역주] 머리를 아주 짧게 깎은 청년으로 특히 폭력적인 인종차별주의자)들로 구성되어 있었다. 이들은 제2차 세계대전 당시 독일과 일본이 가졌던 '독재체제 유형으로의 회귀'를 주장하였으며, 많은 대중의 관심을 끌었다. 그러나 그들이 매우 한계적 영향력을 가졌으며, 대부분의 동료 시민들이 그들을 존중하지 않았다는 사실이 선거들을 통해 극적으로 드러났다. 비록 그러한 집단들이 선거들에서 투표용지에 이름을 올릴 수 있었지만, 사실상 유권자들의 지지를 거의 얻지 못하였기 때문이다.

반면에 공산주의 지배를 받았던 몇몇 국가에서 '구공산당들'이 몇몇 선거에서 다른 어떤 단일 정당보다 더 많은 표를 얻었고, 놀랍게도 일부 국가에서는 '공산당들'이 어떤 이름으로든 자유 선거들을 통해 정권을 탈환하기도 하였다. 공산주의의 전성기 이후 이들 공산당의 생각이 크게 바뀌었지만, 이러한 결과는 여전히 놀라운 발전이었다. 적어도 러시아에서 유권자들의 실망은 본질적으로 '파시스트 정치 지도자들'에 대한 놀라울 정도의 지지를 통해서도 분명하게 드러났다. 서독이나 일본에서는 '나치(Nazi)나 도조(Tojo)[25] 유형의 정당들'이 상당한 지지를 얻지 못하였는데 이러한 국가들에서 왜 이런 결과가 나타났는가?

내가 생각하기에 가장 중요한 하나의 이유는 '서독과 일본 사회들이 제2차 세계대전 후 민주주의 정부 초기'에 '공산주의 체제 붕괴 직후 몇 년 동안 대부분의 구공산주의 국가들'보다 훨씬 더 잘 작동하였기 때문이다. 당연히 서독인들과 일본인들은 제2차 세계대전 기간 동안과 그 전쟁 직전 몇 년 동안 자신들을 지배하였던 통치 방식으로 되돌아가고 싶어 하지 않았다. 반면에 우리에게는 슬픈 일이지만, 구공산주의 국가들의 많은 사람들이 공산주의 시대의 비참한 기준으로 보더라도 '자신들이 직면한 새로운 상황이 만족스럽지 않다'라고 생각한 것은 그리 놀라운 일이 아닐 것이다.

과거 추축국(Axis)[27]이었던 국가들에서 경제 성과가 더 좋았던 이유 중 일부(즉, 근본적인 이유)는 마지막 장인 제10장이 끝나고 나서야 분명히 알 수 있을 것이다. 그러나 그 이유의 또 다른 일부는 여기서도 분명히 알 수 있다. 주지하듯이 독일과 일본은 제2차 세계대전 기간 동안 독재정권이 지배하였으며, 패전 후 독일과 일본은 연합군의 점령하에 있었다. 이러한 상황을 고려해 볼 때 독일과 일본의 경우 전후 민주주의 체제 도입 초기에는 '협소한 특별이익'(narrow special interests)을 위한 로비단체들이나 카르텔이 거의 존재하지 않았다. 전후 패전으로 독일과 일본에서 특별이익집단들과 카르텔이 모두 붕괴되었기 때문이다. 또한, 독일과 일본은 전후에 주로 '다수세력들'(majorities; 다수파들)에 의해 지배되었고, 그들은 지배 사회에 대해 비교적 '포괄적인 이익심'을 갖고 있었다. 독일과 일본에서 이러한 다수세력들(다수파들)은 실수를 저지르기도 하였지만, 그들이 사회에 대해 가

---

25 [역주] '도조 히데키'(Tojo Hideki, 1884~1948년)는 일본의 군국주의자로 진주만의 미국 함대기지를 기습 공격해 태평양전쟁을 일으켰다. 개전 후 독재를 강화하였고, 종전 후 A급 전쟁범죄자로 극동 국제군사재판에 회부되어 교수형에 처해졌다.

26 [역주] '추축국'(樞軸國)이란 "제2차 세계대전 당시 독일, 이탈리아, 일본의 세 동맹국"을 말한다.

졌던 '포괄적인 이익심'은 자신의 사회를 발전시키려는 인센티브를 부여하였으며, 또한 그들의 의도는 상당 부분 성공을 거두었다.

반면에 스탈린이 수립한 '경화적인 착취 시스템(sclerotic extraction system)의 승계'는 구공산주의 국가들에 '생산'보다 '내부자 로비'(insider lobbying)에 훨씬 더 능한 대규모 국유기업들을 남겼다. 즉, 구공산주의 국가들에서는 스탈린이 수립한 경화적인 착취 시스템이 그대로 계승되어, 대규모 국유기업들은 '생산'보다 '내부자 로비'에 훨씬 더 능하게 되었다. 내부자 로비에 능한 대규모 국유기업들은 자국 사회의 번영에 대해 '협소한 이익심'만을 가지며, 그로 인해 자신들의 이익을 추구하면서 그 사회의 생산량을 거의 또는 전혀 고려하지 않았다. 또한, 이러한 집단들은 (1) 보수적이고 때로는 친(親)공산주의적인 주장을 하는 직접적인 원천이 되었을 뿐만 아니라, (2) 구공산주의 국가들이 생산량을 최대한 올리지 못하게 하였다. 특히 후자의 경우는 그들의 (1) 자금 로비와 중앙은행에 대한 신용 요구를 통해서 뿐만 아니라 (2) 비효율적인 생산과 거래를 통해 이루어졌다. 그 결과 이러한 상황은 체제전환에 대한 실망과 공산주의 대한 향수를 조장하여 보수적인(때로는 노골적으로 공산주의적이거나 파시스트적인) 정당들에 대한 지지를 초래하였다.

4. 남은 과제

본서의 앞부분에서 나는 독재체제와 민주주의 체제, 코스적 협상, 집단행동, 법 집행과 부패의 원천, 그리고 제2차 세계대전 후 서구의 경제 성과 등에 관해 자세히 살펴보았다. 본 장(제9장)과 제7장 및 제8장에서 나는 (1) 스탈린이 만든 체제(즉, 공산주의 체제)가 실제로 무엇이었는지(즉, 공산주의 체제의 실체), (2) 스탈린(공산주의) 체제가 시간이 지나면서 왜 무너졌는지, (3) 공산주의로부터의 체제전환 문제가 종종 어떻게 잘못 인식되는지 등에 초점을 맞추어 설명하였다. 그러나 본질적으로 매우 중요한 문제인 '시장경제가 어떻게 번영할 수 있는지'에 대해서는 아직 다루지 않았다. 지금까지 논의한 '대부분의 문제들'에 대한 '적절한 이론'이 아직 없었기 때문에 그 이론을 개발하는 것이 첫 번째이자 우선적인 과제였다. 반면에 '시장에 대한 이론'은 지난 2세기 이상 꾸준히 발전해 왔으며, 그 결과 잘 알려진 이론이 잘 정립되어 있다. 그래서 본서에서 그러한 시장이론을 다시 설명할 필요가 없을 것이다.

그러나 '표준적인 시장이론'에는 한 가지 '필수 불가결한 부분'이 빠져 있다. '표준적인 시장이론'은 마치 "다리가 2개뿐인 놀랍도록 멋진 의자"와 같다. 나는 '이론적 의자'의 세 번째 다리가 빠진 이유가 '경제학이라는 학문 분야'가 '비교적 성공한 경제(국가)'에서 주로 등장하고 발전하였기 때문이라고 생각한다. 경제학은 (1) 산업혁명이 일어난 시기와 동일한 시기와 (2) 산업혁명이 일어난 장소와 동일한 장소에서 시작되었다. 애덤 스미스의『국부론』이 1776년 영국에서 출간된 이후 경제학의 거의 모든 발전은 서유럽과 북미(北美)의 고도로 발전된 선진 경제들에서 이루어졌다. 경제이론이 발전된 모든 사회에는 일반적으로 당연하게 여겨지는 '공통된 특징'이 있었다(그러나 이 특징은 우리가 조금이라도 생각해 보면 다른 학문 분야의 문제로 여겨진다). 이를 테면, 수요와 공급이라는 '두 다리만으로 의자'를 지탱하는 것처럼 보일 수 있었던 것은 이론에 필수 불가결한 '세 번째 다리'가 너무 평범해서 눈에 띄지 않았기 때문이다. 다시 말하면, 이론에 필수 불가결한 '세 번째 다리가 너무 평범해서 눈에 띄지도 않았기 때문'에 수요와 공급이라는 두 다리만으로 의자를 지탱하는 것처럼 보일 수 있다. 이 세 번째 다리는 경제학자들이 논문이나 책들을 썼던 '그 사회'

에 분명히 존재하였지만, 너무 평범해서 '이론이나 교과서들'에는 없었다.

경제학자들이 경제학이 등장한 '사회 유형'만 설명하려고 시도하는 한 '세 번째 다리'는 그다지 중요하지 않을 것이다. 그러나 경제학이 선진국들에서 (1) '제3세계[27] 국가들이나 (2) 공산주의에서 체제전환기에 있는 제2세계[28] 국가들'로 관심을 돌렸을 때 '세 번째 이론적 다리'가 없으면 그 경제분석은 균형을 잃게 될 것이다. 제2세계나 제3세계에서 공부하는 학생들이 경제이론에 관한 가장 뛰어난 이론적인 저서들([역주] 예를 들면, 폴 새뮤얼슨이 쓴 『경제학』(*Economics*))을 읽을 때, 그들은 그 저서들이 '너무 일반적'이어서 심지어 지구가 아닌 다른 행성들에서도 통용될 수 있을 것이라는 인상을 받게 된다. 그러나 그 저서들은 제2세계 또는 제3세계 학생들에게 '빈곤에 둘러싸인 환경에서 왜 그 책들을 읽어야 하는지', 또는 (2) '부유한 환경에서 쓴 그 책들을 왜 읽어야 하는지'에 대해서는 아무것도 알려주지 않는다. 다시 말하면, 왜 선진국들은 부유하고, 제2세계 또는 제3세계 국가들은 빈곤한가? 이제 이 중요한 질문에 관해 설명할 차례이다. 나는 마지막 장인 제10장에서 이 문제를 자세하고 체계적으로 설명하고자 한다.

27 [역주] '제3세계'란 "제2차 세계대전 후 아시아, 아프리카, 라틴아메리카 등지의 '개발도상국'을 일컫는 말"이다.

28 [역주] '제2세계'란 "정치·경제 블록으로서의 '공산주의 국가들'"을 말한다.

제10장

경제번영에 필요한 시장 유형들

1. 상이한 시장 유형들
2. 시장들은 왜 어디서나 존재하는가?: 시장들이 도처에 존재하기 위한 조건늘
3. 잘못된(비합리적인) 정부 개입주의가 시장을 거의 쓸모없게 만드는가?: 그렇지 않다! 잘못된 정부 개입하에서도 거래이익은 여전히 실현된다
4. 사회적으로(또는 정부에 의해) 고안된 시장들과 권리집약적 생산
5. 경제번영의 원인으로서의 광범위하고 안전한 개인의 권리들
6. 이제까지 논의한 내용의 요약
7. 머리말로 돌아가서: 머리말에서 제기한 질문들에 대답하기

많은 사람이 "성공한 경제(국가)들은 모두 '시장'을 광범위하게 활용한다"라고 강조한다. ([역주] 다시 말하면, 시장은 성공한 경제(국가)들에서만 존재하는가?) 그러나 나는 '가난한 경제(국가)들에서도 시장이 어디에나(도처에) 존재한다'라는 사실을 지적하는 사람은 거의 들어본 적이 없다. 이러한 사실은 가장 일상적인 관찰을 통해서도 분명하게 드러난다. 저소득 경제(국가)들에 사는 사람들은 (1) 마을들에 각종 상점과 장날(즉, 장(場)이 서는 날)들이 있고, (2) 도시들에 각종 바자회(bazzar)[1]가 있으며, (3) 길거리에서 물건을 파는 행상인[2]들이 있다는 점을 잘 알고 있다. 예를 들면, 인도의 캘커타(Calcutta; 인도 북동부에 있는 인도 최대의 항구 도시)처럼 크고 가난한 도시에 있는 상점들과 행상인들의 수는 거의 셀 수 없을 정도로 많다. 또한, 내가 여행을 하면서 한 곳에서 가장 많은 수의 시장을 본 것은 1992년 초에 '번영과는 거리가 먼' 러시아 모스크바(Moscow)에서였다. 당시 모스크바에는 사람들이 거의 모든 지하철역과 길모퉁이에서 물건을 사고팔고 있었다. 이처럼 가난한 경제(국가)들에서도 시장은 어디에나 존재한다.

다음 두 가지 사실은 의심할 여지가 없다. 첫째, '번영하는 경제(국가)들(prosperous economies)은 모두 시장경제들(market economies)'이다. 둘째, 이러한 경제들(즉, '시장경제를 가진 번영하는 경제들')을 이해하는 사람들은 적어도 '시장이 그들이 이룩한 번영의 주요 원천'이라는 사실을 잘 알고 있다. 나는 머리말에서 다음과 같이 질문한 바 있다. 즉, (1) 시장이 경제 번영을 낳는다면 왜 저소득 경제(국가)들[3]의 경우에도 '어디에나 있는 시장

1 [역주] '바자회'란 "공공 또는 사회사업 따위의 자금을 모으기 위하여 벌이는 시장"을 말하며, '자선시'(慈善市)라고도 한다.

2 [역주] '행상인'(行商人)이란 "물건을 가지고 이곳저곳 돌아다니며 장사하는 사람"으로 '도붓장수' 또는 '도부꾼'이라고도 불린다.

3 '각국의 1인당 소득'이 현재와 같다고 가정하는 방대한 수의 연구 문헌들이 있다. 이는 각국에서 그들의 가용 자원들과 기술로는 더 많은 소득을 창출하는 것이 불가능하기 때문

들'(ubiquitous markets; '유비쿼터스 시장들')이 그들 국가의 경제를 번영시키지 못하는가? (2) 세계 거의 모든 곳에 시장들(즉, '유비쿼터스 시장들')이 있는데도 부(富)와 번영은 왜 그렇게 드문가? (3) 어떻게 하면 한 사회(국가)가 번영의 원천인 '시장'뿐만 아니라 시민들에게 막대한 부와 번영을 창출하는 '시장경제' 유형을 동시에 가질 수 있는가?

이러한 질문들은 세계 여러 국가들에게 중요하다. 첫째, 이러한 질문들은 '제3세계'(third world; [역주] 아프리카, 아시아, 라틴 아메리카의 개발도상국들을 지칭함)에 거주하는 전 세계 인구의 대다수에게 매우 중요한 질문이다. 제3세계에서도 시장들이 오랫동안 '도처에' 존재해 왔기 때문이다([역주] 즉, 제3세계에서도 오랫동안 '유비쿼터스 시장들'이 존재해 왔기 때문이다). 둘째, 이러한 질문들은 '공산주의에서 체제전환(이행) 중인 사회(국가)들'에서도 중요하다. 이들 국가에서 대부분의 국민들은 공산주의(communism)를 포기한 것에 만족하지 않고, 서방 국가[4]들만큼 '높은 소득을 창출할 수 있는 시장경제 유형'을 원하기 때문이다. 셋째, 사실상 이러한 질문들은 전 세계 사람들에게 중요한 질문이다. 공산주의 국가든 자본주의 국가든, 개발도상국이든 선진국이든, 그 어느 나라도 각국이 잠재적으로 달성할 수 있었던 경제번영을 누리지 못하고 있기 때문이다.

이다. 다시 말하면, 각국은 자국의 주어진 가용자원들하에서 총생산함수의 경계(즉, 생산가능곡선(PPC)상)에 있으며, 그 결과 각국은 최대 소득 수준을 달성한다. 그러나 나는 "Big Bills Left on the Sidewalk: Why Some Countries Are Rich and Others Poor"(*Journal of Economic Perspectives*, 10, pp. 3~24, Spring 1996)라는 논문에서 저소득 및 중간소득 국가들은 그들의 총생산함수의 경계에 '근접해 있지 않음'(즉, 생산가능곡선상에 있지 않음)을 보여 주었다. 따라서 이들 국가의 가용 천연자원들과 인적 자원으로는 그들의 '낮은 소득'을 설명할 수 없다. 그러므로 총생산함수(또는 성장의 원천)를 바탕으로 연구한 기존의 문헌들은 어떤 측면에서는 가치가 있지만, 저소득 국가들에서 발생하는 이러한 '역설'을 설명하지 못한다.

4 [역주] '서방 국가'(西方國家)란 "동유럽의 공산국가들에 대항해서 미국과 서유럽 국가들을 중심으로 한 민주주의 국가들"을 말한다.

그림 10-1 번영하는 경제와 저소득 경제의 비교

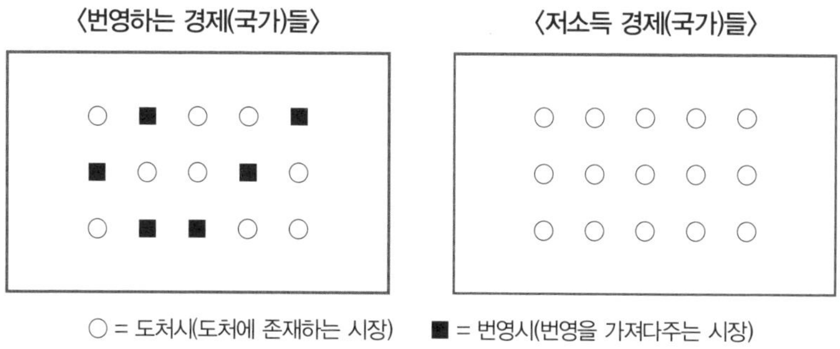

주: 역자 작성.

1. 상이한 시장 유형들

어떤 사람들은 "시장들에 필요한 개별행동(예, 거래)이 적절한 공통 문화(common culture)를 가진 사회들에서만 발생한다"라고 주장한다. 예를 들면, 탤컷 파슨스[5](Talcott Parsons, 1902~1979년)에서 유래한 영향력 있는 어떤 사회학(sociology) 학파에 따르면 '시장들은 사회 내 기본 가치들에 대한 사전 합의(이는 흔히 공통의 종교에서 비롯됨)를 전제로 한다'라고 주장한다.

그러나 내 생각은 다르다. 본 장에서 내가 주장하는 것은 어떤 유형의 시장들은 (1) 시장 참여자들이 공통점을 가지고 있든 없든, (2) 때로는 심지어 시장 참여자들이 서로에 대해 반감을 갖고 있더라도 일상적

5 [역주] '탤컷 파슨스'는 미국의 이론사회학자로 '사회행동의 일반이론'을 전개하였다. 특히 패턴변수(pattern variables)를 중심으로 한 '사회체계론'으로 유명하다. 저서로는『사회적 행위의 구조』등이 있다.

(정기적)으로 생겨나거나 출현한다는 사실이다. 이러한 시장들은 '자생적(자연적)으로'(spontaneously) 출현하며, 그중 일부는 그야말로 '억압할 수 없는'(irrepressible) 시장들이다. 나는 이러한 시장들을 '자체집행적 시장들'(self-enforcing markets; [역주] 제3자의 개입 없이 '자체적(독립적)으로 집행되는 시장들')이라고 부른다. 이와 대조적으로 다른 유형의 시장들은 어느 한 사회(정부)가 '특정한 제도적 장치들'(institutional arrangements; [역주] 예를 들면, 재산권 제도나 계약권 제도 등)을 마련하여 유지할 때만 출현한다. 나는 이러한 시장들을 '사회적으로 고안된 시장들'(socially contrived markets; [역주] 또는 '정부에 의해 고안한 시장들'(governmentally contrived markets))이라고 부른다. 그러한 특별한 제도적 장치들은 세계에서 '가장 부유한 국가들'에서만 지속적으로 출현되거나 발견된다. 그러나 부유한 국가들에서도 그러한 특별한 제도적 장치들이 지닌 '심오한 중요성'에 대해서 제대로 이해되지 않고 있다. 즉, 그러한 특별한 제도적 장치들이 얼마나 중요한지는 이들 국가에서도 잘 이해되지 못하고 있다.

먼저, 자체집행적인 시장들에 관해 살펴보기로 하자.

1) 자생적(자연적) 시장들

많은 시장이 '자생적(자연적)으로 생겨난다'라는 사실은 까마득한 고대 세계에서도 분명하게 드러난다. 헤로도토스[6](Herodotus; B.C. 484?~B.C. 425)의 『역사』(*The History*)에 나오는 다음 구절을 고려해 보자:

6 [역주] '헤로도토스'는 그리스의 역사가로 키케로는 그를 '역사의 아버지'라고 불렀다. 페르시아 전쟁사를 다룬 『역사』를 썼다. 『역사』에는 일화와 삽화가 많이 담겨 있으며, 서사시와 비극의 영향을 받은 것으로 여겨진다. 헤로도토스는 그리스인 최초로 과거의 사실을 시가(詩歌)가 아닌 실증적 학문의 대상으로 삼았다.

표 10-1 시장 유형

자체집행적 시장들	사회적으로 고안된 시장들
• 자생적(자연적) 시장들 • 무언의 거래 • 억압할 수 없는 시장들	• 정부가 특별한 제도적 장치들을 제공함. • 선진국 시장들에서만 출현됨.

주: 역자 작성.

> 카르타고인들은 또한 '헤라클레스의 두 기둥'(Pillars of Heracles)[7] 너머에 있는 리비아(Libya)라는 나라에 한 마을이 있고, 거기에 사람들이 살고 있다고 말한다. 카르타고인들이 그곳에 와서 자신의 화물을 내릴 때, 그들은 해변을 따라 화물을 늘어놓고, 다시 자신의 배로 돌아가서 연기 신호를 보낸다. 원주민들은 연기 신호를 보자마자, 해안으로 내려와 물건을 본 후 물건값을 지불하기 위해 금을 놓아두고, 화물에서 멀리 떨어진 곳으로 다시 물러난다. 카르타고인들은 배에서 내려와, 원주민들이 놓고 간 금을 살펴본다. 만약 원주민들이 놓고 간 금이 물건값에 합당하다고 생각되면 카르타고인들은 그 금을 가지고 다시 그들의 고향으로 돌아간다. 그러나 카르타고인들은 원주민들이 놓고 간 금이 물건값에 합당하지 않다고 생각되면 그들의 배로 돌아가서 거기에 앉아 기다린다. 그러면 원주민들이 다시 화물이 있는 곳으로 다가와, 그들이 처음 가져온 양에 더해 더 많은 금을 물건값으로 놓고 간다. 이러한 과정은 카르타고인들이 '원주민들이 물건값으로 제시한 금'을 받아들일 때까지 계속된다.

물론 카르타고인들[8]과 원주민들 간의 거래를 촉진하는 '공통된 문화, 법원 시스템 또는 정부'는 없었지만, 그럼에도 불구하고 거래는 이루어졌다. 실제로 헤로도토스의 기록에 따르면, 이러한 특별한 거래는 (1) 당사자들 간에 신호가 인식되고, (2) 특정 절차들이 관습화될 만큼 자주 이루어졌

7 [역주] 이는 '지브롤터 해협 동쪽 끝 양쪽에 서 있는 두 개의 바위'를 말하며, '땅의 끝'을 비유적으로 표현한다. 헤라클레스가 갈라놓았다고 한다.

8 [역주] '카르타고'(Carthage)는 아프리카 북부의 고대 도시국가였다.

던 것으로 보인다. 거래 당사자들은 아마 향후(다음)에도 유사한 거래들을 통해 이익을 얻을 수 있을 것으로 예상하였을 뿐만 아니라, 향후의 거래를 방해할 수 있는 모든 행위나 일을 피하는 것이 자신들에게 이익이 될 것이라는 사실을 잘 알고 있었을 것이다.

이와 같은 "무언(無言)의 거래"(silent trade) 사례들은 다양한 문화권에서 많이 찾아볼 수 있다. 여기서 '무언의 거래'란 거래를 촉진하는 정부나 기관들이 없거나, 또한 언어도 공통점이 없는 사람들 간의 거래를 말한다. 예를 들어, 전쟁 중인 부족들이 여성들을 통해 서로 간에 거래를 주선하였다는 기록도 있다.[9] 또한, 체첸(Chechen; 러시아 남서부에 있는 공화국) 반군들과 싸웠던 러시아 군대 병사 중 일부는 러시아의 군 장비를 체첸 반군들에게 팔기도 하였다. 마지막으로, 포로수용소들에서도 많은 거래가 이루어졌다. 예를 들어, 포로수용소에서는 담배가 교환의 매개체 역할을 하였다.

그러나 '무언의 거래'나 헤로도토스가 묘사한 것과 같은 조건들에서는 '실현될 수 없는 거래들'(예를 들면, 장기대출거래, 보험 가입, 주문제작 상품 구매 등)도 있다. 물론 '실현될 수 없는 거래'에서도 이익이 발생한다. 예를 들어, 카르타고인들과 원주민들은 (1) 어느 한 쪽이 아무리 높은 이자율로 대출을 받아 이익을 얻고, (2) 다른 쪽이 아무리 높은 자본수익을 원하였더라도 '장기대출거래'를 성사시킬 수 없었을 것이다. 또한, 당사자 중 어느 한 쪽이 (1) 불리한 우발 상황에 대비해 '보험에 가입'하거나, (2) 상대방으로부터 '주문제작 상품을 구매'하기를 원하였다면, 그는 역시 그러한 거래를 성사시키지 못하였을 것이다. 특별한 제도적 장치들이 마련되

9 이에 관해서는 다음 논문을 참고하기 바란다: P. J. H. Grierson(1903), *The Silent Trade*, Edinburgh: William Greene and Sons.

어 있지 않으면 이러한 유형의 거래들(즉, 장기대출거래, 보험 가입, 주문 제작 상품 구매 등)은 아마도 실현(성사)되지 못하였을 것이다. 왜 그런가? 거래 당사자들에게 그러한 거래에 필요한 '계약들을 집행할 법원(즉, 제3자)과 법률 시스템'—즉, 특별한 제도적 장치들—이 없었기 때문이다. 이 문제는 지금까지 설명한 "자생적인 시장들"(spontaneous markets)뿐만 아니라, 다음에서 설명할 "억압할 수 없는 시장들"(irrepressible markets)을 다룰 때까지 잠시 제쳐 두는 것이 현재로서는 가장 좋을 것이다.

2) 억압할 수 없는 시장들

어떤 시장들은 말 그대로 '억압할 수 없다'. 그러한 시장들에서 나타나는 '억압 불가능성'은 다음과 같은 우화(비유)를 통해 가장 잘 설명할 수 있다. 먼저, 완전 계획경제(planned economy)[10]에서 2명의 국유기업(state-owned enterprise) 관리자(manager)가 있다고 가정하자. 다음으로, 계획경제의 어떤 계획자(planner)가 우연히 '국유기업 1'에 생산 할당량에 필요한 양보다 더 많은 '투입물 A'를 제공한다([역주] 즉, '국유기업 1'에 생산 할당량에 필요한 양보다 투입물 A를 '더 많이' 할당하였다)고 가정해 보자. 동시에 그 계획자는 우연히 '국유기업 1'에 생산 할당량을 완수하는 데 필요한 '투입물 B'를 충분히 할당하지 못하였다([역주] 즉, '국유기업 1'에 생산 할당량에 필요한 양보다 투입물 B를 '더 적게' 할당하였다)고 가정하자. 다음으로, 해당 계획자는 우연히 '국유기업 2'에 생산 할당량에 필요한 양보다 투입물 B를 '더 많이' 제공하였지만, 투입물 A는 충분히 제공하지 않았다

10 [역주] '계획경제'(計劃經濟)란 "국가 경제의 전체 부문이 국가 의사에 따라 통일적·계획적으로 이루어지는 구조"를 말한다.

표 10-2 두 국유기업에 제공된 투입물의 양

	투입물 A	투입물 B
국유기업 1	생산 할당량에 필요한 양보다 '더 많이' 제공됨.	'더 적게' 제공됨.
국유기업 2	생산 할당량에 필요한 양보다 '더 적게' 제공됨.	'더 많이' 제공됨.

주: 역자 작성.

([역주] 즉, '국유기업 2'에 생산 할당량에 필요한 양보다 투입물 A를 '더 적게' 할당하였다)고 가정하자.

이제, 두 국유기업 관리자가 갖는 '인센티브'에 대해 살펴보자. 물론 두 국유기업을 책임지고 있는 각 관리자는 상위기관(당국)에 자신의 국유기업에서 생산에 가장 필요한 특정 투입물이 '충분히 제공되지 않았다'([역주] 즉, 특정 투입물이 필요한 양보다 '더 적게' 제공되었다)라고 주장할(불평할) 인센티브를 가질 것이다. 또한, 두 국유기업의 각 관리자는 자신의 국유기업에 투입물을 비롯하여 거의 모든 것이 '더 많이' 필요하다(시장경제의 경우 단순히 '더 많은 예산'이 필요하다)고 주장할 인센티브도 가질 것이다. 그러나 두 국유기업의 각 관리자는 일반적으로 자신의 국유기업에 '더 많은 투입물'이 필요하다고 주장할 인센티브를 가지고 있지만, 상위기관의 계획자가 (1) 자신의 주장을 그대로 받아들이거나, (2) 필요한 투입물을 자신에게 제때에 제공해 주리라고 기대하지 않을 것이다. 마지막으로, 국유기업의 두 관리자 중 어느 누구도 자신의 상사(계획자)에게 어느 한 투입물을 '과도하게 많이 할당받았다'라고 밝힐 인센티브가 없을 것이다.

이러한 경우에 두 국유기업의 각 생산 관리자는, 상위기관에 들키지 않고 할 수 있다면, 자신이 '잉여로(더 많이) 가지고 있는 투입물'([역주] 즉, 자신의 국유기업이 생산에 필요한 양보다 더 많이 할당받은 투입물)을 다른 국유기업의 생산 관리자에게 판매할 수 있으며, 이를 통해 두 관리자는 자신의 부족한 투입물을 서로 간에 해결할 수 있다. 두 관리자가 '지혜롭게' 행동한다면, 이러한 거래(투입물 판매) 행위는 일반적으로 '두 관리자 모두에게 더 나은 결과'를 가져다줄 것이다. 왜 그런가? 두 관리자는 자신의 '잉여 투입물'을 자신이 '절실히 필요한 다른 투입물'(즉, 부족한 투입물)과 교환하였을 때 교환 이전보다 '더 가치 있는 투입물 묶음'을 확보하여 잘 사용([역주] 즉, 생산에 필요한 두 가지 투입물을 '충분히' 확보)함으로써 더 많은 양을 생산할 수 있기 때문이다. 이러한 유형의 거래는 두 국유기업의 관리자뿐만 아니라, 일반적으로 '계획경제' 전체가 더 잘 작동하게 해 줄 것이다. 이는 그러한 거래가 계획의 설계 및 실행상의 단점을 수정하여 생산량을 증가시키기 때문이다.

이러한 유형의 거래들은 구소련(Soviet Union)에서 매우 흔한 일이어서 '톨카치'[11](tolkach; 또는 '톨카흐')라는 단어가 있을 정도였다. 러시아 단어인 '톨카치'는 '밀매업자'(pusher) 또는 '원료공급 담당자'(expediter)를 뜻하는 말로, 자신의 '부족한 투입물과 중간재를 다른 사람들과 물물교환하기 위해 파견된 사람'을 지칭하는 데 흔히 사용되었다. 이러한 '불법 거래들'(illicit trades)이 계획경제의 이념, 근거, 법칙 등을 약화시켰다. 그러나 불법 거래들이 너무나 흔하고 필수 불가결한 것이어서 많은 고위관리들이 정도의 차이는 있었지만 그들 거래를 암묵적으로 용인해 주었다. 공산주의 국가들에서는 '불법 시장들'(illegal markets) 또는

---

11 [역주] 소련에서는 사적인 관계('블라트')를 이용해 필요한 물자나 자원을 구해 주는 밀매꾼('톨카치')들이 성행하였고, 이는 곧 소련 사회 전반에 비공식적으로 물자를 거래하는 암시장과 관료조직과 유착하는 부정부패가 깊이 자리잡는 원인이 되었다. 소련에서 '톨카치'라 불린 불법 기업가들이 철강 등 필수 원자재들을 쌓아 두고 있다가 목표량을 달성하지 못할 처지인 다른 공장책임자에게 접근해 엄청나게 비싼 가격에 팔았다. 부패의 먹이사슬로 권력층과 유착한 이들은 소련 경제가 비효율적이나마 작동하게 하는 역할을 하였다. 따라서, 톨카치는 소련에서 비공식적인 인맥을 이용해 국유기업이 정부가 정한 목표를 달성하거나 조작할 수 있도록 하는 역할을 하는 직원을 말한다.

'준(準)합법 시장들'(semilegal markets)이 너무 많고 다양해서 이러한 모든 시장을 '암시장들'(black markets)이라고 말하는 것은 무리가 있을 것이다. 특히 소련 경제에 정통한 어떤 이민자 출신 연구자는 자신의 경험과 연구를 통해 서로 다른 시장들에 대한 '공식적인 불허(不許)'의 정도를 구분하기 위해 최소한 '일곱 가지 이름이나 회색 음영'이 필요하다는 사실을 알게 되었다.[12] 이러한 다양한 색깔을 지닌 '검정색시장'(black market; 암시장), '회색시장'(gray market; 암시장과 보통시장의 중간적 시장), '황백색[13]시장'(off-white market) 등은 모두 나의 분류에 따르면 '억압할 수 없는 시장들'이다. 실제로 이러한 '억압할 수 없는 시장들'이 많이 존재하기 때문에 (제6장에서 내가 주장하였듯이) '반(反)시장적 정책들'(market-contrary policies; 시장에 반하는 정책들)은 항상 대규모 '그림자(지하) 경제들'(shadow economies)과 많은 정부 부패들을 초래한다.

이제까지 설명하였듯이 '억압할 수 없는 시장들'은 '소규모의 자연적이지만 반드시 불법은 아닌 일부 시장들'([역주] 즉, '소규모 자연적이고 합법적인 시장들')과 함께 '비공식 부문'(informal sector)[14]을 구성한다. '비공식 부문'이란 용어는 '제3세계'와 관련된 논의들에서 가장 자주 사용된다. 중요한 사실은 시장들을 가장 많이 제한하는 공산주의 사회들에서도 '억압할 수 없는 시장들'이 매우 다양하게 나타난다는 점이다. 그러나 제3세계 국가들에서 '억압할 수 없는 시장들'이 훨씬 더 많이 존재한다. 또한, 서구 선진국들에서도 '억압할 수 없는 시장들'이 상당수 존재한다.

---

12 이에 관해서는 다음을 참고하기 바란다: Simon Katzenellenbogen of the University of Pennsylvania. [역주] 그러나 원문에서 이에 관해서 구체적인 정보가 없다.

13 [역주] '황백색'(黃白色)이란 "황색을 띤 백색"을 말한다.

14 [역주] '비공식 부문'이란 "실물자본과 인적 자본 및 기술이 제약된 상황에서 관련 활동에 참가하는 사람들의 고용과 소득의 창출을 주목적으로 하는 재화와 서비스의 생산 및 분배에 관여하고 있는 소규모 단위의 부문"을 말한다.

3) 비공식 부문

'비공식 부문'은 국제노동기구(ILO)에서 일하는 경제학자인 키스 하트(Keith Hart)[15]에 의해 처음 확인되고 설명되었다. 제3세계 국가들에서 사는 많은 저소득층 사람들은 다음과 같은 방법으로 생계를 유지한다. 즉, 이들은 (1) 길거리에서 물건을 팔거나, (2) 등록된 자동차 수리점 밖에서 자동차나 장비를 수리하거나, (3) 이웃들과 친구들에게 다양한 서비스를 제공하거나, (4) 오래된 자동차, 승합차, 픽업트럭, 또는 버스 등을 이용하여 도시 운송 서비스(이러한 서비스들은 일반적으로 그들 서비스를 법적으로 독점하는 국영(國營) 또는 (공익사업 관련) 시영(市營) 운송 시스템과 경쟁 관계에 있음)를 판매하거나, (5) 기타 다양한 활동들 등에 종사함으로써 생계를 유지한다. 대부분의 경우 저소득층의 이러한 생계유지 관련 '일상적인 활동들'은 완전히 합법적이지 않은 게 사실이다. 비공식 부문의 경제에 종사하는 개인들은 (1) 합법적인 영업 허가를 받는 데 필요한 여러 양식을 작성하는 데 필요한 문해력(文解力; 글을 읽고 쓸 줄 아는 능력)이 부족하거나, (2) 관련된 모든 허가를 받는 데 필요한 뇌물을 지불할 돈이 없거나 지불하고 싶지 않은 경우가 많다. 이러한 비공식 경제 활동들의 대부분은 규모가 작고, 그러한 활동들에 종사하는 소(小)기업가들(minientrepreneurs; [역주] 비공식 부문에 종사하는 사람들)은 눈에 잘 띄지 않기 때문에 그들은 대개 자신이 내야 할 대부분의 세금 납부를 피할 수 있다. 특히 제3세계 국가들에서는 일반적으로 세금이 매우 높기 때문에 비공식 경제 활동들에 대해 세금이 완전히 부과될 경우 그 활동들이 '비경제적'이 될 수 있다.

15 키스 하트는 다음 논문에서 자신의 연구 결과들을 제시하였다: Keith Hart(1973), "Informal Income Opportunities and Urban Employment in Ghana," *Journal of Modern African Studies*, Vol. 11, No. 1, pp. 61~89.

많은 제3세계 도시들에서 '도시주택'(urban housing; 도시주택건설)도 대부분 '비공식적'이다. 페루의 유명 작가이자 경제학자인 에르난도 데소토(Hernando De Soto)가 생생하게 설명하였듯이,[16] 저소득층 페루인들로 구성된 집단들(주로 특정 전통적인 농촌 공동체에서 최근에 도시로 이주한 인도인들)은 종종 한밤중에 리마(Lima; 페루의 수도) 외곽지역들에서 '쓸모없거나 사용하지 않는 땅'에 집단으로 침입하여, 즉시 살 판잣집을 짓고, 경찰의 강제 퇴거를 막기 위해 피켓을 들고 방어선을 구축하였다. 라틴 아메리카 및 기타 제3세계 국가들의 많은 도시에서 인구(거주자)의 상당수가 이러한 불법 또는 아직 합법화되지 않은 '불법 거주자 정착지들'(즉, 불법 거주지들)에서 살고 있다.

'비공식적이고 불법적인 활동들'은 그 특성상 측정하기 어렵다. 그러나 에르난도 데소토와 그의 동료 연구자들은 리마에서 경제 활동의 상당 부분(비중)이 '비공식적'으로 이루어지고 있다고 추정하였다. 이들의 추정이 정확하든 아니든, 다음 두 가지 사실은 분명하다. 즉, 이들의 추정 결과에 따르면, (1) 대부분의 제3세계 국가들에서 '비공식 경제 활동'(informal economic activity)이 '상당한 비중'을 차지하고 있으며, (2) 공산주의 국가들과 자본주의로 전환(이행) 중인 국가들에서도 비공식 경제 활동이 '상당한 비중'을 차지하고 있음을 보여 주었다. 반면에 선진 민주주의 국가들에서는 비공식 경제 활동이 상대적으로 낮은 비중을 차지하고 있었다. 그러나 최근 여러 연구에 따르면 선진 민주주의 국가들에서도 비공식 활동은 결코 사소한 수준이 아니며, 또한 증가 추세에 있는 것으로 나타났다.

---

16 Hernando De Soto(1989), *The Other Path: The Invisible Revolution in the Third World*, New York: Harper & Row. 참고로 이 책은 스페인어로 처음 출간되었다.

2. 시장들은 왜 어디서나 존재하는가?: 시장들이 도처에 존재하기 위한 조건들

이제까지 살펴보았듯이 (1) 헤로도토스가 서술한 '원시인들' 간의 거래 기록, (2) '영리한 관리자들' 간에 행해지는 거래 우화, (3) 제2세계와 제3세계에 존재하는 '대규모 비공식 부문들' 등은 "많은 시장이 '자생적'이며 종종 '억압할 수 없다'"라는 사실을 명백하게 보여 준다. 이처럼 거래는 (1) '공통문화'나 '거래를 촉진하는 기관들이나 제도들'이 없는 경우와 (2) 종종 시장에 적대적인 환경들에서도 발생하는 경우가 많다. 거래가 합법적이지 않은 경우, 거래 참가자들은 불법 거래 시 자신이 체포되어 처벌받을 가능성과 기타 거래에 따른 비용 등을 고려해야 한다. 또한, 불법적인 거래에서 거래 참가자들은 (1) 다른 당사자의 불법행위들을 방지하거나, (2) 계약조건을 이행하기 위해 '법률 시스템'(legal system)이라는 장치나 수단을 이용할 수 없다는 사실도 잘 알고 있다.

이처럼 '좋지 않은 상황에서도 엄청난 양의 거래가 이루어진다'라는 사실에 놀라지 말아야 한다. 실제로 노동분업과 거래를 통해 얻는 이익들은 총체적으로 보면 막대하며, 이로 인해 전 세계 인구의 대부분이 그러한 이익 없이는 생존할 수 없다. 이러한 이익 중 일부는 '즉석거래'(on-the-spot transaction)를 통해 즉시 실현될 수 있다. '어디서나 존재하는 시장들'(즉, '유비쿼터스 시장들')은 다음 두 가지 조건을 모두 충족하는 시장을 말한다. 즉, '도처에 존재하는 시장들'([역주] '도처시')은 (1) 거래를 통해 얻는 이익이 상당하고, (2) 거래가 제3자의 개입 없이 당사자들 간에 '자체집행적'(self-enforcing)이라는 조건을 모두 충족한다. 여기서 '거래가 자체집행적'이란 무엇을 의미하는가? 거래의 각 당사자는 다음과 같은 방법으로 '상대방이 자신에게 보답(대가 지불)하지 않을 위험'을 크게 제거할 수 있다.

즉, 거래의 각 당사자는 (1) 거래의 두 부분(즉, '물건을 주고, 대금을 받는 행위')을 동시에 수행하거나, (2) 거래에 불만을 제기한 당사자가 사회적 제재를 가할 수 있는 가족들이나 기타 가까운 사회 집단 내에서만 거래를 하거나, (3) 거래를 성실히 이행한다는 평판을 얻기 위해 투자를 많이 한 사람들에게만 거래를 제한하거나, 또는 (4) 기타 방식으로 '상대방이 자신에게 보답(대가 지불)하지 않을 위험'을 크게 없앨 수 있다. 따라서 (1) 계약을 집행할 '법률 시스템'(법적 제도)이 없는 경우에도, (2) 때로는 거래가 '불법'인 경우에도 일부 시장은 사실상 '어디서나 존재'한다. 다시 강조하면, (1) 거래를 통해 얻는 이익이 상당하고, (2) 거래가 제3자의 개입 없이 당사자들 간에 '자체집행적'이면 시장들은 '도처에 존재'한다. 그러나 경제번영을 가져다주는 시장들([역주] '번영시')은 이와 확연히 다르다.

3. 잘못된(비합리적인) 정부 개입주의가 시장을 거의 쓸모없게 만드는가?: 그렇지 않다! 잘못된 정부 개입하에서도 거래이익은 여전히 실현된다

이제 이 시점에서 일부 사람들은 한편으로 '전 세계적으로 시장들은 어디에나 존재한다'라는 사실을 인정하면서도, 다른 한편으로는 "이러한 시장들로부터 얻는 이익이 '정부 개입'으로 인해 대부분 사라진다"라고 주장하면서 반대할 수 있다. 즉, 일부 사람들은 (1) "제3세계 시장들(훨씬 더 나쁜 경우인 공산주의 경제(국가)들은 물론이고)에서 '만연되어 있고 일반적으로 잘못된 정부 개입'이 그곳의 시장들을 '거의 쓸모없게' 만들 수 있으며, 그로 인해 (2) '도처에 존재하는 시장들'을 가진 대부분의 경제(국가)가 '왜 여전히 가난한지'를 설명할 수 있다"라고 주장하면서 반대할 수 있다. 이러한 주장은 사실인가? 그들의 반대 의견에는 분명히 몇 가지 장점이 있지만, 일반적으로 주목받지 못하는 한 가지 이유 때문에 그러한 반대 의견은 대체로 '잘못된' 것이다. 왜 그런가? (본 소절에서는 이들의 첫 번째 주장에 대해 살펴보고, 다음 소절에서 두 번째 주장을 살펴볼 것이다.)

다소 놀라운 사실은 어느 한 시장에서 거래로부터 얻을 수 있는 대부분의 이익은 일반적으로 '효율적인 수준에서 상당히 벗어난(즉, 정부가 임의로 설정한 비합리적인) 가격이나 수량'에서도 '실현'된다는 점이다. 일반적인 미국 도시에서 물 가격이 임의로 리터당 10달러로 책정되었다고 가정해 보자. 이 가격은 분명히 일반적인 물의 한계비용(예를 들어, 리터당 4달러)보다 엄청나게 크다. 이러한 가격이 비합리적이기는 하지만(즉, 매우 높지만), 대부분의 사람들은 물을 소비하여 여전히 이익을 얻을 수 있다. 대부분의 사람들은 더 이상 잔디밭에 물 주기나 세차를 하지 않을 것이지만, 거의 모든 사람들은 자신의 건강을 유지하고 갈증을 해소하기 위해 '충분한 양의 물을 구매'할 것이다. 따라서 이들이 구매하는 물은 그들에게 여전히 물 거래로 발생하는 이익을 가져다줄 것이다.

이제 어느 한 시장이 아니라 보다 일반적으로 살펴보기로 하자. 어느 한 정부가 임의로 가격을 비합리적인 수준(즉, 매우 높은 수준)으로 설정하여, 이상적인 경쟁시장에서 거래되는 양의 절반만 거래된다고 가정해 보자. 이러한 경우에도 일반적으로 거래로 인해 발생하는 총이익의 대부분이 '실현'될 것이다. 왜 그런가? 가장 가치 있는 거래, 즉 가장 큰 사회적 잉여를 창출하는 거래가 발생하기 때문이다. 공급곡선은 일반적으로 우상향하고, 수요곡선은 항상 우하향하기 때문에 임의의 높은 가격은 (1) '상호이익이 되는 거래의 절반'이 발생하지 않도록 하지만, (2) 놀랍게도 일반적으로 '거래로 인한 이익의 절반'을 없애지는 않는다! 나는 이러한 매우 간단

그림 10-2 임의로 설정된 비합리적인 가격에서 이루어지는 거래량과 총이익 및 사회적 손실

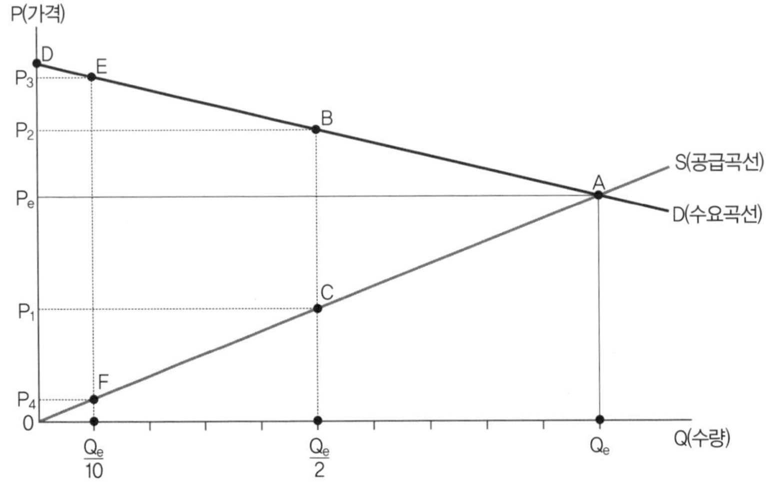

주: △AD0 = 균형가격(P_e)에서 이루어지는 'Q_e만큼의 거래량으로부터 얻는 총이익'의 크기
□DBC0 = P_1 또는 P_2의 임의로 설정된 비합리적인 가격에서 이루어지는 '$Q_e/2$만큼의 거래량으로부터 얻는 총이익'의 크기
△ABC = P_1 또는 P_2의 임의로 설정된 비합리적인 가격에서 이루어지는 '$Q_e/2$만큼의 거래량으로부터 발생하는 감소된 이익'(=사회적 손실)의 크기

한 사실을 〈그림 10-2〉를 이용하여 설명하고자 한다.

〈그림 10-2〉에서 수량 Q_e는 점 A에서 시장청소가격(P_e; 즉, 균형가격)으로 거래되는 양이다. 먼저, 임의로 설정된 가격(P_1 또는 P_2)에서의 거래량을 살펴보자. 가격이 P_1 또는 P_2에서는 거래량이 Q_e의 정확히 절반(=$Q_e/2$)이다. 다음으로, 가격 P_1 또는 P_2에서 거래로 인한 이익의 감소는 △ABC이다. 수요곡선이 우하향하고 공급곡선이 우상향한다면 이 손실(=△ABC)은 균형가격에서 발생하는 거래로부터 얻는 총이익(=△AD0)의 절반보다 '확실히 작다'라는 사실을 즉시 알 수 있다. 또한, 이처럼 무작위로 설정된 다른 비합리적인 가격들에서도 어떠한 양이든 분명히 거래가 발생하지만, 이러한 결과(즉, 손실이 총이익의 절반보다 작은 경우)

가 자주 발생하지는 않는다. 가장 나쁜 경우로 거래로부터 발생하는 이익의 '대부분'을 없애는 비합리적인 가격들(예를 들면, P_3 또는 P_4)을 설정하는 것은 분명히 가능하다.[17] 예를 들면, 가격이 P_3 또는 P_4에서 설정되면, (1) 거래는 $Q_e/10$로 줄어들며, (2) 이때 거래로부터 얻는 총이익의 감소는 △AEF가 된다. 이 손실(=△AEF)은 균형가격에서 얻을 수 있는 총이익인 △AD0의 절반을 훨씬 초과한다. 즉, 비합리적인 임의적 가격 설정으로 거래로부터 생기는 총이익의 '대부분'이 사라진다.

또한, 〈그림 10-2〉은 물론 균형 수준에서 '너무 멀리 떨어지게' 비합리적으로 가격을 설정하여 '거래의 대부분(또는 전부)'과 '거래로 인한 이익의 절반 이상(또는 전부)'을 없앨 수 있다는 점을 보여 준다. 그러나 가격 설정자들이 매우 비정상적인 사람이 아니라면 이러한 현상은 자주 일어나지 않을 것이다.

이러한 임의적 가격 설정은 줄서기(즉, 대기), 재거래 또는 이와 유사한 현상 등으로 인해 얼마간의 '추가 비용'을 발생시킨다. 이러한 손실은 임의적 가격 설정이 '바람직하지 않은' 또 다른 이유를 제시해 준다. 이를 위해 다음 두 가지 경우를 고려해 보자. 첫째, 정부 개입에 의해 공식적으로 정해진 가격이 '너무 낮으면' 구매자들이 줄을 서서 기다리게 됨으로써 '시간 낭비'(즉, 비용)가 발생할 것이다. 그러나 관련 상품이 가장 급하게 필요한 구매자들은 일반적으로 (1) 가장 먼저 줄을 서거나, (2) 줄을 서서 구매한 사람들로부터 비공식적으로 그 상품을 재구매할 것이다. 반면에, 해당 상품을 가장 저렴하게 생산할 수 있는 공급업자들은 그 상품을 '표준가격 이하'로 생산하고 판매하려는 인센티브를 갖게 된다. 둘째,

---

17 [역주] 이 문단은 원문에서는 주 6이었으나 내용상 본문에 두는 것이 더 적절하다고 판단되어 본문으로 옮겼다.

정부 개입에 의해 어떤 상품의 가격이 제 가치보다 '너무 비싸게' 책정된다면, 그 상품의 가치를 가장 높게 평가하는 구매자들은 여전히 그 상품을 획득하게 될 것이다. 반면에, 해당 상품의 생산비용이 가장 낮은 생산자들이 너무 비싼 가격으로 판매할 수 있는 수량을 생산하려는 가장 큰 인센티브를 갖게 된다.[18] (또한, 정부가 임의로 설정한 '수량'의 경우에도 비슷한 논리가 적용된다.) 따라서 정부 개입으로 임의로 설정된 가격들이 비합리적인 경우([역주] 즉, 너무 낮거나 너무 높은 경우), 그러한 가격들을 가진 시장들은 '거래량'과 '거래이익'을 감소시킬 것이다. 그러나 그러한 시장들에서 '거래량'을 감소시키는 만큼 '거래로 인한 이익'(거래이익)을 감소시키지는 않을 것이다.[19] 〈그림 10-2〉에서 보여 주었듯이 임의로 설정된 비합리적인 가격에서 '거래량이 절반만큼 감소'하였지만, 그러한

---

18 어떤 재화의 가격이 '너무 비싸면' 그 재화를 생산함으로써 '커다란 이익'(초과 수익)이 발생할 것이다. 그로 인해 그 재화를 '생산할 권리'('생산권', 즉 지대(地代))를 획득하기 위한 경쟁에 상당한 자원(돈이나 시간 등)이 투입될 것이다. 즉, 일반적으로 '가격 왜곡'이나 '수량 왜곡'으로 발생하는 '커다란 이익'(초과 수익)을 얻기 위해 '지대추구 활동'(rent-seeking activity)이 일어날 것이다. 지대추구 활동으로 인해 사회적 낭비가 발생한다. 이러한 지대추구 활동으로 인한 '사회적 낭비'는 '가격 왜곡과 수량 왜곡으로 인한 손실'을 더욱 크게 만들 것이다. 일부 연구자들은 '지대추구 활동에 투입되는 자원'이 '지대 금액'과 같거나, 이에 근접할 것이라고 주장한다. 그러나 실증적 증거에 따르면 '지대추구 활동에 투입되는 지출'은 일반적으로 지대 규모에 비해 '매우 작다'. 이는 놀라운 일이 아니다. 왜 그런가? 우리가 집단행동을 분석해 보면 '무임승차(free riding)의 논리'가 어떤 시장에서든 '경쟁적인 지대추구 활동'에 불리하게 작용한다는 것을 알 수 있다. 즉, 대규모 집단행동 과정에서 발생하는 '무임승차 유인' 때문에 '경쟁적인 지대추구 활동'이 일어나기 어려울 것이다. 따라서 각 시장에서 '지대추구 활동이 독점'되는 경우가 가장 일반적이다. 이러한 '지대추구 활동의 독점'은 지대추구 활동에서 소진(消盡)되는 자원의 양을 크게 제한한다. 그러므로 다음 결론이 계속 유지된다. 즉, 가격 왜곡이나 수량 왜곡이 존재하는 경우 일반적으로 '거래로 인한 이익(즉, 거래이익)의 손실'이 '거래량'보다 더 적게 줄어든다.

19 이러한 주장은 다음과 같은 특정 유형의 '가격 왜곡'의 경우에는 '장기적으로' 타당하지 않을 것이다. 즉, 종종 발생하듯이 (1) 각종 '카르텔'이나 (2) 카르텔과 기능적으로 유사한 것으로 정부가 강제하는 '생산량 쿼터'(수량 제한)나 '규제들'을 획득하기 위한 '로비들'로 인해 발생하는 가격 왜곡의 경우이다. 이러한 경우들(즉, 카르텔, 생산량 쿼터, 정

그림 10-3 임의로 설정된 비합리적인 가격에서 이루어지는 거래량과 총이익 및 사회적 손실

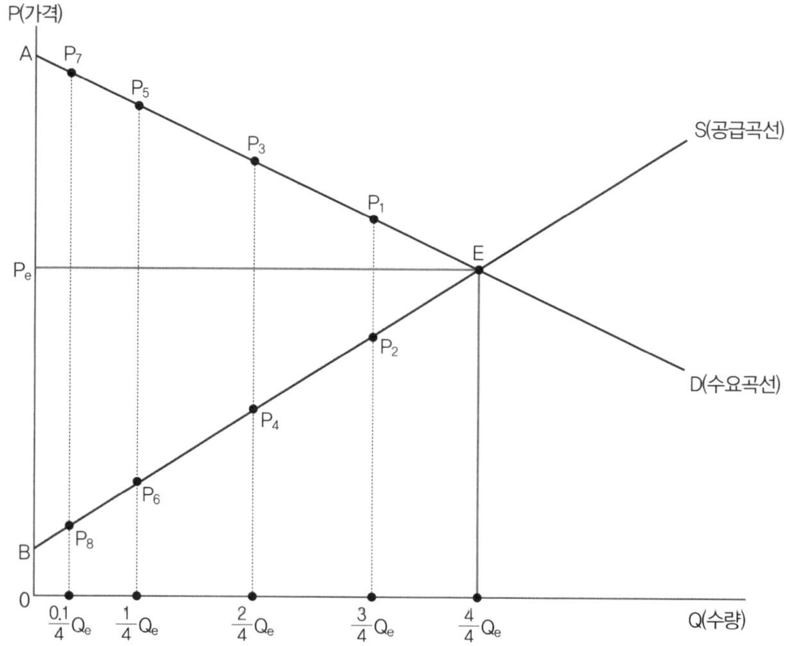

주: 역자 작성.

거래량으로부터 발생하는 '총이익은 절반보다 훨씬 더 적게 감소'하였다 ([역주] 〈그림 10-3〉은 〈그림 10-2〉를 변형하여 임의로 설정된 비합리적인 가격하에서 '거래량'은 감소하지만, 여전히 '거래이익'이 발생하고 있음을 보여 주고 있다. 그리고 〈표 10-3〉은 〈그림 10-3〉으로부터 도출된 결

부 규제 등)에서 '수량 제한'은 빠르게 성장하는 경제에서 '경제성장의 가장 중요한 원천'인 (1) 혁신율과 (2) 생산성 향상률을 낮추거나 지체시킨다. 나는 아직 이러한 가능성을 완전히 설명하는 논문들을 완성하지는 못하였지만, 내가 쓴 다음 책에서 그 가능성에 대한 몇 가지 측면을 논의한 바 있다: Mancur Olson(1990), *How Bright Are the Northern Lights? Some Questions About Sweden*, Lund, Sweden: Institute of Economic Research, Lund University Press.

표 10-3 임의로 설정된 비합리적인 가격에서 이루어지는 거래량과 총이익 및 사회적 손실

가격	거래량	거래로부터 얻는 총이익	임의 가격 설정으로 인한 사회적 손실	결과	거래로부터 얻는 이익
균형가격 P_e	$4/4 \cdot Q_e$	△EAB	0	최선의(효율적) 결과	최대 거래이익이 발생함.
임의 가격 P_1 또는 P_2	$3/4 \cdot Q_e$	□P_1P_2AB	△EP_1P_2	총이익 > 사회적 손실 (거래량은 1/4만큼 감소하지만, 거래이익은 이보다 '적게' 감소함).	거래이익이 여전히 크게 발생함.
임의 가격 P_3 또는 P_4	$2/4 \cdot Q_e$	□P_3P_4AB	△EP_3P_4	총이익 > 사회적 손실 (거래량은 2/4만큼 감소하지만, 거래이익은 이보다 '적게' 감소함).	거래이익이 여전히 크게 발생함.
임의 가격 P_5 또는 P_6	$1/4 \cdot Q_e$	□P_5P_6AB	△EP_5P_6	총이익 < 사회적 손실 (거래량은 3/4만큼 감소하지만, 거래이익은 이보다 '크게' 감소함).	거래이익은 작지만, '여전히 거래'가 발생함.
임의 가격 P_7 또는 P_8	$0.1/4 \cdot Q_e$	□P_7P_8AB	△EP_7P_8	총이익 < 사회적 손실 (거래량은 3.9/4만큼 감소하지만, 거래이익은 이보다 '크게' 감소함).	거래이익은 작지만, '여전히 거래'가 발생함.

주: 역자 작성.

과를 보여 주고 있다).

4. 사회적으로(또는 정부에 의해) 고안된 시장들과 권리집약적 생산

위에서 살펴보았듯이 임의적 가격 설정을 통해 '가격 왜곡'을 초래하는 정부 개입들은 사회적 효율성 측면에서는 해롭다. 그러나 시장들에 대한 '잘못된 정부 개입'만으로는 '도처에 존재하는(유비쿼터스) 시장들을 가진 대부분의 국가들이 왜 가난한지'를 설명하기에는 결코 충분하지 않다. 이

문제를 이해하려면 우선, 지금까지 이 장에서 살펴본 '단순한' 거래 유형과 생산 유형을 넘어서야 한다. 즉, (1) '자체집행적 거래'(self-enforcing trade)나 '즉석거래', 그리고 (2) '자체보호적 생산'(self-protected production)과 '노동만 사용하는 생산'(labor-only production) 또는 '매우 노동집약적인 생산'(very labor-intensive production) 등을 넘어서야 한다. 이제 '새로운' 거래 유형과 생산 유형이 필요하다. 다음으로, 우리는 (1) '정부가 고안한 인위적으로 만든 시장들' 또는 좀 더 일반적으로 '사회적으로 고안된 시장들'에서만 실현되는 거래이익과 (2) '개인의 권리집약적 생산(rights-intensive production)'으로부터 얻는 이익에 대해서도 이해해야만 한다.

1) 자수성가한 기업가의 비유: 자체집행적이지 않은 거래와 계약

본 항에서는 우리는 또 다른 비유인 '자수성가[20]한 기업가'(self-made entrepreneur)의 비유를 통해 (1) '자체집행적이지 않은 거래'(not-self-enforcing trade; 즉, '제3자의 집행에 의한 거래')의 사회적 중요성과 (2) 특정 거래 유형과 생산 유형으로부터 이익을 얻는 데 필요한 '장치나 제도들'에 대해 빠르게 이해할 수 있다. '자수성가한 기업가의 비유'를 위해 우선, 어떤 사회에서 저소득층 가정에서 자란 어느 한 청년('가난한 청년')이 자본(돈)은 없지만, 야망과 에너지(열정), 기업가적 능력은 풍부하다고 가정해 보자. 둘째로, 이 사회에는 재산을 많이 소유한 사람들('부자들')이 있지만, 그들 중 일부는 자수성가한 기업가만큼 생산적인 능력을

20 [역주] '자수성가'(自手成家)란 "물려받은 재산이 없는 사람이 자기 힘이나 노력만으로 집안을 일으키고 재산을 모음"을 말한다.

갖추지 못하였다고 가정하자. 셋째로, 저축은 많이 하였지만, 에너지가 많지 않은 노인들('노인들')이 있다고 가정하자. 이러한 가정하에서 그 가난한 청년은 부자들과 노인들보다 자본을 사용하여 더 많은 생산성을 획득할 수 있다. 이러한 이유로 이 청년은 '부자들과 노인들이 그들의 재산(자본)을 직접 사용하였을 때 얻을 수 있는 소득'보다 '자신이 그들의 재산(자본)을 사용하여 더 많은 소득'을 얻을 수 있으며, 그 결과 나중에 그들에게 더 많은 돈을 되돌려줄 수 있을 것이다. 따라서 (1) 부자들과 노인들이 가진 재산 중 일부를 '자수성가한 사업가'(즉, '가난한 청년')에게 빌려주거나, (2) 그가 설립한 회사에 주주로서(즉, 주식 구매를 통해) 투자한다면, 이들 간에 '상호이익이 되는 거래'가 발생할 가능성이 존재한다.

다음으로, 자본을 가장 잘 사용할 수 있는 방법으로 유능한 청년인 자수성가한 기업가가 '30년 동안 지속(운영)될 공장을 짓는 것'이라고 가정해 보자. 이러한 거래(공장 건설)는 '부자들과 노인들이 그 청년(자수성가한 기업가)이 돈을 자신만을 위해 보관하고 있지 않을 것이라는 확신을 갖지 않는다면' 분명히 그들에게는 아무런 의미(즉, 투자 가치)가 없을 것이다([역주] 환언하면, 이러한 사업(공장 건설)은 '부자들과 노인들이 그 청년(자수성가한 기업가)이 돈을 자신만을 위해 보관하고 있지 않을 것이라는 확신을 갖는 경우'에만 그들에게 분명히 의미가 있을 것이다). 부자들과 노인들의 투자로부터 발생하는 수익은 30년에 걸쳐 획득되며, 그 청년 기업가가 그렇게 오랫동안 자신이 한 약속을 지킬 것인지는 아무도 알 수 없다. 해당 거래가 결코 '자체집행적이지 않다'라는 사실을 감안할 때, 그 청년은 약속 불이행 시 자신의 재산을 압류당한다는 조건으로, 30년 동안 '약속을 지킬 것을 보장할 수 없다면' 자신의 생산적인 사업(공장 건설)에 필요한 자본을 조달할 기회가 거의 없을 것이다. 해당 자본을 그 청년 기업가의 관리하에 두려면 그 청년 기업가와 자본 소유자들은 (1) '자신들에게 이익이 된다고 믿는 계약'에 서로 동의하고 이를 체결해야만 하며, (2) 이들은 자신들이 체결한 계약이 '공정하게 이행(집행)'되기를 기대한다. 또한, 자본을 보유한 사람들(자본가나 투자자들)은 공장에 '저당권'[21]을 설정하거나, 자신들이 대부분의 주식을 소유할 수 있는 '주식회사'(joint stock company)를 설립할 것을 요구할 수 있다. 또한, 잠재적 대출자들이나 대출기관들도 '제2금융 시장에서의 거래'의 결과로 획득한 자산(즉, 청년 기업가가 상환하기로 약속한 자산이든, 또는 그가 경영하는 회사의 주식이든)을 매각할 수 있는 '안전한 권리'를 보유하고 있지 않으면 대부거래에 참여하지 않을 것이다. 예를 들면, 상속인이 없는 많은 노인들은 '대출금이나 주식을 더 이른 시기에 유리하게 매각할 수 있다고 기대하지 않는 한', 자신이 죽은 후에야 상환이 완료되는 장기 사업에 돈을 빌려주거나 주식을 매입하는 것은 합리적이지 않을 것이다. 따라서 일부 '생산적인 장기 사업들'에 자금을 조달하려면 '지속적이고 널리 이용되는 자본시장'이 필요하고, 이를 운영하는 데 필요한 '모든 제도들'이 잘 마련되어 있어야만 한다. 다시 말하면, '지속적이고 범용(汎用)적인 자본시장'과 이를 운영하는 데 필요한 '각종 제도'가 없으면 생산적인 장기 사업들에 필요한 자금을 조달할 수 없을 것이다. 자본시장을 운영하는 데 어떤 제도들이 필요한가?

2) 갖추어야 할 필요한 제도들

거래를 통해 얻을 수 있는 모든 이익을 '실현'하려면 무엇보다도 공정한 '법률 시스템'(법제도)과 안정적인 '정치체제'가 필요하다. 이들 제도는

---

21 [역주] '저당권'(抵當權)이란 "채무가 이행되지 않을 경우 채권자가 저당물에 대해서 일반 채권자에 우선해 변제를 받을 수 있는 권리"를 말한다.

(1) 계약을 이행하고, (2) 재산권을 보호하고, (3) 저당권 계약을 집행하고, (4) 유한책임회사를 설립하고, (5) 투자와 대출을 더욱 유동적이게 해 주는 '지속적이고 범용적인 자본시장'을 촉진하는 역할을 한다. 또한, 이러한 제도들은 장기간 지속되어야 한다.

이러한 제도들이 마련되어 있지 않다면 어느 한 사회(국가)는 (1) 보험시장에서 얻을 수 있는 모든 이익을 충분히 누릴 수 없고, (2) 장기간에 걸쳐 많은 사람의 협력이 필요한 '복잡한 제품들'을 효율적으로 생산할 수 없고, (3) 다른 다자간(多者間) 또는 다기간(多期間)에 걸쳐 체결하는 계약이나 협정들로부터 이익을 얻을 수 없을 것이다. 만약 어느 한 국가(사회)에서 '올바른 제도적 장치나 환경'이 마련되어 있지 않다면 그 국가(사회)의 사람들은 '자체집행적인 거래'에만 참여하게 될 것이고, 그 결과 경제번영을 이룩할 수 없을 것이다.

어느 한 사회에서 '복잡한 거래들'(complex transactions)과 '장기간에 걸쳐 이루어지는 거래들'에서 발생하는 이익들([역주] 즉, '복잡한 거래이익'과 '장기 거래이익')을 실현하려면, 그 사회의 사람들은 (1) '거래의 자유'뿐만 아니라 (2) '재산에 대한 안전한 소유권'과 '재산 저당권'을 설정할 수 있는 권리 등도 필요하다. 또한, 사람들에게 (3) 자신이 맺은 계약을 집행할 '공정한 법원'에 대한 자유로운 접근이 보장되어야 하며, (4) 새로운 형태의 광범위한 협력과 조직(예를 들면, 주식회사)을 설립할 수 있는 권리 등도 보장되어야 한다.

위에서 살펴본 '거래'(trade)뿐만 아니라 '생산'(production)에도 유사한 논리와 명제들이 적용될 수 있다. '자체집행적인 거래들'이 있듯이, 일부 생산 유형은 제3자에 의해서가 아니라 어느 정도 '자체적으로 보호된다'(self-protected; '자체보호적'). "자체보호적인 생산"(self-protected production)의 대표적인 예로 식량 채집, 수공예품 제작, 개인 서비스, 기타 주로 '노동만을 사용'하거나 '노동집약적인' 생산 유형 등을 들 수 있다. 이러한 유형의 생산은 '개인의 재산권이나 계약 집행권이 없는 환경'에서도 유리하게 실현될 수 있다. 그러나 다른 많은 유형의 생산에는 생산 시 '숨길 수 없는 귀중한 자산들'(예를 들면, 기계들, 공장들 또는 사무실들 등)이 필요하며, 그 결과 이러한 자산들은 '압수나 몰수'의 위험에 노출될 수 있다. 즉, 그러한 자산들은 자체보호적이지 않고 '제3자(정부나 제도)에 의한 권리 보호'가 필요하다. 나는 이러한 유형의 생산을 "재산권집약적 생산"(property-rights intensive production)이라고 부른다. 우리가 널리 사용하는 '자본집약적'(capital intensive)이라는 익숙한 표현은 '집행 가능한 권리'(enforceable rights)가 가지는 중요한 역할을 모호하게 한다. 자신의 귀중한 자본(즉, 기계, 공장 또는 사무실 등의 물적 자본)을 도적들(방랑도적이든 정주도적이든)에게 빼앗기지 않도록 보호해 주는 정당한 '권리'가 없다면 누구도 일반적으로 '자본집약적인 생산'(capital intensive production)에 참여하지 않을 것이다.

다른 많은 중요한 생산 유형은 거의 전적으로 "자체집행적이 않은(not-self-enforcing) 계약"(즉, '제3자에 의한 집행이 필요한 계약')에 기반을 두고 있다. 예를 들면, 은행들과 관련 기관들이 제공하는 각종 '서비스'(예, 대출 서비스나 저축 서비스 등)의 생산(즉, '금융 서비스 생산')은 '계약 준

표 10-4 생산 유형

자체보호적인 생산	자체보호적이지 않은 생산
• 식량 채집, 수공예품 제작, 개인 서비스, 기타 주로 '노동만을 사용'하거나 '노동집약적인' 생산 등. • 개인의 재산권이나 계약 집행권이 없는 경우에도 생산 가능함.	• 기계들, 공장들 또는 사무실들 등 생산 시 '숨길 수 없는 귀중한 자산들'이 필요함. • 귀중한 자산들에 대한 '권리보호'가 필요함.

주: 역자 작성.

수가 신뢰할 수 있을 때만' 이루어질 수 있다. 먼저, 은행이 우리와 맺은 계약을 이행할 것이라는 믿음이 없다면 우리는 은행에 돈을 맡기지 않을 것이다. 반면에, 우리는 수표를 쓰거나 돈을 인출할 때 나중에 갚겠다는 약속 하에서 은행으로부터 돈을 빌릴 수 있을 것이다. 또한, 은행은 대출자들과의 대출계약을 집행할 수 없다면 은행업을 유지하는 데 필요한 수익을 창출할 수 없을 것이다. 이와 마찬가지로, '보험 서비스의 생산'이나 '선물시장에서의 헤지(hedge)[22] 생산'도 당사자들 간에 맺은 '계약을 이행할 수 없다면' 경제적이지 않을 것이다.

5. 경제번영의 원인으로서의 광범위하고 안전한 개인의 권리들

요컨대, 어떤 시장경제에서 (1) 개인들과 기업들이 많은 "광범위하고 안전한 개인의 권리들"(broad and secure individual rights)을 보유하고 있을 때만 (2) '자체집행적이지 않은 복잡한 거래들'로부터 막대한 이익을 얻거나 실현할 수 있고, (3) '많은 자체보호적이지 않은 유형의 생산들'이 이루어질 수 있다. 실제로 원시 사회들에서 얻을 수 있는 이익을 넘어서는 '막대한 거래이익'([역주] '번영적 거래이익')은 흔히 "개인의 권리들(individual rights)이 '광범위하고 안전한'(extensive and secure) 환경"에서만 달성될 수 있다. 마찬가지로, 적어도 시장경제들에서는 '재산권과 계약집행에 대한 권리(계약집행권)가 안전한 경우에만' '자체보호적이지 않은(not-self-protected) 유

22 [역주] '헤지 펀드'(hedge fund)란 "국제 증권 및 외환시장에 투자하여 단기 이익을 올리는 민간 투자기금"을 말한다. 이는 위험성은 높으나 많은 이익을 기대할 수 있는 금융상품으로 운영하는 것이 특징이다.

형의 생산들'(즉, '복잡한 생산들')이 이루어질 수 있다.

그러나 '개인의 권리들'은 종종 도덕적으로 바람직하지만, '경제적 성과와 관련해서는 비용이 많이 드는 것'으로 여겨진다. 즉, 개인의 권리들은 저개발국들이나 특히 어려운 사정에 있는 국가들에서는 없어도 되는 하나의 '사치품'으로 간주된다. 이제 우리는 적어도 시장경제들의 경우 (1) 이러한 견해가 '완전히 잘못된 것'이며, 그 결과 (2) 제1장과 제2장에서 다룬 '독재정치와 민주정치 이론'으로 돌아간다는 것을 알 수 있다. 예를 들어, 어떤 독재자에게 조만간 닥쳐올 '단기 시계(short-time horizon)의 중요성'이 얼마나 큰지를 이제 이해할 수 있을 것이다.

또한, 우리는 '개인의 권리들이 가장 잘 확립된 선진 민주정치 국가들'이 '각종 거래로부터 막대한 이익을 실현'하기 위해 '가장 정교하고(복잡하고) 광범위한 거래들(예를 들면, 선물시장, 보험시장, 자본시장 등에서의 거래)이 이루어지는 사회(국가)들'이라는 사실이 결코 우연이 아니라는 이유를 알 수 있다. '개인의 권리들이 가장 잘 확립된 선진 민주정치 국가들'은 일반적으로 '1인당 소득 수준이 가장 높은 사회(국가)들'이기 때문이다.

1) 개인의 권리들이 가진 강력한 인센티브: 불확실성하에서의 기업가들의 모험 및 도전 정신

개인의 권리들은 '다른 측면'에서도 경제 성과에 중요한 역할을 한다. 인간의 경제 생활의 본질적인 '예측 불가능성'을 고려해 보면 이러한 다른 측면 중 하나를 발견할 수 있다. 예를 들면, '희소한 자원들을 어디에 투자해야 하는지'에 대한 올바른 결정들을 내리는 데 필요한 '선견지명'(先見之明, foresight; 예지력(豫知力))을 가진 사람은 아무도 없다. 옛 격언에 '예언(prophecy)은 어렵다'라는 말이 있으며, 특히 '미래에 대한 예언'은 더욱 어렵다. 사실 예언은 어렵기만 한 것이 아니다. 존 메이너드 케인즈(John Maynard Keynes)는 약간 과장된 표현으로 "'피할 수 없는 일'은 결코 일어나지 않으며, 항상 '예상치 못한 일'이 일어난다"라고 말하였다. 어떤 사람들은 다른 사람들보다 예측에 더 서투르다. 이는 그들이 종종 자신이 미래를 모른다는 사실을 알 만큼 지각력이 부족하여 다른 사람들만큼 많은 가능성을 고려하지 못하기 때문이다. 루소(J. J. Rousseau)가 말하였듯이 '예측할 수 없는 일을 예측할 수 있는 능력'을 갖추는 것이 필수적이다.

어떤 사람들은 다른 사람들보다 예측을 더 잘하지 못하지만, '일반적이고 신뢰할 수 있는 예측'을 규칙적으로 할 수 있는 사람은 없다. 그러나 모든 투자 활동에는 어느 정도 '명시적이거나 암묵적인 예측'이 수반된다. 현대 경제는 '놀랍도록 복잡한 시스템'으로서 '일반균형'(general equilibrium)을 향해 끊임없이 수렴해 가는 경향이 있다. 그러나 현대 경제는 '끊임없이 새로운 기회들과 충격들'에 직면하기 때문에 항상 균형에 도달하지 못한다. 더욱이 어떤 경제의 '현재 상황'을 상세하고 정확하게 계산하는 데 필요한 정보조차 충분하지 않으며, '미래의 상태'를 예측하는 일은 더더욱 어렵다. '사회 전체'는 그 사회의 '시장경제'보다 훨씬 더 복잡하며, 또한 국제관계의 불확실성도 늘 존재한다.

불확실성들이 광범위하게 만연하고 예측할 수 없기 때문에 '가장 역동적이고 번영하는 사회(국가)들'은 (1) 그러한 불확실성하에서 '다양한 시도들을 많이 하는 사회(국가)들'이다. 또한, 불확실성하에서 '가장 역동적이고 번영하는 사회(국가)들'은 (2) 신용과 벤처캐피털(venture capital)[23]에 비교적 쉽게 접근할 수 있는 '수많은 모험 기업가들(entrepreneurs)이 있는 사

23 [역주] '벤처캐피털'이란 "자금이 없어 보유한 새 기술을 활용하지 못하는 중소기업들에 대해 기술개발을 위한 전문 금융기관이 지원하는 자금"을 말한다.

회(국가)들'이다. 어느 한 사회(국가)가 불확실성하에서 미래를 정확히 예측할 수는 없을 것이다. 그러나 그 사회(국가)에 신용 및 벤처캐피털 거래를 포함하여 '광범위하고 상호이익이 되는 거래들'을 할 수 있는 기업가들이 많다면, 그 사회(국가)는 어느 한 개인이나 기관이 생각해 낼 수 있는 옵션보다 훨씬 더 많은 옵션(선택안)을 찾아 시도해 볼 수 있을 것이다.

적어도 '적절한 제도들과 정부 정책들이 있는 어떤 사회(국가)'에서는 '막대한 이윤을 창출하는 압도적인 다수의 기업'이 '그 사회의 국민들에게 막대한 이익과 서비스'를 제공하게 된다. 또한, '올바른 제도들과 공공정책들이 있는 어떤 사회'에서는 '일반적인 가격'이 재화와 생산 투입물(요소)의 한계수량에 대한 '진정한 가치와 진정한 비용'을 근사적으로 반영할 것이다. 마지막으로, 어떤 기업의 수익이 비용을 크게 초과한다는 것은 거의 확실히 그 기업이 '그 사회에서 가져가는 것'보다 '그 사회에 더 많은 가치를 창출하고 있다'라는 것을 의미한다.

2) 많은 재산은 운(運)에 기인한다

아무도 미래를 알 수 없기 때문에 현대 경제에서 재산과 손실의 상당 부분은 (1) 관련 '기업가들의 성공(능력)이나 실패(무능)'뿐만 아니라 (2) '운'(luck)에 의해 설명될 수 있다. 일부 사람들은 (1) '기업가들의 사회적 중요성'을 올바르게 찬양하고, (2) 어느 한 경제를 위한 합리적인 계획을 설계하는 데 필요한 정보를 얻는 것이 불가능하다는 점을 강조한다. 그러나 그들은 "많은 기업가들이 '운이 좋았기 때문에' 성공하였다"([역주] 즉, '성공한 많은 기업가들이 운이 좋았다')라는 점을 지적하지 못한다. 마찬가지로, '실패한 많은 기업가들이 불운하였다'([역주] 즉, "많은 기업가들이 '운이 나빠서' 실패하였다")라는 점도 지적하지 못한다.

부분적으로는 운이 큰 역할을 하기 때문에 (1) '매우 높은 수익률을 비양심적이거나 부당한 것'으로 취급하고, (2) '예외적인 손실들을 인도적인(자비로운) 정부가 해결해야 할 사회적 문제'로 취급하는 경향이 곳곳에 존재한다. 이러한 생각은 결국 손실을 보는 산업들, 기업들, 지역들에 대한 '보조금 지급'으로 이어지는 경우가 많다. 공산주의에서 자본주의로 전환(이행) 중인 경제들에서 이러한 보조금들은 앞 장(제8장)에서 설명한 '연성 예산제약'(soft budget constraints)의 일부이다.

3) 개인들을 위한 사회보험 대 집단들을 위한 사회보험

먼저, '개인들 차원'에서 살펴보기로 하자. '운이 좋은 사람들'의 횡재(windfalls)[24]를 재원으로 '불운한 사람들'의 손실을 일부 보전하는 방식은 도덕적으로 타당하다. 다음으로, '사회적 차원'에서 살펴보면, 시장 민주주의 국가들에서 '민간 보험시장'과 현대 복지국가가 시행하는 '사회보험 제도들'은 '불운의 피해자들'에게 소득을 재분배한다. 나는 다른 논문에서 어느 한 사회(국가)에서 '가장 많이 가진 사람들'로부터 '가장 적게 가진 사람들'로 소비가 일부 이전되면 그 사회(국가)에 거주하는 개인들의 복지(행복)나 효용을 증가시킬 수 있다는 점을 보여 주었다.[25]

여기서 중요한 점은 어떤 사회(국가)에서 '순전히 운의 결과일지라도 돈(이익)을 버는 산업들, 기업들, 지역들'을 희생하여 '순전히 운이 나빠서 손실을 보는 산업들, 기업들, 지역들'에 보조금을 지급하는 것은 일반적으

24 [역주] '횡재'(橫財)란 "뜻밖에 얻은 재물"을 말한다.

25 Mancur Olson(1986), "Why Some Welfare-State Redistribution to the Poor Is a Great Idea," in Charles K. Rowley, ed., *Public Choice and Liberty: Essays in Honor of Gordon Tullock*, Oxford: Basil Blackwell.

로 그 경제의 효율성과 역동성에 재앙을 가져온다는 점이다. 왜 그런가? 이러한 방식은 '가난한 사람들'에게 불필요하게 자원을 이전시키기 때문이다. 앞에서 언급하였듯이, 일반적인 가격에 어떤 그럴싸한 이유가 있다면 (1) '예외적으로 높은 수익을 내는 활동들'은 '사회적 잉여'(social surplus; 사회적 순이익)를 창출할 것이고, (2) '예외적으로 손실을 보는 활동들'은 '사회적 순손실'(social net loss)을 초래할 것이다. 따라서 어떤 사회(국가)에서 일반적으로 '사회적 순손실'이 초래되는 '손실을 보는 활동들'에서 '사회적 잉여'가 창출되는 '돈(이익)을 버는 활동들'로 일부 자원이 이전되면 '그 사회에서 산출물의 가치'는 훨씬 더 커질 것이다([역주] 반면에, 어떤 사회(국가)에서 일반적으로 '사회적 잉여'가 창출되는 '돈(이익)을 버는 활동들'에서 '사회적 순손실'이 초래되는 '손실을 보는 활동들'로 일부 자원이 이전되면 '그 사회에서 산출물의 가치'는 훨씬 더 작아질 것이다). 올바른 제도들과 적절한 공공정책들이 있는 시장경제에서는 이러한 자원 이전은 자동적으로 두 활동 간에 커다란 '수익률의 차이'를 초래할 것이다. 어떤 사회(국가)가 '손해를 보는 활동들'에서 '사회적 잉여를 창출하는 활동들'로 자원을 이전시키지 않는다면 이는 '비합리적'일 것이다. 왜 그런가? 그러한 자원 이전(즉, '사회적 잉여를 창출하는 활동들'에서 '손해를 보는 활동들'로 자원 이전)은 (1) 저소득자들을 효과적으로 돕는다는 확실한 보장도 없이 (2) 귀중한 자원을 낭비함으로써 경제적 성과를 망치기 때문이다. 환언하면, 올바른 제도들과 적절한 공공정책들이 있는 시장경제에서는 '손해를 보는 활동들'에서 '사회적 잉여를 창출하는 활동들'로 자원을 이전시키는 것이 합리적일 것이다. 따라서 '합리적이고 인도적인 사회(국가)'는 '분배를 통한 이전'을 '가난하고 불운한 사람들'에게만 한정할 것이다. 즉, '합리적이고 인도적인 사회(국가)'는 '가난하고 불운한 사람들'에게만 한정하여 '분배 이전'(distributional transfers)을 추구할 것이다.

이런 점에서 볼 때 (1) 대부분의 제3세계 국가들, (2) 경화(硬化)단계에 있는 대부분의 구소련형 국가들, 그리고 (3) 공산주의에서 자본주의로 체제전환(이행) 중인 대부분의 국가들은 방금 언급하였듯이 따라야 할 정책과는 '정반대'되는 정책들을 추진하고 있다. 이에 대해 좀 더 구체적으로 살펴보기로 하자. 첫째, 많은 '제3세계 국가들'의 경우, 일반적으로 (1) '비경제적인' 산업들과 기업들을 보호하고, 이를 위해 각종 보조금을 지급하였으며, (2) 이러한 보조금들은 비경제적인 산업이나 기업에서 일하는 노동자들의 실업을 방지한다는 명목으로 지급되었고, 표면상 '평등주의적인(egalitarian) 근거'로 합리화되었다. 또한, 이러한 정책은 종종 보조금이 그 국가의 평균소득보다 몇 배나 더 높은 '비경제적인 활동'에서 임금을 지원하는 경우에도 적용되었다. 그 결과 보조금의 순 영향은 의도하는 바와 달리 매우 '반(反)평등주의적'(inegalitarian)일 뿐만 아니라 경제발전에도 장애가 되었다. 둘째, 공산주의에서 자본주의로 체제전환(이행) 중인 많은 국가에서 '비경제적 산업들에 대한 보조금'(일반적으로 '암묵적인 보조금')의 양은 엄청난 비율에 달하였다. 예를 들면, 1992년 상반기에 러시아에서 '기업 간 신용'(이는 암묵적 보조금으로 주로 '신규 화폐창출'로 자금이 조달된 것으로 추정됨) 증대가 1992년 반기(半期) 국내총생산(GDP)의 70%에 달하였다.[26]

셋째, 구소련형 국가들은 일반적으로 서방 세계의 복지국가들이 도입한 누진소득세,[27] 실업보험 또는 기타 많은 국가 안전망 프로그램들 등과 같은 '국가적 제도들'을 채택하거나 실시하지 않았다. 대신 이들 국가는 대

26 David Lipton and Jeffrey Sachs(1992), "Prospects for Russia's Economic Reforms," *Brookings Papers on Economic Activity*, No. 2, p. 213.

27 [역주] '누진세'(累進稅)란 "과세 물건의 수량 또는 값이 증가함에 따라 점점 높은 세율을 부과하는 조세"로 법인세, 상속세, 소득세 등에 적용된다. 즉, 과세표준(소득)이 커짐에 따라 세율(소득세율)이 점차 높아지는 소득세를 말한다.

부분 복지 서비스를 제공하기 위해 '사회화된 기업들'(socialized enterprises)에 의존하였다. 또한, 이들 국가는 막대한 양의 귀중한 자원을 '수익성 있는 활동들'(즉, '돈(이익)을 버는 활동들')에서 '수익성 없는 활동들'(즉, '손실을 보는 활동들')로 이전하였다. 즉, 이들 국가는 귀중한 자원들을 '수익성 없는' 산업들, 기업들, 지역들로 이전하였다. 그러한 산업들, 기업들, 지역들이 생산해 내는 산출물은 그들이 사용한 자원들의 비용을 충당할 만큼 가치(이익)를 가져다주지 못하였다. 물론 이러한 유형의 행동 패턴은 서구의 가장 번영한 국가들에서도 종종 발생하지만, 그 비중은 그다지 크지 않은 편이다. '구소련형 국가들'과 '서구의 시장 민주정치 국가들' 간의 이러한 현저한 차이는 무엇으로 설명할 수 있는가? 부분적으로 그러한 차이는 앞에서 설명한 구소련형 국가들에 내재하는 특유의 '잠행성 경화증'(insidious sclerosis)으로 설명할 수 있다. 그러나 여기에는 다른 이유도 있다.

4) 개인의 광범위한 권리들은 '비경제적 활동들에 대한 자원의 재배분'을 감소시킨다

'1인당 소득이 가장 높은 국가들'(즉, 선진 민주정치 국가들)이 바로 '개인의 권리들이 가장 잘 보호되는 국가들'이다. '1인당 소득이 가장 높은 국가들'(즉, 선진 민주정치 국가들)에는 개인의 권리들을 보호하기 위한 '광범위한 제도적 장치들'(extensive institutional mechanisms)이 마련되어 있다. 그러나 이러한 제도적 장치들은 일반적으로 '정부가 재량권을 행사할 수 있는 범위'를 제한한다. 정부의 재량권은 효율적이고 역동적인 경제에 필요한 '수익률의 변화와 자원의 재배분'을 막는 데 사용된다. 만약 '1인당 소득이 가장 높은 국가들'(즉, 선진 민주정치 국가들)에서처럼 개인의 권리들이 '매우 광범위'하게 보장되어 있다면, 정치적 및 행정적 재량권(즉, 정부의 재량권)은 불가피하게 어느 정도 '제한될 수밖에' 없을 것이다.

어떤 경제학자가 가장 좋아하는 가상의 상품인 위젯(widget)[28]에 대한 수요가 예기치 않게(뜻밖에) 크게 증가하였다고 가정해 보자. 위젯에 대한 수요가 급증할 때 존스(Jones)라는 사람이 우연히 위젯을 제조하고 있다면, 시장들이 잘 발달되어 있고 오랫동안 민주정치가 확립된 국가에 거주하는 대부분의 사람들은 존스가 그저 '운이 좋았다'라고 생각할 것이다. 그러나 만약 존스가 다른 사람으로부터 자신의 위젯 공장을 합법적으로 인수하였다면 그는 여전히 위젯 공장에서 얻는 '추가 수익에 대한 권리'를 갖게 될 것이다. 존스의 이러한 권리는 합법적이므로 법원에서 인정 및 승인되고, 경찰의 보호를 받게 될 것이다.

이처럼 '개인의 광범위한 권리들'은 다음과 같이 두 가지 중요한 역할을 수행한다. 우선, '개인의 광범위한 권리들'은 정부가 '매우 수익성이 높은 기업들이 버는 수익들'을 함부로 '빼앗아 가는 것'을 막아 주는 역할을 한다. 즉, '개인의 권리들'이 광범위하게 보장되면 정부는 '매우 수익성이 높은 기업들이 버는 수익들'을 마음대로 '빼앗아 가지 못하게' 될 것이다. 둘째, '개인의 광범위한 권리들'은 정부가 '사회에 해를 끼치는 기업들'에 자원을 투입하거나 소모하지 못하게 하는 역할도 한다. 즉, '개인의 권리들'이 광범위하게 보장되면 정부는 사회에 해를 끼치는 기업들에 투입할 수 있는 자원을 줄일 수 있다. 마찬가지로, '계약 보유자가 공정한 법원에 접근할 수 있는 권리'는 다음과 같이 두 가지 기능을 한다. 첫째, 이 권리는 '어떤 기업에게 담보 대출을 해 준 대출 기관이 대출을 받은 해당 기업이 수

28 [역주] '위젯'은 "이름을 모르거나 생각나지 않는 작은 장치나 도구, 부품," 또는 "어떤 회사의 대표적 상품이라고 할 수 있는 제품"을 말한다.

익보다 비용이 더 많아서 대출금을 상환할 수 없다면 채무 불이행 차입자(기업)의 재산을 압류할 수 있다'라는 것을 의미한다. 둘째, 이 권리는 어느 한 사회가 '사회적 산출물의 가치를 떨어뜨리는 활동들'에 귀중한 자원을 낭비하는 경향을 줄여 줄 것이다.

이처럼 오랫동안 민주주의를 지속해 온 국가들에서 확립된 강하고 견고한 '개인의 광범위한 권리들'은 다음과 같은 주요 강점들을 가지고 있다. 첫째, 개인의 광범위한 권리들은 이러한 민주주의 국가들에서 '산업별, 기업별, 지역별로 단기 수익률의 커다란 차이'가 존재하는 주요 요인이다. 둘째, 개인의 광범위한 권리들은 '역동적이고 번영하는 경제'를 설명하는 데 없어서는 안될 필수 요소이다. 왜 그런가? 개인의 광범위한 권리들은 '낮은 수익률을 생산해 내는 활동들'에서 '높은 수익률을 가져다주는 활동들'로 귀중한 자원을 재배분할 수 있는 인센티브를 제공하며, 그로 인해 더 합리적인 자원 배분을 가져다주기 때문이다. 셋째, 개인의 광범위한 권리들은 개인들과 기업들이 기술진보와 생산성 향상에 필요한 '모험적인 기업가정신'(risky entrepreneurship)을 발휘하도록 하는 인센티브를 제공하기도 한다. 따라서 '개인의 광범위한 권리'들은 '비경제적 활동들에 대한 자원의 재배분'을 감소시키고, '모험적인 기업가정신'을 발휘하도록 하는 인센티브를 제공해 준다.

6. 이제까지 논의한 내용의 요약

이제까지 우리는 (1) 시장들은 세계 어디에나 존재하지만, (2) 세계 대부분의 국가들이 자국 내에 수많은 시장을 가지고 있음에도 불구하고 높은 국민소득이나 급속한 경제성장을 누리지 못한다는 사실에 대해 비교적 자세히 살펴보았다. 사실상 시장들은 세계 모든 국가에서 '어디에나' 있다. 왜 그런가? 여기에는 두 가지 이유가 있다. 즉, (1) 거래를 통해 얻을 수 있는 이익(즉, 거래이익)이 일반적으로 상당하고, 때로는 막대하며, (2) 많은 유형의 거래들이 제3자의 개입 없이 '자체적으로 집행되기' 때문이다(따라서 거의 어떤 조건에서도 거래가 발생할 수 있다).

또한, '정부가 임의로 설정한 가격들'과 '기타 잘못된 정부 개입들'은 시장들에서 흔히 볼 수 있는 일이다. 이러한 일들은 특히 제2세계와 제3세계에서 더욱 두드러지게 나타난다. 그럼에도 불구하고 그러한 국가들은 시장들을 통해 대부분의 이익을 얻는다. 왜 그런가? 앞의 〈그림 10-2〉와 〈그림 10-3〉을 통해 설명하였듯이 정부 개입(즉, 정부의 임의적 가격 설정)으로 (1) 일반적으로 가장 작은 이익을 가져다주는 거래들은 시장에서 차단되고(즉, 시장에서 사라지고), (2) 가장 큰 이익을 가져다주는 거래들은 여전히 시장에서 이루어지기 때문이다. 따라서 사실상 전 세계 사람들은 '자생적인 시장들'과 심지어 '억압할 수 없는 시장들'을 통해 거래이익을 얻고 있다. 또한, 이러한 시장들의 대부분은 제2세계와 제3세계 경제에서 거대한 비중을 차지하는 '비공식 부문들'에 속해 있다. 식량 채집이나 수공예품과 같은 일부 생산 분야가 대부분 권리로서 보호받는 게 아니라 '자체적으로 보호되는' 생산 유형이다. 이와 마찬가지로 많은 시장은 대부분 제3자의 개입 없이 '자체적으로 집행되는' 시장들이다. '자체집행적인 시장들'과 '자체보호적 생산'은 인간의 삶에서 매우 중요하고 유용하다. 우리 모두 이들 시장과 생산으로부터 이익을 얻고, 또한 이들 시장과 생산을 통해 전 세계 대부분의 사람들은 자신의 생존을 유지할 수 있기 때문이다. 그러나 '급속한 경제성장과 높은 국민소득'을 달성하기 위해서는 '다른 유형의 시장과 생산'이 필요하다.

그러나 어떤 사회(국가)가 '급속한 경제성장이나 높은 수준의 국민소득'을 달성하려면 그 사회(국가)는 '자체집행적이지 않으면서 상호이익이 되는 거래들'을 통해 막대한 이익을 창출하거나 획득해야만 한다. 이러한 유형의 거래들로 차입과 대출거래, 나중에 배송하기로 하고 구매하는 상품들, 또는 선물거래[29] 등을 들 수 있다. '자체집행적이지 않으면서 상호이익이 되는 거래들'로부터 얻는 막대한 이익들은 어떤 시장이나 어떤 생산에서 얻을 수 있는가? 첫째, '자체집행적이지 않으면서 상호이익이 되는 거래들'로부터 얻는 막대한 이익은 '정부에 의해 고안되거나 사회적으로 고안된 시장들'에서만 얻을 수 있다. 둘째, 급속한 경제성장이나 높은 수준의 국민소득을 달성하려는(즉, 경제번영을 이루려는) 사회(국가)는 또한 '권리집약적인 생산'을 통해 이익을 얻어야 한다. 특히 그러한 사회(국가)는 '재산권집약적인 생산'을 통해 이익을 얻어야 한다. 재산권집약적 생산 유형은 '생산 활동에 공장이나 기계를 광범위하게 사용하는 모든 경우'에 적용된다. 이는 이른바 '물적 자본'에 해당되는 공장이나 기계에 먼저 '합법적인 재산권'이 부여되어야만 생산이 이루어질 수 있기 때문이다. 셋째, 경제번영을 이루려는 사회(국가)는 '계약권집약적인 생산'(contract rights-intensive production)을 통해 이익을 얻어야 한다. 계약권집약적인 생산이란 보험회사, 선물시장, 은행 등에서 이루어지는 생산을 말한다. 따라서 이러한 세 가지 요건을 갖춘 국가들은 '급속한 경제성장이나 높은 수준의 국민소득'을 달성할 수 있다. 그러나 전 세계 대부분의 국가들은 국민소득이 낮다. 그 이유는 그러한 국가들에 거주하는 사람들이 (1) '정부에 의해 고안되거나 사회적으로 고안된 시장들'이 잘 마련되어 있지 않거나, (2) '개인의 권리들'을 안전하게 보장받고 있지 못하기 때문이다.

29 [역주] '선물거래'(先物去來)란 "장래의 일정한 기일에 현품을 인수 및 인도할 것을 조건으로 매매 약정을 맺는 거래"를 말한다.

표 10-5 경제번영에 필요한 거래와 시장 및 생산 유형

급속한 경제성장이나 높은 수준의 국민소득을 달성하려는 국가 (즉, 경제번영을 이루려는 국가)에서 필요한 시장과 생산 유형	
자체집행적이지 않으면서 상호이익이 되는 거래들이 필요	
(1) 번영을 가져다주는 시장들이 필요	(2) 권리집약적인 생산이 필요
• 정부에 의해 고안되거나 사회적으로 고안된 시장들	• 재산권집약적인 생산 • 계약권집약적인 생산

주: 역자 작성.

또한, 어떤 사회(국가)에서 '개인의 광범위한 권리들이 잘 규정되고 안전'하다면 그 사회(국가)는 '귀중한 자원을 낭비하는 활동들'에서 '새로운 부를 창출하는 활동들'로 자원을 이전하는 것이 더 쉬울 것이다. 이는 특히 그 사회(국가)가 '운이 없는 사람들'을 보호하는 사회보험이나 안전망 제도들을 갖추고 있다면 더욱 그럴 것이다. 어떤 사회(국가)에서 개인의 권리들이 안전하게 보장된다는 것은 곧 "예상치 못한 수익을 낸 재산과 기업들에 대한 '소유권'을 가진 사람들은 자신이 획득한 예외적인 수익에 대한 '권리'를 갖는다"라는 것을 의미한다. 복권 당첨자에게 자신의 당첨금에 대한 '권리'가 있는 것처럼, "권리에 기반한 민주정치 사회(국가)"(a rights-based democracy)에서는 '예상치 못한 수익을 낸 재산 소유자'가 그 예외적인 수익에 대한 '권리'를 갖는다. 비록 그가 자신의 예외적인 수익을 단지 '운'(종종 그렇듯이)에 의해 얻은 것일지라도 그는 그 예외적인 수익에 대한 '권리'를 갖는다.

이처럼 '권리에 기반한 민주정치 사회(국가)'에서 개인의 광범위한 권리들은 다음과 같은 중요한 기능들을 수행한다. 우선, 어떤 사회(국가)에서 (1) 불균형적인(예외적인) 수익에 대한 '권리들'(예를 들면, 예상치 못한 수익을 낸 기업들이나 재산 소유자들이 갖는 권리들)은 많은 귀중한 자원들이 '그 사회(국가)의 순 산출물을 감소시키는 산업들이나 기업들'(또

는 사회에 해를 끼치는 산업들이나 기업들)로 이전되지 못하게 하는 기능을 수행한다. 다음으로, (2) '계약 이행에 대한 권리'(계약이행권)는 그 사회(국가)의 순 산출물을 감소시키는 기업들이 폐쇄될(문을 닫게 될) 가능성을 높여 줄 것이다. 예를 들어, 대출기관들은 어떤 기업이 자신의 담보대출에 대해 채무를 이행하지 못하는 경우 자신들에게 약속한 재산을 '압류할 권리'를 가진다. 이는 일반적으로 해당 기업의 비용이 산출물의 가치(이익)를 초과할 때(즉, 적자가 발생할 때) 대출기관들이 그 기업에 대해 취해야 할 조치이다.

7. 머리말로 돌아가서: 머리말에서 제기한 질문들에 대답하기

이제 우리는 머리말에서 제기한 질문들 중 아직 대답하지 않은 '마지막 질문'에 답하는 데 필요한 '이론들이나 생각의 도구들'을 갖게 되었다. 내가 기억하기로 머리말에 제기한 여러 질문 중 하나는 "경제번영을 가져다주는 것으로 여겨지는 '시장들이 세계 어디에나 존재함'에도 불구하고 전 세계 대부분의 사람들이 왜 낮은 소득으로 살고 있는지"에 관한 것이었다. 따라서 어느 한 사회(국가)가 어떻게 하면 "'부의 풍요'(경제번영)를 창출하면서 '빠르고 지속적인 경제성장을 가져다주는 시장 유형들'을 갖출 수 있는지"에 대해 질문을 제기하는 것은 지극히 당연하다. 지금까지 고찰한 모든 이론과 증거를 하나로 합쳐 본 결과, "시장경제가 경제적 성공이나 번영을 이루려면 단지 '두 가지 일반적인 조건(general conditions)'만이 필요하다"라는 사실을 알 수 있다(물론 시장경제가 경제번영을 이루는 데 다른 조건들도 필요하지만, 중요하지 않은 몇 가지 특수한 조건들은 고려하지 않을 것이다).

앞에서 자세히 살펴본 바와 같이 경제번영에 필요한 첫 번째 조건은 "안전하고, 명확하게 규정된 개인의 권리들(secure and well-defined individual rights)이 존재해야만 한다". 즉, 경제번영을 이루려면 '개인의 광범위한 권리들이 안전하고, 명확하게 규정'되어야만 한다. 이 조건은 '역설적'이다. '개인의 권리들'은 부유한 국가들만이 누릴 수 있는 하나의 사치품이 아니라, 제9장에서 설명하였듯이 (1) '정교한(복잡한) 거래들'(sophisticated transactions)을 통해 '막대한 이익'을 얻는 데 필수적이고, (2) '재산권집약적인 생산'과 '계약권집약적인 생산'이 가져다주는 '풍부한 수확'(풍부한 산출량)을 얻는 데에도 필수적이다! 특히 시장경제는 (1) 시장경제의 모든 참여자(개인들이든 기업들이든, 내국인들이든 외국인들이든)가 자신이 맺은 '계약을 공정하게 이행할 권리'(즉, '공정한 계약이행권')를 가질 때에만 시장경제가 지닌 잠재력을 최대한 발휘할 수 있다. 또한, 시장경제는 (2) 모든 참여자가 '사유 재산(private property)에 대한 안전하고, 명확하게 규정된 권리'(즉, '안전하고, 명확하게 규정된 사유재산권')를 가지고 있을 때만 시장경제의 잠재력을 최대한 발휘할 수 있다. 이러한 권리들(즉, '공정한 계약이행권'과 '안전하고, 명확하게 규정된 사유재산권' 등)은 결코 자연적으로 주어지는 것이 아니며, '사회적 고안물'(social contrivance) 또는 일반적으로 '정부의 고안물'(governmental contrivance)의 결과이다.

어떤 사회(국가)에서나 '정부 없이는 사유 재산은 존재하지 않는다'. 개가 뼈를 소유하는 것처럼 개인들도 재산을 소유할 수 있다. 그러나 그 사회(국가)가 '다른 사적 당사자들뿐만 아니라 정부의 침범'에 대해서 '개인 재산에 대한 사적 권리'(즉, '사유재산권')를 보호하고 지켜 주어야만 '사유 재산이 존재하고 유지'할 수 있다. 어떤 사회(국가)가 '개인의 권리들을 안전하고 명확하게 보장'해 준다면, 개인들은 '생산하고, 투자할, 그리고 상호이익이 되는 거래에 참여할 강력한 인센티브'를 갖게 되며, 그 결과 적어도 어느 정도 경제적 발전을 이룰 수 있을 것이다.

시장경제가 번창(번영)하는 데 필요한 두 번째 조건은 "어떤 종류의 강탈[30](predation; 약탈[31])도 없어야만 한다". 여기서 '강탈'이란 (1) 홉스적 무정부 상태(Hobbesian anarchy)에서의 '만인에 대한 만인의 투쟁'(war of each against all)에서 발생하는 강탈이나 (2) 독재자들이나 다른 유형의 정부들이 재산을 몰수하거나 계약을 거부함으로써 국민의 권리를 박탈할 때 행해지는 강탈 등을 말한다. 이와 같은 일부 강탈들은 여기서 강조한 '합법적인 권리들'이 보장 및 유지되는 경우 그 의미가 없으므로 더 이상 고려하거나 나열할 필요가 없을 것이다.

그러나 '다른 종류의 강탈행위'에 대해서는 주목할 필요가 있다. 이러한 강탈은 개인의 권리들이 가장 잘 보장된 사회(국가)들에서도 발생할 수 있고, 또한 실제로 종종 발생하기도 한다. 그러한 강탈은 (1) 일반이익이 아니라 '특별이익(special interest)을 위한 법률이나 규제를 획득하기 위한 로비'와 (2) '가격이나 임금을 조작(또는 담합)하기 위한 카르텔 결성이나 담합' 등에 의해 이루어지는 강탈을 말한다. 제4장에서 간략히 주장한 바와 같이 로비나 가격 조작(담합)을 위한 집단행동(collective action)이 성공하면 그 특성상 어떤 산업이나 집단 내 어느 한 개인이나 기업이 관련 로비나 가격 조작(담합)에 기여하였는지의 여부와 관계없이 해당 산업이나 직종 또는 집단 내 모든 사람(회원)에게 똑같이 이익이 돌아간다. 따라서 집단 내 모든 사람(회원)은 집단행동에 드는 비용은 부담하지 않고, 똑같이 나누어 가지는 이익에만 '무임승차'하려고 할 것이다. 집단에 속한 사람(회원)들이

30 [역주] '강탈'(強奪)이란 "물건이나 권리를 억지로 빼앗는 것"을 말한다.
31 [역주] '약탈'(掠奪)이란 "폭력을 써서 남의 것을 억지로 빼앗는 것"을 말한다.

가지는 이러한 '무임승차하려는 인센티브'(incentive to free rdie) 때문에 대부분의 산업들이나 집단들에서 집단행동이 일어나는 데에는 '오랜 시간'이 걸린다. '꽤 오랫동안 안정된(안정을 유지해 온) 사회들'에서만 집단행동을 하기 위한 많은 단체나 연합[32]이 생겨날 수 있다. 그러나 어느 한 사회에서 '소득 창출 능력(income-earning capacity)의 극히 일부분을 차지하는 어떤 집단(즉, 소규모 집단)'이 집단적으로 행동할 수 있는 경우에는 이 집단의 주된 인센티브는 로비나 가격 조작(담합)을 통해 '특별이익'을 자신에게 재분배하려 할 것이다. 따라서 이 집단은 '분배획득 투쟁'(distribution-obtaining struggle)을 통해 자신이 얻는 금액(이익)에 비해 사회에 끼치는 손실이 더 크더라도 '재분배 추구 활동들'을 계속하려 할 것이다. 어느 한 사회에서 이러한 "분배 연합들"(distributional coalitions; 분배획득을 위한 연합들)의 활동으로 초래되는 가격 왜곡과 혁신 장애는 그 사회의 경제를 '경화'(sclerotic)시킨다.[33] 본서에서 살펴본 바와 같이, 이러한 '경화 과정'(sclerotic process)은 동·서양을 막론하고 발생해 왔다. 나는 독재국가든 민주국가든 '오랫동안 안정된 모든 국가'에서 경화 과정이 일어날 것이라고 생각한다.

그러나 방금 논의한 두 가지 일반 조건은 다음 두 가지를 보장해 주지 못한다. 첫째, 두 가지 일반 조건은 달성할 수 없는 '이상적인 권리들'에 대한 명확한 개념 정의 없이는[34] (1) '완전한' 시장들, (2) 사회적으로 유용한

32 [역주] '연합'(聯合)이란 "둘 이상의 단체나 조직을 합하여 하나의 조직을 만들거나 그런 조직체"를 말한다. 한 예로 '기업연합'을 들 수 있다.

33 물론 각 사회(국가)는 '특별이익집단들에 의해 영향을 받은 경제정책들'(즉, 특별이익집단들을 위한 경제정책들) 이외에도 경제정책 결정 과정에서 많은 '실수'를 저지른다. 그러나 각 사회(국가)는 비록 느리지만 그러한 실수를 깨닫고 교훈을 얻기도 한다. 따라서 각 사회(국가)는 그러한 경제정책들을 통해 이익을 얻는 특별이익집단들이 없다면 경제성장에 치명적인 경제정책들을 수립하거나 고수하지 않을 것이다.

34 나는 여기서 나의 다른 논문들에서 다룬 핵심 내용인 환경오염과 기타 외부효과로 초래되는 문제들에 관해서는 생략하기로 한다. 다만 앞에서 설명한 바와 같이 '재산권과 기타 개인의 권리들이 잘 확립되어 있어서 그러한 외부효과를 제거한다'라고만 가정하기로

'최대' 혁신 또는 (3) '이상적인' 자원 배분 등을 보장해 주지 못한다. 둘째, 두 가지 일반 조건이 (4) 광범위한 호소력을 가진 소득 분배를 보장해 주지도 못한다. 그러나 우리는 (1) 전후 세계에서 개발된 이용 가능한 고급 및 첨단 기술들을 채택함으로써 엄청난 이익을 얻을 수 있고, (2) 꽤 성공적인 세계 경제와 상호 작용할 수 있다. 이러한 이점들을 바탕으로 나는 다음과 같은 가설을 세우고자 한다. 즉, "두 가지 일반 조건이 완전히 충족된다면, 상기 두 가지 점이 보장되지 못함에도 불구하고 두 일반 조건은 어느 한 사회(국가)가 번영을 달성하기에 '충분'하다". 또한, 두 가지 일반 조건은 어느 한 사회(국가)가 (1) '어디에나(도처에) 존재하는 시장들'뿐만 아니라 더 나아가 (2) '자체집행적이지 않은 복잡한 거래들을 통해 막대한 이익을 얻을 수 있는 광범위한 시장들'(예를 들어, 외국인 투자를 유치하는 자본시장 등을 포함하여)을 갖출 수 있도록 보장하는 데에도 '충분'하다.

실증적 증거는 내 가설과 거의 전적으로 '일치'한다. 급속도로 성장한 경제(국가)들은 일반적으로 '완전한 시장들이나 이상적인 제도들'을 갖추고 있지 '않은' 것으로 보인다. 또한, 그들 경제(국가)는 '다양한 불완전성'에도 불구하고 급속하게 성장할 수 있었다. **전후 세계에서 볼 때 앞에서 언급한 두 가지 일반 조건을 완전히 충족한 사회(국가)가 경제번영을 이루지 못한 경우는 없다![35] 즉, 전후 세계에서 두 가지 일반적인 조건을 완전히 충족하고도 번영하지 못한 사회(국가)는 없다!([역주] 전후 세계에서 두 가지 일반 조건을 완전히 충족한 사회(국가)는 모두 경제번영에 성공하였다! 또는 두 가지 일반 조건을 완전히 충족한 사회(국가) 중 번영에 실패한 사회**

한다. 물론 이렇게 하면 복잡하고 중요한 많은 문제들을 몇 마디 말로 압축하여 가정할 수 있지만, 그러한 가정은 대부분의 경우에는 효과적이지 않을 것이다.

35 [역주] "There is no society in the postwar world that has fully met the two general conditions that has failed to prosper."

(국가)는 없다!)[36] 두 가지 일반 조건을 모두 충족하는 어떤 경제(국가)는 마치 '청소년기 초기의 소년'과 같다. 이들은 '많은 실수'를 하지만(즉, 불완전하지만), 일정 시간이 지나면 어른으로 '성장'하는 것만은 확실하다. 나는 머리말에서 "어떻게 하면 어느 한 사회(국가)가 (1) 거의 모든 사회(국가)가 갖고 있는 시장들([역주] 즉, '도처에 존재하는 시장들', 또는 '생계유지에 필요한 시장들')뿐만 아니라, (2) 경제번영을 가져오는데 '충분한' 시장들([역주] 즉, '번영을 가져다주는 시장들')을 구비(具備)할 수 있는지"에 대해 질문을 제기한 바 있다. 이제 나는 이 질문에 답할 수 있다고 생각한다. 그 대답은 바로 앞에서 언급한 '두 가지 일반 조건만 충족하면 된다'라는 사실이다.

나는 "두 가지 일반 조건이 '안전하고, 명확하게 규정된 개인의 권리들을 존중하는 민주정치 국가들'(secure, well-defined rights-respecting democracies; '권리를 존중하는 민주정치 국가들')에서 가장 잘 충족될 것이다"라고 생각한다. '권리를 존중하는 민주정치 국가들'에서는 '포괄적인 이익심의 원천인 다수세력집단'(encompassing general-interest groups; '포괄적인 일반이익집단')에 최대한 많은 의사결정 권한을 부여하는 방식을 통해 제도와 정책들이 수립되기 때문이다. '오래 지속된 민주주의 국가들'(또는 모든 종류의 '오랫동안 안정된 사회(국가)들')도 과거에는 결국 '협소한 특별이익집단들'(narrow special-interest groups)로 인해 어려움을 겪었다. 그러나 이러한 현상이 항상 불가피한 것은 결코 아니다. 우리 눈에 관찰되는 어떤 역사적 과정도 필연적인 것은 없다.

'협소한 특별이익집단'은 항상 '작은 소수집단'(tiny minorities)이다. 만약 어떤 사회에서 '협소한 특별이익집단'이 너무 커져서 그 사회의 '다

---

36 [역주] 여기서 볼드체는 내용을 강조하기 위해 역자가 한 것이다.

수'(majority)(또는 '아주 상당한 크기의 소수')를 대표하게 되면, 그 집단은 '포괄적인 이익집단'이 될 것이며, 그로 인해 이전에 비해 '건설적인 인센티브들'을 갖게 될 것이다. 따라서 다음과 같은 중요한 문제가 발생한다. 소수집단들은 너무 작아서 자신들이 사회에 끼치는 '피해를 무시하려는 인센티브'를 가진다(이는 부분적으로 일반 시민과 대중이 그러한 피해에 대해 '합리적으로 무지하려는(rationally ignorant) 인센티브' 때문이기도 하다). 그럼에도 불구하고 소수집단들은 (1) 로비를 통해 자신이 속해 있는 산업이나 직업과 관련된 공공정책에 영향을 미치거나, (2) 자신들과 관련된 특정 시장에서 가격이나 임금을 인상하기 위해 단결하거나 담합할 수 있다. 그러나 특정 시장에서 활동하는 생산자들이 전체 유권자 중 '극소수'이더라도 소수의 지적 엘리트들이 그들이 무슨 일을 하고 있는지를 잘 이해한다면 극소수의 생산자들은 그러한 행동들을 쉽게 할 수 없을 것이다.

사회에서 '지적 엘리트의 이해'가 왜 중요한가? 적어도 일부 민주정치 국가들에서 소수의 지적 엘리트들이 이러한 문제(즉, 협소한 특별이익집단의 행동)에 대해 더 넓고 깊게 이해하는 일은 결코 불가능한 일이 아니다. 민주정치 국가들에서 경제학이나 기타 사회과학을 공부하려는 직업적인 동기를 가진 사람들이나, 공무(公務)에 대한 다른 직업적 관심을 가진 사람들이 적지 않다. 그러한 동기나 관심을 가진 사람들은 '공무에 대해 합리적으로 무지하지 않을' 것이다. 다음으로, 나는 '연구와 교육'(research and education, R&E)[37]이 상당한 효과가 있다고 생각한다. 이것이 바로 내가 '이 책을 쓴' 이유 중 하나이다. 또한, '경험을 통한 사회적 학습(social learning)'도 효과가 있을 것이다. '경제학'에 대한 이해와 어쩌면 '제도와 집

37 [역주] 기업들의 '연구개발'(research and development, R&D) 활동이 기업 성장에 중요하듯이, 일반 시민들의 공무에 대한 '연구와 교육' 활동도 사회의 발전에 중요하다.

단선택의 논리'에 대한 이해가 지난 수십 년 동안 크게는 아니지만 조금 나아진 것 같다. 마지막으로, (1) '사회(국가)가 어떻게 통치되어야 하는지'에 대한 문제에 전문적으로 관심을 가진 사람들뿐만 아니라 (2) '우리의 경제와 사회의 성과를 크게 좌우하는 주요 제도와 정책들'에 대해 깊은 관심을 가진 '일반 사람' 모두가 열심히(그리고 정말 열심히) 노력한다면 '더 많이(또는 더 넓고 깊게) 이해'할 수 있을 것이다.

올슨의 통찰 1

탈공산주의 국가들에서의 경제쇠퇴의 원인: 왜 탈공산주의 국가들은 체제전환 후 경제가 쇠퇴하였는가?[1]

과거 공산주의 국가들처럼 정부가 지나치게 많은 통제권을 장악하여 행사하면 경제는 실패한다. 따라서 우리는 탈공산주의 세계에서 새로운 시장들이 등장하고, 정부가 후퇴함에 따라 '폭발적인 경제성장'이 일어날 것이라고 기대할 것이다. 그러나 실제로 탈공산주의 세계의 많은 국가는 공산주의의 몰락과 함께 '경제쇠퇴'를 겪었다.

우리의 예상과 달리 왜 이런 일이 일어났는가? 일반적으로 한 경제체제에서 다른 경제체제로의 전환(이행)이 '경제쇠퇴의 원인'으로 여겨진다. 이는 사실이 아니다! 예를 들면, 중국에서 덩샤오핑(등소평)의 개혁조치들은 '엄청난 부(富)의 증가'를 가져왔다. 또한, 제2차 세계대전에서 독일과 일본의 독재정권이 패배하였을 때 경제 회복에 수십 년이 걸릴 것으로 예상하였다. 그러나 두 나라는 곧 '경제 기적'(economic miracle)을 이루었다. 마지막으로, 제2차 세계대전 직후 공산주의로 전환한 소련도 스탈린의 잔혹한 독재에도 불구하고 생산량의 감소가 오랫동안 지속되지는 않았다.

그렇다면 탈공산주의 국가들에서 '체제전환'은 무엇이 다른가? 탈공산주의 국가들에서 체제전환 후 개선의 조짐들이 있었지만 많은 국가에서 경제 성과가 좋지 않았다. 왜 그런가? '번영하는 시장들'은 허공에서(즉, 체제만 전환하였다고 해서) 갑자기 생겨나는 것이 아니기 때문이다. 번영하는 시장들에는 대부분의 국가에서는 존재하지 않는 '좋은 제도들'이 필요하다. '번영하는 국가들'에는 그러한 제도들이 있지만, 이를 당연하게

---

1 Mancur Olson(1996), "The Causes of Post-Communist Economic Decline," *Project Syndicate*, June 21.

여긴다.

이러한 제도들의 본질은 '민영화'(사유화)에 대한 논의에서 분명하게 드러난다. 민영화(사유화)가 무엇을 의미하는지는 '선진 시장 민주주의 국가들'에서 명확하게 알 수 있다. 선진 시장 민주주의 국가들에서는 (1) 재산권들이 명확하게 규정되어 있고, (2) 재산권들을 보호하기 위한 정교한 장치와 제도들이 마련되어 있다. 기업들이나 개인들이 서로 계약을 맺으면 (1) 정부가 그러한 계약들을 공정하게(필요한 경우 강제로) 집행하고, (2) 당사자들 간에 분쟁 발생 시 법원에서 공정한 판사가 이를 해결한다. '사적 권리들'이 명확하게 규정되고, 안전하게 보호될 때(즉, 제도적 기반이 잘 마련된 후에) 국영기업은 비로소 민영화(사유화)될 수 있다.

그러나 사적 권리들이 명확하게 규정되고, 안전하게 보호되지 않으면 민영화(사유화)의 결과는 불투명하다. 종종 다음 두 가지 경우가 강조되고 있다. 우선, 정부가 정당한 법적 절차와 보상 없이 개인의 재산을 박탈할 수 있다면 재산은 안전하게 보호되지 않는다. 다음으로, 현재 정치권력의 반대자들과 외국 기업들이 법에 따라 동등한 대우를 받지 않는 한 계약은 안전하게 보호되지 않는다. 이러한 강조는 당연하다. 그러나 정부는 (1) 사유 재산을 빼앗아가는 '잠재적 적'(敵)일 뿐만 아니라, (2) 사유 재산을 보호하는 '주요 방어자'이기도 하다. 무정부(無政府) 상태에서도 개인들은 재산을 소유할 수 있다. 이는 '마치 개가 뼈다귀를 소유하는 것과 같다'. 그러나 '정부 없이는' 재산에 대한 진정한 권리가 존재할 수 없다.

반면에 공산주의 체제하에서는 개인의 재산권과 계약이 거의 존재하지 않았다. 심지어 공산주의 붕괴 이후 일부 좀 더 발전된 탈공산주의 국가들에서도 개인의 재산권과 계약이 여전히 명확하게 규정되지 않고, 불안전하게 보호된 채로 남아 있었다. 이러한 불확실성으로 인해 탈공산주의 국가들에서 시장들은 종종 국유기업들의 생산 붕괴(대규모 감소)를 상쇄하는 데 필요한 새로운 소득을 창출하지 못하였다. 또한, 탈공산주의 국가들에서 생산량이 감소하였다. 그 이유는 간단하다. 체제전환 후 채택한 민주주의가 과거 '무자비한 전체주의'처럼 국유기업들로부터 많은 생산을 이끌어낼 수 없었기 때문이다.

제2차 세계대전 후 구소련을 지배한 스탈린(Stalin)을 생각해 보자. 전체주의적 통제가 너무 완벽하였기 때문에 스탈린은 마치 '재산 소유자'처럼 '구소련의 생산량'에 대해 '포괄적인 이익심'(encompassing interest)을 가졌다. 구소련에서 생산량(소득)이 증가하면 스탈린과 공산당은 생산량(소득)의 증가를 빼앗아 와서 군대를 개선하고, 국제적 영향력을 확보하는 데 사용할 수 있었기 때문이다. 따라서 스탈린은 "자신이 '소유한'(지배하는) 영토를 생산적으로 만들려는 강력한 인센티브"를 갖게 되었다. 극도로 중앙집권화된 스탈린주의 국가라도 국유기업 관리자들의 업무 대부분을 감독할 수는 없었다. 그러나 각 관리자가 '관리해야 하는 자원' 대비 '생산량'을 비교하여 그들의 성과를 측정할 수 있었다. 이를 통해 관리자들은 부하직원들을 서로 '경쟁'하도록 만들었다. 즉, 더 많이 생산한 부하직원들은 보상을 받았고, 덜 생산한 부하직원들은 처벌을 받았다.

그러나 공포가 진정되고, 부하직원들이 생산량에 대한 정보 독점을 이용하면서 '부패'가 시작되었다. 관리자들이 생산 가능량에 대한 정치 중심부의 기대치를 조작하면서 관리자들 간의 '담합'이 '경쟁'을 대체하였다. 어떤 산업이나 생산지의 부하직원들이 고용주들을 속이면서 이러한 '사실상의 음모'에 성공하는 데는 수년이 걸렸지만, 결국 그들은 성공하였다. 이런 일이 확산되면서 생산량은 감소하였다. 그 이유는 관리직 부하직원들이 생산량을 증가시켜도 아무런 이익을 얻지 못하였기 때문이다. 이러한 '새로운 계급'은 더 많은 특권을 누렸고, 공산당 중앙은 점차 약해졌다. 마침내 구소련 경제는 경화(硬化)되었다.

공산주의가 붕괴하면서 공산당 중앙은 완전히 사라졌다. 국유산업들에서 생산량은 훨씬 더 많이 감소하였다. 그렇지만 공산주의 붕괴로 정부는 약해졌어도, '국유기업들은 여전히 강하였다'. 실제로 체제전환 후 도입한 민주주의는 국유기업들이 더 공개적으로 로비를 할 수 있도록 허용함으로써 국유기업들을 '더 강하게' 만들었다. 결국, 새로 도입한 민주주의하에서 어떤 힘(강제력)도 일관된 계획을 강요하거나 더 많이 생산하도록 명령할 수 없었기 때문에 경제 성과는 바닥으로 떨어졌다.

기존의 통념은 '빠른 민영화'(사유화)가 이러한 과정을 역전시킬 것이라고 주장한다. 이는 틀린 생각이다. 새로운 재산권의 불안전한 문제는 차치하더라도 종종 '민영화로 얻는 이익'은 기껏해야 불확실하다. 문제는 '대부분의 국유기업들이 가치가 있다'라고 가정하는 데 있다. 서구에서 제공되는 더 유리한 조건들에서도 대규모 국유기업들과 많은 민간기업들은 종종 해체, 구조조정, 합병 또는 폐쇄되곤 한다. 구공산주의 국가들에서는 많은(때로는 대부분의) 대규모 국유기업들이 처음부터 잘못 생겨났다. 공산주의 붕괴 이전 마지막 몇 년 동안 투자는 거의 전적으로 '자기 잇속만 차리는'(self-serving) 국유기업 관료들에 의해 주도되었다. 따라서 '민영화'(사유화)에 대한 논쟁은 '청산'(淸算)이나 '정리'(整理)에 대한 논쟁으로 전환되어야 하였다.

이제, 오늘날의 과제는 (1) 자원을 낭비하는 국유기업들을 보호하거나 그들에게 막대한 보조금을 지급하지 않는 것이고, (2) 개인들에게 사회의 동정심(compassion)을 돌리는 것이다. 즉, (1) '원조가 필요한'(needy) 국유기업들에게 보조금이나 지원금 지급을 거부하고, (2) 사회 안전망(social safety net)을 개선하여 '도움이 필요한' 사람들을 돕는 것이 '모두에게 이익이 되기' 때문이다. 또한, 보조금이 대폭 축소되고, 시장이 활성화된 곳에서만 새로운 기업들이 생겨나기 시작하면서 생산이 다시 살아나기 시작한다. 여기에 사유재산권을 위한 '제도적 인프라 확충'이 더해지면 생활 수준의 향상은 그리 오래 걸리지 않을 것이다. 그러나 이러한 과제는 오늘날 '거대한 산업 공룡들의 로비력'으로 인해 달성하기 더욱 어려워지고 있다.

올슨의 통찰 2

경제성장의 수수께끼: 무엇이 경제성장을 가져다주는가?[2]

세계 각국에서 왜 어떤 국가들은 부유하고, 다른 국가들은 가난한가? 좀 더 구체적으로 말하면, 지구상 왜 가장 가난한 국가(최빈국)들의 1인당 소득이 가장 부유한 국가들의 1인당 소득의 20분의 1에도 미치지 못하는가?

일반 사람들은 흔히 "가난한 국가들은 그들의 '끔찍한 자원 부족'으로 인해 가난하다"라는 생각을 당연하게 여긴다. 즉, '가난한 국가들은 경제성장에 필요한 자원들이 부족하기 때문에 여전히 가난하다'라고 생각하며, 또 이를 당연하게 받아들인다. 또한, 많은 가난한 국가들은 인구가 과잉이며, 부유한 국가들만큼 천연자원들이 많지 않다. 더욱이 대부분의 가난한 국가들은 부유한 국가들에 비해 '노동자 1인당 물적 자본'(예, 기계나 장비)이나 '첨단 기술을 갖춘 물적 자본'도 많지 않다. 마지막으로, 가난한 국가들은 고소득 국가들만큼 '교육과 훈련'(즉, '인적 자본')도 많이 갖고 있지 못하다.

이처럼 천연자원, 현대식 기계와 장비(물적 자본), 노동자 1인당 인적 자본(교육과 훈련)이 '적기' 때문에 가난한 국가들의 생산성과 1인당 소득이 부유한 국가들에 비해 더 낮다고 여겨진다. '국가 빈곤'의 원인에 대한 '자원'이나 '부족'—즉, '천연자원 부족'이나 '물적 및 인적 자본 부족'—에 기인한다고 설명한다. 이러한 기존의 익숙한 설명은 부유한 국가들로부터의 대규모 원조를 받지 않고서는 가난한 국가들이 스스로 발전하거나 결코 부유한 국가들을 따라잡을(catch up) 수 없다는 것을 의미한다.

"가난한 국가들은 자원이 부족하기 때문에 가난하다"라는 설명은 '검증 가능한 가설'이어야 할 것이다. 그러나 대부분의 실증 검증에서 이 가설은 검증에 실패하였다.

---

2 Mancur Olson(1996), "The Riddle of Growth," *Project Syndicate*, December 12.

먼저, '국가의 빈곤'이 토지나 천연자원의 부족으로 야기되었다면 그 빈곤을 해결하기 위해 빈곤 국가에 살고 있는 '사람들(인구)의 수'를 줄이면 어떻게 될 것인가? '이민'(또는 이주)이 하나의 해결책이 될 것이다. 이민으로 인해 이민자들의 출신 국가에서는 인구 감소로 생활 수준이 높아지고, 이민자들이 도착한 국가에서는 인구 증가로 생활 수준이 낮아져야 할 것이다. 이러한 가설은 사실인가? 예를 들면, 1821년에 아일랜드의 인구는 540만 명이었고, 영국의 인구는 1,420만 명이었다. 이로부터 165년이 지난 후인 1986년에 아일랜드의 인구는 350만 명으로 줄어들었고, 영국의 인구는가 5,510만 명으로 크게 증가하였다. 1986년 당시 영국의 인구 밀도는 아일랜드보다 5배나 더 높았으나, 아일랜드의 1인당 소득은 영국의 약 5분의 3에 불과하였다. 즉, 1986년에 아일랜드 사람들의 이주로 영국의 인구 밀도는 아일랜드보다 더 높았고, 영국의 1인당 소득도 아일랜드보다 더 높았다. 이민으로 인해 아일랜드의 생활 수준이 높아지지 않았음을 알 수 있다. 따라서 이러한 결과는 가설에 위배된다. 이러한 사례는 결코 예외가 아니다. 네덜란드, 싱가포르, 홍콩과 같이 일부 '가장 부유한 국가들'의 인구 밀도가 세계에서 가장 높은 반면, 브라질, 케냐, 자이르와 같이 일부 '가장 가난한 국가들'은 세계에서 인구 밀도가 가장 낮다.

다음으로, 어떤 국가가 '첨단 기술을 습득하지 못하는 요인'도 국가 빈곤의 원인이 될 수 없다. 예를 들어, 매우 짧은 기간에 근대화(경제발전)를 이룬 한국의 경우를 살펴보자. 한국은 1973~1979년에 '체화되지 않은 기술'(disembodied technology)[3] 도입에 대한 로열티와 기타 지급금이 GDP의 1,000분의 1에도 미치지 못하는 아주 적은 수준이었다. 또한, 한국에서 '외국인 직접 투자'(FDI)로 발생하는 모든 수익을 '기술지식'에 대한 대가로 간주하여 계산하더라도 로열티와 기타 지급금의 총액은 여전히 한국 GDP 증가의 1.5%에도 미치지 못하였다. 즉, 한국은 1973~1979년에 첨단 기술이나 기술지식을

3 [역주] 특허, 노하우, 자문용역 등을 '체화되지 않은 기술'이라 부르고, 반면에 자본재 거래나 해외직접투자 시 제품이나 생산 및 관리 활동 등에 포함되는 기술을 '체화된 기술'(embodied technology)이라고 부른다.

거의 습득하지 못하였다. 그럼에도 한국은 1973~1979년 동안 괄목할 만한 성장을 이루었다.

셋째로, '인적 자본의 질(우수성)'이 국가 빈곤의 원인인가? 많은 연구자들은 부유한 국가들의 높은 소득이 부분적으로는 사람들이 경제적 기회가 있으면 이에 능숙하게 대응하게 만드는 '문화적 특성'(cultural traits)에서 비롯된다고 주장한다. 반면에 가난한 국가들에는 이러한 문화적 특성이 부족하다고 주장한다. 또한, 그들은 빈곤을 지속시키는 문화적 특성은 수 세기에 걸친 사회적 축적에서 비롯된 것으로 단기간에 바꿀 수 없다고 주장한다. 이 주장은 사실인가?

위에서 살펴본 이민 사례를 통해 이 가설을 검증할 수 있다. 연구자들은 가난한 국가들에서 미국으로 이주한 사람들이 언어와 기타 적응에 어려움이 있음에도 불구하고 비슷한 배경을 가진 미국인들보다 약 55% 더 많은 소득을 벌었다는 사실을 발견하였다. 또한, 1인당 소득이 미국의 5분의 1 또는 10분의 1에 불과한 국가들에서 온 사람들도 마찬가지였다. 이는 마치 미국으로 오기 위해 리오그란데강(Rio Grande; 미국과 멕시코의 국경을 이루는 강)을 헤엄치는 라틴 아메리카(가난한 국가) 사람들이 미국(부유한 국가) 국경을 넘는 순간 '프로테스탄트 윤리(Protestant ethic)[4]로 세례(洗禮)를 받은 것과 같다!' 그러나 미국으로의 이주 이전의 그들의 낮은 생산성은 '문화적 특성'이라기보다는 주로 모국(母國)의 '나쁜 제도들과 경제정책들' 때문이었다.

경제발전이 '변화하기 어려운 문화적 요인들'의 문제라는 생각은 '역사의 우연'으로 인해 국가가 분단되어 두 가지 다른 제도와 경제정책을 추구하거나 실시하였던 국가들에서 가장 잘 검증된다. 그러한 국가들의 예로 중국(본토 대 대만과 홍콩), 독일(서독 대 동독), 한국(남한 대 북한)을 들 수 있다. 각 경우에 양국은 공통 문화를 가지고 있었지만, 홍콩과 대만, 서독, 남한의 경제 성과는 각각 중국 본토, 동독, 북한의 경제 성과와

4 [역주] 노동에의 헌신·검약, 노동의 성과를 올리는 것을 강조하며 자본주의 사회의 지배적 윤리이다.

비교할 수 없을 정도로 더 나았다.

핵심은 '어떤 국가의 1인당 소득을 주로 결정하는 것'은 (1) 그 국가가 가진 자원이나 초기 부족보다는 (2) 그 국가가 채택하는 제도들과 경제정책들이라는 사실이다. '좋은' 제도들과 경제정책들을 채택하는 '가난한 국가들'은 부유한 국가들보다 훨씬 빠르게 성장할 수 있다. 즉, '가난한 국가들'이 '좋은 제도들과 경제정책들'을 채택한다면 부유한 국가들보다 훨씬 빠르게 성장할 수 있다. '가장 빠르게 성장하는 국가들'은 결코 1인당 소득이 가장 높은 국가들이 아니라 항상 '저소득 국가들'이라는 기록은 놀랍다. 예를 들어, 1970년대에 한국은 미국보다 7배나 더 빠르게 성장하였다. 왜 그런가? 부유한 국가들은 실제로 그들의 잠재력에 근접해 있으며, 오직 기술이나 기타 진보로 성장하기 때문이다. 반면에 '좋은 제도들과 경제정책들을 채택한 일부 가난한 국가들'은 더 급속한 '따라잡기'(catch-up; 추격형) 성장을 누린다. 왜 그런가? 가난한 국가들은 그들의 잠재력에 미치지 못하였기 때문에 (1) 진정한 혁신을 이루고, (2) 그들의 경제적 잠재력을 더 잘 활용하고 개발함으로써 1인당 소득을 증가시킬 수 있기 때문이다.

그러면 어떤 제도들과 경제정책들이 효과가 있는가? 우리가 '익히 알고 있는 이념'은 이 질문에 대답하는 데 필요한 지혜를 제공해 주지 못할 것이다. 예를 들어, (1) 국가의 크고 작음(즉, 규모)이나 (2) 저소득층에 대한 이전지출의 규모가 중요하다는 가정은 사실에 부합하지 않는다. 진짜 문제는 다른 곳에 있다. '조직되지 않은'(uncoordinated; '제도화되지 않은') 개별행동들로는 큰 이익을 얻을 수 없다. 반면에 (1) 계약들을 공정하게 집행하고, (2) 재산권을 안전하게 보호하는 '제도들'이 있을 때만 큰 이익을 얻을 수 있다. 제도([역주] 즉, 관습·도덕·법률 등의 규범이나 사회 구조의 체계)는 바로 어떤 사회 내에서 '개인들을 행동하게 하는 인센티브를 이끌어 내는 사회적 및 제도적 규칙'이다. 따라서 경제 성과를 주로 결정하는 것은 '인센티브의 구조'인 '제도'이다.

그러므로 경제번영을 증진하기 위해 어느 한 사회가 할 수 있는 최선의 방법은 그 사회가 결정하는 제도적 선택들에 대해 (무관심하거나 합리적으로 무지하지 않고) '잘 알아보는 것'(wise up; 신중하게 생각하고 현명하게 판단하는 것)이다. 왜 그런가? 나쁜 제도적 선택들로 인해 가난한 국가들이 그들이 가진 경제적 잠재력의 극히 일부만 얻을 수 있으며, 그로 인해 그들 국가가 상실하는(획득하지 못하는) 금액이 수조 달러에 달하기(즉, 막대하기) 때문이다.

정성호(한국재정정보원 선임연구위원 및 한국정부회계학회장)

만약 맨서 올슨(Mancur Olson) 교수가 살아 계셨다면, 2024년 노벨경제학상은 분명히 다론 아제모을루(Daron Acemoglu)가 아닌 올슨 교수에게 돌아갔을 것이라고 확신한다. 올슨 교수의 저서 『정치권력과 경제번영』(*Power and Prosperity*)은 오늘날 우리가 경제번영과 정치권력의 상호 작용을 이해하는 데 핵심적이고 독창적인 관점을 제시하기 때문이다. 올슨 교수의 연구는 정치학과 경제학을 넘나드는 폭넓은 학술적 관심을 이끌어 냈으며, 특히 경제성장을 촉진하는 정치적 조건과 제도적 메커니즘에 관한 논의에 새로운 지평을 열었다.

올슨 교수는 정치권력(political power)과 경제번영(economic prosperity)의 관계를 깊이 있게 다루었다. 올슨 교수는 경제적 번영을 가져오기 위한 정부의 역할에 대해 다음과 같이 주장하였다. "경제번영을 이루려면 정부는 (1) 사유재산권을 확립하고 이를 안전하게 보호해야 하며, 체결된 계약을 공정하게 집행할 수 있도록 '강력'(powerful or strong)해야 하고, 동시에 (2) 정부 자신의 과도한 행동이나 개입으로 개인들로부터 이러한 권리들(즉, 사유재산권 및 계약집행권)을 박탈하지 않도록 정부의 힘을 '자제 또는 절제'(constrained or restrained)해야만 한다." 즉, 정부가 경제성장에 필수적이면서도 절제된 권력을 행사해야만 하며, 올슨 교수는 이를 "시장 확대 정부"(market-augmenting government)라고 명명하였다.

이와 같은 시장 확대 정부 개념은 특히 경제적 제도의 중요성을 강조하는 올슨 교수의 근본적 통찰력에서 비롯된다. 올슨 교수는 경제성장에 필요한 두 가지 필수적인 조건으로 (1) 명확하고 안정된 사유재산권의 보호와 계약의 공정한 집행, (2) 모든 형태의 약탈과 강탈이 없어야 함을 강조하였다. 올슨 교수에 따르면 이러한 조건들은 특히 '권리를 존중하는 민주주의 국가들'에서 가장 잘 충족되며, 이는 소수의 협소한 이익

(narrow interests)이 아닌 다수의 '포괄적인 이익'(encompassing interests)에 기반한 정책 결정이 이루어지기 때문이다.

또한, 올슨 교수는 집단행동 이론을 발전시키며 집단 이기심(collective self-interest)의 논리를 통해 정부의 효율성에 관한 분석을 진행하였다. 올슨 교수는 자신의 유명한 저서 『집단행동의 논리』(*The Logic of Collective Action*)에서 개인들이 집단재(공공재)를 위해 집단적으로 행동하기보다는 무임승차(free riding)를 선호하며, 이러한 현상을 극복하기 위해서는 별도의 '선택적 인센티브'(selective incentives)가 필요하다고 주장하였다. 즉, 개인이 집단적 목표를 위해 적극적으로 참여하도록 유도하는 개별적이고 명확한 '보상과 처벌'의 필요성을 강조하였다.

올슨 교수의 이론적 주장은 1982년 출판된 그의 저서 『국가의 흥망성쇠』(*The Rise and Decline of Nations*)에서 더욱 심화되었다. 올슨 교수는 국가가 발전할수록 이익집단들이 축적되고, 이로 인해 경제적으로는 경직성과 비효율성이 증가하여 성장이 둔화 및 침체된다는 사실을 발견하였다. 올슨 교수는 여기에서 정부와 정치체제가 경직된 이익집단들로 인해 효율적이고 혁신적인 개혁을 추진하지 못할 경우 국가의 경제성장이 장기적으로 쇠퇴할 수 있음을 경고하였다.

역사적 사례 연구 역시 올슨 교수의 논리를 뒷받침한다. 올슨 교수는 특히 구소련과 탈공산주의 국가들의 경제적 붕괴 및 회복 속도를 분석하면서, 정부의 역할이 경제적 결과에 미치는 영향에 주목하였다. 올슨 교수는 국가의 경제적 회복 여부는 "국가의 권력과 그 권력을 어떻게 사용하는지와 큰 관련이 있다"라고 하며, 국가의 제도적 환경이 자본시장이나 신용시장과 같은 "복잡한 시장들"의 발전과 번영을 좌우한다고 설명하였다. 실제로 올슨 교수는 "국가가 사적 계약 집행을 보장하고, 시장을 확대하는 제도적 장치를 마련해야 경제적 번영이 가능하다"는 점을 강조하였다.

그러나 올슨 교수의 이론적 접근은 실천적 측면에서 일정한 한계를 드러내기도 한다. 올슨 교수의 논의는 시장 확대 정부의 중요성과 필요성을 강조하는 데 그칠 뿐, 이런 정부가 현실적으로 어떻게 형성될 수 있는지에 대한 구체적이고 단계적인 방안이나 전략은 다소 부족하다. 올슨 교수 스스로도 이러한 부분을 인지하며, "제도의 변화가 어떻게 이루어지는지에 관한 한 가지 설명은 '권력자들이 갖는 인센티브'를 고려함으로써 알 수 있다"고 하며, 특히 "엘리트들(권력자들)에 대한 이해를 높이는 것이 제도 변화의 메커니즘을 알 수 있는 핵심"이라고 주장하였다. 이는 실천적 개혁 방안을 구체화하는 연구가 향후 발전될 필요가 있음을 시사한다.

그럼에도 불구하고 올슨 교수의 논의는 오늘날 경제학과 정치학 연구자들에게 매우 큰 학술적 자산으로 남아 있다. 올슨 교수는 국가가 경제성장을 위해 무엇을 해야 하는지를 규명하였을 뿐만 아니라, 경제성장의 제도적 조건과 권력의 행사가 지닌 본질적 긴장과 균형을 이론적으로 규명하였다. 더욱이 올슨 교수의 연구는 이후의 많은 정치경제학 연구들에 이론적 토대를 제공하였으며, 특히 경제 제도의 중요성과 정부 역할에 관한 학술적 논의에서 '표준적' 참고문헌으로 자리 잡았다.

이러한 맥락에서 올슨 교수의 저작은 탈공산주의 체제전환 국가들이나 경제적 위기를 겪고 있는 국가들에게 중요한 실천적 교훈을 제공해 준다. 예컨대, 1997년 아시아 금융위기 당시 한국과 인도네시아를 포함한 여러 국가의 사례는 올슨 교수가 강조한 시장 확대 정부의 역할과 제도적 역량이 경제 회복과 직결됨을 보여 준다. 올슨 교수가 이 책에서 언급한 것처럼, 시장 확대적 정책들이 존재하는 국가들은 회복 속도가 빠르고 위기를 극복하는 역량을 보였다.

결론적으로, 올슨 교수의 이론은 오늘날 국가 경제의 성공과 실패를 제도적 관점에서 분석하는 데 매우 중요한 기여를 하고 있다. 특히 올슨 교수의 '시장 확대 정부론'은 정치경제학에서 정부와 시장 간의 관계를 새롭게 바라보는 데 있어 혁신적인 관점을 제공한다. 올슨 교수의 통찰은 오늘날의 정치경제학적 현실을 이해하고, 보다 나은 정책적 선택을 할 수 있도록 학자와 정책결정자들에게 여전히 큰 영감을 주고 있다. 올슨 교수의 연구가 남긴 위대한 '이론적 유산'은 앞으로도 정치경제학 분야에서 깊이 있는 논의와 새로운 연구들을 촉진시킬 것이다.

서평 2

이강구(한국개발연구원(KDI) 연구위원)

고(故) 맨서 올슨 교수는 "정치권력의 구조에 따라 경제번영의 양상이 달라질 수 있다"는 점에 주목하면서, 이 책에서 여러 사례와 이론적 근거를 통해 '어떤 정치 구조와 제도'가 경제번영을 이끄는 데 필수적인가를 분석하였다. 사실 좋은 정부(정치)와 나쁜 정부(정치)를 사후적으로 구분하는 일은 그나마 가능해 보이지만, 지금 이 순간에 '좋은 정부(정치)를 어떻게 만들 수 있는가?'라는 질문은 여전히 쉽지 않은 과제이다.

올슨 교수가 제시하는 핵심 결론은 '경제번영에 필요한 두 가지 일반 조건이 존재한다'는 것이다:

1. 모든 사람에게 사유 재산과 계약에 대한 안전하고 명확한 권리가 부여되어야 한다.
   - 이는 곧 개인의 재산과 계약이 정부나 타인의 임의적 침해 없이 확실히 보호받고, 누구나 그 권리를 행사하고 이행할 수 있어야 함을 의미한다.
   - 개인이 생산·투자·거래에서 얻게 되는 이익에 대한 권리를 안전하게 보장받지 못한다면 경제적 인센티브(동기 부여)는 약화될 수밖에 없다.

2. 약탈(강탈)이 존재하지 않아야 한다.
   - 이는 폭력, 부패, 불법적 재산 몰수, 로비와 담합 등을 통해 타인의 재산과 권리를 빼앗는 행위를 제도적으로 막아야 함을 의미한다.
   - '만인에 대한 만인의 투쟁'이 일어나는 무정부 상태뿐만 아니라 독재자가 국민의 재산을 강탈하거나, 특별이익집단이 로비와 카르텔로 가격을 왜곡해 부(富)를 독점하는 것 역시 이러한 '약탈'의 범주에 포함된다.

올슨 교수는 이 책에서 위 두 가지 조건이 민주정치와 법치가 잘 결합된 국가에서 가장 효과적으로 실현될 수 있다고 보았다. 그 이유는 민주정치가 권력을 독점하려는 세력을 제도적으로 견제하고, 다수자 의사결정 과정에서 개인의 권리와 시장의 기능을 최대한 보호할 수 있기 때문이다.

- '권리를 존중하는 민주정치'는 폭력적 약탈이나 강탈을 억제하여, 시장이 가진 잠재력을 최대치로 발휘하게 한다.
- 동시에 정부가 안정적인 법과 제도를 마련해 주고, 세금 징수 및 예산 지출 등 재정 활동이 시장 효율성을 심각하게 해치지 않도록 조정하는 역할을 수행할 때 경제번영은 더욱 확실해진다.
- 나아가 교육정책 역시 시장을 억누르거나 방해하는 형태가 아니라, 인적 자본을 육성해 경제 생산성을 높이는 방향으로 설계되어야 한다.

하지만 이 책이 충분히 다루지 못한 부분도 존재한다. 가령, "어느 국가가 어떻게 이러한 권리를 존중하는 민주정치를 '갖추게 되었는가?'"라는 문제에 관해서는 여전히 명쾌한 해답을 얻기 어렵다. 또한 저자가 말하였듯이 민주정치 제도가 아니라도 일정 부분 성공한 국가 사례들도 있기 때문이다. 그렇다면 비민주적 정치구조를 가진 국가가 어떤 '개혁 경로'를 통해 성공할 수 있을지에 대해서는 아직 더 많은 탐구와 연구가 필요한 과제로 남아 있다.

올슨 교수가 제2차 세계대전 이후 패전국들의 경제 성과와 냉전 이후 구(舊)공산권 국가들의 경제 성과를 비교·분석하고자 하였던 것도 이러한 맥락에서다. 구공산주의 국가의 경우, 엄청난 수준의 관료 부패와 조직범죄가 경제발전의 걸림돌이 되는 사례가 많았는데, 이는 결국 권리를 제대로 보장하지 못하고, 여러 형태의 약탈·강탈을 막지 못하였기 때문에 나타난 현상으로 해석할 수 있다.

이 책을 통해 배우는 교훈은 "경제는 정치를 움직이고, 정치는 경제를 지배한다"

라는 말처럼 양자는 상호 깊은 영향을 주고받는다는 점이다. 이때 올슨 교수가 제시하는 (1) '경제번영을 위한 좋은 방법 대 나쁜 방법'의 비교나 (2) '번영하는 사회 대 쇠퇴하는 사회'를 대조하는 논의는 우리에게 큰 시사점을 제공한다. 부정부패, 강탈, 독재가 만연한 국가일수록 세금이 왜곡된 방식으로 거둬지고, 이는 시장의 효율과 개인의 동기를 약화시킨다. 반면, 다수 의사결정(민주정치)과 개인 권리에 대한 존중은 인센티브 구조를 개선하고 장기적 시야를 갖춘 경제정책을 가능하게 한다.

아울러, 다른 경제이론—거래이익, 거래비용, 코스의 정리, 시장실패 등—을 통해서도 정부의 역할과 시장의 작동 원리에 대한 다양한 해석이 가능하다. 올슨 교수 역시 "정부가 시장에 절대적으로 중요한 역할을 한다"라고 주장하지만, 이는 어디까지나 정부가 시장을 억압하지 않고, 반대로 올바른 방향으로 권리를 보호하고 약탈을 억제하는 역할을 충실히 하였을 때만 성립한다.

안타깝게도 올슨 교수는 이 책을 완성하지 못하고 세상을 떠났다. 완성된 책의 모습이 어땠을지는 알 수 없지만, 이 책이 제시한 핵심 논의를 통해 우리는 여전히 '정치권력과 경제번영의 관계'를 깊이 고민해볼 수 있다. 저자의 미완성 부분—예를 들면, 각 주장에 대한 구체적 통계와 더 풍부한 사례 검증—은 연구자들에게 추가적인 탐구를 요구한다. 그 점에서 이 책은 독자나 연구자들에게 "어떻게 해야 좋은 민주정치와 제도가 결합하여 시장을 활성화하고, 동시에 범죄적 강탈과 부패를 줄여 경제성장을 지속시킬 수 있을까?"라는 질문을 던지며, 그 답을 찾아가는 여정을 멈추지 말라고 당부하는 셈이다.

결국, 두 가지 일반 조건—즉, (1) 안전하고 명확한 권리 보장, (2) 약탈·강탈의 부재—이 어떻게 확립되고 유지되느냐가 그 사회의 경제번영을 결정짓는다. 그리고 그 조건을 가장 잘 달성할 수 있는 제도적 장치는 올슨 교수가 강조하였듯이 '권리를 존중하는 민주정치'라고 할 수 있다. 다만, 민주정치 국가들이라도 언제나 이상적일 수는 없으며, 국가마다 부패, 특별이익집단, 제도적 미비 등으로 인해 굴곡을 겪을 수 있음도 우리는 경험적으로 잘 알고 있다. 그럼에도 불구하고, 올슨 교수가 이 책에서 강조한 민주정치와 제도적 안전장치, 그리고 개인의 권리에 대한 존중 등이 '경제와 정치의 선순환' 구조를 만들어가는 데 있어 여전히 유효한 해결책임을 다시금 확인하게 된다.

서평 3

강정모(경희대학교 명예교수)

시장경제가 번영하는 데 필요한 조건은 (1) 안전하고 명확하게 규정된 개인 권리의 존재와 (2) 어떤 종류의 강탈이나 약탈도 없어야 한다는 것이다. 이 두 조건을 완전히 충족한 국가가 경제번영을 이루지 못한 경우는 없다. 이 두 조건은 안전하고 명확하게 규정된 개인의 권리들을 존중하는 민주주의 국가들에서 가장 잘 충족된다. 이에 관한 정보와 지식이 한 상 가득한 이 책을 대한민국의 번영을 바라는 분들께 일독을 권한다.

좌승희(한국제도·경제학회 이사장)

1. 한국과 '올슨 문제'

2024년에 노벨경제학상을 받은 이른바 '포용적 성장' 이론가들은 자유민주주의와 시장경제 체제를 채택하지 않은 국가가 어떻게 실패하는지를 보여 주는 대표적 사례로 북한을 지목하였다(Acemoglu & Robinson, 2012). 그런데 반대로 잘 나간다던 한국(남한)도 최근 들어 '자유민주주의와 시장경제가 어떻게 하면 실패하는지'에 대한 하나의 사례를 보여 주고 있다. 흥미롭게도 남한과 북한이 서로 다른 길(체제)에서 모두 '어떻게 하면 실패하는지'를 보여 주고 있는 셈이다. 아직 인류는 어떤 자유민주주의가, 어떤 시장경제가, 더 나아가 어떤 자유민주주의와 시장경제의 결합이 진정으로 경제번영에 도움이 되는지를 모르고 있다.

사회주의가 몰락한 이후 이행경제 국가들(transition economies)이 자유민주주의와 자본주의 시장경제를 채택하면 모두 경제번영으로 나아갈 줄 알았으나 번영은 고사하고 경제 혼란과 침체를 경험하였다. 아직도 진정으로 '선진국'이라 부를만한 나라는 나타나지 않고 있다. 중국 정도가 그동안 중진국 수준에서 지정학적 및 인구 대국의 이점을 활용하여 G-2 국가로 부상하고 있지만, 이마저도 공산당 독재와 미비한 시장경제하에서 이룬 성과일 뿐 민주주의와 자본주의 시장경제의 힘은 기대에 크게 못 미치고 있다. 왜 자유민주주의와 시장경제라는 좋은 체제(system)를 채택하였는데 결과가 안 좋은가? 반대로 제2차 세계대전의 추축국(樞軸國)으로서 전체주의 국가였던 독일, 이탈리아, 일본은 패전 후 어떻게 신속하게 민주주의화와 경제 재건(再建)과 부흥에 성공하였는가?

'집단행동의 논리'로서 세계적으로 탁월한 정치경제학자인 고(故) 맨서 올슨(Mancur

Olson)교수는 바로 이 문제에 대한 오랜 고민과 천착의 결과를 『정치권력과 경제번영: 공산주의와 자본주의 독재를 능가하여 성장하기』(*Power and Prosperity: Outgrowing Communist and Capitalist Dictatorships*)를 유작으로 남겼다. 올슨 교수가 이 문제들에 대해 오랫동안 천착하였고 또 그 답을 제시하였기 때문에 나는 이를 '올슨 문제'(Olson's Problem)라 부르고자 한다. 이번에 이성규(안동대) 교수가 이 책을 번역하여 출간하였는데 때마침 지난 70여 년간의 '민주주의 실험'이 큰 위기에 봉착한 한국에 좋은 참고서가 되리라고 생각한다. 더구나 읽기 어려운 책을 해설까지 넣어 이해하기 쉽게 번역하여 학계에 큰 보탬이 되리라고 생각한다.

필자는 원래 집단행동학의 전공자는 아니지만 신제도경제학과 정치경제학 분야에 대해 제법 오랫동안 관심을 가졌던 덕에 그의 『집단행동의 논리』(*The Logic of Collective Action*, 1971)를 일찍 접한 적이 있어 이 논평을 쓰게 되었다.[1] 후술하는 바와 같이 오늘날 전 세계 민주주의 국가들이 올슨 교수의 기대와는 달리 그의 서거 후 경제성장의 정체와 분배의 악화가 보편화되고 정치적 불안까지 경험하고 있다. 따라서 차제에 올슨 교수의 사후 진행되어 온 '민주주의 실패' 문제에 대해서도 논의해 보고자 한다.

2. 올슨의 성공하는 민주정치 모델과 아직도 안 풀리는 의문들

1) 민주주의 정치의 기원

우선, 올슨 교수는 '민주정치(이하에서는 특별히 접두어 '자유'를 넣지 않을 경우는 자유민주주의를 의미함)의 기원'을 추적하고 있다. 전제군주체제에서 어떻게 민주주의 정치체제로 진화하였는지를 약탈을 일삼는 '도적떼'의 행태 분석을 통해 비유적으로 설

1 나는 오래전에 Jwa(1988)에서 올슨 교수의 『집단행동의 논리』를 개관할 기회를 가졌다.

명하였다.

전제군주하의 정부는 원래 세금을 강탈하는 도적과 같은 집단인데, 이런 도적떼는 '방랑도적'(放浪盜賊)과 '정주도적'(定住盜賊)으로 구분할 수 있다. '방랑도적'은 마적단처럼 예고 없이 쳐들어와 재물을 강탈하고 마을을 쑥대밭을 만들어 놓고 도망가는 도적인 반면, '정주도적'은 마을에 스며들어 마피아나 조폭처럼 같이 정주하면서 마을의 부를 쌓게 도와주기도 하고 다른 마적떼를 막아주기도 하면서 그 대가로 정기적으로 주민들로부터, 이른바 '가축을 키워서 잡아먹는다'는 옛말처럼, 재산을 강탈하는 도적떼를 일컫는다. 그런데 '협소한 이익심'(narrow interest)을 갖는 방랑도적과 달리, 정주도적은 점령 마을에 대해 마을이 번영할수록 자신들이 약탈할 수 있는 마을의 부가 늘어나고 그만큼 더 많은 부를 약탈할 수 있다는 생각을 하게 되면서 점차 점령 마을 전체의 이익을 생각하는 '포괄적인 이익심'(encompassing interest)을 갖게 된다. 여기서 도적떼의 약탈, 즉 세금 수입(收入)을 극대화하기 위한 마을의 최적 공공재 공급 수준과 마을의 부(富; 생산량이나 소득)의 축적 정도 등을 감안한 이른바 '마을 통치 및 발전 전략'에 도적떼와 주민들의 이기심이 일치하게 되면서, 점차 주민투표에 의해 도적떼의 두목을 경선(競選)으로 뽑는 이른바 '민주주의 정치'가 진화하고 등장하게 된다고 비유하였다. 따라서 민주정치는 무슨 고상한 이념으로부터 나온 것이 아니라 도적떼와 주민들의 이기심에 대한 합리적 타협을 통해 자연발생적으로 진화했다고 비유적으로 주장하였다. 그런데 왜 이러한 민주정치는 항상 번영하는 경제를 만들어 내지 못하는가?

2) 성공하는 민주정치 모델

이에 대해 올슨 교수는 민주정치와 시장경제라는 경제학 주류의 정치경제학 패러다임이 왜 기대처럼 작동하지 않는가라는 문제에 천착하였다. 올슨의 성공하는 민주정치에 대한 결론은 다음과 같이 요약된다. 성공적인 민주정치는 (1) 개인의 재산권 제도와 복잡한 계약의 집행을 철저히 보장하고(첫 번째 필수조건), (2) 국가의 권력이나 독점기업, 노조 등 이익단체나 카르텔 등의 지대추구행위가 국민의 재산을 약탈 혹은 강탈하는 일이 없어야 한다(두 번째 필수조건)라고 주장하였다. 이러한 두 가지 필요조건을 충족하는 민주정치는 이런 제도적 안전장치가 미흡한 공산주의나 자본주의 독재국가를 능가하는 경제적 번영을 가져올 수 있다고 주장하였다. 이제 올슨 교수의 주장은 20여 년의 세월이 지나면서 제도경제학이나 공공선택학의 기본 명제로 자리 잡았다. 동시에 경제번영을 위해서는 (3) 정부가 단순한 현장에서의 자생적 시장(spontaneous spot market) 거래를 넘어 금융이나 자본거래, 국제거래 등 '복잡한 계약 및 재산권 집약적인 시장' 등으로 그 영역을 확대하는 '시장 확대 정부'(market-augmenting government)로서 적극적 역할을 해야 한다(세 번째 조건)고 주장하였다. 즉, 주류경제학의 '소극적 정부 역할' 주장에 대하여 정부는 시장에 대한 강탈은 없애되 '시장 확대에는 적극적'이어야 한다고 주장하였다. 내 생각으로 이는 그동안의 시장 자유방임 사상에 기초한 '배분경제학(allocation economics)적 사고'에서 '발전경제학(development economics)적 사고'로의 전환이 필요함을 적절히 주장하고 있다.[2] 필자와 본서의 역자 등이 그동안 정부의 긍정적 역할에 대한 주장을 개진해 왔는데, 이제 한국의 주류경제학계도 진지하게 귀를 기울일 때가 되었다고 생각한다.[3]

3) '올슨 문제'에 대한 설명

올슨 교수는 위의 '성공하는 민주정치 조건'을 기준으로 자신의 관심사였던 '성공 혹은 실패하였던 민주정치 사례들'을 설명하고 있다. 탈공산주의 이행경제 국가들의 민

2 '배분경제학'은 경제의 복잡성(혹은 재화와 서비스의 질 혹은 경제의 질적 수준)이 고정된 상태에서 기존 재화의 생산과 교환 문제를 다룬다면, '발전경제학'은 경제의 복잡성 자체가 변하는 경제의 본질적인 변화 과정에 분석의 초점을 둔다. 슘페터는 전자를 '경제순환(circular flow) 문제'라 하고, 후자를 '경제변화', 즉 '경제발전 문제'라 하였다. 이에 대해서는 좌승희(2012)와 Jwa(2017a)를 참조하기 바란다.

3 이성규(2015), Kang and Lee(2024), Jwa(2017a), Jwa and Lee(2019)를 참조하기 바란다.

주화 이후 경제침체는, 공산주의 시대의 내부 모순적인 공산주의식 생산관리 체제(이를 올슨 교수는 '국유기업'이라 칭하였지만, 이는 자본주의 시장경제하에서의 기업과는 다르다)에서 파생된 고질적인 부패와 착취 시스템, 전 국민의 사보타지(sabotage) 행태 등 다양한 제도적 실패의 누적된 결과로 두 번째 필수조건이 충족되지 못하였고, 동시에 첫 번째 필수조건도 충족될 수 없었기 때문이라고 보았다. 반면에 독일, 일본, 이탈리아의 제2차 세계대전 후의 신속한 민주화와 경제 재건과 부흥('경제 기적')은 첫 번째 및 두 번째 필수조건과 세 번째 필수조건이 대체로 충족된 결과라고 보았다.

또한, 20세기 후반의 동아시아 경제의 성공에 대해서는 아주 간헐적인 언급에 그치고 있지만, 한국, 대만, 싱가포르 등은 다행히 단기적인 '협소한 이익심'이 아니라 '포괄적인 이익심'을 가진 독재자가 나타나서 자본주의 독재정권이었지만 경제발전에 성공했다고 주장하였다. 마지막으로 중국은 공산당 독재였지만 모택동 말기에 문화혁명이 모든 공산당 시대의 반시장적 잔재를 청소해 주는 바람에 등소평이 쉽게 '포괄적인 이익심'을 바탕으로 경제번영의 기초를 놓을 수 있었다고 설명하였다.

역사적 사례 설명에 때때로 일관성 결여가 감지되지만, 이는 "예외가 있다는 것은 곧 규칙이 있다는 증거다"(The exception that proves the rule)라는 올슨 교수의 주장처럼, 급소(急所, jugular)를 찌르는 지극히 단순화된 명제를 선호해 온 올슨 교수의 연구 성향 면에서 볼 때 각종 정치경제 체제와 우연적인 사건들이 뒤섞여 나타난 국가들의 성공과 실패 사례를 단순화해서 설명하는 데 따르는 불가피한 측면이라고 볼 수 있다.

4) 민주주의 정치의 현실과 과제: 민주정치는 어떻게 실패하는가?

이러한 올슨 교수의 생각, 즉 민주정치와 시장경제의 발전이 공산주의나 자본주의 독재국가들의 성장을 뛰어넘는 번영을 가져올 수 있다는 주장은 신제도경제학이나 2024년 노벨경제학상 수상이론인 아제모을루(Daron Acemoglu)와 로빈슨(James Robinson), 그리고 존슨(Simon Johnson) 교수의 이른바 '포용적 성장이론'(inclusive growth theory) 등이 재확인하고 있다. 사실상 올슨 교수의 포괄적 이익심이라는 민주정치의 진화와 번영의 핵심 원리는 금년 노벨상이론의 포용적 제도(inclusive institution) 개념을 낳은 '선구적' 개념[4]이라 할 수 있다. 현실적으로도 중국 등 몇몇 개발도상국들을 제외하면, 대부분의 나라가 민주정치와 시장경제의 정치·경제 체제를 채택하거나, 이를 보다 발전시키려고 애를 쓰고 있다.

그러나 이러한 민주정치 체제 국가들의 경제적 성과는 올슨 교수의 기대처럼 시장경제의 진수를 잘 실천하여 경제 성장과 발전, 혹은 성장과 분배 문제를 순조롭게 잘 해결하고 있는 나라가 많지 않다는 것이 현실이다. 문자 그대로 올슨 교수가 지적하는 '정부가 약탈을 하지는 않는다'고 하더라도 이제는 모든 정부가 이른바 '복지국가'(welfare state)를 지향한다는 명분으로 국민의 동의하에 소수를 약탈하여 다수에게 나누는 '재분배 복지국가 모형'을 채택하고 있다. 제2차 세계대전 이후 영국에서부터 시작된 이러한 '수정자본주의 모형'은 모두 더불어 균형성장하는 세상을 만들겠다는 목표를 내세웠다. 그동안 가장 자본주의적이라던 미국에서도 이 모형은 논쟁의 중심에 있었으며, 'DEI(Diversity, Equity and Inclusion; 다양성·공정성·포용성) 체제'[5]를 추구하는 방향으로 나아가면서 그 내용이 더욱 사회주의적으로 변질되었다(최근 트럼프 대통령은 취임 후 DEI를 폐지하기로 결정하였다). 이는 마치 국가가 모든 국민을 행복하게 해야 한다는 '사회주의 지상낙원'의 이상을 추구하고 있는 것과 같다. 그러나 현실은 어떠한가?

제2차 세계대전 직후 미국 중심의 전후 복구 노력에 힘입어 세계 경제는 성장과 분배의 개선 속에 호황을 누렸지만, 1960~1970년대를 거치면서 균형된 '동반성장'(同伴成長)의 꿈은 고사하고, 성장과 분배가 '동반악화'(同伴惡化)되는 '저성장·분배양극화'라는 기대하지도 않았던 성적표를 받아 들게 되었다. 특히 20세기 말에서 21세기 초에 걸쳐

4 불행히도 아제모을루·로빈슨·존슨 교수는 올슨의 '포괄적 이익심'을 거의 언급하고 있지 않다.

5 DEI는 모든 사람이 정치, 경제, 사회적으로 절대적으로 평등한 사회의 이상을 담고 있다고 해석할 수 있다.

양극화된 저성장이 전 세계적인 현상으로 자리 잡으면서 이제 DEI 체제 주장까지 등장하기 시작하였으나 경제 상황은 여전히 개선되지 않고 있다. 필자는 최근 이런 '저성장·분배양극화 현상'이 이른바 '칼 마르크스식의 좌파경제학'이 주장하는 것처럼 성장의 과실에 대한 기업 독식 때문이 아니라 '재분배 복지국가 이념'에 기인한다는 점을 이론과 실증분석을 통해 밝힌 바 있다(Jwa, 2024).

이제 '올슨적인 연구과제'(Olsonian project)는 민주주의에 가장 친화적이어야 할 '초(超)포괄적인 이익심'(super-encompassing interest), 즉 복지국가 이념이나 나아가 DEI 이념 체제가 정치와 정부와 국민들 다수에게 공유되고 보편화되었는데, '왜 이런 이상적으로 보이는 민주정치 국가들이 경제번영을 지속하기가 어려운 것인가?'라는 문제로 전환된 셈이다. 필자는 이 문제를 국가나 이익단체 등의 일방적 대국민 약탈 문제가 아니라, 이념적으로 서로 다른 다수가 소수를 착취할 수 있는 민주정치의 '다수결 의사결정제도'의 본질적 취약성에서 온다고 해석한다. '1인 1표 다수결 원칙'하의 민주정치는 항상 다수가 소수를 착취할 수 있는 길이 열려 있기 때문이다. 즉, 구체적으로 표(票)가 적은 소수의 대기업과 부유한 계층은 항상 표가 많은 다수의 중소기업과 저소득층과 노조에 의해 '착취당할 위험'을 안고 있기 때문이다. 역설적으로 '초포괄적인 이익심'을 바탕으로 '등장'한다는 민주주의 정치가 이제 다수의 포괄적 이익심에 의해 '해체'될 가능성을 안고 있다. 필자는 이를 '올슨의 역설'(Olson's paradox)이라고 부르는 것이 적절하다고 생각한다.

한국이 지난 70여 년 동안 경제도 정치도 무(無)에서 출발하여 기적같이 이룬 경제번영의 동력이 정치 민주화 이후 지난 30여 년에 걸쳐 국민이 모르는 사이에 감쪽같이 저성장·분배양극화의 실패하는 길로 잠행해온 결과(Jwa, 2017b, 2024), 이제 경제도 민주주의도 모두 실패 위험에 직면하게 된 상황도 바로 이런 올슨의 역설을 실제로 보여주는 사례라고 생각한다.

일찍이 슘페터(Schumpeter, 1942)는 '민주주의는 국민이 주인'이라는 무슨 고상한 이념을 바탕으로 하는 정치체제라기보다는 '그냥 왕(우두머리, 지도자 등 명칭을 뭐라

하던)을 투표로 뽑고, 필요하면 투표에 의해 바꿀 수도 있는 제도로서 정치를 할 대표를 투표나 경선을 통해 뽑는 제도에 불과하다'라고 주장하였다. 따라서 정치가들은 다수의 투표를 받아야만 당선되기 때문에 다수의 요구에 영합하는 정치를 하게 될 것이다. 또한, '창조적 파괴'(creative destruction)를 통한 자본주의 발전의 기관차인 대기업들은 그들의 놀라운 부의 창출력 때문에 오히려 지식인과 노조와 대중의 질시를 받게 되고, 결국 자본주의는 마르크스의 주장처럼 '노동자 혁명이 아니라 지식인들에 의해 선동된 반(反)대기업적 대중의 민주적 투표에 의해 사회주의로 전환된다'라고 전망하였다. 주류 경제학자들은 이런 슘페터의 생각을 사회주의 몰락을 보지 못한 통찰력 부재라고 비판하였지만, 슘페터의 주장은 그동안 유럽 선진국들에서 노동자에 의한 혁명 없이 사회민주주의로 전환한 과정과 성숙한 민주주의가 사회주의 이념에 물들어 '저성장·분배양극화'로 전락하고 있는 현재의 상황을 앞서 내다본 주장으로 슘페터의 통찰력을 높게 재평가해야 할 것으로 보인다.

5) 시장 확대적 정부의 역할과 기업조직의 역할

올슨 교수는 새롭게 경제번영을 위한 '시장 확대적 정부의 역할'을 제시함으로써 시장경제 운영에 있어 정부 역할에 대한 진일보한 탁견(卓見)을 피력하였다. 그러나 올슨 교수의 시장이론은 여전히 경제번영의 원리를 충분히 담기에는 미흡해 보인다. 우선 정부의 시장 확대 기능이 용인된다고 해서 실제 시장교환거래가 어떻게 경제발전을 이끌어 나가는지는 또 다른 문제이기 때문이다. 어떻게 '계약 및 재산권 집약적인 복잡한 시장들'을 활성화할 것인지에 대한 구체적 가이드가 부재하다. 나아가 자본주의 시장경제를 보완 강화하는 '기업조직'의 역할에 대한 논의가 보이지 않는다. 이미 잘 알려진 '무임승차 인센티브로 인한 집단행동의 실패'라는 올슨적 시장실패를 보정하기 위한 정부의 개입 필요성은 충분히 논의되었으나, 시장실패를 보정하고 시장을 확대하기 위한 사회적 기술로 발명되고 진화한 '기업조직의 역할'은 언급되지 않고 있다.

사실상 역사적 경험에 의하면 거래비용으로 인한 집단선택 및 집단행동의 실패마저도 '민간기업의 내부화 기능'을 통해 상당 부분 해소될 수 있고, 이 과정을 통해 많은 경제가 발전하였음을 확인할 수 있다. 민간기업의 역량 부족으로 경제개발 초기에 정부가 담당해온 기간산업이나 외부효과가 큰 산업에 대한 민유화(民有化)와 민영화(民營化)가 경제발전의 자연스런 과정이었으며 경제의 선진화 과정 자체가 공공부문을 사유화(私有化)와 사영화(私營化)를 통해 해결하는 과정이라 할 수 있다. 이런 측면에서 경제번영을 위해서는 '정부의 시장 확대 역할'도 필요하지만 동시에 '기업의 시장 확대 역할'도 중요하다고 할 수 있다.

이와 관련해서는 필자의 '자본주의 기업경제' 가설(Jwa, 2017a, 2024)이 올슨 교수 이론의 약한 고리를 보완할 수 있을 것으로 생각한다. 필자는 기업은 높은 거래비용으로 인해 무임승차에 직면하는 시장의 실패를 내부화하는 장치로서 대규모 복잡한 거래, 예컨대, 올슨이 제시한 '계약 및 재산권 집약적 거래'의 상당 부분은 기업의 내부화나 기업 간의 거래를 통해 해결할 수 있기 때문에 기업 활동을 장려하고 지원하는 것이 바로 '시장을 확대'하는 길이며, 또한 경제가 발전하는 과정이라고 주장한다. 정부가 재산권 제도를 확충하고 계약의 집행을 담보함으로써 기업들이 대규모 금융 및 대외 경제 거래를 원활히 수행하고, 이보다 더 복잡하여 거래비용이 과도한 거래 활동은 기업이 직접 내부화하여 수행함으로써 시장의 기능을 확충하여 시장경제를 확대하도록 도와주는 것이 '정부의 경제발전 기능'이라 할 수 있다.

후술하는 바와 같이 이러한 '자본주의 기업경제관'이 감히 올슨 교수의 이론을 보완할 수 있기를 기대해 본다.

3. '올슨 이후'의 민주정치와 시장경제 체제의 과제와 해결책

이제까지 개관한 주로 '올슨 문제'에 한정된 논의는 사실상 무엇을 해야 하느냐 하는 당위론적(normative) 논의에 해당한다. 경제학 논의의 대부분은 '무엇을 해야 한다거나 하라'는 과제(what to do)를 던져주지만, 어떻게 하면 된다는 노하우(how to do)는 얘기하지 않는다. 이 책을 읽은 독자들은 아마도 다음과 같은 의문을 가질 것이다. 이것을 선진국들이 수백년에 걸쳐 이룬 것들을 어떻게 다 하란 말인가? 민주정치는 어떻게 하는 것이냐? 시장은 또 어떻게 해야 확대할 수 있는 것인가? 어떻게 해야 올슨 교수의 실용적 이론을 현실에서 실천할 수 있는가? 후진국이나 선진국이나 국가운영자들이 부딪치는 가장 큰 문제는 '어떻게 해야 하느냐'이다. 실증적(positive)이고 실사구시적(實事求是的)이며 경제 행태론적 방법론이 필요하다. 제도가 중요하다고 하는데 '어떤 제도를 어떻게 구체화해야 국민을 움직이게 할 수 있을 것인가?'를 모르면 아무리 중요한 명제도 실천하기 어렵고 등산의 고지를 점령하기도 어려운 것이다. 필자는 이를 '번영을 가능케 하는 제도(enabling institution)'를 찾는 문제라고 규정한다.

슘페터의 지적처럼, 구체적으로 민주주의란 투표로 경선하여 지도자를 뽑는 제도인데, 그 이상은 어떻게 해야 민주주의가 잘 되는지 또는 잘못 되는지에 대한 '성공 노하우'(success knowhow)를 모른 체 정치학자들이 내린 정의(正義)니 평등(平等)이니 하는 '이념적 당위론'만 난무한다. '어떤 민주정치가 경제번영에 성공하는가?'에 대한 답이 필요하다. 경제도 매한가지다. 시장경제를 열심히, 잘해야 성공한다고 한다. 시장경제는 누가 일으키고 무슨 묘약을 써야 번성하는지 모른다. 재산권을 보장하고, 약탈행위를 방지하고, 경제적 자유를 허용하라 하는데 지구상에 그렇게 안 하거나 안 하려는 나라가 있는가? 그런데 경제는 쉽게 도약하지 않는다. 올슨 교수가 살아계셨더라면 후작은 아마 이런 문제에 대한 답을 찾아야 하지 않았을까 상상해 본다.

필자는 그동안 이런 정치·경제 발전의 근본 원인에 대해 나름대로 천착해 왔으며 그동안 얻은 답이 아직도 미흡하지만, 간략히 여기서 공유하고자 한다(Jwa, 2017a, 2024). 우선, 실물 경제의 성장과 발전 문제에서부터 답을 찾고, 그다음 올슨 교수가 천착한 민주정치 문제에 대한 답도 제시해 보고자 한다.

1) 시장이란 무엇인가?: 시장의 경제적 차별화 기능

시장은 우수한 인재와 좋은 기업(제품)을 차별적으로 선택·장려하는 장치이다. 선택받은 좋은 인재와 기업은 더 발전하고, 탈락하는 주체는 다음을 기약한다. 너도나도 더 좋은 인재가 되고, 더 좋은 기업이 되려고 노력한다. 이러한 '시장의 경제적 성과에 따른 차별적 지원 기능'이 바로 경제 성장과 발전의 동기를 부여한다. 시장경제는 탈락의 위험 속에서 성공을 이뤄내는 주체들에 의해 더욱 발전한다. 경제학이 강조하는 시장의 최적 자원배분 기능은 바로 이러한 '경제적 차별화 기능'을 통해서만 실현된다.

이러한 시장의 차별적 선택기능을 장려하는 정부는 민주적으로 뽑혔든 아니든 경제발전을 이뤄낼 가능성이 높다. 물론 역으로 우수한 인재와 기업을 무시하거나 역차별하는 사회나 정부는 번영에 실패한다. 이 명제는 정치체제의 형태와 관계없이 보편적이다. 왜냐하면 차별적 선택기능은 희소한 자원제약하에서 살아남아 진화한 인간의 본성이기 때문이다. 필자는 이러한 경제적 차별화를 장려하는 경제 제도를 그동안 경제학계가 찾아온 '번영을 가능케 하는 제도(enabling institution)'라고 주장한다.

2) 시장의 차별화 실패

우리는 체험으로 혼자의 힘으로 경쟁하기보다 협동하면 시너지를 통해 더 큰 힘을 낼 수 있다는 사실을 안다. 경제가 성장 및 발전하려면 경제의 복잡성이 더 커져서 그 질적 차원이 더 고급화되어야 한다. 시너지는 서로 힘을 합쳐 노력해서 1+1≥2처럼 두 힘의 단순 합보다 큰 힘을 내는 것이다. 이 과정이 창발(emergence)이라는 복잡성이 증대하는 발전 과정이다. 이는 '마차 경제'에서 '기차→자동차→비행기→우주선 경제'로의 질적 도약과 같다.

그런데 이런 시너지 확대를 위한 협력은 서로가 무임승차하려 하면 불가능하다. 이를 일컬어 '시장의 실패'라 한다. 시장에서의 거래는 서로 '수평적 합의'를 바탕으로 하기 때문에 협력을 위한 각종 협약을 맺고 집행하는 데 거래비용이 든다. 따라서 시장이라는 제도만으로는 거래비용 때문에 사람의 본성인 무임승차를 방지하는 협약을 맺기가 어려워 경제의 복잡성 증가를 가져오는 고차원적인 협력과 발전은 어렵다. 그래서 시장에서 옷깃이나 스치는 정도로 만난 개인끼리는 서로 신뢰하기가 어려워 무임승차하려 하기 때문에 경제발전을 위한 협력은 어렵다.[6]

3) 기업이라는 사회적 결사 기술의 발명

인류는 기업이라는 '사회적 결사(結社) 기술'을 발명하였다. 기업조직은 한 사람이 최고 관리자로서 사장이 되어 다른 사람들의 무임승차를 방지하고 조직의 시너지 창출을 극대화하기 위해 협력을 강요하는 '수직적(계층적) 명령 조직'이다. 조직원 간의 협력의 결과인 시너지를 서로 나누는 협약을 맺어 기업을 운영한다. 이런 약속의 집행은 정부가 법으로 보장한다. 이제 시장만으로는 어려운 고차원적인 협력이 가능해져 경제가 더욱 발전하게 된다. 이는 기업이라는 '수직적 명령 조직'이 '수평적 합의'에 기초한 시장을 통하여 협력에서 발생하는 거래비용을 회피하거나 절약할 수 있기 때문이다. 기업의 등장으로 보다 복잡한 계약 및 재산권 집약적인 경제 활동이 가능해져 경제발전을 이룰 수 있게 된다.

기업은 태생적으로 조직원들의 시너지 창출을 독려하기 위한 경제적 차별화 기능을 그 본질로 하여 생겨났으며, 이제 시장의 차별화 기능 실패를 보강함으로써 복잡한 경제 발전을 주도한다. 나아가 기업의 성장은 조직원 모두를 동반성장시킴으로써 자본주의의 경제의 동반성장을 이끈다.

---

6 여기서 '무임승차' 개념은 인간 사회의 보편적 현상으로 시장실패를 초래하지만, 경제·사회 발전의 필수적인 과정으로 본다. 한편, 올슨 교수의 집단행동 이론에서의 무임승차는 특정 집단구성원 간의 기회주의적인 행동으로 집단 결성 및 집단행동의 실패 요인으로 본다.

이것이 바로 올슨 교수가 경제번영을 위해 정부가 확대해야 한다고 강조한 '계약 및 재산권 집약적 시장'의 구체적 형성 과정이다. 경제에는 시장과 기업 관련 제도를 공급하는 정부가 필수적이지만, 기업이라는 복잡한 조직이 활성화되지 않고는 복잡한 시장이나 경제의 번영은 어려운 것이다.

4) 정부의 역할

이제 정부는 시장과 기업의 '경제적 차별화 기능'을 강화시키기 위한 법·제도를 도입하고, 법치를 통해 이런 모든 제도 및 계약의 집행을 보장하여, 시장과 기업의 발전을 장려해야 한다. 정부의 산업정책이나 복지정책 등 국민지원정책도 모두 경제적 차별화 원리에 따라 실행함으로써 모든 국민과 기업들을 자조·자립하여 성공하는 주체들로 일으켜 세울 수 있다(Jwa, 2017a; Jwa and Lee, 2019).

5) 3위 일체 차별화 경제발전 이론

이제 시장과 기업, 그리고 정부가 경제발전의 필수적인 3주체로서 모두 경제적 차별화 인센티브 제도를 실행하여야 경제발전이 가능해 진다. 이러한 이론을 필자는 오랜 숙고 끝에 '시장-기업-정부의 3위 일체 차별화 경제발전 이론'이라 명명하였다. 이런 발전 과정의 필수 요건은 바로 모든 경제주체들이 자신들이 이룬 성과에 맞는 상응하는 대접을 받아야 한다는 '시장의 차별적 선택 기능'을 바탕으로 한다. 시장의 성과에 상응하는 차별적 선택은 물론이고, 기업의 내부거래(시장)에서도 모든 구성원이 자신들의 공헌에 상응하는 보상을 받아야 한다. 사실상 기업은 '보이는 기업의 손'을 통해 시장보다도 더 확실한 차별적 승자 선택과 보상 기능을 수행하는 노련한 선수이다. 기업이야말로 자본주의 경제의 번영을 가능케 하는 우주선의 엔진과 같은 '경제 제도'(economic institution)이다.

기업은 바로 이런 성과에 따른 차별적 선택기능 때문에 시장이 있음에도 존재할 가치가 있는 것이다. 만일 세상의 정보가 완벽해서 시장의 거래비용이 없어진다면 무임승차도 사라지고 기업도 불필요하게 된다. 바로 이런 세상이 주류 경제학의 완전경쟁모형이 그리는 세상인데, 그래서 이런 경제학은 천당이나 니르바나 같은 이상세계에서나 맞지, 현실의 경제발전 문제를 설명하는 데는 역부족이다. 그래서 기업 역할에 대한 체계적 인식 여부는 그 이론의 현실 경제 적합성의 기준이 될 수 있는데, 주류 경제학은 시장과 정부라는 공공조직만 있지 사적 조직인 기업은 없는 이론이다. 주류 경제학은 암묵적으로 기업이 필요 없고, 정보가 완전한 세계를 가정하고 있다.

6) 새로운 정치경제학 이론: 정치의 경제적 역할

이제 민주정치를 포함한 정치의 역할을 정리해 보자. 이상의 경제발전 이론에 의하면 민주정치든 독재든 혹은 어떤 정치체제든 경제번영을 담보하려면 첫째, (1) 정부가 '경제적 성과에 부응한 경제적 차별화' 경제 제도를 적극적으로 도입하고 실천하여야 한다. 둘째로 (2) 시장의 차별화 기능은 물론 기업의 차별화 기능을 더욱 장려하여야 한다. 그러나 (3) 만일 정부가 경제적 평등주의나 균형 발전을 내걸고 시장과 기업의 경제적 차별화 기능을 약화시키면 경제발전의 인센티브는 사라지고 경제정체를 초래하게 된다. 더구나 (4) '경제적 차별화 정책'을 채택하면 국민을 동기부여 시켜 자조하는 국민으로 일으켜 세울 수 있지만, 역으로 '경제적 평등주의'를 채택하여 평등한 결과를 보장하면 국민을 모두 정부 의존적으로 퇴보시켜 분배마저 하향 평준화된다. (5) 자본주의 체제는 기업이 주도하는 '기업경제' 체제이다. 자본주의 경제는 주식회사 기업의 발명을 통해 대장간 수준의 기업 밖에 없는 농경 사회에서 진화한 고차원적인 복잡한 경제이다. 차별화 인센티브 제도로 기업을 육성하는 국가는 경제적으로 번영하지만, 기업육성에 실패하는 국가는 저성장과 분배 악화를 피하기 어렵다. 마지막으로 (6) 정부에 의한 경제적 차별화 원리의 제도화는 성과와 보상을 일치시킴으로써 경제정의를 실천하는 과정이기 때문에 올슨 교수가 가장 우려하는 '반시장적 경화증(sclerosis)'과 부패를 격파하여 국민의 사보타지를 막고 민주주의의 포괄적 이익심이 골고루 실현되게 하는 길이 될 것이다. 경제적 차별화 제도는 궁극적으로 번영을 가능케 하는 제도의 전형이다.

4. 결어: 민주정치의 재건을 위한 제2, 제3의 올슨 교수의 환생을 기대하며

오늘날 세계는 민주주의 정치를 신격화하여 이상적인 민주주의를 위해 자본주의 경제를 수단화하는 정치경제학 연구 관행이 보편화되었다. 민주정치는 사실상 1인 1표 방식으로 대표자를 뽑는 방식을 포함하여 그 내용이 경제번영에 도움이 되는지 아닌지의 어부가 분명하지 않은 '이념 덩어리'에 불과하다. 따라서 이러한 연구 패러다임은 형체가 불분명한 '도깨비불'을 쫓는 격이다. 필자가 제시한 새로운 경제발전론의 관점에서 보면 자본주의 시장경제는 바로 '경제적 차별화'라는 시장의 율법에 부합하는 제도이다. 따라서 이는 도덕적으로도 실질적으로도 정의로운 것이며, 이런 제도는 인류에게 스스로 돕는 자조적 도덕률의 향상과 경제번영을 가져올 것이다. 따라서 이제는 오히려 정치가 자본주의 동반성장을 가져오는 시장의 경제적 차별화 율법에서 이탈하지 않도록 함으로써 역으로 민주정치 운영 방식을 개선하는 길을 찾는 연구가 필요하다.

마지막으로 올슨 교수의 학문적 태도를 언급하지 않을 수 없다. 민주정치의 행태를 도적떼로 비유할 정도로 "최고의 이론은 지극히 실사구시적이어야 한다"(the best theory must be intensely practical)는 주장을 앞세워 '단순하지만 강력한 생각들'(stark and simplifying ideas)에 집요하게 집중함으로써, 지극히 창의적인 이론들을 제시하며 학계의 각성을 이끌어 오셨던 올슨 교수의 집념과 용기가 어느 때보다도 필요한 시대이다. 이른바 지식인이라는 경제학자와 정치학자들, 그리고 정치인들이 대부분 모두 민주정치의 평등사상을 마치 종교처럼 숭상하지만, 그 실체적 문제에 대해서는 입을 다물고 있는 현실에서 당당하게 그 문제점과 개선 방안을 지적하는 '용기를 가진' (올슨 교수는 이를 'wise up'(깨닫기) 및 'R&E'(research and education; 연구교육)이라고 표현함) 학자들이 어느 때보다 필요한 시대라고 생각되기 때문이다. 사회주의 평등이념이 민주주의라는 탈을 쓰고 자본주의를 좀먹고 번영에 역행하고 있는데도, 이를 '평등민주교'(平等民主教)에 대한 맹목적인 신앙 때문에 지적하지 못하는 지식인들에게 올슨 교수의 "급소를 찾아 돌파"(breakthrough)하는 과학적 탐구 자세가 좋은 각성제가 되기를 기대해 본다. 물론 필자부터도 뒤늦게 올슨 교수를 만났지만(?), 그의 연구 자세를 배워 급소를 찾아 돌파하는 진리 탐구에 더욱 일로매진(一路邁進)하기로 다짐해 본다.

이성규(2015), 「시장 확대를 위한 정부의 역할: "시장확대적 정부"를 중심으로」, 『제도와 경제』, 제9권 제3호, pp. 165~208.

좌승희(2012), 『경제발전의 철학적 기초』, 서울대 출판문화원.

Acemoglu, D. and J. A. Robinson(2012), *Why Nations Fail: The Origins of Power, Prosperity, and Poverty*, Random House.

Jwa, Sung-Hee(1988), "The Political Economy of Market-Opening Pressure and Response: Theory and Evidence for the Case of Korea and the U.S.," *Seoul Journal of Economics*, Vol. 1, No. 4.

_____(2017a), *A General Theory of Economic Development: Towards a Capitalist Manifesto*, Edward Elgar.

_____(2017b), *The Rise and Fall of Korea's Economic Development: Lessons for Developing and Developed Economies*, Palgrave-Macmillan.

_____(2024), "What Causes Polarized Stagnation, Corporate Economy or Welfare State?: Insights from New Development Economics," *Economics and Politics*, Vol. 37, pp. 271~303(DOI: 10.1111/ecpo.12316).

Jwa, Sung-Hee and Sung-Kyu Lee(2019), "Resurrecting the Industrial Policy as Development Policy based on Korean Experiences: Towards a Pro-market Industrial Policy," *World Economics*, Vol. 20, No. 4.

Kang, Jung Mo and Sung-Kyu Lee(2024), "Policy-augmented Human Capital: A Key Factor to the Rapid Economic Development in Korea," *Review of Institution and Economics*, Vol. 18, No. 1, pp. 45~69.

Olson, Mancur(1971), *The Logic of Collective Action: Public Goods and the Theory of Groups*, Cambridge, MA: Harvard University Press.

Schumpeter, J. A.(1942), *Capitalism, Socialism, and Democracy*, New York: Harper & Row.

참고문헌

Akerlof, George, Andrew Rose, Janet Yellin, and Helga Hessenius(1991), "East Germany in from the Cold: The Economic Aftermath of Currency Union," *Brookings Papers on Economic Activity*, 1, pp. 1~87.

Azfar, Omar(1999), "The Logic of Collective Action," *Elgar Companion to Public Choice*.

Balcerowicz, Leszek(1995), *Socialism, Capitalism, Transformation*, Central European University Press, pp. 160~163.

Becker, Gary(1985), "Public Policies, Pressure Groups, and Deadweight Costs," *Journal of Public Economics*, 28, pp. 329~347.

______(1991), "A Theory of Competition Among Pressure Groups for Political Influence," *Quarterly Journal of Economics*, 106, pp. 407~443.

______(1995), *The Myth of Democratic Failure: Why Political Institutions Are Efficient*, Chicago: University of Chicago Press.

Berman, Harold(1963), *Justice in the USSR: An Interpretation of Soviet Law*, Cambridge, MA: Harvard University Press.

Carniero, Robert L.(1970), "A Theory of the Origin of the State," *Science*, 169, pp. 733~738.

Chan, Steve(1987), "Growth with Equity: A Test of Olson's Theory for the Asian Pacific-Rim Countries," *Journal of Peace Research*, 24(2), pp. 135~149.

Choi, Kwang(1983), *Theories of Economic Growth*, Ames, IA: Iowa State University Press.

Clague, Christopher, Philip Keefer, Stephen Knack, and Mancur Olson(1996),

"Property and Contract Rights in Autocracies and Democracies," *Journal of Economic Growth*, 1(2), pp. 243~276.

_____(1999), "Contract Intensive Money: Contract Enforcement, Property Rights and Economic Performance," *Journal of Economic Growth*, 4, pp. 185~211.

Coase, Ronald(1937), "The Nature of the Firm," *Economica*, pp. 386~405.

_____(1960), "The Problem of Social Cost," *Journal of Law and Economics*, 3, pp. 1~44.

Dahl, Robert A.(1971), *Polyarchy: Participation and Opposition*, New Haven, CT: Yale University Press.

DeLong, Bradford J. and Andrei Shleifer(1993), "Princes and Merchants: European City Growth Before the Industrial Revolution," *Journal of Law and Economics*, 36(2), pp. 671~702.

De Soto, Hernando(1989), *The Other Path: The Invisible Revolution in the Third World*, New York: Harper & Row.

Dixit, Avinash(1996), *The Making of Economic Policy: A Transaction-Cost Politics Perspective*, Munich Lectures in Economics, Cambridge and London: MIT Press, pp. xvii and 192.

Dixit, Avinash and Mancur Olson(1998), "Does Voluntary Participation Undermine the Coase Theorem?," *Elsevier Science S. A. Economic Letters*, 61, pp. 3~11.

_____(2000), "Does Voluntary Participation Undermine the Coase Theorem?," *Journal of Public Economics*, 76(3), pp. 309~335.

Easterly, William and Stanley Fischer(1994), "The Soviet Economic Decline: Historical and Republican Data," National Bureau of Economic Research, Working Paper Series No. 4735.

Gaddy, Clifford G.(1991), "Pretending to Work and Pretending to Pay: A Hedonic Wage Approach to the Behavior of Soviet Workers and Managers," in *The Labor Market and the Second Economy in the Soviet Union*, Occasional Paper No. 24, Berkeley-Duke Occasional Papers on the Second Economy in the USSR, Duke University.

Gambetta, Diego(1993), *The Sicilian Mafia*, Cambridge, MA: Harvard University Press.

Gardner, Bruce(1983), "Efficient Redistribution Through Commodity Markets," *American Journal of Agricultural Economics*, 65(2), pp. 225~234.

Gatrell, Peter and Mark Harrison(1993), "The Russian and Soviet Economies in Two World Wars: A Comparative View," *Economic History Review*, 46, pp. 425~452.

Greif, Avner(1994), "On the Political Foundations of the Late Medieval Commercial Revolution: Genoa During the Twelfth and Thirteenth Centuries," *Journal of Economic History*, 54(2), pp. 271~287.

Grierson, P. J. H.(1903), *The Silent Trade*, Edinburgh: William Greene and Sons.

Hardin, Russell(1982), *Collective Action*, Baltimore, MD: Johns Hopkins University Press.

Hart, Keith(1973), "Informal Income Opportunities and Urban Employment in Ghana," *Journal of Modern African Studies*, Vol. 11, No. 1, pp. 61~89.

Herodotus(1987), *The History of Herodotus*, translated by David Grene, Chicago: University of Chicago Press.

Hibbert, Christopher(1989), *Venice: The Biography of a City*, New York and London: W. W. Norton and Company, p. 49.

Hirshleifer, Jack(1994), "The Dark Side of the Force," Presidential Address to the Western Economics Association, *Economic Inquiry*, 32, pp. 1~10.

Hobhouse, L. T., G. C. Wheeler, and M. Ginsberg(1965), *The Material Culture and Social Institutions of the Simpler Peoples*, London: Routledge and Kegan Paul.

Hough, Jerry and Merle Fainsod(1979), *How the Soviet Union Is Governed*, Cambridge, MA: Harvard University Press, pp. 446~448.

Kalduhn, Ibn(1989), *The Muqaddimah, An Introduction to History*, translated by Franz Rosenthal, Princeton, NJ: Princeton University Press, pp. 230~231.

Kroll, Heidi(1988), "The Role of Contracts in the Soviet Economy," *Soviet Studies*, 40, pp. 349~366.

Krueger, Anne O.(1992), "Institutions for the New Private Sector," in Christopher Clague and Gordon Rausser, eds., *The Emergence of Market Economies in Eastern Europe*, Cambridge, MA and Oxford: Basil Blackwell, pp. 219~223.

Lake, David(1992), "Powerful Pacifists: Democratic States and War," *American Political Science Review*, 86, pp. 24~37.

Lane, Jan-Erik and Svante Ersson(1990), *Comparative Political Economy*, London and New York: Pinter, distributed by Columbia University Press, pp. viii, 296.

Lanyi, Anthony and Young Lee(1999), "Governance Aspects of the East Asian Financial Crisis," Paper presented at the IRIS Conference on Market Augmenting Government.

Lipton, David and Jeffrey Sachs(1992), "Prospects for Russia's Economic Reforms," *Brookings Papers on Economic Activity*, 2, p. 213.

Madison, James(1983), *The Papers of James Madison*, Robert A. Rutland, Thomas A. Mason, Robert J. Brugger, Jeanne K. Sisson, and Fredrika J. Teute, eds., Charlottesville: University of Virginia Press.

Martines, Lauro(1979), *Power and Imagination: City-States in Renaissance Italy*, New York: Knopf.

McGuire, Martin C.(1998), "Mancur Lloyd Olson Jr. 1932~1998: Personal Recollections," *Eastern Economic Journal*, 24(3), pp. 253~263.

McGuire, Martin C. and Mancur Olson(1996), "The Economics of Autocracy and Majority Rule: The Invisible Hand and the Use of Force," *Journal of Economic Literature*, 34, pp. 72~96.

McKinnon, Ronald I.(1992), "Taxation, Money, and Credit in a Liberalizing Socialist Economy," in Christopher Clague and Gordon Rausser, eds., *The Emergence of Market Economies in Eastern Europe*, Cambridge, M.A. and Oxford: Basil Blackwell, pp. 109~127.

Montias, Michael(1982), "Poland: Roots of Economic Crisis," *ACES Bulletin*, 24, pp. 12~14.

Mueller, Dennis C., ed.(1983), *The Political Economy of Growth*, New Haven, CT: Yale University Press.

Murrell, Peter and Mancur Olson(1991), "The Devolution of Centrally Planned Economies," *Journal of Comparative Economics*, 15, pp. 239~265.

Nagy, Andras(1992), "Institutions and the Transition to a Market Economy," in Christopher Clague and Gordon Rausser, eds., *The Emergence of Market Economies in Eastern Europe*, Cambridge, M.A. and Oxford: Basil Blackwell, pp. 301~310.

Niskanen, William A.(1997), "Autocratic, Democratic, and Optimal Government," *Economic Inquiry*, 35, pp. 464~479.

North, Douglass C.(1990), "A Transactions Cost Theory of Government," *Journal of Theoretical Politics*, 2(4), pp. 355~367.

Olson, Mancur(1965), *The Logic of Collective Action: Public Goods and the Theory of Groups*, Harvard Economic Studies, Vol. 124, Cambridge, MA: Harvard University Press.

_____(1967), "Some Historic Variation in Property Institutions," Princeton University, mimeo.

_____(1982), *The Rise and Decline of Nations: Economic Growth, Stagflation and Social Rigidities*, New Haven, CT: Yale University Press.

_____(1986), "Why Some Welfare-State Redistribution to the Poor Is a Great Idea," in Charles K. Rowley, ed., *Public Choice and Liberty: Essays in Honor of Gordon Tullock*, Oxford: Basil Blackwell.

_____(1987), "Diseconomies of Scale and Development: Essays in Honor of Peter Bauer," *Cato Journal*, 7(1), pp. 77~97.

_____(1990), *How Bright Are the Northern Lights? Some Questions About Sweden*, Lund, Sweden: Institute of Economic Research, Lund University Press.

_____(1993), "Dictatorship, Democracy and Development," *American Political Science Review*, 87(3), pp. 567~576.

_____(1996), "Big Bills Left on the Sidewalk: Why Some Nations Are Rich, and Others Poor," *Journal of Economic Perspectives*, 10(2), pp. 3~24.

Olson, Mancur and Richard Zeckhauser(1970), "The Efficient Production of External Economies," *American Economic Review*, 60(3), pp. 512~517.

Perlez, Jane(1993), "Poland's New Entrepreneurs Push the Economy Ahead," *New York Times*, June 20, p. F7.

Pigou, A. C.(1946), *The Economics of Welfare*, 4th edition, London: Macmillan.

Quirk, Robert E.(1993), *Fidel Castro*, New York: Norton, p. 625.

Radelet, Steven and Jeffrey Sachs(1998), "The East Asian Financial Crisis: Diagnosis, Remedies, Prospects," *Brookings Papers on Economic Activity*, pp. 2~74.

Rauch, Jonathan(1994), *Demosclerosis*, New York: Times Books.

Robyn, Dorothy(1987), *Braking the Special Interests: Trucking Deregulation and the*

Politics of Policy Reform, Chicago: The University of Chicago Press.

Sandler, Todd(1992), *Collective Action: Theory and Applications*, Ann Arbor, MI: University of Michigan Press.

Schelling, Tomas(1966), *Arms and Influence*, New Haven, CT: Yale University Press, p. v.

Schumpeter, Joseph(1954[1976]), *Capitalism, Socialism and Democracy*, 4th edition, London: Allen and Unwin.

_____(1991), "The Crisis of the Tax State," in Richard Swedberg, ed., *The Economics and Sociology of Capitalism*, Princeton, NJ: Princeton University Press, pp. 99~140.

Sheridan, James E.(1966), *Chinese Warlord: The Career of Feng Yu-hsiang*, Stanford: Stanford University Press.

Starn, Randolph and Loren Patridge(1992), *Arts of Power: Three Halls of State in Italy, 1300-1600*, Berkeley: University of California Press, pp. 1~80.

Stigler, George J.(1971), "The Theory of Economic Regulation," *Bell Journal of Economics and Management Science*, 2, pp. 3~21.

_____(1992), "Law or Economics?," *Journal of Law and Economics*, 35(2), pp. 455~468.

Szalai, Erzsebet(1991), "Integration of Special Interests into the Hungarian Economy," *Journal of Comparative Economics*, 15, pp. 284~303.

The Economist, "How to Start an Airline with $5,000," August 14, 1993, p. 71.

Thompson, Earl and Roger Faith(1981), "A Pure Theory of Strategic Behavior and Social Institutions," *American Economic Review*, 71(3), pp. 366~380.

Vanhanen, Tatu(1989), "The Level of Democratization Related to Socioeconomic Variables in 147 States in 1980~85," *Scandinavian Political Studies*, 12(2), pp. 95~127.

Vedder, Richard and Lowell Galloway(1986), "Rent seeking, Distributional Coalitions, Taxes, Relative Prices, and Economic Growth," *Public Choice*, 51(1), pp. 93~100.

Weede, Erich(1986), "Catch-up, Distributional Coalitions and Government as Determinants of Growth and Decline in Industrial Democracies," *British Journal of Sociology*, 37, pp. 194~220.

Williamson, Oliver(1985), *The Economic Institutions of Capitalism*, New York: The Free Press.

Winiecki, Jan(1990), "Why Economic Reforms Fail in the Soviet System: A Property Rights-based Approach," *Economic Inquiry*, 28(2), pp. 195~221.

Wittman, Donald(1989), "Why Democracies Produce Efficient Results," *Journal of Political Economy*, 97(6), pp. 1395~1424.

찾아보기

ㄱ

가장 효율적인 세계 ...192
각자의 능력에 따라, 각자의 기여에 따라 ...310
각자의 능력에 따라, 각자의 지배자에 따라 ...310
갈취행위 ...265
강경국가 ...271
강도행위 ...85
강력하고 단순화된 명제 ...54
강력하고 단순화된 생각들 ...61, 63
강력한 리더십(지도력) ...267
강압 ...266
강점 ...421
강제력 ...84, 85, 103, 204, 266
강제력의 논리 ...84
강제력의 올바른 사용 ...207
강제력의 잘못된 사용 ...207
개가 사람을 무는 일반적 경우 ...261
개별 범죄자 ...91
개별 소비자들 ...335
개인들과 기업들의 이기심 ...278, 281
개인의 광범위한 권리들 ...421, 424
개인의 권리들을 존중하는 민주정치 국가들(권리를 존중하는 민주정치 국가들) ...430
개인의 권리들이 가장 잘 확립된 선진 민주정치 국가들 ...413
개인의 권리들이 가진 강력한 인센티브 ...413
개인이익 ...218, 219
갱단 ...91
거대한 산업 공룡들의 로비력 ...436
거래비용 ...84, 183, 189, 217
거래비용이론 ...218
거래비용접근법 ...191, 198, 211, 237
거래비용 패러다임 ...197
거버넌스(통치 형태)의 진화 ...253
검증 가능한 가설 ...437
게리 베커(Gary Becker) ...192
견제와 균형 ...121, 128, 160
경매시장 ...337
경쟁기업들 ...335
경쟁할 인센티브 ...336
경정맥(급소) ...53, 54
경정맥(급소) 문제 ...62
경제 계획자들 ...328
경제 기적 ...70, 253, 269, 378, 433
경제번영에 필요한 두 가지 조건 ...40
경제번영에 필요한 첫 번째 조건 ...426
경제번영을 견인하는 인센티브 ...81
경제번영을 위한 정부 ...43
경제번영을 위한 정부의 제2조건 ...44
경제번영을 위한 정부의 제1조건 ...44
경제번영의 근본 논리 ...62
경제번영의 원인 ...412

경제성장에 필요한 정부 유형 ...41
경제성장의 수수께끼 ...437
경제성장의 패턴 ...270
경제쇠퇴의 원인 ...433
경제와 정치 ...191
경제적 효율성 손실 ...264
경험을 통한 사회적 학습 ...431
경화 과정 ...346, 367, 428
경화기 ...367
경화적인 착취 시스템 ...381
경화증 ...51, 257, 373
계급이론(class theory) ...218
계급이익 ...218
계약권집약적인 생산 ...423, 426
계약이행의 불가능성 ...228
계층구조 ...182
계층적 기업들 ...182, 211
계층적 생산 시스템 ...337
계층적인 관료제 ...337
계획경제 ...393
고든 털록(Gordon Tullock) ...330
고상한 동기 ...104
고스알비트라즈 기관들 ...334
고충 또는 불만 처리 절차 ...247
공공선재 ...186
공공선택경제학(공공선택학) ...56
공공악재 ...186
공공재(집단재) ...99, 186, 187, 221, 254, 351
공공재 공급 ...111
공공재 공급세 ...126
공공재 공급하려는 인센티브 ...99
공공재에 대한 한계지출 ...100
공동(집단)이익 ...218, 219, 227
공모할 인센티브 ...352
공산당 정치국 ...345
공산주의 ...253, 289, 388
공산주의 국가들 ...375
공산주의 독재국가들 ...320
공산주의 독재체제 ...289
공산주의 사회에서의 은밀한 담합 ...338
공산주의 시스템 ...323
공산주의 정권들 ...321
공산주의 체제 ...381, 434
공산주의 체제 붕괴 ...365
공산주의 체제의 잔해 ...368
공식적인 정부 ...152
공정한 계약이행권 ...426
과도기적 문제 ...379
과두정치 ...143
과반수 이상 조건 ...129
과세로 인해 노동하려는 인센티브 ...298
과세체계의 경화적 침식 ...363
과세체계의 부패와 붕괴 ...363
과소보고 ...336
과소생산 ...336
관료(관리자)들 간의 경쟁 ...338
관료적 경쟁 ...331, 336, 338, 353
관료제 ...327, 328
관료제 계층구조 ...330
관리자들 간의 은밀한 협력 ...341
관리자의 인센티브를 상쇄시킬 수 있는 인센티브 ...332
광범위하고 균등한 권력 분산 ...149

광범위하고 안전한 개인의 권리들 ...412
광범위한 제도적 장치들 ...420
교섭(협상)비용 ...237
구공산당들 ...379
구소련형 경제체제 ...329
구소련형 경화증 ...371
구소련형 국가들 ...418, 419
국가 간의 거래비용의 차이 ...200, 201
국가경영 ...361, 366
국가 빈곤의 원인 ...437
국가 소유 ...359
국가 소유와 계획 ...359
국가(정부)의 필요한 역할 ...43
국가의 흥망성쇠 ...57, 66, 90, 265, 375
국부론 ...181, 382
국영(國營)농장 ...314
국유기업 ...346, 435, 436
국유기업의 관리자들 ...335
국유산업의 사유화 ...359
군대 지도자 ...153
군벌 ...92
군사정권 ...150
군수산업복합체(군산복합체) ...335
군주들의 장수 ...143
군주의 시계 ...143
권력 ...83~85
권력공유(권력분담)의 논리 ...151
권력공유 제도 ...158
권력공유 체제 ...155
권력과 강압의 논리 ...212
권력 분산 ...160
권력 승계 ...144
권력의 균형 ...149, 150, 153
권력의 논리 ...79, 83, 84, 130
권력의 이기적인 사용 ...177
권력이론 ...83, 212
권력이론의 필수 불가결성 ...211
권력자들 ...83, 85
권력자들이 갖는 인센티브 ...47
권력제한의 논리 ...153
권리를 존중하는 민주정치 ...47
권리를 존중하는 민주정치 국가 ...41
권리에 기반한 민주정치 사회(국가) ...424
권리집약적인 생산 ...406, 407, 423
권위적인 이행 ...211
권한이전 ...345
그림자(지하) 경제들 ...396
극우(極右)주의자들 ...379
급격한 인플레이션 ...362
급격한 충격요법 ...359
긍정적(보상적)인 선별적 인센티브 ...246, 247, 266, 267
기본 임금(급여)률 ...296
기술지식 ...438
기업 간 신용 ...418
기여 위협 ...233
깨닫게 하는 일 ...59

ㄴ

나쁜 정부 ...36, 40
나쁜 정부의 알레고리 ...36, 37
나쁜(해로운) 행위 ...185
나치 독일 ...320
나치-소련 협정 ...317

남한 ...439
내부 로비단체들 ...340
내부 모순(들) ...373, 374
내부 민주주의 ...159
내부자 로비 ...381
내부자 로비단체들 ...373, 374, 377
내부자 로비 활동 ...377, 378
내부화 ...188
노동만 사용하는 생산 ...407
노동소득에 대한 세금 ...316
노동자 집단 ...219
노동조합 ...245
노동조합이론 ...219
노동집약적인 생산 ...407
노동집약적인 생산 유형 ...411
노동하려는 인센티브 ...310
노르마(norm) ...296
노르망디 ...320
노멘클라투라 ...327, 338, 375, 376
논리적 조건들 ...163, 164
농업단체들 ...247
농업의 강제 집단화 ...290
누진 성과급 ...308
누진소득세 ...309
누진적 성과급제 ...296
뉴스(보도) 가치 ...261

ㄷ

다른 지배세력 ...178
다리가 2개뿐인 놀랍도록 멋진 의자 ...382
다수세력(들) ...120, 121, 124, 125, 177, 178, 257, 380
다원적 권력 분산 ...149
단기적인 시계 ...141, 142, 270
담합(공모) ...338, 342
담합의 증거 ...345
담합조직 ...340
대규모 관료조직 ...330
대만 ...439
대안이론 ...179, 199, 217
대안이론의 기본 4: 코스 정리 ...188
대안이론의 기본 3: 시장실패 ...183
대안이론의 기본 2: 거래비용 ...181
대안이론의 기본 1: 상호이익이 되는 거래 ...180
대안적인 원시(原始)이론 ...179
대의 민주정치의 자생적 출현 ...149
대의정부 ...146
대의정부로의 전환 ...148
대의 정체 ...106
대의제 정부 ...112, 152~154, 162, 257
대의제 정부를 수립하려는 인센티브 ...162
대체효과 ...298, 301, 316
대출자의 이기심 ...280
더 광범위한 포괄적인 이익집단(초포괄적인 이익집단) ...57
더 깊이 내재된 실제 문제 ...372
더 유능한 사람들(더 많은 능력을 가진 사람들) ...303, 309
더 포괄적인 이익심 ...112, 114, 120, 121
덜 유능한 사람들 ...303, 309
덩샤오핑 ...65, 377, 378, 433
도난(도둑질) 방지 ...208
도난을 방지하려는 인센티브 ...209

도둑들의 이기심 ...279
도둑(범죄자)들의 인센티브 ...94
도둑정치 ...82
도둑질 ...86
도둑질 방지를 위한 한계노력 ...208
도둑질하려는 인센티브 ...209
도시에서의 좋은 정부의 결과 ...38
도의적(道義的)인 선택 ...85
도적(독재자)에 맞서 단결하기 ...351
도처에 존재하는 시장들 ...389, 399, 430
독일 ...378, 380, 433, 439
독일신탁공사 ...361
독재국가 ...104, 141
독재이론 ...298
독재자 ...125, 140, 256, 350, 351
독재자들의 포괄적인 이익심 ...105
독재자의 세수 극대화 ...299
독재자의 약속 ...142
독재자의 인센티브 ...141
독재자의 포괄적인 이익심 ...177, 289
독재자 착취(강탈)의 한계 ...292
독재적 몰수와 강탈 ...161
독재적 직책들 ...153
독재정부 ...142, 277
독재정부 이론 ...148
독재정치 ...106, 112, 148
독재정치 모델 ...111
독재정치와 다수결의 경제학 ...100
독재정치의 기원 ...102
독재정치(독재국가) 이론 ...289
독재체제 ...144, 145
독재체제의 일반이론 ...291
독점력 ...81
동독 ...369, 439
동유럽 ...378
동일한 세금체계 ...302
돼지농장 ...368
두 가지 일반 조건 ...425, 428~430
두 가지 절단력 ...122
두 다리만 있는 의자 ...382
두 번째 보이지 않는 손 ...109, 121, 145
두 번째 절단력 ...124
드롱과 슐라이퍼(DeLong and Shleifer) ...161
딕싯(Avinash Dixit) ...211
따라잡기 성장 ...440
또 다른 보이지 않는 손 ...107, 108

ㄹ

래퍼곡선(Laffer curve) ...115
러셀 하딘(Russell Hardin) ...57, 236
러시아 ...51
러시아의 2월 혁명 ...315
레셰크 발세로비치(Leszek Balcerowicz) ...48
로널드 맥키넌(Ronald McKinnon) ...295
로널드 코스(Ronald Coase) ...182, 212, 217
로마제국 ...111
로버트 달(Robert Dahl) ...149
로버트 배로(Robert Barro) ...130
로버트 클리트가드(Robert Klitgaard) ...73
루소(J. J. Rousseau) ...414
르네상스 문화 ...161

리콴유 ...65
린달 균형 ...241
린달의 비용 분담 ...241

■
마르크스 ...291
마르크스-레닌주의 이데올로기 ...290, 291, 359
마르크스주의 ...317
마오쩌둥 ...376, 377
마이클 몬티아스(Michael Montias) ...348
마틴 맥과이어(Martin McGuire) ...100
마피아단 ...88, 89, 91
마피아 두목 ...91
마피아형 범죄의 증가 ...354
마대한 규모의 화폐화된 예산적자 ...363
막대한 예산적자 ...363
만들려는(make) 인센티브 ...81
만인에 대한 만인의 투쟁 ...108, 134, 427
만장일치로 모두에게 이익이 되는 합의 ...237
매우 협소한 이익심 ...265
매출세 ...295
매칭(matching) 공급 방식 ...223, 224
멀 페인소드(Merle Fainsod) ...348
명령과 통제 시스템 ...327
명백하게 비효율적인 사회적 결과 ...211
명백히 비효율적인 결과 ...201
명예혁명 ...156, 158, 159, 167
모세혈관에 대한 본능 ...53
모험적인 기업가정신 ...421
몰수를 통한 저축과 투자 증대 ...293
무늬만 과반수 ...129
무력 ...201, 204
무력 사용 ...201, 203
무력의 어두운 면 ...203
무언(無言)의 거래 ...392
무임승차 ...221, 224
무임승차자가 되려는 인센티브 ...234
무임승차자 연합 ...249
무임승차하려는 인센티브 ...428
무정부 ...207
무정부 상태 ...81, 93, 104, 139, 207, 209, 210, 212, 219, 253, 254, 275, 434
무한계획시계 ...130
무한히 장기적인 계획 시계 ...142
무한히 장기적인 관점(시야) ...140
문화대혁명 ...376, 377
문화적 특성 ...439
물적 자본 ...423
미국 헌법의 제정 ...157
미래(장기) 지향적인 시계 ...141
미하일 고르바초프(Mikhail Gorbachev) ...65, 66, 362, 364, 378
민간 부문 당사자들 ...281
민간 부문의 강력한 인센티브 ...278
민간 부문의 만장일치적 압력 ...282
민주경화증 ...51
민주적 국가 정부 ...159
민주적 정부를 통한 자유시장 ...359
민주정부 ...146
민주정부로의 전환 ...147
민주정치 ...112, 113, 146
민주정치의 기원 ...148
민주정치(민주정부)의 수립 ...163

민주정치(민주정부)의 자생적 출현 ...148, 150
민주정치의 출현 ...148
민주정치 제도 ...147
민주제 정부 ...257
민주제 정부(민주정치)로의 전환 논리 ...157

ㅂ

박정희 정권과 전두환 정권 ...65
반(反)시장적 정책들 ...396
반(反)정부적 자유 방임주의자 ...195
방랑도적 ...93, 95, 104, 141, 256
방랑도적단 ...139
방랑도적의 우두머리가 되려는 인센티브 ...141
방랑도적의 인센티브 ...141
방랑도적질 ...141, 145
배제 불가능성 ...187
번영을 가져다주는 시장들 ...389, 430
번영을 위한 가장 좋은 방법 ...81
번영하는 시장들 ...433
범죄독점 ...89, 90, 94
범죄독점력 ...89
범죄와 공직 부패 ...285
범죄자 ...95
범죄자들의 이기심 ...279
범죄자 비유 ...84, 85, 90, 177
범죄자의 이기심 ...87
범죄 피해자들과 잠재적 피해자들의 이기심 ...279
범죄행위 ...86
법과 질서 ...275
법원 제도 ...154
법을 회피할 인센티브 ...284
법의 테두리 밖 ...276
법치주의 ...163, 165
베네치아(Venice) ...160
베트남 전쟁 ...321
병렬관계 ...335
병렬관료(관리자)들 ...332, 335
병렬연결 ...339
병렬연결에서의 담합 ...343
병렬연결에서의 담합으로 얻는 이익 ...343
보고할 인센티브 ...332
보도(步道) 위에 떨어져 있는 100달러 지폐 ...58
보이지 않는 손 ...107, 180
보조금 ...185, 365, 372, 416, 436
보조금 기생적 부문 ...372
보조금 청구권자들 ...365
보편적 투표권 ...146
보험료 ...247
보호비 ...89
보호세 ...89
보호세 갈취 ...91
복잡하고 발전된 시장들 ...42
복잡한 거래들 ...410
복잡한 시장들(계약집약적 또는 권리집약적 시장) ...45
볼셰비키 세력 ...290, 311, 312, 317
부당 사용 ...342
부르봉 왕가 ...111
부르주아 계급 ...218
부정적 외부효과 ...184

부정적(처벌적)인 선택적 인센티브 ...244, 266
부처 수준에서의 로비 ...348
부패를 유발하는 경향 ...350
부패유발 특징 ...350
부하직원들 간의 경쟁 ...336, 337
부하직원들 간의 담합(공모) ...338
부하직원들의 담합을 통한 경쟁입찰 ...344
부하직원들의 정보 ...341
북한 ...321, 439
분배를 통한 이전 ...417
분배 연합들 ...428
분배획득 투쟁 ...428
분석적 다원주의 ...219
불법 거래들 ...395
불법 시장들 ...395
붉은 고급 관료들 ...377
비경제적 산업들에 대한 보조금 ...418
비경제적인 산업들과 기업들 ...418
비경제적 활동들에 대한 자원의 재배분 ...419
비공산주의 독재국가들 ...319
비공식 경제 ...284
비공식 경제 활동 ...397, 398
비공식 부문 ...276, 396, 397, 422
비공식 시장 ...337, 344
비공식적인 유형의 경매시장 ...338
비기여(무임승차) 전략 ...233
비독재정부 ...146
비(非)무정부 ...207
비용 분담 ...224
비용 분담 원칙 ...223, 224
비효율적인 결과 ...201
비효율적인 정부 프로그램들 ...193
빼앗으려는(take) 인센티브 ...81

ㅅ

사람이 개를 무는 기이한 경우 ...261
사르곤(Sargon) 왕 ...105
사유화(민영화) ...361, 362, 434, 436
사유화(민영화)의 속도 ...359, 371, 372
4인방 ...377
사적 경영 ...361, 366
사적 권리들 ...434
사적(민간) 소유와 관리 ...359
사적 이기심 ...279
사적재 ...238
사중(자중)손실 ...98, 123, 125, 193
사치품 ...413
사회계급 ...218
사회계약 ...210, 211, 219
사회보험 ...416
사회 안전망 ...436
사회적 고안물 ...426
사회적 손실 ...98, 184
사회적으로 고안된 시장들 ...390, 391, 407
사회적으로 좋은 결과 ...196
사회적으로 효율적인 결과 ...197
사회적 잉여를 창출하는 활동들 ...417
사회적 장치들 ...155
사회적 협력 ...228
사회적 협력의 실패 ...227
사회 전체에 효율적인 코스적 협상 ...249
사회주의 가격체계 ...345
사회주의적 원시 축적 ...313

사회화된 기업들 ...419
산업혁명 ...159
산출물을 공급받는 기업 ...342
상쇄 요인 ...331
상처를 주는 힘(상처력) ...202
상호이익 ...181
상호이익이 되는 거래들 ...154, 197, 238, 282, 408
상호이익이 되는 집단행동 ...225
상환 능력 ...364
생산을 위한 한계노력 ...208
생산 인센티브 극대화 ...308
생산하는 기업 ...342
생산하려는 인센티브 ...209
생산함수 ...329
서독 ...375, 378, 379, 439
선정의 우화 ...36
선진 민주정치 국가들 ...419
선진 시장 민주주의 국가들 ...434
선택적 인센티브 ...235, 236, 244, 249, 266
성과급제 ...296
성인 보통선거권 ...146
세금강탈률 ...96~98, 101, 292
세금강탈률을 인하하려는 인센티브 ...95
세금변화함수 ...128
세금 수입의 주요 원천 ...364
세금 징수 극대화 ...310
세금 징수 극대화하는 조건 ...310
세금 징수를 위한 조직 ...315
세금징수원 ...351
세금 징수의 수단 ...314
세금징수자 ...365
세 번째 다리 ...383
세수(稅收)를 극대화하는 세율 ...292, 298
세율의 역수 ...118
소규모 공모집단 ...352
소규모 독재정부들 ...150
소규모 집단의 은밀한 담합(공모) ...340
소(小)기업가들 ...397
소득효과 ...298, 301, 316
소련 ...433
소수세력 ...126
소수자들 ...178
소유권 ...360
손해를 보는 활동들 ...417
쇠퇴 ...321
수익 분배 ...360
수익성 없는 활동들(손실을 보는 활동들) ...419
수익성 있는 활동들(이익을 보는 활동들) ...419
순수한 이기심 ...177
스킨헤드 ...379
스타하노프 노동자들 ...297
스타하노프 운동 ...297
스탈린(Joseph V. Stalin) ...285, 289, 290, 293, 297, 303, 313, 316, 365, 381, 433, 435
스탈린식 숙청들 ...353
스탈린의 과세 시스템 ...300, 303, 310
스탈린의 구소련 ...319
스탈린의 두 번째 획기적 조치 ...295
스탈린의 몰수정책 ...321
스탈린의 첫 번째 획기적 조치 ...293

스탈린의 혁신적 조치들 ...322
스탈린의 획기적인 세금 징수 시스템 ...311
스탈린 정권 ...306, 307
스탈린주의 ...371
스탈린주의 국가 ...435
스탈린주의 체제 ...321, 327
스탈린주의 체제의 비효율성 ...321
스탈린(공산주의) 체제 ...382
승계 위기 ...143, 144, 146
승리에 필요한 다수 ...112
시골에서의 좋은 정부의 결과 ...38
시장경제가 번창(번영)하는 데 필요한 두 번째 조건 ...427
시장경제 시스템 ...346
시장경제의 번영 ...382
시장경제 체제 ...329, 375
시장과 정부를 동시에 포괄하는 지적 구조 ...71
시장 민주정치 국가들 ...419
시장성 있는 재화 ...337
시장소득 ...114
시장실패 ...188, 192
시장에 대한 이론 ...382
시장에 반(反)하는 법률이나 규제 ...284
시장에 반하는 정책 ...284, 349
시장에 반하는 활동 ...284, 285
시장에서의 이기심 ...87
시장에서의 자발적 거래 ...179
시장을 확대하는 정부(시장 확대 정부) ...41, 44, 46, 60
시장 지향적 개혁들 ...376
시장 지향적 경제개혁들 ...367
시장 지향적인 신경제정책 ...290
시장청소가격 ...282
시장 테스트 ...368
시장 확대 제도들 ...52
시장 확대 지배체제(정부) ...52
시카고 정치경제학파 ...179
시카고학파 전통 ...218
식량 수집(收集) 시스템 ...315
신고할 인센티브 ...284
신성한 권리 ...103
신속한 사유화(민영화) ...366
실용주의 독재자 ...377
실현될 수 없는 거래 ...392

ㅇ

아카드(Akkad) 제국 ...106
아파르트헤이트 ...51
안드라스 나기(Andras Nagy) ...348
안전하고, 명확하게 규정된 개인의 권리들 ...426
안전하고, 명확하게 규정된 사유재산권 ...426
안전한 독재자들 ...142
안전한 민주정치 ...163, 165
안전한 민주정치 국가 ...165
안전한 민주정치 사회(국가)들 ...164
안전한 재산권 및 계약권 ...163
안전한 정주도둑 ...96
안정된 민주정치 국가들 ...49
안정적인 민주정치 국가들 ...165
안정적인 통화 ...139
암묵적 과세율 ...364
암묵적 세금체계 ...309

암묵적인 과세 ...295, 298, 329
암묵적인 과세 시스템 ...296
암묵적인 세금 징수 시스템 ...350, 354, 371
암부로조 로렌체티(Ambrogio Lorenzetti) ...35, 36, 132
암시장들 ...396
애덤 스미스(Adam Smith) ...72, 109, 180, 190, 382
앤 크루거(Anne Krueger) ...370
야노스 코르나이(Janos Kornai) ...346
약탈 ...81
약탈국가(강탈국가) ...104
약탈의 피해자 ...262
약탈주의 ...82
약탈주의 사회 ...82
얀 비니에츠키(Jan Winiecki) ...376
어디에나 있는 시장들(유비쿼터스 시장들) ...387, 399
어린이들의 전화 게임 ...330
억압 불가능성 ...393
억압할 수 없는 시장들 ...393, 396, 422
에르난도 데소토(Hernando De Soto) ...398
에르제베트 살라이(Erzsebet Szalai) ...348
에릭 린달(Eric Lindahl) ...241
에이전시숍 ...245
역사의 우연 ...439
역수 법칙 ...117~119
역진적 ...302
연구와 교육 ...431
연성예산제약 ...345, 346, 416
연합군의 점령 ...380
영국 ...375
영국병 ...269, 373
영리한 독재자 ...303
예측 가능한 권력 승계 ...165
오컴의 면도날 ...230
올리버 윌리엄슨(Oliver Williamson) ...183, 330
올리버 크롬웰(Oliver Cromwell) ...157
올슨 ...37, 40~43, 46, 47, 49, 54, 57~64
올슨 이후(post-Olson)의 세상 ...52
옳은 선거 결과 ...258
완전경쟁산업 ...81
완전 효율적인 계획경제 ...328
왕의 계획 시계 ...144
왕의 만수무강 ...172
왕이여 만수무강하소서 ...143
왕조 ...143
왕조의 계승 ...144
왕조의 사회적 바람직성 ...144
외부로부터의 민주정부 강제 시행 ...147
외부의 압력이나 영향력 ...147
외부효과 ...184, 186, 190
왼쪽에 있는 보이지 않는 손(보이지 않는 왼손) ...108
용의자 딜레마 게임 ...226, 227
용의자 딜레마 모델 ...220
용의자 딜레마 사례 ...226, 229
용의자 딜레마 상황 ...227
우가르테 피노체트(Ugarte Pinochet) ...65
운(luck) ...415
운동법칙 ...354
원주민들 ...391, 392
위협 ...201

위협 전략 ...232
위협하는 방법 ...232
윌리엄 니스카넨(William Niskanen) ...129, 151
유니언숍 ...245, 246
유리한 상황 ...266
유리한 환경 ...267
유익한(긍정적) 외부효과 ...185
유(有)정부 ...212, 253, 256
유(有)정부 상태 ...104, 139, 211, 254
윤리적(도덕적) 원칙 ...155
은밀한 집단행동 ...341, 343, 348, 349, 354, 376, 378
은밀한 집단행동의 어려움 ...354
우유의 싸움 ...360
의사소통 ...227~229
의사소통을 방해하는 특수한 사정들 ...227
이기심 ...85
이기적인 독재자 ...105, 107, 113
이기적인 동기 ...155
이기적인 정주도적 모델 ...106, 108
이너서클 ...333
이데올로기 신봉자 ...317
이론(지식)의 발전 ...52
이멜다 마르코스(Imelda Marcos) ...109
이민 ...438, 439
이부(二部)임금 ...306
이븐 칼둔(Ibn Kalduhn) ...97
이익배당금 ...247
이익에 비례한 비용 분담 ...224
이집단심 ...55
이탈리아 북부 도시 국가들 ...160
인구 밀도 ...438
인도네시아 ...51
인두세(참수세, 참두세) ...123, 304
인센티브 변화(왜곡) 효과 ...123
인센티브의 구조 ...440
인적 자본의 질(우수성) ...439
인플레이션 만연의 퍼즐 ...362
인플레이션의 저주 ...363
일괄세 ...123, 304
일괄세 부과 ...299
일괄세 부과 효과 ...305
일률세 ...298
일반 시민 ...260, 261
일반 시민들의 합리적 무지 ...261
일반이론 ...191
일반적인 누진제 ...302
일반적인 독재적 과세 ...300
일반적인 독재적 최적 상태 ...298
일본 ...375, 378, 379, 380, 433
일하려는 인센티브 ...301, 302
임금 불평등 ...309
임기 종식 ...146
입찰서 ...337
입찰 시스템 ...337
잉여자원 ...345

ㅈ

자발적 교환이론 ...84, 194
자발적인 거래 ...84, 180
자발적인 교환 ...196, 197
자발적인 사회계약 ...254
자발적인 집단 ...255

자발적인 집단행동 ...221, 254~256
자발적인 협상 ...188, 190
자본가 계급 ...218
자본재 몰수 ...293
자본주의, 사회주의, 민주주의 ...72
자본주의 시장 시스템 ...346
자본주의적 원시 축적 ...313
자본집약적인 생산 ...411
자비로운 독재자 ...106, 177
자비로운 이익심 ...127
자비로운 천성 ...85
자생적(자연적) 시장들 ...390, 422
자수성가한 기업가의 비유 ...407
자원 동원 ...321
자원 배분의 비합리성 ...369
자유방임 ...185, 187, 190, 192, 197
자체보호적 생산 ...407, 410, 411, 422
자체보호적이지 않은 생산 ...411
자체보호적이지 않은 유형의 생산 ...412
자체적으로 집행 ...229
자체집행적 ...399
자체집행적 거래 ...407, 410
자체집행적 시장들 ...390, 391, 422
자체집행적이지 않으면서 상호이익이 되는 거래 ...423
자체집행적이지 않은 거래 ...407
자체집행적이지 않은 계약 ...411
자체집행적이지 않은 복잡한 거래 ...412
잘못된 선거 결과 ...259
잘못된 정부 개입 ...400
잘못된(비합리적인) 정부 개입주의 ...400
잘못된 통치 ...200
잠재적인 코스적 협상 ...248
잠행성 경화증 ...419
장기 계약들 ...139
장기대출거래 ...392
장기 시계를 가진 독재자들 ...293
장기적인 계획 시계 ...271
장기적인 관점(시계) ...130, 139, 144
장기적인 투자 ...139
장제스 ...65, 319
재량 지출 ...275
재분배세 ...124, 126
재분배 추구 다수세력 ...119
재분배 추구 활동들 ...428
재분배 활동을 자제할 인센티브 ...264
재산권 ...164
재산권 소유자들의 이기심 ...278
재산권집약적인 생산 ...411, 423, 426
잭 허시라이퍼(Jack Hirshleifer) ...203
적절한 지적 분석틀 ...68
적정 수준 ...96
전략적 기동 ...242
전략적 상호 작용 ...223
전략적으로 상호 작용하고 흥정하려는 유인 ...223
전문직 협회 ...246
전쟁 ...199
전체주의 ...373
전체주의 국가 ...373
전통적인 독재적 세금 강탈 유형 ...350
절대 독재 ...143
점진론자 ...360, 361
점진적인 전환 ...359

정교하고(복잡하고) 광범위한 거래 …413
정교한(복잡한) 거래 …426
정보를 왜곡하려는 인센티브 …331
정보비용 …238
정보 손실 …330
정부권력 …84
정부 내 만연한 부패 …276
정부 부패 …284
정부에 의해 고안되거나 사회적으로 고안된 시장 …406, 423
정부에 의해 고안한 시장 …390, 407
정부에 의해 확대된 시장 …44
정부 예산적자 …363
정부와 정치 …190, 191
정부의 고안물 …426
정부의 근본적인 역할 …63
정부의 무간섭 …185
정부의 상징 …204
정부(정권)의 이익심 …47
정부의 재분배 …264
정부의 지배계층 …152
정액세 …123
정주도적 …92~96, 102, 105, 125, 139, 177, 256, 265, 350, 351, 355
정주도적의 두목 …95
정주도적의 범죄독점 …94
정주도적의 세금강탈률 …98
정주도적의 우두머리가 되려는 인센티브 …141
정주도적의 은혜 …99
정주도적이 갖는 인센티브 …105, 108
정주도적질 …107, 141, 145, 294
정착농업 …106
정치와 정부 …211
정치적 거래나 협상 …194, 195
정치적 경영력 …345, 346
정치적 협상 …193, 197
정치적 화해 …156
정치학의 성배 …83
제노바(Genoa) …160
제도 …440
제도개혁 및 비공식부문 연구센터(IRIS) …63, 66, 127, 165
제도 설계의 세부 사항에 대한 지식 …50
제도적 기반에 대한 좋은 과학적 지식 …50
제도적 인프라 확충 …436
제리 허프(Jerry Hough) …348
제3세계 …388, 422
제3세계 국가들 …396~398, 418
제3세계 독재국가들 …321
제3자에 의한 강제 이행 …206
제3자에 의한 이행 …206
제3자에 의한 집행 …154, 229
제3자의 집행에 의한 거래 …407
제2세계 …422
제2전선 …319
제임스 매디슨(James Madison) …164
제정 러시아 …319, 320
조너선 라우치(Jonathan Rauch) …51
조세가격 차별화 …316
조지 애컬로프(George Akerlof) …369
조지프 슘페터(Joseph Schumpeter) …72, 97, 146
조직되지 않은 개별행동 …440

조직(집단)이익 ...271
존 메이너드 케인즈(John Maynard Keynes) ...323, 414
존 스튜어트 밀(John Stuart Mill) ...72
종신 대통령 ...153
좋은 도시 ...38, 39
좋은 시골 ...38
좋은 정부 ...36
좋은 정부의 결과 ...132
좋은 정부의 알레고리 ...36, 38
좋은 제도 ...433
좋은 제도와 경제정책 ...440
좋은(유익한) 행위 ...185
주문제작 상품 ...393
준(準)합법 시장들 ...396
중공 ...319, 321
중국 ...51, 376, 377, 439
중국, 베트남, 북한 ...320
중앙계획경제 ...290, 331
중앙계획자들 ...329
즉석거래 ...399, 407
지미 호파(Jimmy Hoffa) ...267
지배세력 ...119, 120, 125
지배세력의 공공재 공급 인센티브 ...124
지배적인 전략(우월전략) ...226
지속적이고 범용(汎用)적인 자본시장 ...409
지속적인 대의제 정부 ...163
지속적인 민주정치(민주정부) ...163, 164
지속적인 민주정치제 사회(국가) ...270
지속적인 민주정치 체제 ...270
지식의 발전 ...52
지적 분석틀 ...71
지적 엘리트의 이해 ...431
지하경제 ...276
직렬관계 ...333
직렬관료들 ...331
직렬연결 ...339
직렬연결에서의 담합(공모)으로 얻는 이익 ...341
직접적이고 무조건적인 보조금들 ...264
진정한 대의제 정부 ...157
집단 결성비용 ...266
집단농장 ...314, 315
집단선택학 ...56
집단의 규범 ...155
집단 이기심 ...55
집단이론 ...219
집단이익 ...344
집단재 ...55, 227, 228
집단재 공급이 없는 결과 ...225
집단재를 공급하려는 거래 ...239
집단재 비공급 위협 전략 ...233
집단재 비공급 위협 전략의 모순 ...232
집단적 불만 ...335
집단적 비합리성 ...231
집단적 소비 ...186
집단적으로 비합리적인 결과 ...232
집단 지향적 행동 ...222
집단 최적적인 공급량 ...222
집단 합리성(최적성)의 한계 ...235
집단 합리적인(또는 최적적인) 결과 ...217
집단 합리적인 공급량 ...222
집단 합리적(최적적)인 양 ...236
집단행동 ...57, 236

집단행동의 논리 ...55~57, 219, 236, 254, 258
집단행동의 문제 ...240
집단 효율적인 교섭 ...217
짧은 기간 동안 지배 ...140

ㅊ

차별적인 이부임금 ...307
천연자원의 부족 ...438
철강공장 ...368
철의 장막 ...71
첨단 기술 ...438
첫 번째 보이지 않는 손 ...109
첫 번째 절단력 ...122, 125
청산의 속도 ...372
청산(淸算)이나 정리(整理)에 대한 논쟁 ...436
청소년기 초기의 소년 ...430
체제전환 ...359, 361, 433
체제전환 과정 ...359
체제전환 국가들 ...373, 374
체제전환 문제 ...382
체화되지 않은 기술 ...438
초강대국 ...327
초과부담 ...193
초기 스탈린주의 단계 ...367
초다수세력 ...121, 124, 125, 128
초다수 지배세력 ...121
초포괄적인 다수세력 ...121, 129
초포괄적인 이익심 ...121, 178, 257, 268
초포괄적인 지배세력 ...126, 128
총요소 생산성 ...322
최고 행정관 ...160
최고 행정관 권한 ...160
최선의 대안이론 ...177
최소 수준의 효율성 ...329
최저 생계 수준 ...298, 300
최적 세금강탈률 ...96, 98, 99, 101, 105
최적의 자원 배분 ...329
추가 이론 ...213
추가적인 함의들 ...355
추축국 ...69, 71, 380
충격요법론자들 ...359, 361
측정할 수 없는 공공재들 ...337

ㅋ

카르타고인 ...391, 392
카르텔 ...263
카르텔의 재분배 ...264
카이사르 ...256
칼 마르크스(Karl Marx) ...218, 374
칼을 든 상징적인 사형 집행인 ...161
코스의 논리 ...220
코스적 거래(Coaseian bargain) ...83
코스적 교섭(협상)비용 ...237
코스적 협상 ...189, 191, 198, 217, 241, 243, 248, 253, 254
코스적 협상의 가능성 ...240
코스 정리(Coase theorem) ...84, 187, 190, 194, 220, 241, 242, 244
코스 정리의 일반화 ...190
쿠데타 ...146
쿨라크 ...311, 312, 314
크림 전쟁 ...319
클로즈드바 ...246

클로즈드숍 ...245
키스 하트(Keith Hart) ...397

ㅌ

타키투스 ...256
타투 반하넨(Tatu Vahanen) ...149
탈공산주의 국가들 ...43, 433, 434
탈공산주의 국가들에서의 경제쇠퇴의 원인 ...433
탈공산주의 세계 ...433
태프트-하틀리법(Taft-Hartley Act) ...246
탤컷 파슨스(Talcott Parsons) ...389
터무니없이 비효율적인 결과 ...199
테르미도르 ...67
토드 샌들러(Todd Sandler) ...57, 236
토머스 셸링(Thomas Schelling) ...201
토머스 홉스(Thomas Hobbes) ...81, 108, 134, 206, 207, 277
톨카치 또는 톨카흐(tolkach) ...395
통제가격 ...282
통치(지배) 왕조의 기원 ...103
특별 시민들 ...260, 261
특별이익 ...271
특별이익집단들 ...264, 265
특별이익 추구 활동 ...264
특별한 상황 ...147
특별한 정치의 순간들 ...48
특별한 제도적 장치들 ...393
특별한 종류의 경쟁시장 ...336
특수한 경제체제 ...291
특정 이데올로기 ...290
특정한 제도적 장치들 ...390

ㅍ

파레토 효율성 ...122
파레토 효율적이지 않은 결과 ...199
파레토 효율적인 결과 ...189, 190
파레토 효율적인 방식 ...189
파레토 효율적인 상태 ...198
파레토 효율적인 코스적 협상 ...212
파시즘 ...69, 71, 253
팡글로스 박사 ...197
팡글로스적인 합의 ...196
평위샹 ...92, 93
페루 ...398
평등주의 이념 ...308
평등주의적인 근거 ...418
평화로운 질서 ...253, 255
평화로운 질서 체제 ...209, 210, 277
폐수 배출 수수료 ...184
포괄적인 세력 ...130
포괄적인 이익 ...41
포괄적인 이익심 ...48, 87, 90, 91, 94, 95, 97, 99, 102, 103, 105, 107, 108, 111, 114, 122, 140, 257, 265, 268, 270, 281, 292, 327, 349, 355, 367, 375~377, 380, 435
포괄적인 일반이익집단 ...430
포스트공산주의(탈공산주의) ...378
포스트파시즘 ...378
포스트파시즘과 포스트공산주의 경험 간의 비교 ...379
폭군 ...36
폭력 ...209
폭력적인 무정부 상태 ...209

폭력적인 행동가들(violent entrepreneurs) ...103
폭정의 우화 ...36
폴란드 ...368
폴란드 경제붕괴 ...348
표준경제학 ...71
표준적인 시장이론 ...382
프레스코화(畫) ...35, 36
프로테스탄트 윤리 ...439
프롤레타리아 계급(노동자 계급) ...218
프롤레타리아 계급이익 ...219
프롤레타리아 독재 ...219
피구(A. C. Pigou) ...185
피구 이론 ...188, 190
피델 카스트로(Fidel Castro) ...110
피케팅(피켓시위) ...245
피해비용 ...188
필요조건 ...148

ㅎ

한계강탈 ...100
한계소득 ...299
한계 이하의 노동 ...297
한계 집단 합리성(최적성)의 논리 ...235
한국 ...370, 438
한국 전쟁 ...321
합리적 개인행동 ...244
합리적 경제의 필수 요건 ...346
합리적 독재정치 ...114
합리적 무시 ...94
합리적 무지 ...50, 258, 261, 263, 265
합리적 무지의 폐해 ...262
합리적 유지(有知) ...261, 262
합리적으로 무지하려는 인센티브 ...431
합리적이고 이기적인 행동 ...85
합리적인 계획경제 ...372
합리적인 독재자 ...116, 142, 292, 293
합리적인 이기심 ...103, 202
합리적인 이기적 독재자 ...142
합리적인 이기적 독재자 모형 ...145
합리적인 자원 배분 ...327
합스부르크 왕가 ...111
합의 ...255
합의의 불법성 ...228
핵심이 없는 게임 ...238, 243, 249
허위의식 ...218
헝가리 ...345
헤로도토스(Herodotus) ...390~392
혁신적(획기적)인 조치 ...293, 316
현물시장 ...46
현재 상태(현재의 정책)가 효율적 ...195
협상력 ...202
협상비용 ...189
협소한 세력 ...130
협소한 이익 ...41, 49
협소한 이익심 ...87, 90, 95, 122, 265, 349, 355, 375, 376, 377, 381
협소한 특별이익 ...380
협소한 특별이익집단 ...50, 57, 430
홉스적 무정부 상태 ...201, 207, 427
홉스의 무정부 상태 사회 ...82
홍콩 ...439
황금알을 낳는 거위 ...364
황제국가 ...315

획기적인 발견 ...54
효율적인 계획 ...329
효율적인 계획경제 ...328
효율적인 재분배 ...193
후원 배당금 ...247
휘그적 역사 해석 ...169
휘그파의 역사 해석 ...149